山东省高等学校教学改革立项项目“信管专业应用型人才创新素质培养体系的研究与实践——基于知识创新的SECI模型分析框架”(2012479)

国际贸易实务

主　编　刘树海

副主编　李　丽　郭长友　丁　义

编　委　李洪亮　陈德山　胡　凯　范萌萌
　　　　李天志　沙焕滨　王洪丰　段文秀
　　　　王丽丽　王振岭　赵丽敏

山东大学出版社

图书在版编目(CIP)数据

国际贸易实务/刘树海主编. —济南:山东大学出版社,2014.8
ISBN 978-7-5607-5125-2

Ⅰ. ①国… Ⅱ. ①刘… Ⅲ. ①国际贸易—贸易实务—高等学校—教材 Ⅳ. ①F740.4

中国版本图书馆 CIP 数据核字(2014)第 202850 号

责任策划:陈一家
责任编辑:秦大忠
封面设计:牛 钧

出版发行:山东大学出版社
社 址 山东省济南市山大南路 20 号
邮 编 250100
电 话 市场部(0531)88364466
经 销:山东省新华书店
印 刷:济南铁路印刷厂
规 格:787 毫米×960 毫米 1/16
25.5 印张 457 千字
版 次:2014 年 8 月第 1 版
印 次:2014 年 8 月第 1 次印刷
定 价:38.00 元

内容简介

本书是山东省高等学校教学改革“信管专业应用型人才创新素质培养体系的研究与实践——基于知识创新的 SECI 模型分析框架”(立项编号:2012479)立项项目下的研究成果,是在当前本科院校的国际贸易教学进行充分调研的基础上,根据国际贸易实际业务的流程和核心业务重点内容,进行了精心编排。

内容包括:第 1 章国际贸易概述,介绍了国际贸易的基本知识和适用的法律和惯例;第 2 章国际贸易流程,介绍了国际贸易的业务流程和国际贸易流程中需要注意的问题;第 3 章常用国际贸易术语,介绍了常用的国际贸易术语;第 4 章交易磋商,介绍了交易磋商的主要环节和内容;第 5 章国际货物买卖合同的订立,介绍了国际货物买卖合同主要形式和需要注意的问题;第 6 章合同履行,介绍了合同的履行过程;第 7 章国际贸易结算,介绍了国际贸易结算形式及使用注意事项;第 8 章外贸单证和外贸信函,介绍了外贸单证缮制要点和外贸信函;第 9 章贸易风险和争端的预防与处理,介绍了国际贸易风险和欺诈的预防与处理;第 10 章我国的国际贸易,介绍了我国国际贸易的现状和经济特区。为了加强读者的学习,本书中配有大量的国际贸易案例,使理论充分与实践紧密结合。

本书编者是多年从事教学工作的第一线教师,他们对国际贸易公司进行充分调研,并多年参与国际贸易业务实际操作,具有丰富的教学经验和国际贸易实务经验。同时,在教材编排上,由浅入深,通俗易懂,语言简练且实例丰富。本书既可作为高等院校国际贸易实务教材和国际贸易实务培训班的教材,也可作为国际贸易实务爱好者和国际贸易从业者的参考书。

前 言

近年来，我国进一步加深了与世界各国的政治、经济、文化等各方面的交流与合作，尤其是自 2001 年加入世贸组织以来，我国的国际贸易地位不断上升，进出口总额逐年增加，2013 年我国全年货物进出口总额 41600 亿美元，跃居世界第一位。当前，我国不仅巩固了贸易大国的地位，而且还在朝着贸易强国稳步迈进。然而，中国经济的发展在许多领域里都面临着人才匮乏的局面，特别是能够适应国际贸易需要的国际贸易人才尤为缺乏，因此，培养并造就一批优秀的国际贸易人才，是我国迈向贸易强国过程中赢得主动的关键。

为了适应我国国际贸易发展需要，在对当前本科院校的国际贸易教学进行充分调研的基础上，2012 年，我院申请了山东省高等学校教学改革立项项目“信管专业应用型人才创新素质培养体系的研究与实践——基于知识创新的 SECI 模型分析框架”（立项编号：2012479）。本书是依据该教学改革立项对教学改革的总体要求下，结合当前我国对国际贸易人才培养的迫切需求和高校对国际贸易实务教育的改革要求，注重国际贸易知识实践性的基础上进行编写的，也是山东省高等学校教学改革立项项目下的研究成果。

本书根据国际贸易实际业务的流程和核心业务重点内容，进行精心编排。内容包括：第 1 章国际贸易概述，介绍了国际贸易的基本知识和适用的法律和惯例；第 2 章国际贸易流程，介绍了国际贸易的业务流程和国际贸易流程中需要注意的问题；第 3 章常用国际贸易术语，介绍了常用的国际贸易术语；第 4 章交易磋商，介绍了交易磋商的主要环节和内容；第 5 章国际货物买卖合同的订立，介绍了国际货物买卖合同主要形式和需要注意的问题；第 6 章合同履行，介绍了合同的履行过程；第 7 章国际贸易结算，介绍了国际贸易结算形式及使用注意事项；第 8 章外贸单证和外贸信函，介绍了外贸单证缮制要点和外贸信函；第 9 章贸易风险和争端的预防与处理，介绍了国际贸易风险和欺诈的预防与处理；第10章我国的国际贸易，介绍了我国国际贸易的现状和经济特区。为了加强读者的学习，本书中配有大量的国际贸易案例，使理论充分与实践紧密结合。

目前，介绍国际贸易实务的书籍很多，但大同小异，缺乏特色。本书编者是多年从事教学工作的第一线教师，他们对国际贸易公司进行充分调研，并多年参与国际贸易业务实际操作，具有丰富的教学经验和国际贸易实务经验。同时，在教材编排上，由浅入深，通俗易懂，语言简练且实例丰富。对高校专业教学和国际贸易从业者都具有指导和借鉴意义。

在编写过程中，德州学院12级信管专业的孙冰心、于洋、张远方和赵成浩同学在整理材料和校对过程中做了大量的工作，在此编者表示由衷的感谢。

由于国际贸易的快速发展和国际贸易实务复杂多变，加上编者水平有限，经验有待提高，书中难免存在不足之处，恳请专家和广大读者批评指正。

编　者

2014年6月

目 录

第1章 国际贸易概述

【本章重点】

1. 国际贸易的定义、分类、特点和现状
2. 国际贸易适用的法律和惯例
3. 本课程的研究对象和学习方法

1.1 国际贸易相关知识

1.1.1 国际贸易定义

国际贸易(International Trade)也叫“世界贸易”,是指不同国家和(或)地区之间的商品和劳务的交换活动。国际贸易是商品和劳务的国际转移。国际贸易由进口贸易(Import Trade)和出口贸易(Export Trade)两部分组成,故有时也称为“进出口贸易”。

国际贸易反映了世界各国(或地区)在经济上的相互依赖关系,是由各国对外贸易的总和构成的。

从一个国家的角度看国际贸易就是对外贸易(Foreign Trade)。但国际贸易又不完全等同于对外贸易,它们之间有所区别。一种观点认为对外贸易或国际贸易都是指世界各国之间商品、服务和要求交换的活动,国际贸易是各国之间分工的表现形式,反映了世界各国在经济上的相互共存。从国家角度可称为“对外贸易”;从国际角度可称为“国际贸易”。另一种观点认为,对外贸易是指一国(或地区)同其他国家(或地区)所进行的商品、技术和服务的交换活动。因此,提到对外贸易时要指明特定的国家,如中国的对外贸易等。另外,某些岛国,如英国、日本、菲律宾、印度尼西亚等,也称对外贸易为“海外贸易”。

1.1.2 国际贸易分类

1. 按商品移动的方向分类

按商品移动的方向分类可划分为：

(1)进口贸易：指将其他国家的商品、技术和服务引进到该国市场销售。

(2)出口贸易：指将该国的商品、技术和服务输出到其他国家市场销售。

(3)过境贸易(Transit Trade)：A 国的商品经过 C 国境内运至 B 国市场销售，对 C 国而言就是过境贸易。由于过境贸易对国际贸易的阻碍作用，WTO 成员方之间互不从事过境贸易。

进口贸易和出口贸易是就每笔交易的双方而言，对于出口方(卖方)而言，就是出口贸易，对于进口方(买方)而言，就是进口贸易。此外输入该国的商品再输出时，成为复出口；输出国外的商品再输入该国时，称为“复进口”。

2. 按商品的形态分类

按商品的形态分类可划分为：

(1)有形贸易(Visible Trade)：即有实物形态的商品的进出口。例如机器、设备、家具等都是有实物形态的商品，这些商品的进出口称为“有形贸易”。

(2)无形贸易(Invisible Trade)：即没有实物形态的技术和服务的进出口。专利使用权的转让、旅游、金融保险企业跨国提供服务等都是没有实物形态的商品，其进出口称为“无形贸易”。

3. 按生产国和消费国在贸易中的关系分类

按生产国和消费国在贸易中的关系分类可划分为：

(1)直接贸易(Direct Trade)：指商品生产国与商品消费国不通过第三国进行买卖商品的行为。贸易的出口国方面称为直接出口，进口国方面称为“直接进口”。

(2)间接贸易(Indirect Trade)和转口贸易(Transit Trade)：指商品生产国与商品消费国通过第三国进行买卖商品的行为，间接贸易中的生产国称为“间接出口国”，消费国称为“间接进口国”，而第三国则是转口贸易国，第三国所从事的就是转口贸易。

4. 国际贸易的其他分类方式

按贸易内容分为：服务贸易、加工贸易、商品贸易、一般贸易。本课程以介绍国际货物贸易为主。

按贸易参加国的数量分为：双边贸易和多边贸易。

(1)双边贸易是指两国之间通过协议在双边结算的基础上进行的贸易。这种贸易，双方各以一方的出口支付从另一方的进口，这种方式多实行于外汇管制国家。另外，双边贸易也泛指两国间的贸易往来。

(2)多边贸易也成多角贸易，是指三个或三个以上的国家通过协议在多边结算的基础上进行互有买卖的贸易。在经济全球化的趋势下，多边贸易表现得更为普遍。

1.1.3　国际贸易特点

国际货物贸易属于商品交换范围，与国内贸易在性质上并无差异，但由于它是在不同国家或地区间进行的，所以与国内贸易相比具有以下特点：

1. 国际贸易难度大

(1)国际间贸易存在更多障碍

国际贸易涉及国家或地区之间的重大经济利益，为争夺国际市场，保护本国产业和国内市场，各国往往运用关税和非关税壁垒，扩大本国产品出口，限制外国产品的进口。各种贸易壁垒的存在都或多或少地给国际贸易的顺利进行设置了障碍。

(2)比国内贸易更加复杂

由于各国语言、法律和风俗习惯不同，国际贸易的复杂程度要比国内贸易大得多。如在国际贸易中一旦发生贸易纠纷，就需要根据国际法律、规则和惯例进行解决，这远比国内贸易纠纷的解决复杂得多。此外，在国际贸易过程中，经常因为各国法律、商业习惯及风俗的不同而产生误解或矛盾。因此国际贸易从业者必须通晓贸易对象国的语言、法律和风俗习惯，才能顺利地开展国际贸易活动。

(3)调查贸易对象资信更困难

要想顺利进入国际市场，必须对国外市场进行深入的调查研究。然而由于国外市场调查资料的获得渠道较少，资料不易搜集完整，并且费用高昂，因此对国外市场的情报搜集十分困难。另外，为降低风险并避免日后恶意索赔的发生，国际贸易商必须对交易对象进行资金和信用调查，但这种调查也相当困难。

(4)国际贸易存在明显的不稳定性

国际贸易易受政策、经济形势和其他客观条件变化的影响，尤其在国际局势动荡不定、国际市场竞争和贸易摩擦剧烈、国际市场汇率经常浮动以及商品价格瞬息万变的情况下，国际贸易的不稳定性更为明显，从事国际贸易的难度也就更大。

2. 国际贸易风险多

在国际贸易中，自买卖双方接洽开始，要经过报价、还价、确认，之后订约，再到履约的整个基本流程。在此期间将会发生各式各样的风险，主要表现在以下几个方面：

(1)信用风险

信用风险是指由于交易对象不履行契约或履约不完全所产生的风险。在交易过程中，买卖双方的财务状况随时可能发生变化，有时甚至危及履约，出现信用危机。

(2)汇兑风险

汇兑风险是指在交易期限内，因合同计价货币汇率变动所产生的风险。汇兑期限越长，汇兑风险愈大。广义的汇兑风险，除汇率变动风险外，还包括外汇转移风险，即因外汇不足或政府实施外汇管制，导致无法汇出外汇的风险。

(3)政治风险

政治风险即因国内政治情况发生变化或法令规章有所变动导致无法履行合约的风险。有些国家由于自身经济等方面的问题，贸易政策法令不断修改，再加上一些国家内部的政局变动，经常使国际贸易商承担许多国内贸易不需承担的政治风险。

(4)价格风险

对外贸易多是大宗交易，贸易双方签约后，货价可能上涨或下跌，对买卖双方而言都存在价格风险。

(5)商业风险

国际贸易中由于买卖双方在订立合同前没有进行充分的磋商，导致进口商在履约时往往以货样不详、交货期晚、单证不符等各种理由拒绝收货，这对出口商而言就是商业风险。这些理由在货物被拒收前是无法确定的。

(6)其他外来风险

国际贸易中货物要经过长途运输，在运输过程中会遇到各种自然灾害、意外事故和各种其他意想不到的外来风险。

1.1.4 国际贸易的统计指标

1. 贸易额(Value of Trade)和贸易量(Quantum of Trade)

贸易额就是用货币表示的贸易的金额，贸易量就是剔除了价格变动影响之后的贸易额，贸易量使得不同时期的贸易规模可以进行比较。这里有三个相关的概念需要掌握。

(1)对外贸易额(Value of Foreign Trade):指一个国家在一定时期内的进口总额与出口总额之和。可以用该国货币表示,也可用国际上习惯使用的货币如美元、欧元等表示;联合国发布的世界各国对外贸易额是以美元表示的;各国在统计有形商品时,出口额以FOB价格计算,进口额以CIF价格计算;无形商品不报关,所以海关没有统计。

(2)国际贸易额(Value of International Trade):国际贸易额是以货币表示的世界各国对外贸易值的总和,又称"国际贸易值"。它等于一定时期内世界各国用FOB价格计算的出口贸易额之和。

(3)贸易量:贸易量是为了剔除了价格变动影响,能准确反映国际贸易或一国对外贸易实际数量的一个指标。在计算时,是以报告期的贸易额除以选定基期确定的价格指数,得到的就是相当于按不变价格计算(剔除价格变动的影响)的贸易额,该数值就叫报告期的贸易量。

贸易量可分为国际贸易量和对外贸易量、出口贸易量和进口贸易量。

2. 贸易差额(Balance of Trade)

贸易差额是指一个国家在一定时期内(通常为一年)出口总额与进口总额之间的差额。

(1)贸易顺差(Favorable Balance of Trade):中国也称之为"出超"(Excess of Export over Import),表示一定时期的出口额大于进口额。

(2)贸易逆差(Unfavorable Balance of Trade):中国也称之为"入超"(Excess of Import over Export)、"赤字",表示一定时期的出口额小于进口额。

(3)贸易平衡:就是一定时期的出口额等于进口额。

一般认为贸易顺差可以推进经济增长、增加就业,所以各国无不追求贸易顺差。但是,大量的顺差往往会导致贸易纠纷。例如日美汽车贸易大战等。

3. 国际贸易条件(Terms of International Trade)

国际贸易条件是出口商品价格与进口商品价格的对比关系,又称"进口比价"或"交换比价"。它表示出口一单位商品能够换回多少单位进口商品。很显然,换回的进口商品越多,越为有利。贸易条件在不同时期的变化通常是用贸易条件指数来表示,贸易条件指数是出口价格指数和进口价格指数的比值,计算公式是:出口价格指数除以进口价格指数,再乘以100(假定基期的贸易条件指数为100,即贸易条件指数=(出口价格指数/进口价格指数)×100)。

报告期的贸易条件指数大于100,说明贸易条件较基期改善。

报告期的贸易条件指数小于100,说明贸易条件较基期恶化。

4. 贸易的商品结构(Composition of Trade)

贸易的商品结构就是各类商品在贸易总值中所占的比重。这里涉及一个商品分类的问题,一般有两种分类方法。

(1)按照联合国秘书处的《国际贸易标准分类》(SITC),把有形商品依次分为10大类,其中0～4类商品称为"初级品",把5～8类商品称为"制成品",第9类为没有分类的其他商品。初级产品、制成品在进出口商品中所占的比重就表示了贸易的商品结构。

(2)按生产某种商品所投入的生产要素进行分类,可分为劳动密集型商品、资本密集型商品等某种生产要素密集型商品。

5. 贸易的地理方向(Direction of Trade)

(1)对外贸易地理方向(Direction of Foreign Trade)

对外贸易地理方向是指该国进口商品原产国和出口商品消费国的分布情况,它表明该国同世界各地区、各国家之间经济贸易联系的程度。

例如,2012年中国前十位的出口目的地是美国、欧盟、中国香港、东盟、日本、韩国、印度、俄罗斯、澳大利亚、中国台湾省。2012年中国前十位的进口来源地是:欧盟、东盟、日本、韩国、美国、中国台湾省、澳大利亚、沙特阿拉伯、巴西和南非。由此而确定的2012年中国前十大贸易伙伴(根据进出口总额确定)为欧盟、美国、东盟、中国香港、日本、韩国、中国台湾省、澳大利亚、俄罗斯、巴西。

(2)国际贸易地理方向(Direction of International Trade)

国际贸易地理方向是指国际贸易的地区分布和商品流向,也就是各个地区、各个国家在国际贸易中所占的地位。通常用它们的出口额(或进口额)占世界出口贸易总额(或进口贸易总额)的比重来表示。

例如,2012年世界商品出口前十位的国家或地区是欧盟、中国、美国、德国、日本、荷兰、法国、日本、俄罗斯、意大利。2012年世界商品进口前十位国家或地区是欧盟、美国、中国、德国、日本、法国、英国、韩国、印度、中国香港。

6. 对外贸易依存度(Foreign Dependence Degree)

对外贸易依存度是衡量一个国家(或地区)国民经济外向程度大小的一个基本指标。它是指对外贸易额在该国国民收入或国民生产总值中所占的比重。

1.1.5 国际贸易发展趋势

当前国际贸易的发展趋势和特点可以归纳为六个方面:

(1)国际贸易步入新一轮高速增长期,贸易对经济增长的拉动作用愈加明显。

(2)以发达国家为中心的贸易格局保持不变,中国成为国际贸易增长的新生力量。

(3)多边贸易体制面临新的挑战,全球范围的区域经济合作势头高涨。

(4)国际贸易结构走向高级化,服务贸易和技术贸易发展方兴未艾。货物贸易、服务贸易和技术贸易有望三位一体,并驾齐驱。

(5)贸易投资一体化趋势明显,跨国公司对全球贸易的主导作用日益增强。

(6)贸易自由化和保护主义的斗争愈演愈烈,各种贸易壁垒花样迭出。

以贸易全球化为首要内容的经济全球化,对中国经济和商务发展产生了深刻影响。深入分析和把握当前国际贸易的发展趋势和特点,对于我们科学决策,在更大范围、更广领域和更高层次上参与国际经济合作与竞争,把握好经济全球化带来的各种机遇,具有十分重要的意义。

1.1.6　国际贸易和我国国际贸易现状

1. 国际贸易现状

国际贸易现状是:国际贸易总额不断上升,贸易分工也向水平化与垂直化方向不断发展,分工不断细化。货物贸易依旧是处于主要位置,目前现状下货物贸易是国际贸易的主要组成部分,但服务贸易的比重在不断上升。贸易也呈现出一体化趋势,各国不断组建区域贸易经济,互惠互利,贸易壁垒不断降低。最近,越来越多的国家成功加入世贸组织,使越来越多的国家不断加入国际贸易当中。总体上来说,国际贸易不断深化,经济全球化、一体化进程不断加速。

2. 我国国际贸易的现状

我国自2001年加入世贸组织以来,进出口总额逐年增加。2001年,全年进出口总额为5090.5亿美元,其中出口额为2661亿美元,进口额为2435.5亿美元;2007年,全年进出口总额为21738.3亿美元,其中出口额为12180.2亿美元,进口额为9558.2亿美元。我国对外贸易发展增长速度在加入世贸组织之后的最初六年保持在20%以上,进出口总额增长了4.27倍,在世界贸易总额中居于第三位;2013年我国出口22096亿美元,进口19504亿美元,全年货物进出口总额41600亿美元,一跃成为世界第一。

值得注意的是,2013年,我国对外贸易发展中有两个数据引人注目:一是货物贸易突破4万亿美元大关,超过美国居世界第一位;二是服务贸易规模再创历史新高，进出口总额首破5000亿美元，继续保持在世界服务贸易中第三的位次。这充分表明，我国不仅巩固了贸易大国的地位，而且在朝着贸易强国稳步迈进。

但是在发展过程中，也存在着影响我国出口的一些问题。

(1)贸易顺差大幅度增加，并且有持续扩大的趋势。

20世纪80年代，进出口贸易一年平衡，两年顺差，其余七年逆差。合计为42.9亿美元逆差。而从1990年起，情况就完全改变了。除1993年外，我国对外贸易持续顺差，抵消1993年的逆差121.2亿美元。1990～2005年，累计顺差达3977.5亿美元，其中2000～2005年累计顺差额为2291.7亿美元。贸易顺差逐年增加。2005年为1020亿美元，2006年全年贸易顺差达到1775.17亿美元，2007年贸易顺差为2624.84亿美元，2008年贸易顺差达2958.44亿美元，2009年贸易顺差达2971亿美元。到了2013年，据来自商务部的数据，我国贸易顺差达5090亿美元。

(2)技术性贸易壁垒严重阻碍我国商品的出口。技术性贸易壁垒，是指一国或区域组织以维护其基本安全，保障人类及动植物的生命及健康和安全、保护环境、防止欺诈行为、保证产品质量等为理由而采取的一些强制性或自愿性的技术性措施。表现在：

第一，我国有60％以上的出口企业不同程度地遭遇了国外技术性贸易壁垒，每年遭遇国外技术性贸易壁垒的货物金额已超过货物贸易金额25％，为450亿～500亿美元。

第二，技术性贸易壁垒已经从生产流通领域扩展到生产加工领域，不仅包括货物商品，而且还延伸到金融、信息等服务领域，已经成为我国外贸企业面临的第一大非关税壁垒。技术性贸易壁垒，严重地影响了我国的商品出口，提高了我国的贸易成本，引发了贸易争端，造成地区产业发展不平衡。

第三，贸易摩擦增多，使得外贸风险加大。近年来，中国的对外贸易实现了快速增长，在由贸易大国向贸易强国的转变过程中，取得令人瞩目的成绩。但日渐增多的贸易摩擦也阻碍了中国对外贸易的发展，中国已连续12年成为全球遭受反倾销调查最多的国家，已连续5年成为遭受337调查最多的国家。贸易摩擦给我国出口造成严重的经济损失，而且导致我国产品在出口市场受到挤压，对我国产品的出口造成不利的影响。

1.2 国际贸易适用的法律和惯例

为保证国际贸易能够顺利进行，使国际贸易得到法律的承认与保护，国际贸易业务必须符合法律规范。但由于国际贸易的当事人一般身处不同的国家或地区，具有不同的法律和制度，因此，国际贸易所适用的法律法规有较大的不同。概括起来，国际贸易所适用的法律法规主要有：国际条约、国际贸易惯例、国内法等。

1.2.1　国际贸易中的主要国际条约

1. 关于国际货物买卖的公约

(1)《国际货物买卖统一法公约》(海牙，1964 年)；

(2)《联合国国际货物买卖合同公约》(维也纳，1980 年)；

(3)《联合国国际货物实卖时效期限公约》(纽约，1974 年)。

2. 关于国际货物运输的公约

(1)《统一提单的若干法律规则的国际公约》(1924 年)；

(2)《有关修改统一提单若干法律规则的国际公约的议定书》(1968 年)；

(3)《联合国海上货物运输公约》(简称《汉堡规则》，1978 年)；

(4)《统一国际航空运输某些规则的公约》(简称《华沙公约》，1929 年)；

(5)《修改华沙公约的议定书》(简称《海牙议定书》，1955 年)；

(6)《国际铁路货物联运协定》(简称《国际货协》，1951 年)；

(7)《关于铁路货物运输的国际公约》(简称《国际货约》，1961 年)；

(8)《联合国国际货物多式联运公约》(1980 年)。

3. 关于国际支付的公约

(1)《汇票、本票统一法公约》(日内瓦，1930 年)；

(2)《解决汇票、本票法律冲突公约》(日内瓦，1930 年)；

(3)《统一支票法公约》(日内瓦，1931 年)；

(4)《解决支票法律冲突公约》(日内瓦，1933 年)；

(5)《联合国国际汇票与国际本票公约》(1988 年)。

4. 关于对外贸易管理的公约

《世界贸易组织协议》(马拉喀什，1994)。

5. 关于贸易争端解决的公约

(1)《关于承认和执行外国仲裁裁决的公约》(纽约，1958 年)；

(2)《关于争端解决规则和程序的谅解》(马拉喀什，1994 年)。

6. 关于国际投资的公约

(1)《解决一国与他国国民投资争议的公约》(简称《华盛顿公约》)；

(2)《多边投资担保机构公约》(简称《汉城公约》，1985 年)。

7. 关于知识产权的公约

(1)《保护工业产权巴黎公约》(巴黎,1967年);

(2)《商标注册马德里公约》(马德里,1995年);

(3)《伯尔尼公约》(伯尔尼,1971年);

(4)《世界版权公约》(日内瓦,1971年)。

1.2.2 我国的国内法所涉及的有关国际贸易的主要法律

1. 关于适用于国际货物买卖的国内立法

《中华人民共和国合同法》自1999年10月1日起正式生效。

2. 关于适用于国际货物运输与保险的国内立法

《中华人民共和国海商法》自1993年7月1日起正式生效。

3. 关于适用于国际货款收付的国内立法

《中华人民共和国票据法》自1996年1月1日起施行。

4. 关于适用于对外贸易管理的国内立法

《中华人民共和国对外贸易法》、《中华人民共和国海关法》、《中华人民共和国进出口商品检验》等。

5. 关于适用于国际商事仲裁的国内立法

《中华人民共和国仲裁法》等。

1.2.3 常用的国际贸易惯例

1. 国际贸易惯例的含义

国际贸易惯例是指在国际贸易实践中逐步形成的、具有较普遍指导意义的一些习惯做法或解释。其范围包括有国际上的一些组织、团体就国际贸易的某一方面,如贸易术语、支付方式等问题所作的解释或规定;有国际上一些主要港口的传统惯例;也有不同行业的惯例。此外,各国司法机关或仲裁机构的典型案例或裁决,往往也视作国际贸易惯例的组成部分。

2. 国际贸易惯例的性质

(1)惯例本身不是法律,对当事人不具有强制性或法律约束力;

(2)惯例的采纳与适用以当事人的意思自治为基础,即买卖双方在合同中作出某些与惯例不符的规定,只要合同有效成立,双方都要遵照合同的规定履行义务,一旦发生争议,法院和仲裁机构也要维护合同的有效性。

3. 国际贸易惯例使用

当买卖双方发生争议时,如:

(1)合同的规定与惯例矛盾,则法院或仲裁机构以合同的规定为准;

(2)合同的规定与惯例不抵触,则法院或仲裁机构以国际惯例的规定为准；

(3)合同中明确规定采用某种惯例，则这种惯例就有其强制性。

4. 国际贸易惯例的作用

尽管国际贸易惯例在解决贸易纠纷时起到一定的作用，但应注意以下几个问题：

(1)国际贸易惯例并非是法律，因此，对买卖双方没有约束性，可采用也可不采用；

(2)如果买卖双方在合同中明确表示采用某种惯例时，则被采用的惯例对买卖双方均有约束力；

(3)如果合同中明确采用某种惯例，但又在合同中规定与所采用的惯例相抵触的条款，只要这些条款与本国法律不矛盾，就将受到有关国家的法律的承认和保护，即以合同条款为准；

(4)如果合同中既未对某一问题作出明确规定，也未订明采用某一惯例，当发生争议付诸诉讼或提交仲裁时，法庭和仲裁机构可引用惯例作为判决或裁决的依据。

在进出口业务中，我们应该多了解和掌握一些国际贸易惯例，对交易洽商、签订合同、履行合同和解决争议等是完全必要的。当然发生争议时，我们可以援引适当的惯例据理力争；对对方提出的合理论据，我们可避免强词争辩，影响争议的顺利解决或造成不良影响。特别要注意的是：在进出口业务中，我们引用惯例时一定要有根有据，以免造成被动。

5. 目前，在国际贸易领域常见的国际贸易惯例有：

(1)国际贸易术语方面

国际商会制定的《2000年国际贸易术语解释通则》；

国际法协会制定的《1932年华沙—牛津规则》；

美国全国对外贸易协会制定的《美国对外贸易定义修正本》。

(2)国际货款的收付方面

国际商会制定的《跟单信用证统一惯例》(国际商会第500号出版物)；

国际商会制定的《托收统一规则》1995年修订本(国际商会第522号出版物)。

(3)运输与保险方面

英国伦敦保险协会制定的《伦敦保险协会货物保险条款》；

中国人民保险公司制定的《国际货物运输保险条款》；

国际海事委员会制定的《约克—安特卫普规则》。

(4)国际仲裁方面

联合国国际贸易法委员会制定的《联合国国际贸易法委员会仲裁规则》。

需要注意的是，对于国际条约、国际惯例和国内立法的关系，不同法律制度有不同的规定。一般地，在许多国家，国际条约有自动生效和非自动生效之分。

1.3 国际贸易遵循的准则

为了有效地开展国际贸易，根据国际、国内有关法规和国际贸易实践经验，在对外订立、履行合同和处理合同争议的过程中，必须遵循下列行之有效的准则。

1.3.1 当事人法律地位平等准则

在订立进口合同和履约过程中，交易双方当事人都处于平等的法律地位，都同样受到法律的约束和保护。我国合同法第3条就明确规定："合同当事人的法律地位平等，一方不得将自己的意志强加给另一方。"

1.3.2 缔约自由准则

缔约自由是指根据当事人意思自治的原则订立合同，它是国际上一般通行的准则。《国际统一司法协会国际商事合同通则》第1.1条中明确规定："当事人有权自由订立合同并确定合同的内容。"我国合同法第4条规定："当事人享有自愿订立合同的权利，任何单位和个人不得非法干涉。"在此需要说明的是，缔约自由，并不意味着当事人可以随意订立合同，而是要依法订立合同，即在订立合同的程序和合同的内容上，都应遵守法律和行政法规。

1.3.3 公平交易准则

公平交易是国际上公认的一项通行的准则，与此相对应的是显失公平，即明显地偏袒一方的当事人而损害另一方当事人的合法权益。我国合同法第5条规定："当事人应遵循公平原则确定各方的权利和义务。"据此，当事人约定履行的义务和享受的权利应当对等，应当公平合理。否则，受损害一方当事人有权请求法院或仲裁机构予以纠正。

1.3.4 诚实信用准则

在《联合国国际货物销售合同公约》中，强调开展国际贸易必须遵循诚实守信用的原则。我国合同法第 6 条规定:“当事人行使权利、履行义务应当遵循诚实守信原则。”由此可见,诚实守信是当事人订立、履行合同和处理合同争议必须遵循的准则。诚实守信原则是一项强制性规范,它将道德规范与法律规范融为一体,当事人既不得约定排除其适用,也不得有任何违反此项准则的行为。

1.3.5 恪守合同准则

进出口合同订立后,交易双方都应严格履行约定的义务,任何一方都不得擅自单方面变更合同内容和终止合同,如一方不履行合同或违反约定,即构成违约。守约方有权追究违约方的法律责任。若当事人因不可抗力等原因不能履行或不能按期履行合同时,也应及时向对方通报情况,以避免对方的损失扩大。即使一方当事人因故需要变更或解除合同,也应与对方协商,并取得对方的同意方可变更或解除合同。总之,合同是对方当事人具有法律约束力的文件,当事人必须严肃对待合同,不折不扣地使用合同权利和履行合同义务。

1.3.6 遵守法律准则

遵守法律是一项最基本的强制性的规范,也是国际上公认的准则。因此,在订立、履行合同和处理合同争议过程中,合同各方当事人都必须具有法律意识和法治观念,严格遵守合同与法律,切实依法行事。订立合同是一种法律行为,只有依法成立的合同,才具有法律效力,才能受到法律的保护。履行依法成立的合同,同样是一种法律行为,该行为行使约定权利和履行约定义务,就有实际法律意义,就同样能受到法律保护。在处理进出口合同争议时,除法律本身有规定外,当事人可以选择或约定处理合同争议适用的法律。总之,在订立、履行合同处理合同争议时,都必须符合法律规定,才能得到法律保护。否则,不仅得不到法律保护,而且还得承担违法的后果。

1.4 本课程的研究对象与学习方法

1.4.1 本课程的研究对象

1. 国际货物贸易术语

本课程将对《2010 年国际贸易术语解释通则》中的 11 种贸易术语进行详细介绍,并提出针对不同情况如何选择最合适的贸易术语。

2. 国际货物买卖合同各项条款的约定

本课程将对国际货物买卖合同各项条款的基本内容进行详细说明,并明确需要注意的事项。

3. 国际货物买卖合同的商订与履行

国际货物买卖合同的商订与履行有哪些注意事项,如何正确商订与履行合同是国际贸易中最关键的问题,也是本课程重点研究的问题。

4. 国际贸易方式

国际贸易方式,是一种用于国际间的贸易方式。贸易方式是指国际贸易中采用的各种方法。随着国际贸易的发展,贸易方式亦日趋多样化。本课程将主要介绍常见的各种国际贸易方式。

5. 我国的国际贸易

我国的国际贸易发展现状和发展趋势,是本课程重点研究的问题。

1.4.2 本课程的学习方法

1. 必须贯彻理论联系实际的原则

本课程侧重实务,而实务必须联系实际、联系贯穿国际贸易各个环节的理论。

2. 必须注意业务与法律的联系

国际贸易业务各个环节与法律的联系需要特别注意,在处理国际贸易事务中,处理好国际惯例和本国法律、贸易国法律之间的关系,保证业务有序地按法律展开。

3. 要与时俱进

随着现代社会发展,国际贸易所适用的惯例、法规也会相应地不断更新,所以在学习国际贸易实务的过程中,要了解国际贸易惯例和法规的更新,要与时俱进,不能墨守成规。

4. 坚持学用结合的原则

要坚持边学边用,学用结合,才能取得好的学习效果。

【思考题】

1. 国际贸易的定义和特点是什么?
2. 国际贸易适用的惯例和法律的关系是什么?

第2章 国际贸易流程

【本章重点】

1. 贸易流程的业务流程
2. 贸易流程中需要注意的问题

国际贸易中，货物贸易占很大的比重。货物贸易也称为“有形（商品）贸易（Tangible Goods Trade）”，其用于交换的商品主要是以实物形态表现的各种实物性商品，是有形贸易。

商品贸易的货物是海关监管货物的一种，指单边输入关境或单边输出关境的进出口贸易方式的货物。在我国的对外贸易中，一般贸易是指中国境内有进出口经营权的企业单边进口或单边出口的贸易，按一般贸易交易方式进出口的货物即为一般贸易货物。一般贸易货物在进口时可以按一般进出口监管制度办理海关手续，这时它就是一般进出口货物；也可以享受特定减免税优惠，按特定减免税监管制度办理海关手续，这时它就是特定减免税货物；也可以经海关批准保税，按保税监管制度办理海关手续，这时它就是保税货物。

下面讨论的国际贸易流程即为一般贸易的货物贸易流程。

2.1 进出口贸易的一般业务流程

进出口业务的实际操作有很多环节，各个环节之间通常有一定的顺序。一般来说，不论出口或进口，整个贸易过程均可分为三个阶段：交易前的磋商、商订合同和履行合同。交易双方在充分准备的基础上，经过洽商，订立合同，以确定双方的权利和义务，然后按合同约定履行各自的义务。

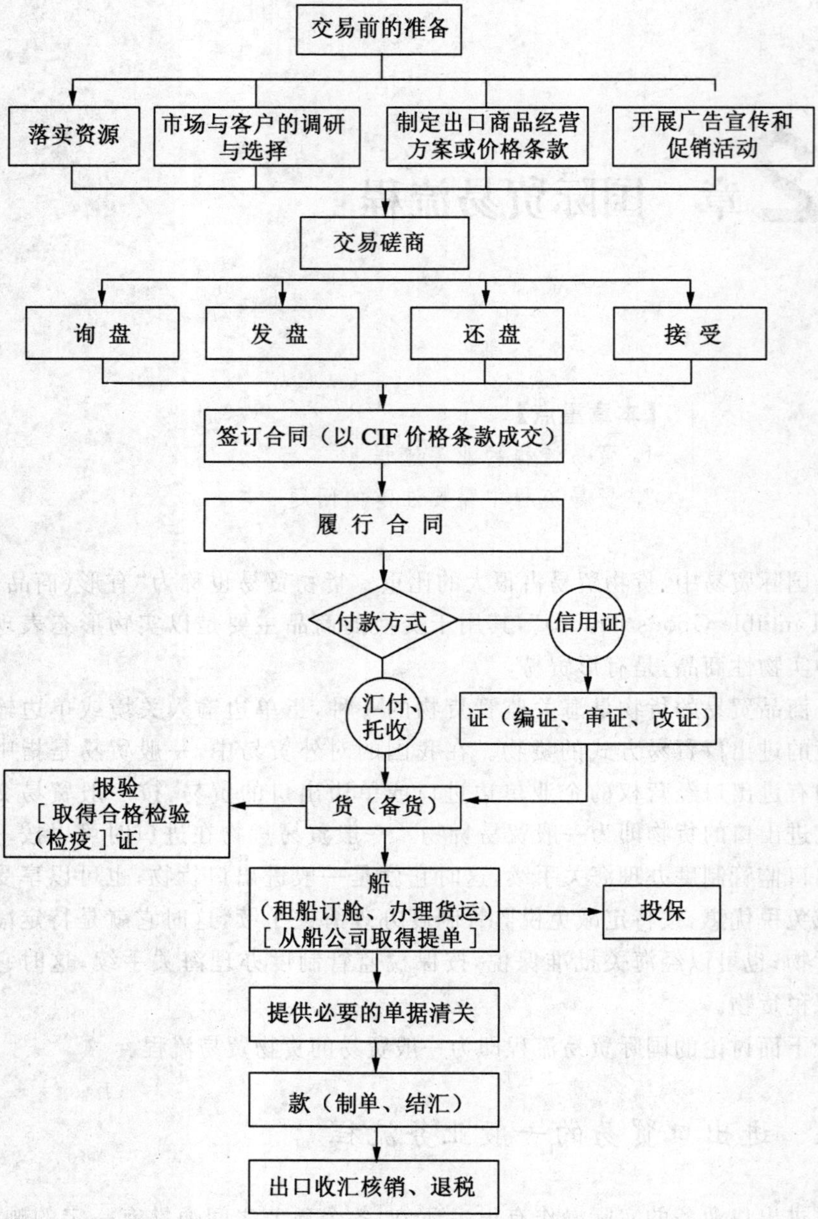

图 2-1 出口贸易业务流程

2.1.1 出口贸易的业务流程

出口贸易业务流程如下(以 CIF 价格条款成交为例)：

1. 出口交易前的准备

出口交易前的准备主要有以下几项工作内容：

(1)落实好货源并做好备货工作；

(2)加强对市场和国外客户的需求分析，选择合适的目标市场和目标客户；

(3)针对不同市场不同客户，制定相应的出口货物价格策略；

(4)充分利用各种网络平台和国内外展会，开展多种形式的广告宣传活动。

2. 签订出口合同

在做好充分的出口准备工作后，通过电子邮件、电话、传真、网络即时通信工具(如 MSN、SKYPE)或者通过与客户当面商谈等方式，与客户进行业务磋商，经过询盘、发盘、还盘、接受等环节，与客户达成交易，订立出口合同。

(1)报价

在国际贸易中一般是由产品的询价、报价作为贸易的开始。其中，对于出口产品的报价主要包括：产品的质量等级、产品的规格型号、产品是否有特殊包装要求、所购产品量的多少、交货期的要求、产品的运输方式、产品的材质等内容。

比较常用的报价有：FOB"船上交货"、CNF"成本加运费"、CIF"成本、保险费加运费"等形式。

(2)签约

贸易双方就报价达成意向后，买方企业正式订货并就一些相关事项与卖方企业进行协商，双方协商认可后，需要签订购货合同。在签订购货合同过程中，主要对商品名称、规格型号、数量、价格、包装、产地、装运期、付款条件、结算方式、索赔、仲裁等内容进行商谈，并将商谈后达成的协议写入购货合同。这标志着出口业务的正式开始。通常情况下，签订购货合同一式两份由双方盖本公司公章生效，双方各保存一份。

(3)付款方式

比较常用的国际付款方式有三种，即信用证付款方式、电汇付款方式和直接付款方式。

第一，信用证付款方式。

信用证分为光票信用证和跟单信用证两类。跟单信用证是指附有指定单据的信用证，不附任何单据的信用证称"光票信用证"。简单地说，信用证是保证出口商收回货款的保证文件。请注意，出口货物的装运期限应在信用证的有效期限内进行，信用证交单期限必须不迟于信用证的有效日期内提交。

国际贸易中以信用证为付款方式的居多，信用证的开证日期应当明确、清楚、完整。中国的几家国有商业银行，如中国银行、中国建设银行、中国农业银行、中国工商银行等，都能够对外开立信用证。

第二，电汇付款方式。

电汇付款方式是以外汇现金方式结算，由进口商将款项汇至指定的外汇银行账号内，可以根据合同要求发货前或货到后一定期限内汇款。

第三，直接付款方式。是指买卖双方直接交货付款。

3. 出口合同的履行

出口合同订立后，交易双方根据合同条款，按照诚实守信的原则，履行各自承担的义务。

对出口商而言，主要包括以下各环节的工作：

(1)备货

备货在整个贸易流程中，具有举足轻重的重要地位，必须按照合同逐一落实。业务部在确定交货期后，满足下列情况可下达生产通知，通知工厂按时生产：

①如果是信用证付款的客户，通常是在交货期前1个月确认信用证已经收到，收到信用证后应由业务员和单证员分别审查信用证，检查是否存在错误，交货期能否保障，及其他可能存在的问题，如有问题应立即请进口商改证。

②如果是电汇付款的客户，要确认定金是否已经到账。

备货的主要核对内容如下：

①货物品质、规格，应按合同的要求核实。

②货物数量：保证满足合同或信用证对数量的要求。

③备货时间：应根据信用证规定，结合船期安排，以利于船货衔接。

(2)包装

可以根据货物的不同，来选择包装形式（如：纸箱、木箱、编织袋等）。不同的包装形式其包装要求也有所不同。

一般出口包装标准：根据贸易出口通用的标准进行包装；

特殊出口包装标准：根据客户的特殊要求进行出口货物包装；

货物的包装和唛头（运输标志）：应进行认真检查核实，使之符合信用证的规定。

(3)报检、验货

在交货期前,及时通知公司验货员验货。

如果进口商要自己或指定验货人员来验货的,要在交货期前,及时约客户查货。

如果进口商指定由第三方验货公司或公正行等验货的,要在交货期前及时与验货公司联系,预约验货时间,确保在交货期前安排好时间。确定后将验货时间通知工厂。

(4)提供必要的单据报关、通关

第一,出口报关所需单证一般有以下几种:

必备单证:装箱单、商业发票、合同、出口核销单、报关单、报关委托书等:

①装箱单是由出口商提供的出口产品装箱明细。

②商业发票是由出口商提供的出口产品价格证明。

③报关委托书是没有报关能力的单位或个人委托报关代理行来报关的证明书。

④出口核销单由出口单位到外汇局申领,指有出口能力的单位取得出口退税的一种单据。

第二,如需商检产品,需商检委托书、商检证书等。其中商检证书是经过出入境检验检疫部门或其指定的检验机构检验合格后而得到的,是各种进出口商品检验证书、鉴定证书和其他证明书的统称,是对外贸易有关各方履行契约义务、处理索赔争议和仲裁、诉讼举证时具有法律依据的有效证件,同时也是海关验放、征收关税和优惠减免关税的必要证明。

目前我国进出口商品检验工作主要有四个环节:

①接受报验:报验是指对外贸易关系人向商检机构报请检验。

②抽样:商检机构接受报验之后,及时派员赴货物堆存地点进行现场检验、鉴定。

③检验:商检机构接受报验之后,认真研究申报的检验项目,确定检验内容;并仔细审核合同(信用证)对品质、规格、包装的规定,弄清检验的依据,确定检验标准、方法。

④签发证书:经商检机构检验合格后,签发放行单。

第三,如需配额如纺织品,需提供纺织品出口许可证报关联。

通关手续极为繁琐又极其重要,如不能顺利通关则无法完成交易。

须由专业持有报关证人员,持箱单、发票、报关委托书、出口结汇核销单、出口货物合同副本、出口商品检验证书等文本去海关办理通关手续。

(5)租船订仓,办理货运

在货物装船过程中,可以根据货物的多少来决定装船方式,并根据《购货合同》所定的险种来进行投保。可选择如下装运方式:

①整装集装箱

集装箱(又称“货柜”)的种类:①按规格尺寸分。目前,国际上通常使用的干货柜有20尺货柜、40尺货柜、40尺高柜。②按制箱材料有铝合金集装箱、钢板集装箱、纤维板集装箱、玻璃钢集装箱。③按用途有干集装箱、冷冻集装箱、挂衣集装箱、开顶集装箱、框架集装箱、罐式集装箱。

②拼装集装箱

拼装集装箱,一般按出口货物的体积或重量计算运费。

(6)运输保险投保

通常双方在签订《购货合同》中已事先约定运输保险的相关事项。常见的保险有海洋货物运输保险、陆空邮货运输保险等。其中,海洋运输货物保险条款所承保的险别,分为基本险别和附加险别两类。

(7)提单

提单是出口商办理完出口通关手续、海关放行后,由外运公司签出、供进口商提货、结汇所用单据。所签提单根据信用证所提要求份数签发,一般是三份。进行海运货物时,进口商必须持正本提单、箱单、发票来提取货物。若是空运货物,则可直接用提单、箱单、发票的传真件来提取货物。

(8)制单、结汇

出口货物装出之后,国际贸易公司即应按照信用证的规定,正确缮制箱单、发票、提单、出口产地证明、出口结汇等单据。在信用证规定的交单有效期内,递交银行办理议付结汇手续。

除采用信用证结汇外,其他付款的汇款方式一般有电汇、票汇、信汇等方式,由于信息技术的高速发展,现在汇款主要使用电汇方式。

(9)出口收汇核销、退税

出口商出口货物后,必须在规定的期限内足额准时收汇,使用出口收汇核销单向注册地外汇局提供必需的单证并按照必需的程序进行出口收汇核销。核销后,企业凭外汇局出具的“出口收汇核销退税联”向税务局办理出口退税,享受出口优惠政策。

2.1.2　进口贸易的业务流程

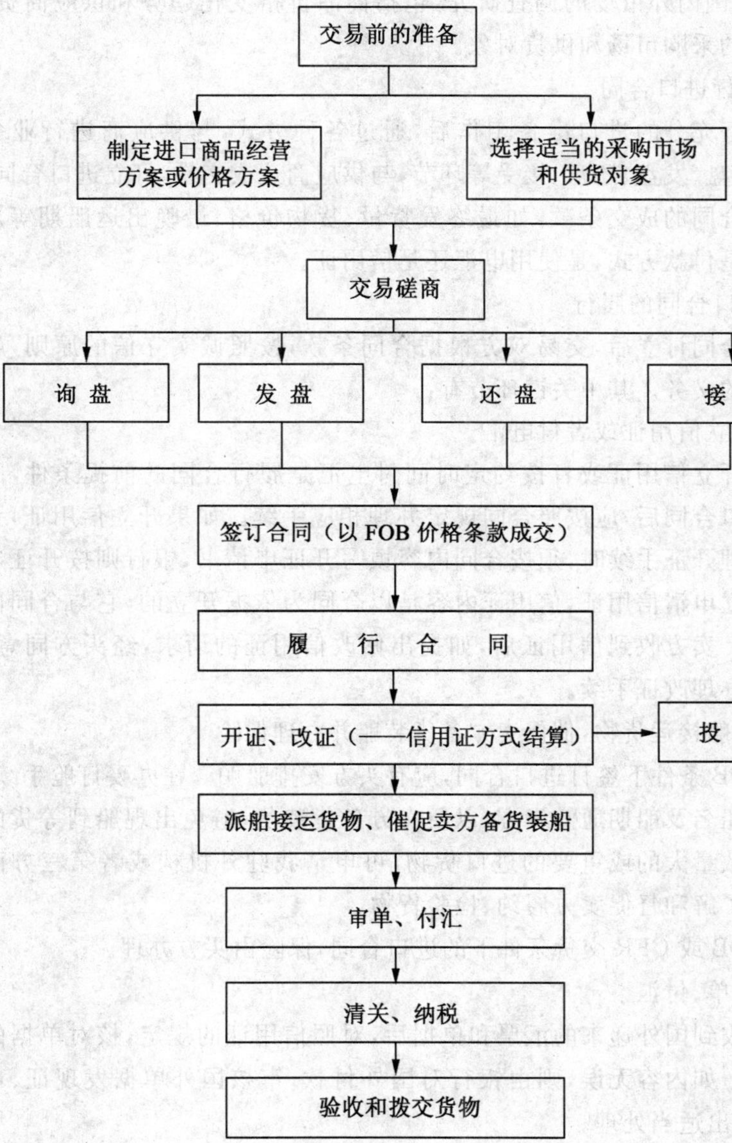

图 2-2　进口贸易业务流程

进口贸易业务流程如下(以 FOB 价格条款成交为例)：

1. 进口交易前的准备

主要有以下几项工作内容：

(1)进口货物许可证的申领,进口成本核算,制定进口商品经营方案或价格方案。

(2)对国内外市场的调查研究,包括商品价格变化趋势和供应商资信,选择适当的采购市场和供货对象。

2. 签订进口合同

在做好充分的进口准备工作后,通过各种方式,与供应商进行业务磋商,经过询盘、发盘、还盘、接受等环节,与供应商达成交易,订立进口合同。

确认合同的成交条款,如最终发货量、货物价格、最晚出运船期等。尤其重要的是付款方式,是使用电汇还是信用证。

3. 进口合同的履行

进口合同订立后,交易双方根据合同条款,按照诚实守信的原则,履行各自承担的义务。其中关键环节有:

(1)开立信用证或者付电汇

买方开立信用证或者按约定时间付电汇是履行合同的前提条件,因此在签订进口合同后,应按照合同规定办理相应手续。如果开立信用证,买方向银行办理开证手续时,须按合同内容填写开证申请书,银行则按开证申请书内容开立申请信用证,信用证内容是以合同为依据开立的,它与合同内容应当一致。卖方收到信用证后,如提出修改信用证的请求,经买方同意后,可向银行办理改证手续。

(2)派船接运货物,催促卖方备货装船并办理保险

按FOB条件下签订进口合同,应有买方安排船舶。在办妥订舱手续后,应及时将船名及船期通知卖方,以便卖方备货装货,避免出现船到等货的情况。对于数量大的或重要的进口货物,可申请我驻外机构或者第三方商检机构协助了解和督促卖方履约、检验货物。

在FOB或CFR交货条件下的进口合同,保险由买方办理。

(3)审单、付汇

银行收到国外递来的汇票和单据后,对照信用证的规定,核对单据的份数和内容。如内容无误,则由银行对国外付款;审核国外单据发现证、单不符时,应作出适当处理。

(4)报关、清关、纳税、验收和拨交货物

准备进口报关所需单证。进口报关所需单证一般有以下几种:

必备单证:清单、发票、合同、报关、报检委托书等。

从特定国家如欧盟、日本进口货物,如是木制包装箱需提供相应证书,如热处理证书或植物检疫证书等。

根据进口产品不同，我国进口关税税则中所规定的证件，如进口许可证、机电证、重要工业品证书等。

如进口产品符合减免税手册所规定的减免税条件的，应提供减免税证明等材料。

进口货物到货后，海关对货、证查验无误后予以放行。

(5)进口索赔

进口商品常因品质、数量、包装等不符合合同规定，而需向有关方面提出索赔。根据造成的原因的不同，进口索赔主要有三个方面，即向卖方索赔、向转船公司索赔、向保险公司索赔。

2.2　进出口贸易业务流程中需要注意的问题

2.2.1　出口贸易业务中的注意事项

(1)签订外销合同，审查出口商品是否进出口许可证经营范围；是否需要进出口许可证，如需要，则须先办好许可证申请工作。

(2)注意信用证开具是否符合合同要求，审查是否有无理要求。

(3)严格按照信用证要求组织出口货物。

(4)按时办理出口商检，取得商检换证凭单。

(5)及时联系外运公司，交货物运至指定外运提供报关所须单证。

(6)严格按信用证要求制单结汇。

(7)及时向结汇银行申报外汇收入。

(8)及时向外运公司索回出口货物的核销单报关核销联，联同外销发票，结汇水单向当地外汇管理局办理核销。

(9)按规定时间内凭核销证明及发票，专用缴款书，及退税申报向国税务局办理退税。

2.2.2　进口贸易流程中的注意事项

(1)要慎重选择国外供应商，并对进口商品进行业务调查，并做好申请进口许可证的工作。

(2)认真审核合同内容，包括合同号、买方卖方的详细信息、货物详细信息、付款方式、贸易术语、装货港、卸货港、最迟装运日、单据要求、一些附加条款、索赔等。

(3)通过各种渠道加强进口货物的质量控制，如有必要可申请商检机构进行监装。

(4)加强与外运公司的沟通,时时监控货物运输情况。

(5)接到客户单据后,应确认货物的商品编码,然后查阅海关税则,确认进口税率,确认货物需要什么监管条件,如需做各种检验,则应在报关前向有关机构报验。报验所需单据:报验申请单、正本箱单发票,合同、进口报关单等。商检应该提前进行,以免因耽误时间影响提货,甚至产生不必要的费用。若是法检商品应办理验货手续,如需商检,则要在报关前,拿进口商检申请单和报单办理登记手续,并在报关单上盖商检登记在案章以便通关,验货手续在最终目的地办理;如需动植检,要在报关前准备好箱单、发票、合同、报关单去代报验机构申请报验,在报关单上盖放行章以便通关,验货手续可在通关后堆场进行。

(6)提箱过程中应与堆场有关人员共同检查箱体是否有重大残破,如有,要求港方在设备交接单上签残。整箱由堆场提到场地后,应在免费期内及时掏箱以免产生滞箱。

2.3 进出口贸易中相关职位

2.3.1 工厂或者外贸公司环节

(1)工厂或者外贸公司的业务员。

(2)工厂或者外贸公司的操作员。

(3)工厂或者外贸公司的单据员。

(4)外贸会计。

(5)工厂或者外贸公司的监装员。

2.3.2 商检公司环节

(1)商检公司的办公员。

(2)商检公司的商检员。

2.3.3 货物陆运环节

(1)货物陆运货代公司(货代公司是根据客户的要求或指示,为客户的利益而提供货运的人,其本人并非承运人,货代也可以根据这些条件,从事与运送合同有关的活动,如储货、报关、验收、收款等。国际货运代理企业是为航空运输、铁路运输、水路运输等多种运输方式提供的在口岸或港口等边境有海关的地区清关、中转、转关等代理业务的企业。货代企业主要负责货物运输的业务，有内贸也有外贸。可分为一级国际货运代理有限公司、二级国际货运代理有限公司、三级国际货运代理有限公司等，一级代理可以直接在空运或海运公司或铁路公司订舱，二级必须只能在一级订舱，以此类推）的业务员。

(2)货物陆运货代公司的操作员。

(3)货物陆运货代公司的会计。

2.3.4　货物海运环节

(1)货物海运货代公司的业务员。

(2)货物海运货代公司的操作员。

(3)货物海运货代公司的会计。

2.3.5　通关环节

(1)港口，堆场工作人员。

(2)报关行报关员。

(3)海关工作人员等。

【思考题】

1. 进口贸易和出口贸易的业务流程分别是什么？

2. 进出口贸易中需要注意的问题有哪些？

第3章 常用国际贸易术语

【本章重点】

1. 国际贸易术语含义、作用和发展
2. 适用于各种运输方式的贸易术语买卖双方的责任义务、承担费用和风险转移点
3. 适用于水上运输方式的贸易术语买卖双方的责任义务、承担费用和风险转移点

3.1 概述

3.1.1 贸易术语的含义和作用

1. 贸易术语的含义

在长期的国际贸易实践中，逐渐形成了把某些和价格密切相关的贸易条件与价格直接联系在一起，形成了若干种报价的模式。每一模式都规定了买卖双方在某些贸易条件中所承担的义务。用来说明这种义务的术语，称之为贸易术语。贸易术语又叫"贸易条件"、"价格术语"，是指用一个简短的概念或者三个英文字母说明商品的价格构成、交货地点、买卖双方风险的划分以及费用和责任归属的专门用语。

贸易术语所表示的贸易条件，主要分两个方面：其一，说明商品的价格构成，是否包括成本以外的主要从属费用，即运费和保险；其二，确定交货条件，即说明买卖双方在交接货物方面彼此所承担的责任、费用和风险的划分。

贸易术语是国际贸易中表示价格的必不可少的内容。在报价中使用贸易术语，明确了双方在货物交接方面各自应承担的责任、费用和风险，说明

了商品的价格构成，从而简化了交易磋商的手续，缩短了成交时间。由于规定贸易术语的国际惯例对买卖双方应该承担的义务作了完整而确切的解释，因而避免了由于对合同条款的理解不一致，在履约中可能产生的某些争议。

2. 国际贸易术语的作用

国际贸易术语是国际贸易发展过程中的产物，它的出现又对国际贸易的发展产生了促进作用。具体来讲，贸易术语的作用可以归结为以下两个方面：

(1)简化交易过程，缩短交易时间。

第一，明确买卖双方责任、义务与费用。

第二，明确商品价格构成因素。

第三，明确合同性质。买卖双方各自的义务决定了该贸易合同的性质，如，FOB 术语的合同是属于装运合同，而非到货合同。

(2)弥补贸易合同本身不足，促进国际贸易发展。

买卖双方在订立合同时，可能会出现对合同条款考虑不周，对某些事项双方理解不一致的情况，这就容易导致双方的贸易争端。但如果合同采用了国际上普遍接受的贸易术语，则相当于为该笔贸易合同附加了一份详尽的国际惯例作解释说明，这在一定程度上可以弥补贸易合同本身的不足，减少或妥善解决贸易争端，进一步促进国际贸易的发展。

3.1.2　贸易术语的产生和发展

不同国家对贸易术语的多种解释引起的误解，以及合同双方当事人之间互不了解对方国家的贸易习惯的情况时常出现。这就会引起误解、争议、和诉讼，从而浪费时间和费用。为便于商人们使用，在进行涉外买卖合同所共同使用的贸易术语的不同国家，有一个准确的贸易术语解释出版物是很有必要的。有鉴于此，国际商会于 1921 年在伦敦举行的第一次大会时就授权搜集各国所理解的贸易术语的摘要。准备摘要的工作是在一个叫作“贸易术语委员会”的主持下进行的，并且得到各国家委员会的积极协助，同时广泛征求了出口商、进口商、代理人、船东、保险公司和银行等各行各业的意见，以便对主要的贸易术语作出合理的解释，使各方能够共同适用。经过十几年的磋商和研讨，终于在 1936 年制定了具有历史性意义的贸易条件解释规则，名为 Incoterms 1936，以后又于 1953 年、1967 年、1976 年、1980 年和 1990 年作出补充和修订，以便使这些规则适应当前国际贸易实践的发展。

1. Incoterms 1990 国际贸易术语

1990 年所作出的补充和修订，将所有的术语分为 4 个基本不同的类型。

第一组："E"组(发货)。

"E"组，指卖方仅在自己的地点为买方备妥货物(发货)。

EXW(EX Works)：工厂交货(指定地点)是指卖方将货物从工厂(或仓库)交付给买方，除非另有规定，卖方不负责将货物装上买方安排的车或船上，也不办理出口报关手续。买方负担自卖方工厂交付后至最终目的地的一切费用和风险。

第二组："F"组(主要运费未付)。

"F"组(FCA、FAS 和 FOB)指卖方需将货物交至买方指定的承运人(主要运费未付)。

FCA(Free Carrier)：货交承运人(指定地点)是指卖方必须在合同规定的交货期内在指定地点将货物交给买方指定的承运人监管，并负担货物交由承运人监管前的一切费用和货物灭失或损坏的风险。

FAS(Free Alongside Ship)：船边交货(指定装运港)是指卖方将货物运至指定装运港的船边或驳船内交货，并在需要办理海关手续时，办理货物出口所需的一切海关手续，买方承担自装运港船边(或驳船)起的一切费用和风险。

FOB(Free On Board)：船上交货(指定装运港)规定卖方必须在合同规定的装运期内在指定的装运港将货物交至买方指定的船上，并负担货物越过船舷以前为止的一切费用和货物灭失或损坏的风险。

第三组："C"组(主要运费已付)。

"C"组(CFR、CIF、CPT 和 CIP)指卖方须订立运输合同，但对货物灭失或损坏的风险以及装船和启运后发生意外所产生的额外费用，卖方不承担责任(主要运费已付)。

CFR(Cost and Freight)：成本加运费(指定目的港)是指卖方必须在合同规定的装运期内，在装运港将货物交至运往指定目的港的船上，负担货物越过船舷以前为止的一切费用和货物灭失或损坏的风险，并负责租船订舱，支付至目的港的正常运费。

CIF(Cost、Insurance and Freight)：成本、保险费加运费(指定目的港)是指卖方必须在合同规定的装运期内在装运港将货物交至运往指定目的港的船上，负担货物越过船舷以前为止的一切费用和货物灭失或损坏的风险并办理货运保险，支付保险费，以及负责租船订舱，支付从装运港到目的港的正常运费。

CPT(Carriage Paid to):运费付至(指定目的地)是指卖方支付货物运至指定目的地的运费。卖方负责货交承运人前的一切费用和货物灭失或损坏的风险,同时也负责货交承运人后的运输费用,但不负责在货物被交由承运人保管后,货物灭失或损坏的风险以及由于在货物交给承运人后发生的事件而引起的额外费用。即尽管卖方支付运费,但货交承运人后,风险已经从卖方转移至买方。

CIP(Carriage and Insurance Paid to):运费、保险费付至(指定目的地)是指卖方支付货物运至目的地的运费,并对货物在运输途中灭失或损坏的买方风险取得货物保险,订立保险合同,支付保险费用。卖方负责货交承运人前的一切费用和货物灭失或损坏的风险,同时也负责货交承运人后的运输费用和保险费用,但不负责在货物被交由承运人保管后,货物灭失或损坏的风险以及由于在货物交给承运人后发生的事件而引起的额外费用。即尽管卖方支付运费和保险费,但货交承运人后,风险已经从卖方转移至买方。

第四组:"D"组(到达)。

"D"组(DAF、DES、DEQ、DDU和DDP),指卖方须承担把货物交至目的地国所需的全部费用和风险(货到)。

DAF(Delivered at Frontier):边境交货(指定地点)是指卖方将货物运至买方指定的边境地点,将仍处于交货的运输工具上尚未卸下的货物交付买方,并办妥货物出口清关手续,承担将货物运抵边境上的指定地点所需的一切费用和风险,此地点为毗邻边境的海关前,包括出口国在内的任何国家边境(含过境国)。进口清关手续则由买方办理。

DES(Delivered EX Ship):目的港船上交货(指定目的港)是指卖方将货物运至买方指定目的港的船上,并交给买方,但不办理进口清关手续,卖方负担将货物运抵指定卸货港为止的一切费用和风险,买方负担货物从船上开始卸货期的一切费用和风险。

DEQ(Delivered EX Quay):目的港码头交货(指定目的港)是指将货物交付给买方,但不办理货物进口清关手续,卖方负担将货物运抵卸货港并卸至码头为止的一切费用与风险。买方则负担随后的一切费用和风险。

DDU(Delivered Duty Unpaid):未完税交货(指定目的地)是指卖方将货物运至进口国指定的目的地交付给买方,不办理进口手续,也不从交货的运输工具上将货物卸下,即完成交货。卖方应该承担货物运至指定目的地为止的一切费用与风险,不包括在需要办理海关手续时在目的地进口应缴纳的任何"税费"(包括办理海关手续的责任和风险,以及缴纳手续费、关税、税款和其他费用)。买方必须承担此项"税费"和因其未能及时办理货物进口清关手续而引起的费用和风险。

DDP(Delivered Duty Paid):进口国完税后交货(指定目的地)是指卖方将货物运至进口国指定地点,将在交货运输工具上尚未卸下的货物交付给买方,卖方负责办理进口报关手续,交付在需要办理海关手续时在目的地应缴纳的任何进口"税费"。卖方负担将货物交付给买方前的一切费用和风险。如卖方无法直接或间接的取得进口许可证时不宜采用该术语。DDP是卖方责任最大的贸易术语。

2.《2010年国际贸易术语解释通则》

随后,国际商会广泛征求世界各国从事国际贸易的各方面人士和有关专家的意见,通过调查、研究和讨论,对实行60多年的《通则》进行了全面的回顾与总结。为使贸易术语更进一步适应世界上无关税区的发展、交易中使用电子讯息的增多以及运输方式的变化,国际商会再次对《国际贸易术语解释通则》进行修订,并于1999年7月公布《2000年国际贸易术语解通则》(简称《Incoterms 2000》或《2000年通则》),于2000年1月1日起生效。2010年9月27日,国际商会正式推出《2010国际贸易术语解释通则》(Incoterms 2010),与Incoterms 2000并用,新版本于2011年1月1日正式生效。

(1)《2010年国际贸易术语解释通则》的特点。

①对部分贸易术语进行了删改,由13个国际贸易术语改为11个国际贸易术语;创设DAT和DAP两个新术语,取代DAF、DES、DEQ和DDU,由原来的四组术语减为两组用语,分别是适用于所有运输方式的用语,包括EXW、FCA、CPT、CIP、DAT、DAP和DDP以及适用于水路运输的用语,包括FAS、FOB、CFR、CIF。DAT和DAP两个新术语有助船舶管理公司弄清码头处理费(THC)的责任方。新通则明确了货物买卖方支付码头处理费的责任。

②改变了原来的术语分类标准,改为适合于任何运输方式的7个国际贸易术语和仅适合于海洋或者内河运输方式4个国际贸易术语。

③在具体解释每种贸易术语的开篇部分,增加了一个使用说明或者叫作"指导意见"。

④将每种贸易术语项下买卖双方各自承担的义务的排列方法进行了调整。

⑤取消了"船舷"的概念。在《2010年国际贸易术语解释通则》中,不再有"船舷"的概念。即,在原先的FOB、CFR和CIF术语解释中"船舷"的概念被删除,取而代之的是"装上船"(Placed On Board)。之前关于卖方承担货物越过船舷为止的一切风险,在新术语环境下变化为"卖方承担货物装上

船为止的一切风险，买方承担货物自装运港装上船后的一切风险”。

(2)《2010年国际贸易术语解释通则》修订后的国际贸易术语。

国际商会Incoterms 2010将Incoterms 2000中按照贸易术语第一个英文字母分组原则修改为按运输方式分组，将11种贸易术语划分为两组：

第一组适合于任何运输方式，包括7种贸易术语：EXW、FCA、CPT、CIP、DAT、DAP和DDP。

第二组仅适合于海洋或者内河运输方式，包括4种贸易术语：FAS、FOB、CFR和CIF。

3.2　适用于各种运输方式的贸易术语

国际商会Incoterms 2010分组原则修改为按运输方式分组，其中适合于任何运输方式，包括7种贸易术语，即：

EXW 工厂交货；

FCA 货交承运人；

CPT 运费付至；

CIP 运费、保险费付至；

DAT 运输终端交货；

DAP 目的地交货；

DDP 完税后交货。

3.2.1　EXW 工厂交货术语

1. EXW工厂交货术语含义

EXW贸易术语(EX Works)工厂交货，本术语英文为“EX Works(... named place)”，即“工厂交货(……指定地点)”。

交货地点：卖方工厂。

运输方式：各种运输。

风险转移：交货时。

EXW贸易术语指卖方应在其所在地即车间、工厂、仓库等，把备妥的货物交付给买方，但通常不负责将货物装上买方准备的车辆上或办理货物结关。买方承担自卖方的所在地将货物运至预期的目的地的全部费用和风险。EXW是卖方承当责任最小的术语。买方必须承担在卖方所在地受领货物的全部费用和风险。

但是，若双方希望在起运时卖方负责装载货物并承当装载货物的全部费用和风险时，则须在销售合同中明确写明。在买方不能直接或间接地办理出口手续时，不应使用该术语，如果卖方同意装载货物并承当费用和风险的话，应使用 FCA。

2. 买卖方的义务

(1)卖方义务

①提供符合合同规定的货物

卖方必须提供符合销售合同规定的货物和商业发票或有同等作用的电子讯息，以及合同可能要求的、证明货物符合合同规定的其他任何凭证。

②许可证、其他许可和手续

应买方要求并由其承当风险和费用，在需要办理海关手续时，卖方必须给予买方一切协助，以帮助买方取得为货物出口所需的出口许可证或其他官方许可。

③运输合同与保险合同

运输合同无义务。

保险合同无义务。

④交货

卖方必须按照合同约定的日期或期限，或如果未约定日期或期限，按照交付此类货物的惯常时间，在指定的地点将未置于任何运输车辆上的货物交给买方处置。若在指定的地点内未约定具体交货点，或有若干个交货点可使用，则卖方可在交货地点中选择最适合其目的的交货点。

⑤风险转移

除合同特别规定者外，卖方必须承当交货前货物灭失或损坏的一切风险，直至已经按照交货规定交货为止。

⑥费用划分

除合同特别规定者外，卖方必须负担交货前与货物有关的一切费用，直到已经按照交货规定交货为止。

⑦通知买方

卖方必须给予买方有关货物将于何时何地交给买方处置的充分通知。

⑧交货凭证、运输单据或有同等作用的电子讯息

卖方无义务。

⑨查对、包装、标记

卖方必须支付为了将货物交给买方处置所需进行的查对费用（如查对货物品质、丈量、过磅、点数的费用）。

卖方必须自付费用提供按照卖方在订立合同前已知的有关该货物运输

(如运输方式、目的地)所要求的包装(除非按照相关行业惯例,合同所指货物通常无需包装)。包装应作适当标记。

⑩其他义务

应买方要求并由其承当风险和费用,卖方必须给予买方一切协助,以帮助其取得由交货地国和(或)原产地国所签发或传送的为买方出口和(或)进口货物可能要求的和必要时从他国过境所需要的任何单据或有同等作用的电子讯息。应买方要求,卖方必须向买方提供投保所需的信息。

(2)买方义务

①支付价款

买方必须按照销售合同规定支付价款。

②许可证、其他许可和手续

买方必须自担风险和费用,取得任何出口和进口许可证或其他官方许可,在需要办理海关手续时,并办理货物出口的一切海关手续。

③运输合同与保险合同

运输合同无义务。

保险合同无义务。

④受领货物

买方必须在卖方按照交货和通知买方的规定交货时间受领货物。

⑤风险转移

买方必须按照下述规定承担货物灭失或损坏的一切风险:自按照交货规定交货之时起或由于买方未能按照通知卖方规定通知卖方,则自约定的交货日期或交货期限届满之日起,但以该项货物已正式划归合同项下,即清楚地划出或以其他方式确定为合同项下之货物为限。

⑥费用划分

买方必须支付自按照交货规定交货之时起与货物有关的一切费用以及在货物交给买方处置而买方未受领货物或未按照通知卖方规定给予卖方相应通知而发生的任何额外费用,但以该项货物已正式划归合同项下,即清楚地划出或以其他方式确定为合同项下之货物为限,需要办理海关手续时,货物出口应缴纳的一切关税、税款和其他费用以及办理海关手续的费用。

买方必须偿付卖方按照许可证、其他许可和手续规定给予协助时所发生的一切费用。

⑦通知卖方

一旦买方有权确定在约定的期限内受领货物的具体时间和(或)地点时,买方必须就此给予卖方充分通知。

⑧交货凭证、运输单据或有同等作用的电子讯息

买方必须向卖方提供已受领货物的适当凭证。

⑨货物检验

买方必须支付任何装运前检验的费用，包括出口国有关当局强制进行的检验。

⑩其他义务

买方必须支付因取得卖方义务所述单据或有同等作用的电子讯息而发生的一切费用，并偿付卖方给予协助时所发生的费用。

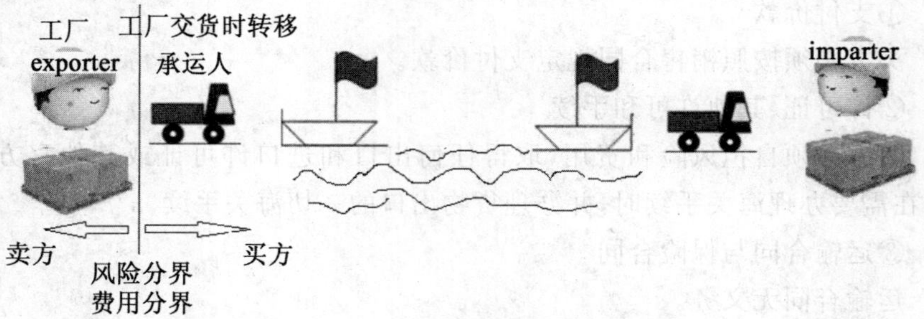

图 3-1　EWX 风险、费用示意图

3. 使用 EXW 术语应注意的问题

(1)在 EXW 术语后面要尽可能清楚地写明指定交货地点内的交付点。如果在指定交货地点没有约定特定的交付点，且有不止一个交付点可供使用时，卖方可以选择对其最方便的交付点。

(2)卖方不需要将货物装上任何前来接收货物的运输工具，如果卖方更方便装货，应使用 FCA。

(3)需要清关时，卖方无需办理出口清关手续。卖方只有在买方提出要求并承担风险和费用时才有义务协助买方办理出口手续。因此，在买方不能直接或间接地办理出口手续时，不应使用这一术语，而应使用 FCA。

(4)当买方提出要求并承担风险和费用时，卖方有义务及时向买方提供或协助买方取得货物进出口相关单证和信息，包括安全信息。而买方仅有限度地承担向卖方提供货物出口相关信息的责任。

【案例 3-1】

中国 F 公司按 EXW 条件对外出口一批电缆。但在交货时，买方派车接运货物时，买卖双方就装车问题发生争议。买方认为卖方应负责装车及装车费用，而卖方有不同意见。问：买方的要求卖方装车是否合理？

分析：买方要求卖方装车不合理，因为在 EXW 术语下，由买方负责

装车。

【案例 3-2】

有一产地交货合同(EXW 合同),出售新鲜荔枝 10 公吨,总值 150000 美元。合同规定买方必须在 5 月 20～26 日之间派冷藏集装箱车到产地接运货物。临近交货期,卖方随多次催促对方派车,但直到 5 月 31 日均未见对方派车。于是卖方不得不在 6 月 1 日把这批货物卖给另一新买主,得价 100000 美元。问:在此情况下,卖方的做法是否正确? 卖方是否应为未交货负责任? 其的损失应由谁负责?

分析:买方未按合同规定按时到产地接运货物,卖方有权为了减少损失采取相应措施。所以卖方的做法是正确的。

卖方因买方的违约所受损失应由买方负责。

3.2.2　FCA 货交承运人术语

1. FCA 术语的含义

FCA(Free Carrier)贸易术语货交承运人。

交货地点:交承运人。

运输方式:各种运输。

风险转移:交货时。

FCA 术语英文为“Free Carrier(… named place)”,即“货物交承运人(……指定地点)”。

FCA 术语指卖方应负责将其移交的货物,办理出口清关手续后,在指定的地点交付给买方指定的承运人,即完成交货。根据商业惯例,当卖方被要求与承运人通过签订合同进行协作时,在买方承担风险和费用的情况下,卖方可以照此办理。FCA 可用于各种运输方式,包括多式联运。

“承运人”指任何在运输合同中,承诺通过铁路、公路、空运、海运、内河运输或上述运输的联合方式履行运输或由他人履行运输义务的人。

若买方指定承运人以外的人领取货物,则当卖方将货物交给此人时,即视为已履行了交货义务。

2. 关于买卖双方义务的规定

(1)卖方义务

①提供符合合同规定的货物

卖方必须提供符合销售合同规定的货物和商业发票或有同等作用的电子讯息,以及合同可能要求的、证明货物符合合同规定的其他任何凭证。

②许可证、其他许可和手续

卖方必须自担风险和费用，取得任何出口许可证或其他官方许可，并在需要办理海关手续时，办理货物出口所需要的一切海关手续。

③运输合同与保险合同

运输合同：无义务。但若买方要求，或者如果是商业惯例而买方未适时给予卖方相反指示，则卖方可按照通常条件订立运输合同，费用和风险由买方承当。在任何一种情况下，卖方都可以拒绝订立此合同；如果拒绝，则应立即通知买方。

保险合同：无义务。

④交货

卖方必须在指定的交货地点，在约定的交货日期或期限内，将货物交付给买方指定的承运人或其他人，或由卖方按照运输合同选定的承运人或其他人。

交货在以下情况完成：

第一，若指定的地点是卖方所在地，则当货物被装上买方指定的承运人或代表买方的其他人提供的运输工具时。

第二，若指定的地点不是上述地点，而是其他任何地点，则当货物在卖方的运输工具上，尚未卸货而交给买方指定的承运人或其他人或由卖方按照运输合同选定的承运人或其他人的处置时。

第三，若在指定的地点没有决定具体交货点，且有几个具体交货点可供选择时，卖方可以在指定的地点选择最适合其目的的交货点。若买方没有明确指示，则卖方可以根据运输方式和（或）货物的数量和（或）性质将货物交付运输。

⑤风险转移

除买方承担的一切风险外，卖方必须承当货物灭失或损坏的一切风险，直至已经按照规定交货为止。

⑥费用划分

除买方费用划分规定者外，卖方必须支付与货物有关的一切费用，直至已按照规定交货为止；及在需要办理海关手续时，货物出口应办理的海关手续费用及出口应缴纳的一切关税、税款和其他费用。

⑦通知买方

卖方必须给予买方说明货物已按照交货规定交付给承运人的充分通知。若在约定时间承运人未按照规定接收货物，则卖方必须相应地通知买方。

⑧交货凭证、运输单据或有同等作用的电子讯息

卖方必须自己承担费用向买方提供证明按照规定交货的通常单据。

除非前项所述单据是运输单据，否则，应买方要求并由其承担风险和费用，卖方必须给予买方一切协助，以取得有关运输合同的运输单据（如可转让提单、不可转让海运单、内河运输单据、空运单、铁路托运单、公路托运单或多式联运单据）。

如买卖双方约定使用电子方式通信，则前项所述单据可以使用有同等作用的电子数据交换（EDI）讯息所代替。

⑨查对、包装、标记

卖方必须支付为了按照交货所需进行的查对费用（如核对货物品质、丈量、过磅、点数的费用）。

卖方必须自付费用提供按照卖方在订立销售合同前已知的有关该货物运输（如运输方式、目的地）所要求的包装（除非按照相关行业惯例，合同所述货物通常无需包装发运）。包装应作适当标记。

⑩其他义务

应买方要求并由其承担风险和费用，卖方必须给予买方一切协助，以帮助买方取得由装运地国和（或）原产地国所签发或传送的、为买方进口货物可能要求的和必要时从他国过境所需要的任何单据或有同等作用的电子讯息（交货凭证、运输单据或有同等作用的电子讯息的除外）。应买方要求，卖方必须向买方提供投保所需的信息。

(2)买方义务

①支付价款

买方必须按照销售合同规定支付价款。

②许可证、其他许可和手续

买方必须自担风险和费用，取得任进口许可证或其他官方许可，并在需要办理海关手续时，办理货物进口和从他国过境的一切海关手续。

③运输合同与保险合同

运输合同：买方必须自付费用订立自指定的地点运输货物的合同。

保险合同：无义务。

④受领货物

买方必须在卖方按照规定交货时，受领货物。

⑤风险转移

买方必须按照下述规定承担货物灭失或损坏的一切风险：

自按照规定交货之时起以及由于买方未能按照交货规定指定承运人或

其他人,或其指定的承运人或其他人未在约定时间接管货物,或买方未按照通知卖方规定给予卖方相应通知,则自约定的交货日期或交货期限届满之日起,但以该项货物已正式划归合同项下,即清楚地划出或以其他方式确定为合同项下之货物为限。

⑥费用划分

买方必须支付自按照规定交货之时起与货物有关的一切费用以及由于买方未能按照交货规定指定承运人或其他人、或由于买方指定的人未在约定的时间内接管货物、或由于买方未按照通知卖方规定给予卖方相应通知而发生的任何额外费用,但以该项货物已正式划归合同项下,即清楚地划出或以其他方式确定为合同项下之货物为限。

在需要办理海关手续时,货物进口应缴纳的一切关税、税款和其他费用以及办理海关手续的费用及从他国过境的费用。

⑦通知卖方

买方必须就按照交货规定指定人的名称给予卖方充分通知,并根据需要指明运输方式和向该指定人交货的日期或期限,以及依情况在指定地点内的具体交货点。

⑧交货凭证、运输单据或有同等作用的电子讯息

买方必须接受按照卖方交货凭证、运输单据或有同等作用的电子讯息规定提供的交货凭证。

⑨货物检验

买方必须支付任何装运前检验的费用,但出口国有关当局强制进行的检验除外。

⑩其他义务

买方必须支付因取得卖方其他义务所述单据或电子讯息而发生的一切费用,并偿付卖方按照该款给予协助以及按照运输合同订立运输合同所发生的费用。

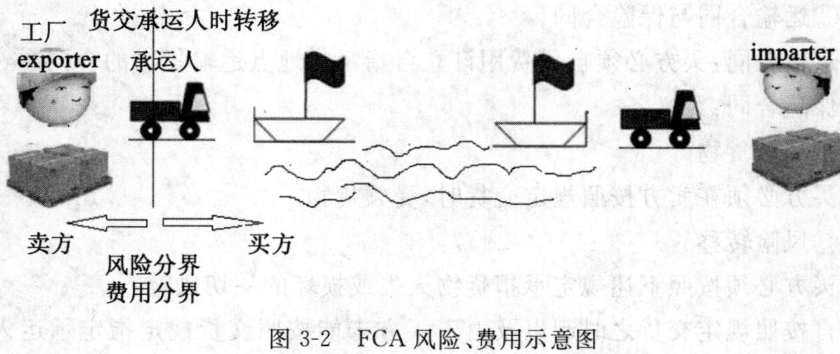

图 3-2　FCA 风险、费用示意图

当买方按照运输合同规定要求卖方协助订立运输合同时，买方必须给予卖方相应的指示。

3. 使用 FCA 术语应注意的问题

(1)FCA 风险转移是以货交承运人为界，在各种运输方式下，卖方在将货物交给承运人时即算完成交货，风险就此转移。但是，由于在 FCA 术语条件下，由买方负责订立运输契约，并将承运人名称及有关事项及时通知卖方，卖方才能如期完成交货义务，并实现风险的转移。如果买方未能及时通知卖方，或由于买方的责任，使卖方无法按时完成交货，其后的风险是否仍由卖方承担？按《通则 2010》的解释，如发生上述情况，则自规定的交付货物的约定日期或期限届满之日起，买方要承担货物灭失或损坏的一切风险。可见，对于 FCA 条件下，风险转移的界限问题不能简单化理解。一般情况下，是在承运人控制货物后，风险由卖方转移给买方，但是如果由于买方的责任，使卖方无法按时完成交货义务，只要“该项货物已正式划归合同项下”，那么风险转移的时间可以前移。

(2)FCA 适用于包括多式联运在内的各种运输方式。卖方的交货地点因采用的运输方式的不同而不同。有时须在出口国的内陆办理交货，如车站、机场或内河港口。不论在何处交货，根据《通则 2010》的解释，卖方都要自负风险和费用，取得出口许可证或其他官方批准证件并办理货物出口所需的一切海关手续。随着我国对外贸易的发展，内地省份的出口货物有一些不一定在装运港交货，而采取就地交货和交单结汇的做法会越来越多，为适应这一需要，FCA 术语的使用将逐渐增多。

(3)按照 FCA 术语成交，一般是由买方自行订立从指定的地点承运货物的合同，但是，如果买方有要求，并由买方承担风险和费用的情况下，卖方也可代替买方指定承运人并订立运输合同。当然，卖方也可以拒绝订立运输合同，如果拒绝应立即通知买方，以便买方另行安排。

(4)按照 FCA 术语成交，买卖双方承担费用的划分也是以货交承运人为界，即卖方负担货物交给承运人控制之前的有关费用，买方负担货交承运人之后所发生的各项费用。但是买方委托卖方代办一些属于自己义务范围内的事项所产生的费用以及由于买方的过失所引起的额外费用，均应由买方负担。

【案例 3-3】

中国 E 公司按照 FCA 条件出口一批钢材，合同规定 4 月份装运。但到了 4 月 30 日，仍未见买方关于承运人名称及有关事项的通知。在此期间，备置用作出口的货物，因遭遇火灾而焚毁。问：此项损失应由谁负担？

分析：此项损失应由卖方负担，因为卖方有责任交货。而买方未按时接运货物，仅承担推迟接运货物可能给卖方带来的仓储费用、仓储保险费及其利息损失的责任。

【案例 3-4】

我方以 FCA 贸易术语从意大利进口布料一批，双方约定最迟的装运期为 4 月 12 日，由于我方业务员疏忽，导致意大利出口商在 4 月 15 日才将货物交给我方指定的承运人。当我方收到货物后，发现部分货物有水渍，据查是因为货交承运人前两天大雨淋湿所致。据此，我方向意大利出口商提出索赔，但遭到拒绝。问：我方的索赔是否有理，为什么？

分析：我方的索赔无理。因为 FCA 项下，进口方负责运输，但我方未在合同约定的装运期内派去运输工具，导致卖方无法及时交货，所以在运输工具晚到的时间内发生的损失应该由我进口方承担。

【案例 3-5】

我某出口企业按 FCA Shanghai Airport 条件向印度 A 商出口手表一批，货价 5 万美元，规定交货期为 8 月份，自上海运往孟买；支付条件为买方凭由孟买某银行转交的航空公司空运到货通知即期全额电汇付款。我出口企业于 8 月 31 日将该批手表运到上海虹桥机场交由航空公司收货并出具航空运单。我方随即用电传向印商发出装运通知。航空公司于 9 月 2 日将该批手表空运至孟买，并将到货通知连同有关发票和航空运单交孟买某银行。该银行立即通知印商收取单据并电汇付款。此时，国际手表价格下跌，印商以我交货延期，拒绝付款、提货。我出口企业坚持对方必须立即付款、提货。双方争执不下，逐提交仲裁。如果你是仲裁员，你认为应如何处理？说明理由。

分析：印商应该付款。因为 FCA 的风险点在货交承运人处，即本案中上海虹桥机场货交航空公司处，交货时间为 8 月 31 日，符合合同 8 月份交货的时间要求，卖方按照合同规定履行了交货义务，所以买方印商应该付款。

3.2.3 CPT 运费付至术语

1. CPT 术语的含义

CPT(Carriage Paid To)指“运费付至(……指定地点)”，本术语系指卖方支付货物运至指定目的地的运费。关于货物灭失或损坏的风险以及货物交至承运人后发生事件所产生的任何额外费用，自货物已交付给承运人照管之时起，从卖方转由买方承担。另外，卖方须办理货物出口的结关手续。本术语适用于各种运输方式，包括多式联运。

交货地点:交承运人。

运输方式:各种运输。

风险转移:交货时。

CPT价格=FCA价格+Carriage(国外运费)。

CPT(运费付至)属于象征性交货。所谓象征性交货(Symbolic Delivery),是针对实际交货(Physical Delivery)而言。象征性交货是指卖方只要在销售合同约定的时间和地点完成装运,并向买方提交符合合同规定的包括物权凭证在内的有关单证,就算完成了交货义务,而无需保证到货。

2. 关于买卖双方义务的规定

(1)卖方义务

①提供符合合同规定的货物

卖方必须提供符合销售合同规定的货物和商业发票或有同等作用的电子讯息。以及合同可能要求的、证明货物符合合同规定的其他任何凭证。

②许可证、其他许可和手续

卖方必须自担风险和费用,取得任何出口许可证或其他官方许可,并在需要办理海关手续时,办理出口货物所需的一切海关手续。

③运输合同和保险合同

卖方必须自付费用,按照通常条件订立运输合同,依通常路线及习惯方式,将货物运至指定目的地的约定点。如未约定或按照惯例也无法确定具体交货点,则卖方可在指定的目的地选择最适合的交货点。

④交货

卖方必须向按照运输合同规定订立合同的承运人交货,如还有接运的承运人时,则向第一承运人交货,以使货物在约定的日期或期限内运至指定目的地的约定点。

⑤风险转移

除合同特别规定者外,卖方必须承担货物灭失或损坏的一切风险,直至已按照规定交货为止。

⑥费用划分

除合同特别规定者外,卖方必须支付直至按照规定交货之时与货物有关的一切费用以及按照运输合同规定所发生的运费和其他一切费用,包括根据运输合同规定由卖方支付的装货费和在目的地的卸货费;在需要办理海关手续时,货物出口需要办理的海关手续费用及出口时应缴纳的一切关税、税款和其他费用,以及根据运输合同规定,由卖方支付的货物从他国过境的费用。

⑦通知买方

卖方必须给予买方说明货物已按照规定交货的充分通知以及要求的任何其他通知，以便买方能够为受领货物采取通常必要的措施。

⑧交货凭证、运输单据或有同等作用的电子讯息

卖方必须自付费用，向买方提供按照订立的运输合同所涉的通常运输单据（如可转让提单、不可转让海运单、内河运输单据、空运货运单、铁路运单、公路运单或多式联运单据）。

如买卖双方约定使用电子方式通信，则前项所述单据可以由具有同等作用的电子数据交换（EDI）讯息代替。

⑨查对、包装、标记

卖方必须支付为按照规定交货所需进行的查对费用（如核对货物品质、丈量、过磅、点数的费用）。

卖方必须自付费用，提供符合其安排的运输所要求的包装（除非按照相关行业惯例该合同所描述货物无需包装发运）。包装应作适当标记。

⑩其他义务

应买方要求并由其承担风险和费用，卖方必须给予买方一切协助，以帮助买方取得由装运地国和（或）原产地国所签发或传送的、为买方进口货物可能要求的和必要时从他国过境所需的任何单据或有同等作用的电子讯息（交货凭证、运输单据或有同等作用的电子讯息所列的除外）。

应买方要求，卖方必须向买方提供投保所需的信息。

(2)买方义务

①支付价款

买方必须按照销售合同规定支付价款。

②许可证、其他许可和手续

买方必须自担风险和费用，取得任何进口许可证或其他官方许可，并在需要办理海关手续时，办理货物进口及从他国过境的一切海关手续。

③保险合同和运输合同

保险合同：买方负责。

运输合同：无义务。

④受领货物

买方必须在卖方已按照规定交货时受领货物，并在指定的目的地从承运人处收受货物。

⑤风险转移

买方必须承当按照规定交货时起货物灭失或损坏的一切风险。

如买方未能按照规定给予卖方通知，则买方必须从约定的交货日期或交货期限届满之日起，承担货物灭失或损坏的一切风险，但以该项货物已正式划归合同项下，即清楚地划出或以其他方式确定为合同项下之货物为限。

⑥费用划分

除运输合同规定外，买方必须支付自按照规定交货时起的一切费用；货物在运输途中直至到达目的地为止的一切费用，除非这些费用根据运输合同应由卖方支付；卸货费，除非根据运输合同应由卖方支付；如买方未按照规定给予卖方通知，则自约定的装运日期或装运期限届满之日起，货物所发生的一切额外费用，但以该项货物已正式划归合同项下，即清楚地划出或以其他方式确定为合同项下之货物为限；在需要办理海关手续时，货物进口应缴纳的一切关税、税款和其他费用；办理海关手续的费用；以及从他国过境的费用，除非这些费用已包括在运输合同中。

⑦通知卖方

一旦买方有权决定发送货物的时间和（或）目的地，买方必须就此给予卖方充分通知。

⑧交货凭证、运输单据或有同等作用的电子讯息

如果该单据符合合同规定的话，买方必须接受按照规定提供的运输单据。

⑨货物检验

买方必须支付任何装运前检验的费用，但出口国有关当局强制进行的检验除外。

⑩其他义务

买方必须支付因获取己方其他义务所述单据或有同等作用的电子讯息所发生的一切费用，并偿付卖方因给予协助而发生的费用。

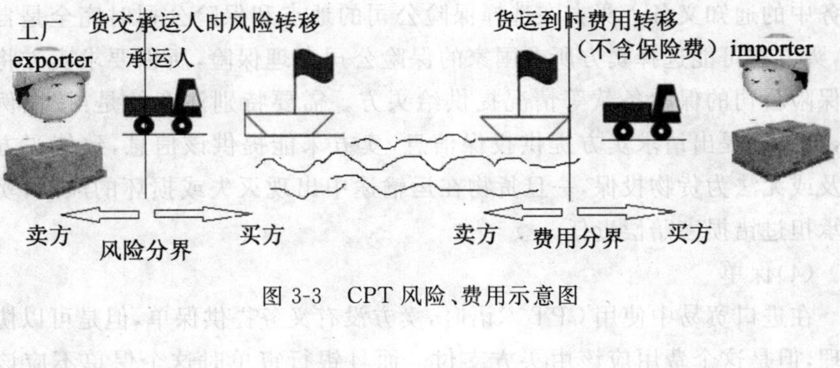

图 3-3　CPT 风险、费用示意图

3. 使用 CPT 术语应注意的问题

(1)交货通知

《2000 年通则》规定,卖方必须在货物交给承运人或其他人接管后,向买方发出交货的详尽通知。在实际业务中,此类通知亦称为"装运通知"(Shipping Advice),其作用在于使买方及时办理货物运输保险和办理进口手续、报关和接货。交货通知的内容通常包括合同号或订单号、信用证号、货物名称、数量、总值、运输标志、启运地、启运日期、运输工具名称及预计到达目的地日期等。如果买方需要卖方提供特殊信息,应在买卖合同中约定或在信用证中作出规定。需要特别注意的是:若卖方未按惯例规定发出或未及时发出交货通知,使买方投保无依据或造成买方漏保,货物在运输过程中一旦发生灭失或损坏,应由卖方承担赔偿责任。

(2)货物交接

在 CPT 术语下,由卖方签订将货物运至目的地指定地点的运输合同,并支付运输费用。但卖方承担的只是从交货地点至目的地的正常运费,正常运费以外的其他有关费一般由买方承担,如因意外事故而发生的额外费用。与后面要讲到的 CFR 术语不同,CPT 可用于各种运输方式。承运人可能是公路运输公司、铁路运输公司、航空运输公司、船运公司、联合承运人或承担运输责任的货运代理人等。卖方应按规定的时间和地点,将货物交给承运人处置,如果是多式联运则交给第一承运人处置。卖方交货的地点可能在出口国内陆,也可能在边境地区的港口或车站等,但不论在哪交货都由卖方负责办理出口报关的手续。卖方在交货后,应及时给予买方充分通知,以便买方安排保险。

(3)投保信息

该贸易术语规定由卖方根据买方的请求,提供投保信息,这是卖方合同义务中的通知义务。买方在选择保险公司的地点和保险公司时完全是自由的,买方有可能选择卖方所在国家的保险公司办理保险,所以要求卖方将指定保险公司的保险条款等情况提供给买方。需要特别注意的是:按惯例规定,若买方提出请求卖方提供投保信息,卖方未能提供该信息,致使买方来不及或无法为货物投保,一旦货物在运输途中出现灭失或损坏的风险,卖方应承担过错损害赔偿责任。

(4)保单

在进口贸易中使用 CPT 术语时,卖方没有义务提供保单,但是可以协助办理,但是这个费用应该由买方支付。而且银行审单时这个保单不应该在审核范围之内。如果买方希望对方提供保单,就应该采用 CIP 或者 CIF

条款。

(5)风险划分

在 CPT 术语下,货物风险以货物交给承运人(如在多式联运下以货物交给第一承运人)为风险划分的界限。卖方承担货交承运人之前货物灭失或损坏的一切风险。买方承担自此以后的货物灭失或损坏的一切风险。在 CPT 术语下,也存在“风险提早转移”。如果买方有权决定发送货物的时间和(或)目的地,买方就必须就此给予卖方充分的通知。若买方未给予卖方充分通知,则买方须从约定的交货日或交货期限届满之日起,承担货物灭失或损坏的一切风险。但是这种风险转移要以货物已划归本合同项下为前提,即必须讲过特定化,可辨认其为买卖合同项下的标的物时,风险才能转移。

同样,因为货物包装不良、标识不清或因货物存在品质问题或固有瑕疵所造成的灭失或损坏,其风险并不因交货而由卖方转移至买方。

4. CPT 与 FCA 的异同点

CPT 运费付至(……指定地点)中的地点一般指买方所在地或买方指定的地点或双方认可的任何地点。CPT 是指卖方向其指定的承运人交货,但卖方还必须支付将货物运至目的地的运费。亦即买方承担交货之后一切风险和其他费用。风险自货物交给第一承运人时转移。卖方同时要负责进口地的进口清关手续,并支付相关税费。

FCA 货交承运人(……指定地点):是指卖方只要将货物在指定的地点交给买方指定的承运人,并办理了出口清关手续,即完成交货。需要说明的是,交货地点的选择对于在该地点装货和卸货的义务会产生影响。若卖方在其所在地交货,则卖方应负责装货,若卖方在任何其他地点交货,卖方不负责装货。若买方指定承运人以外的人领取货物,则当卖方将货物交给此人时,即视为已履行了交货义务。

两者在风险转移方面,都以“货物交给第一承运人时转移”。

【案例 3-6】

某公司以 CPT 条件出口一批冬装,该公司按期将货物交给指定承运人,但运输途中由于天气原因货物延期一个月到达目的地,错过了销售季节。买方向该公司提出索赔,卖方拒赔了。请问卖方的做法合理吗?请说明理由。

分析:卖方的做法合理。CPT 是象征性交货。所以卖方按约定时间货交指定承运人即完成义务。货物延期到达目的地的风险应该由买方承担。

3.2.4 CIP 运费、保险费付至术语

1. CIP 术语的含义

CIP 贸易术语(Carriage and Insurance Paid to)运费保险费付至。

交货地点:交承运人。

运输方式:各种运输。

风险转移:交货时。

CIP 的全称是 Carriage and Insurance Paid to,即“运费及保险费付至(……指定目的地)”。它指卖方除负有与 CPT 运费付至(……指定目的地)术语相同的义务外,卖方还须办理货物在运输途中应由买方承担的货物灭失或损坏风险的海运保险并支付保险费。本术语适用于任何运输方式。

例如中国某外贸公司向孟加拉公司出口货物,在 CIP 条件下订立货物买卖合同,合同中具体价格条款如下:CIP Chittagong USD80.00/SQM。这里的 Chittagong 为指定的目的地。

根据《2010 通则》,CIP 是卖方将货物在双方约定地点交给其指定的承运人或第一承运人。卖方必须签订运输合同和保险合同,并支付将货物运至指定目的地所需运费和为买方办理货物在运输途中的货运保险费用。

CIP 价格=CPT 价格+Insurance(国外保险费)。

CIP(运费保险费付至)属于象征性交货。

2. 关于买卖双方义务的规定

(1)卖方义务

①关于交付货物的规定

卖方必须提供符合买卖合同规定的货物,并在合同约定的日期或期限内将货物交给指定的承运人或第一承运人,完成交货。《2010 通则》规定,卖方在完成交货后,必须及时向买方发出通知,以便买方采取收取货物的相应措施。

②关于订立合同及办理出口相关手续的规定

首先,卖方必须按照通常条件订立运输合同,并支付合同费用。根据《2010 通则》的规定,卖方订立的运输合同应当按照通常航线和习惯方式运送货物。当然,货物买卖双方有特别约定的除外。

其次,卖方必须自付费用订立货物保险合同。这是 CIP 术语与 CPT 术语的唯一区别。如果双方事先未在合同中对定保险险别和保险金额,卖方只需按照最低责任的险别投保。但是,如果买方提出要求并支付费用要求一些特殊附加险,卖方有义务为买方办理相关保险。最低保险金额应为合

同价另加10%，并采用合同货币。

最后，卖方必须自负风险和费用，取得所有出口许可或其他官方授权，办理货物出口和交货前从他国过境运输所需的一切海关手续。

③关于支付相关费用的规定

除了上述两条中提到的相关运费、税费、保险费和手续费之外，如需要时，卖方应当提供完成交货前与货物相关的一切费用，包括出口所需要进行的查对费用（如查对质量、丈量、过磅、点数的费用）以及出口国有关机构强制进行的装运前检验所发生的费用等。

④关于风险转移的规定

在CIP条件下，与CPT术语相同，以承运人或第一承运人为界，卖方承担将货物交给承运人控制之前的风险，买方承担之后的风险。

(2)买方义务

①关于收付货物的规定

买方必须按照货物买卖合同约定支付价款，并在货物到达目的地时自承运人收取货物。为保证货物的正常运送，当买方有权决定发货的时间和目的地时，其必须向卖方发出充分通知。

②关于办理相关进口手续的规定

若需要时，买方应当自负风险和费用取得进口许可证或其他官方授权，办理货物进口或从他国过境运输所需的一切海关手续。

③关于支付相关费用的规定

买方承担自卖方交货起，与货物相关的一切费用，但是按照运输合同和保险合同由卖方支付的除外。

特殊情况下，如果买方没有充分通知卖方发货时间及地点，则自约定发货之日或发货期限届满之日起，所发生的一切额外费用由买方负责，当然前提是该货物已清楚地规定为合同项下之货物。

④关于风险转移的规定

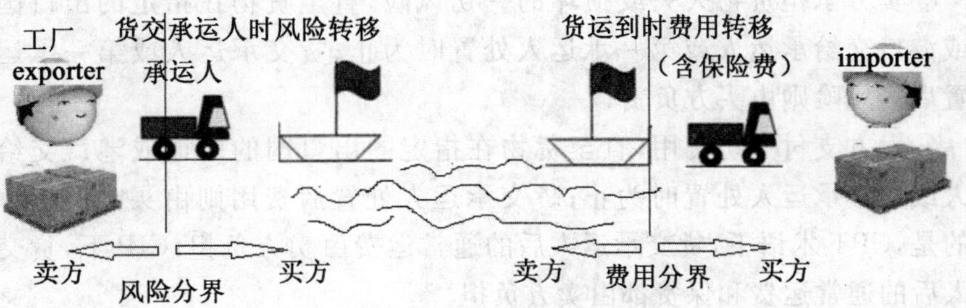

图3-4　CIP风险、费用示意图

同 CPT 术语相同，以承运人或第一承运人为界，卖方承担将货物交给承运人控制之前的风险，买方承担之后的风险。

3. 使用 CIP 术语应注意的问题

(1)术语的适用范围

CIP 适用于各种运输方式，包括多式联运。具体内容同 CPT 术语相同，这里就不再赘述。

(2)风险和保险的问题

在 CIP 条件下，卖方的投保实际属于代办性质，因为货物从交货地运往目的地的运输风险是由买方承担的。这样就造成了保险的办理人与所投保风险受益人的分离，会形成货物买卖双方的利益不一致。因此，《2010 通则》对于卖方办理保险的类别和金额都作了详细的规定。而买卖双方在签订合同时也最好能协商确定所投保的险别。

4. CIP 与 FCA 和 CPT 之间的关系

(1) FCA、CPT 和 CIP 术语的共同点

①适用于任何运输方式，包括多式联运，也包括海运。在船舷无实际意义时，如在滚装(滚卸)或集装箱运输的情况下，使用 FCA、CPT、CIP 术语比使用 FOB、CFR、CIF 更为适宜。

②卖方在规定的日期或期间内在出口国的内地或港口把货物交给承运人或第一承运人。

③卖方自行负担风险和费用，取得出口许可证或其他官方批准证件，并办理货物出口所必需的一切海关手续；买方自负风险和费用，取得进口许可证或其他官方批准文件，并办理货物进口以及必要时经由另一国家过境运输所需的一切海关手续。

④卖方支付货物出口所需的办理海关手续的费用以及为出口应缴纳的一切关税、税捐等。买方支付货物进口和必要时经另一国家过境运输应缴纳的一切关税税捐和其他官方费用及办理海关手续的费用；

⑤卖方承担货物灭失或损坏的一切风险，直至货物在指定的出口国内地或港口交给承运人或第一承运人处置时为止；货交承运人或第一承运人处置后的风险则由买方负责；

⑥卖方支付一切费用，直至货物在指定的出口国的内地或港口交给承运人或第一承运人处置时为止；货交承运人处置后费用则由买方负责。例外的是，CPT 术语下，货交承运人后的通常运费由卖方负担；CIP 下，货交承运人后的通常运费和保费都由卖方负担。

(2) FCA、CPT 和 CIP 术语的不同点

①FCA、CPT 和 CIP 术语的价格构成不同。

CPT 价＝ FCA 价＋国外运费

CIP 价＝ CPT 价＋保险费

②FCA、CPT 和 CIP 术语在办理运输合同并支付到目的地的正常运费和办理保险合同支付正常保费时责任方不同。

FCA 买方办理运输合同，支付到目的地的正常运费，买方办理保险合同支付正常保费；

CPT 卖方办理运输合同，支付到目的地的正常运费，买方办理保险合同支付正常保费；

CIP 卖方办理运输合同，支付到目的地的正常运费，卖方办理保险合同支付正常保费。

【案例 3-7】

我国某外贸公司向俄罗斯某公司出口一批木制家具，成交条件为 CIP 莫斯科，采用铁路运输。双方签订的合同中没有详细规定投保的险别。于是，我国公司向 PICC 投保了陆运一切险。同时与某运输公司签订了运输合同，并按时将货物交给承运人。但在运输途中，不幸遇到某地区铁路工人罢工，货物只好被停靠在该车站。当天突降大雨，货运公司因人手有限而未来得及防护，致使全部木制家具遭受雨水浸泡，严重掉漆变形。我方将包括保险单据在内的全套单据提交给俄罗斯进口公司要求其付款，但是对方以未投罢工险为由拒绝付款。根据《2010 通则》，俄罗斯进口公司是否该付款呢？

分析：在本案例中，俄罗斯进口公司应该付款。首先，根据《2010 通则》规定，在 CIP 条件下，若买卖双方未在合同中具体规定投保险别，卖方仅需投保最低险别。而我方投保了高于最低险别的陆运一切险，罢工险明显不属于最低险别，已经完成卖方义务。

其次，本例中的损失是由于货物不能被运输和人手有限而造成，不是直接又罢工引起的，不属于罢工险的承保范围。最后，CIP 条件下，由买方承担货物交给承运人之后的风险，在本案中，罢工带来的风险也应该是由俄罗斯进口商承担。所以，在我方履行了卖方责任和义务并且提供全套单据的情况下，俄罗斯进口商应当付款。

3.2.5　DAT 运输终端交货术语

1. DAT 术语的含义

DAT 术语(Delivered At Terminal 目的地或目的港的集散站交货)，该

术语不需要考虑特定的运输方式,可适应一种或者多种运输方式。“终点地交货”意为,卖方在便于买方处置的终点港或终点地将货物从运输工具中卸下,完成交货。“终点地”指任何地方,包括但不限于码头、仓库、集装箱堆场、公路、铁路或者空港。

DAT术语下,卖方在指定港口或者目的地的指定运输终端将货物从到达的运输工具上卸下并交给买方处置时,即完成交货。卖方承担将货物在指定港口或者目的地的终到站卸下运输工具之前的一切风险和费用。

合同双方应谨慎并尽可能地确定清晰的终点地,如有可能,某一特定地,作为双方都认可的终点地或终点港。卖方应获得一份与这个精确选择相匹配的运输合同。

此外,如果合同双方试图要求卖方承担包括运输和处理货物从终点地到其他地方的风险和费用,应当使用DAP或者DDP(后面介绍)术语。

在适应的情况下,DAT要求卖方为货物办理出口清关手续。但是,卖方没有任何义务为货物办理进口清关手续和支付进口关税以及履行任何进口海关手续。

DAT(目的地或目的港的集散站交货)属于实际交货。

2. 关于买卖双方义务的规定

(1)卖方义务

①卖方一般义务

卖方必须提供符合销售合同规定的货物和商业发票或合同可能要求的有同等作用的电子讯息。

②许可证、授权书、安全证书和其他手续

在适用的情形下,卖方必须自担风险和费用,取得任何出口许可证和其他官方授权书,并为货物办理出口和交货前运输过程中通过任何国家的一切必要的海关手续。

③运输和保险合同

运输合同:卖方必须承担货物运至双方达成的目的地或目的港所需的费用,如果特定终点未予明确或者无法确定,卖方在指定终点港或目的地选择最适合交货目的交货地。

保险合同:卖方没有义务为买方订立保险合同。但是,卖方必须应买方请求并由其承担风险和费用时向其提供与订立保险合同相关的信息。

④交货

卖方必须在货物到达目的地时卸货,并且应当按运输合同的规定,在合同双方商定的终点地和交货日期或期间将货物交由买方处置。

⑤风险转移

卖方承担按照规定交货之前货物损坏或灭失的一切风险，但风险转移到买方的情形除外。

⑥费用分担

卖方必须支付除运输合同造成的风险外一切关于货物的费用，直到按照规定交货时止，其余费用由买方按照规定支付。

在适应的情况下，卖方承担为货物出口所必需的海关手续费用，如关税、税收和其他出口规费以及按照交货之前经过任何国家的费用。

⑦通知买方

卖方必须为了买方采取有必要的收货措施给予其充分的通知。

⑧交货凭证

卖方必须向买方提供一切有利于买方按照交/收货的规定收货的文件，并承担相关费用。

⑨查对、包装、标记

卖方必须支付为了按照交货所需进行的查对费用（如核对货物品质、丈量、过磅、点数的费用），装船前由政府出口主管部门进行的任何强制检查费用也由卖方支付，卖方必须自付货物包装的费用，除非按照惯例，为特定的贸易运输不需包装的货物。卖方必须采用适合运输的包装，除非买方没有在合同履行前通知卖方特定的包装要求。包装应当作适当的标记。

⑩信息协助和其他费用

在适用的情形下，应买方要求并由其承担风险和费用，卖方应当为买方获得为了货物进口或至最后目的地的运输所需的文件、信息包括与安全有关的信息，及时向买方提供和给予协助。

卖方必须支付已方为信息协助或给予信息资料协助所产生的一切损失和费用。

(2)买方义务

①买方一般义务

买方必须按照销售合同规定支付价款。

②许可证、授权书、安全证书和其他手续

在适用的情形下，买方必须自担风险和费用，取得任何进口许可证和其他官方授权，并履行为货物进口必需的一切海关手续。

③运输和保险合同

运输合同：买方无义务为卖方订立运输合同。

保险合同：买方无义务为卖方订定保险合同。但是，买方必须应卖方请求时向其提供与获得保险的必要信息。

④收货

买方必须在卖方按照规定交货时受领货物。

⑤风险转移

买方承担自收货时起的一切关于货物损坏和灭失的风险。下列情况买方可不承担风险：①买方没有充分履行提供许可证、授权书、安全证书和其他手续的义务，则承担由此产生的货物损坏和灭失的风险。②买方没有按照规定给予相应的通知，则承担从协议交货日期起或协议交货期限届满之日起的，清楚地划出或以其他方式确定为合同项下之货物的损坏和灭失的风险。

⑥费用承担

买方必须支付的费用有：

第一，按照规定交货之时起与货物有关的一切费用。

第二，任何由卖方承担的额外费用，如果买方未履行提供许可证、授权书、安全证书和其他手续的义务，或没有按照合同要求履行通知义务，但即以该货物清楚地划出或以其他方式确定为合同项下之货物为限。

第三，在适应的情况下，为货物进口应当缴纳的一切关税、税款和其他货物进口费用。

⑦通知卖方

买方必须依据《通则 2010》给予卖方充分的通知，当买方有资格确定在约定的期限内(或提货地点在指定的终点地)。

⑧交货凭证

买方必须接受按照交货凭证提供的任何交货文件。

⑨检查货物

买方必须支付在装船前检查的费用，除非这种检查是由出口国主管部门强制进行的。

⑩信息协助和其他费用

买方应当及时地给予卖方任何信息安全需求的建议，以便卖方履行信息协助的义务。

买方必须支付卖方为信息协助或给予信息资料协助所产生的一切损失和费用。

应卖方要求买方应当为卖方获得为了货物运输和货物出口或通过任何国家所需的资料信息包括与安全有关的信息承担风险和费用，在适应的情形下，及时向卖方提供和给予协助。

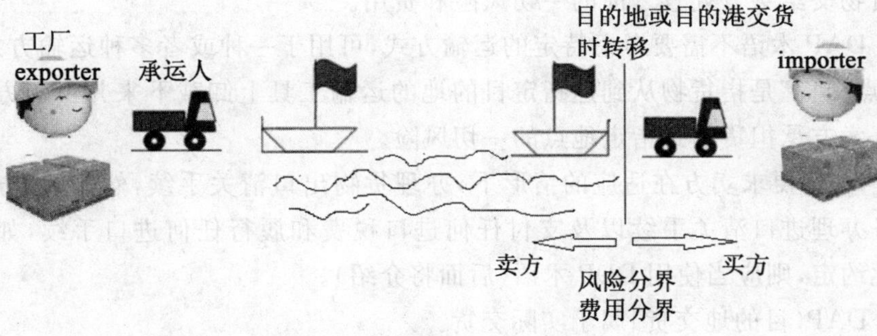

图 3-5　DAT 风险、费用示意图

3. 使用 DAT 术语应注意的问题

(1)正确理解“运输终端”的含义

DAT 是 Incoterms 2010 新增术语，旨在替代 Incoterms 2000 中的 DEQ 术语。“运输终端”意味着进口国境内任何地点，例如码头、仓库、集装箱堆场或公路、铁路、空运货站。

(2)注意卖方责任的限度

使用 DAT 术语时，卖方在指定港口或目的地的运输终端交货。且卖方要负责将货物从到达的运输工具上卸下，这一点与 Incoterms 2000 中的 DEQ 类似。但 DEQ 术语是在目的港码头交货，卖方承担的责任仅限于将货物运至目的地港口并卸至码头，而不负责再将货物由码头搬运到其他地方。DAT 的交货地点虽然不再受码头的限制，但卖方承担的责任仍只是将货物交到合同约定的运输终端。如果双方希望由卖方再将货物从运输终端运到另外的地点，并承担其间的风险和费用，则应当使用 DAP 或 DDP(后面介绍)术语。

【案例 3-8】

国内一出口企业应邀向美国某进口商报价出口苹果罐头一批，采用 DAT New York 术语，交货期为当年 2 月 28 日前。不料因海运途中耽搁，货物于 3 月 3 日才到达纽约港。问：上述海运耽搁应由何方负责？

分析：此案的海运耽搁应由卖方负责。因为，在 DAT 术语下，卖方负责一切风险和费用将货物运抵目的地(港)并卸下。

3.2.6　DAP 目的地交货术语

1. DAP 术语的含义

DAP(Delivered At Place 目的地交货)是指卖方在指定目的地将处于运输工具上的货物做好卸货准备并交给买方处置时，即完成交货。卖方承担将货物交给买方处置之前的一切风险和费用。

DAP术语不需要考虑特定的运输方式,可用于一种或者多种运输方式。"地点交货"是指货物从到达指定目的地的运输工具上卸载下来并由买方处置。卖方承担货物到指定地点的一切风险。

DAP要求卖方在适应的情形下,办理货物出口清关手续,然而,卖方无义务办理进口清关手续以及支付任何进口税费和履行任何进口手续,如果有此约定,则应当使用DDP术语(后面将介绍)。

DAP(目的地交货)属于实际交货。

2. 关于买卖双方义务的规定

(1)卖方义务

①卖方一般责任

卖方必须提供符合销售合同规定的货物和商业发票或合同可能要求的有同等作用的电子讯息。

②许可证、授权书、安全证书和其他手续

在适用的情形下,卖方必须自担风险和费用,取得任何出口许可证和其他官方授权书,并办理货物出口和交货前运输过程中通过任何国家的一切必要的海关手续。

③运输和保险合同

运输合同:卖方应当自付费用签订货物到指定目的地或约定地点的运输合同,若有的话,则应与合同的指定目的地相匹配。如果指定点并非双方约定或按惯例无法确定,卖方可以选择与交货目的地最适合的地点。

保险合同:卖方没有义务为买方订立保险合同。但是,卖方必须应买方请求并由其承担风险和费用时向其提供与订立保险合同的信息。

④交货

当货物到达双方约定的指定目的地时,卖方应当在协议日期或协议期限将其从运输工具上卸载下来并交由买方支配。

⑤风险转移

卖方承担按照要求交货时止的货物的一切损坏和灭失的风险,除非货物的损坏和灭失是应由买方承担的有关货物损坏和灭失的一切风险的情形。

⑥卖方应当支付的费用

除运输合同情形导致的费用外,一切关于按照交货时止的费用,其余费用由买方按照买方应当支付的费用支付。

在适当的情况下,承担为货物出口所必需的海关手续费用,如关税、税收和其他出口的费用以及按照交货之前经过任何国家的费用。

⑦通知买方

卖方必须为了买方采取有必要的收货措施给予其充分的通知。

⑧交货凭证

卖方必须向买方提供一切有利于买方按照交/收货的规定收货的文件，并承担相关费用。

⑨查对、包装、标记

卖方必须支付为了按照交货所需进行的查对费用(如核对货物品质、丈量、过磅、点数的费用)。装船前由政府出口主管部门进行的任何强制检查费用也由卖方支付。卖方必须自付货物包装的费用，除非按照惯例，为特定的贸易运输不需包装的货物。卖方必须采用适合运输的包装，除非买方没有在合同履行前通知卖方特定的包装要求。包装应当作适当的标记。

⑩信息协助和其他费用

在适用的情形下，应买方要求并由其承担风险和费用时，卖方应当为己方获得为了货物进口或至最后目的地的运输所需的文件、信息包括与安全有关的信息，及时向买方提供和给予协助。

卖方必须支付己方因为信息协助或给予信息资料协助所产生的一切损失和费用。

(2)买方义务

①买方一般义务

买方必须按照销售合同规定支付价款。

②许可证、授权书、安全证书和其他手续

在适用的情形下，买方必须自担风险和费用，取得任何进口许可证和其他官方授权，并履行为货物进口必需的一切海关手续。

③运输和保险合同

运输合同：买方无义务为卖方订立运输合同。

保险合同：买方无义务为卖方订立保险合同。但是，买方必须应卖方请求时向其提供与获得保险的必要信息。

④收货

买方必须在卖方按照规定交货时受领货物。

⑤风险转移

买方承担按照交货后的有关货物损坏和灭失的一切风险。在下列情况下，买方不需要承担风险：①买方没有充分履行许可证、授权书、安全证书和其他手续的义务，则承担由此产生的货物损坏和灭失的风险。②买方没有按照通知卖方的规定给予相应的通知，则承担从协议交货日期起或协议交货期限届满之日起的，清楚地划出或以其他方式确定为合同项下之货物的损坏和灭失的一切风险。

⑥费用划分

买方应当支付下列费用：

第一，按照规定交货之时起与货物有关的一切费用。

第二，货物达到指定目的地后将其卸载的一切费用，除非这些费用是卖方运输合同项下的。

第三，如果买方未履行提供许可证、授权书、安全证书和其他手续的义务，或没有履行通知义务，由卖方承担的额外费用，但即以该货物清楚地划出或以其他方式确定为合同项下之货物为限。

第四，在适应的情况下，为货物进口应当缴纳的一切关税、税款和其他货物进口规定费用。

⑦通知卖方

当买方有资格确定在约定的期限内（或提货地点在指定的终点地），买方必须给予卖方充分的通知。

⑧交货凭证

买方必须接受交货凭证的任何交货文件。

⑨检查货物

买方必须支付在装船前检查的费用，除非这种检查是由出口国主管部门强制进行的。

⑩信息协助和其他费用

买方应当及时地给予卖方任何信息安全需求的建议，以便卖方履行信息协助的义务。

买方必须支付卖方为信息协助或给予信息资料协助所产生的一切损失和费用。

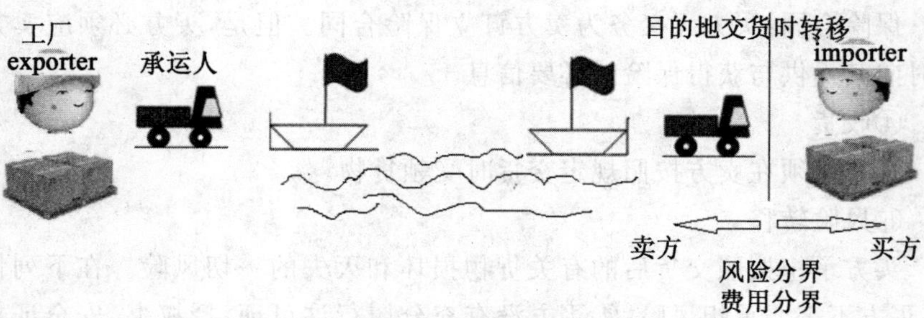

图 3-6　DAP 风险、费用示意图

在适用的情形下，应卖方要求并由其承担风险和费用时，买方应当为卖方获得为了货物运输和货物出口或通过任何国家所需的资料信息包括与安全有关的信息及时向卖方提供和给予协助。

3. 使用DAP术语应注意的问题

(1)正确理解“交货地点”的含义

DAP是Incoterms 2010新增术语，旨在替代Incoterms 2000中DAF、DES和DDU术语。与就是说，DAP的交货地点既可以是在两国边境的指定地点，也可以是在目的港的船上，也可以是在进口国内陆的某一地点。

(2)注意卖方责任的限度

卖方在指定目的地交货，但卖方不负责将货物从到达的运输工具上卸下，这一点与Incoterms 2000中的DAF、DES和DDU类似。买方负责在指定目的地将货物从到达的运输工具上卸下，但卖方要保证货物可供卸载。卖方在签订运输合同时应注意运输合同与买卖合同相关交货地点的协调，如果卖方按照运输合同在指定目的地发生了卸货费用，除非双方另有约定，卖方无权向买方要求偿付。

(3)交货地点的问题

由于卖方承担在特定交货地点交货前的风险，买卖双方应尽可能清楚地订明指定目的地的交货地址，最好能具体到指定目的地内特定的点。如果没有约定特定的交货点或该交货点不能确定，卖方可以在指定目的地选择最适合其目的地交货点。

(4)保险合同的问题

卖方对买方没有订立保险合同的义务，但由于整个运输过程的风险要由卖方承担，卖方通常会通过投保规避货物运输风险。

4. DAP与CIP的异同点

(1) DAP与CIP的相同点：

①适用于各种运输方式。

②卖方负责出口相关手续办理以及费用支付，买方负责进口相关手续办理以及费用支付。

③卖方负责办理运输合同，承担到目的地的运费。

④买方不负责卸货。

(2)DAP与CIP的不同点：

①风险转移点不同：

CIP：卖方承担将货物交给第一承运人控制之前的风险，买方承担之后的风险。

DAP：卖方承担将货物交给买方控制之前的风险，买方承担之后的风险。

②保险合同要求不同：

CIP：卖方有义务为买方订立有关货物运输的保险合同。

DAP：卖方对买方无订立保险合同的义务。但应买方的要求，并由其承担风险和费用的情况下，卖方必须向买方提供其办理保险所需的信息。

5. DAT与DAP的区别

(1)交货地点有差异

DAT(Delivered at Terminal)目的地或目的港的集散站交货。

DAP(Delivered at Place)目的地交货。

DAT是终点站交货，DAP是目的地交货，就是说DAT贸易术语下，卖方把货运到目的港交给买方就可以了，而DAP贸易术语下，要把货物运到买方指定的地点，如买方工厂等地，简单地说，就是DAP比DAT负责的路线长，但在保险、清关手续、风险转移点、运输等方面两者都是一样的。

(2)负责卸货方不同

DAT下卖方需卸货，DAP下卖方不卸货。

【案例3-9】

中国A外贸公司某年出售一批核桃给一家英国客户，采用CIP术语，凭不可撤销即期信用证付款。由于核桃季节性强，合同中作了如下规定："10月份由中国云南装运。卖方保证于11月20日前抵达利物浦，否则在买方要求下卖方必须同意取消合同。如货款已收妥，则须退还买方"。合同签订后A公司于10月中旬将货物交给国际多式联运承运人，凭信用证规定的装运单据向银行收妥货款。不料，中途海运中轮船在航行中主要机件损坏，无法继续航行。为保证如期到达目的地。租用大马力拖轮拖带继续前进，但因途中又遇暴风雨，载货船舶于11月21日到目的港利物浦，运至指定目的地时间比合同规定时间晚到2天。此时，恰遇核桃市价下跌，英国客户要求取消合同，导致中国A公司遭受重大经济损失。问：该合同条款订立得是否恰当，是否为真正的CIP合同？为什么？

分析：该合同条款订立不恰当，不是真正的CIP合同。因为CIP合同为象征性交货合同，卖方不需保证载货船只按时运到目的港，只要在启运地按时将货物交给承运人就完成了交货任务。而本案中的合同已相当于DAP合同了。

3.2.7　DDP 完税后交货术语

1. DDP 术语的含义

DDP 术语的英文为“Delivered Duty Paid(... named place of destination)”，即“完税后交货(……指定目的地)”，是指卖方在指定的目的地，办理好进口清关手续，将在交货运输工具上尚未卸下的货物交与买方，完成交货。卖方必须承担将货物运至指定的目的地的一切风险和费用，包括在需要办理海关手续时在目的地应缴纳的任何“税费”(包括办理海关手续的责任和风险，以及缴纳手续费、关税、税款和其他费用)。

交货地点：指定目的地。

运输方式：各种运输。

DDP(完税后交货)属于实际交货。

EXW 术语下卖方承担最小责任，而 DDP 术语下卖方承担最大责任。

若卖方不能直接或间接地取得进口许可证，则不应使用此术语。

但是，如当事方希望将任何进口时所要支付的一切费用(如增值税)从卖方的义务中排除，则应在销售合同中明确写明。若当事方希望买方承担进口的风险和费用，则应使用 DDU 术语。

该术语适用于各种运输方式，但当货物在目的港船上或码头交货时，应使用 DES 或 DEQ 术语。

2. 关于买卖双方义务的规定

(1)卖方义务

①提供符合合同规定的货物

卖方必须提供符合销售合同规定的货物和商业发票或有同等作用的电子信息，以及合同可能要求的、证明货物符合合同规定的其他凭证。

②许可证、其他许可和手续

卖方必须自担风险和费用，取得任何出口许可证和进口许可证或其他官方许可或其他文件，并在需要办理海关手续时办理货物出口和进口以及从他国过境所需的一切海关手续。

③运输合同与保险合同

运输合同：卖方必须自付费用订立运输合同，将货物运至指定目的地。如未约定或按照惯例也无法确定具体交货点，则卖方可在的目的地选择最适合其目的的交货点。

保险合同：无义务。

④交货

卖方必须在约定的日期或交货期限内，在指定的目的地将在交货运输工具上尚未卸下的货物交给买方或买方指定的其他人处置。

⑤风险转移

除合同特别规定者外，卖方必须承担货物灭失或损坏的一切风险，直至已经按照规定交货为止。

⑥费用划分

除合同特别规定的买方必须支付的费用外，卖方必须支付按照运输合同规定发生的费用，以及按照规定交货之前与货物有关的一切费用；在需要办理海关手续时，货物出口和进口所需要办理的海关手续费用，及货物出口和进口时应缴纳的一切关税、税款和其他费用，以及按照交货前货物从他国过境的费用。

⑦通知买方

卖方必须给予买方有关货物发运的充分通知，以及要求的任何其他通知，以便买方能够为受领货物而采取通常必要的措施。

⑧交货凭证、运输单据或有同等作用的电子讯息

卖方必须自付费用向买方提供按照交（接货）规定受领货物可能需要的提货单或通常运输单据（如可转让提单、不可转让海运单、内河运输单据、空运单、铁路运单、公路单或多式联运单据），以使买方按照交（接）货规定受领货物。

如买卖双方约定以电子方式通信，则前项所述单据可以由具有同等作用的电子数据交换（ EDI ）讯息代替。

⑨查对、包装、标记

卖方必须支付为按照规定交货所需进行的查对费用（如核对货物品质、丈量、过磅、点数的费用）。

卖方必须自付费用提供交货所需要的包装（除非按照相关行业惯例，合同所指货物无需包装即可交货）。

包装应作适当标记。

⑩其他义务

卖方必须支付为获取卖方要求的单据或有同等作用的电子讯息（交货凭证、运输单据或有同等作用的电子讯息等除外）所发生的一切费用，并偿付买方因给予协助发生的费用。

应买方要求，卖方必须向买方提供投保所需的信息。

(2)买方义务

①支付价款

买方必须按照销售合同规定支付价款。

②许可证、其他许可和手续

应卖方要求,并由其负担风险和费用,买方必须给予卖方一切协助,帮助卖方在需要办理海关手续时取得货物进口所需的进口许可证或其他官方许可。

③运输合同和保险合同

运输合同:无义务。

保险合同:无义务。

④受领货物

买方必须在卖方按照规定交货时受领货物。

⑤风险转移

买方必须承担按照规定交货时起货物灭失或损坏的一切风险。

如买方没有履行规定的提供许可证、其他许可和手续义务,则必须承担由此而发生的货物灭失或损坏的一切额外风险。

如买方未按照规定通知卖方,则必须自约定的交货日期或交货期限届满之日起,承担货物灭失或损坏的一切风险,但以该项货物已正式划归合同项下,即清楚地划出或以其他方式确定为合同项下之货物为限。

⑥费用划分

买方必须支付自按照规定交货时起与货物有关的一切费用;如买方未履行提供许可证、其他许可和手续的义务,或未按照通知卖方的规定做出通知,由此而发生的一切额外费用,但以该项货物已正式划归合同项下,即清楚地划出或以其他方式确定为合同项下之货物为限。

⑦通知卖方

一旦买方有权决定在约定期限内的时间和(或)在指定的目的港受领货物的点,买方必须就此给予卖方充分通知。

⑧交货凭证、运输单据或有同等作用的电子讯息

买方必须接受按照规定提供的提货单或运输单据。

⑨货物检验

买方必须支付任何装运前检验的费用,但出口国有关当局强制进行的检验除外。

⑩其他义务

应卖方要求并由其承担风险和费用,买方必须给予卖方一切协助,以帮

助卖方取得为按照本规则将货物交付买方需要的、由进口国签发或传递的任何单证或有同等作用的电子讯息。

3. 使用 DDP 术语应注意的问题

①进口许可或办理进口手续问题

在 DDP 的交货条件下，卖方是在办理了出口结关手续后在指定目的地交货，这实际上是卖方已将货物运进了进口方的国内市场。如果卖方直接办理进口手续有困难，也可要求买方协助办理。如果卖方不能直接或间接地取得进口许可或办理进口手续，则不应使用 DDP 术语。

②费用协商问题

如果双方当事人愿从卖方的义务中排除货物进口时需支付的某些费用，如增值税，则应就此意思加注字句，如“完税后交货，增值税未付(指定目的地)”，以使之明确。

③目的地卸货问题

买方负责在指定目的地将货物从到达的运输工具上卸下，但卖方要保证货物可供卸载。卖方在签订运输合同时应注意运输合同与买卖合同相关交货地点的协调，如果卖方按照运输合同在指定目的地发生了卸货费用，除非双方另有约定，卖方无权向买方要求偿付。

④交货地点问题

由于卖方承担在特定交货地点交货前的风险，买卖双方应尽可能清楚地订明指定目的地的交货地址，最好能具体到指定目的地内特定的点。如果没有约定特定的交货点或该交货点不能确定，卖方可以在指定目的地选择最适合其目的的交货点。

⑤订立保险合同问题

卖方对买方没有订立保险合同的义务，但由于整个运输过程的风险要由卖方承担，卖方通常会通过投保规避货物运输风险。

⑥DDP 与 DAT、DAP 的区别

DAT 是目的地卸货至指定口岸货站，应为港口、机场或清关口岸的货站，承担卸货费。

DAP 是目的地交货至指定地点，不含卸货，不含进口清关费用。

DDP 是目的地指定地点交货并办妥进口清关，缴纳进口关税。

3.3　适用于水上运输方式的贸易术语

3.3.1　FAS 术语

1. FAS 船边交货术语的含义

FAS 贸易术语(Free Along Side)船边交货。

FAS 贸易术语英文为"Free Along Side Ship(... Named Port of Shipment)"即"船边交货(……指定装运港)"。

交货地点:装运港船边。

运输方式:海运、内河。

风险转移:交货时。

FAS 贸易术语是指卖方在指定的装运港交到买方指派的船边时,完成交货义务。货物损失或者损坏的风险在装运港船边交货时由卖方转移给买方。买卖双方费用的划分也以装运港船边为界,买方承担货物在指定装运港船边交货后的一切费用。

买方须办理出口结关手续。本术语适用于海运或内河运输。

2. 关于买卖双方义务的规定

(1)卖方义务

①提供货物

卖方必须提供符合销售合同规定的货物和商业发票或有同等作用的电子讯息,以及合同可能要求的、证明货物符合合同规定的其他任何凭证。

②手续

卖方必须自担风险和费用,取得任何出口许可证或其他官方许可,并在需要办理海关手续时,办理货物出口所需的一切海关手续。

③运输合同和保险合同

运输合同:无义务。

保险合同:无义务。

④交货

卖方必须在买方指定的装运港,在买方指定的装货地点,在约定的日期或期限内,按照该港习惯方式将货物交至买方指定的船边。

⑤风险转移

除买方必须按照规定承担货物灭失或损坏的一切风险外,卖方必须承担货物灭失或损坏的一切风险,直至已按照规定交货为止。

⑥费用划分

除买方必须支付外，卖方必须支付与货物有关的一切费用，直至已按照规定交货为止；在需要办理海关手续时，货物出口应办理的海关手续费用及应缴纳的关税、税款和其他费用。

⑦通知买方

卖方必须给予买方说明货物已交至指定船边的充分通知。

⑧交货凭证、运输单据或有同等作用的电子讯息

卖方必须自付费用向买方提供证明按照规定交货的通常单据。

除非上述单据是运输单据，否则，应买方要求并由其承担风险和费用，卖方必须给予买方一切协助，以取得运输单据（如可转让提单、不可转让海运单、内河运输单据）。

如买卖双方约定使用电子方式通信，则前项所述单据可以使用有同等作用的电子数据交换（EDI）讯息代替。

⑨货物检验

卖方必须支付为按照交货要求所需进行的查对费用（如核对货物品质、丈量、过磅、点数的费用）。

卖方必须自付费用，提供按照卖方订立销售合同前已知的有关该货物运输（如运输方式、目的港）所要求的包装（除非按照相关行业惯例，合同所述货物无需包装发运）。

包装应作适当标记。

⑩其他义务

应买方要求并由其承担风险和费用，卖方必须给予买方一切协助，以帮助买方取得由装运地国和（或）原产地国所签发或传送的、为买方进口货物可能要求的或从他国过境所需的任何单据或有同等作用的电子讯息。

应买方要求，卖方必须向买方提供投保所需的信息。

(2)买方义务

①支付价款

买方必须按照销售合同规定支付价款。

②许可证、其他许可和手续

买方必须自担风险和费用，取得任何进口许可证或其他官方许可，并在需要办理海关手续时，办理货物进口和从他国过境所需的一切海关手续。

③运输合同和保险合同

运输合同：买方必须自付费用订立自指定的装运港运输货物的合同。

保险合同：无义务。

④受领货物

买方必须在卖方按照规定交货时受领货物。

⑤风险转移

买方必须按照下述规定承担货物灭失或损坏的一切风险：自按照规定交货时起及由于买方未按照规定通知卖方，或其指定的船只未按时到达，或未接收货物，或比通知的时间提早停止装货，则自约定的交货日期或期限届满时起，但以该项货物已划拨到合同项下，即明确保留或以其他方式确定为合同项下之货物为限。

⑥费用划分

买方必须支付按照规定交货时与货物有关的一切费用；由于买方指定的船只未按时到达，或未装载上述货物或比通知的时间提早停止装货，或由于买方未按照规定给予卖方相应的通知而发生的任何额外费用，但以该项货物已正式划归合同项下，即清楚地划出或以其他方式确定为合同项下之货物为限；在需要办理海关手续时，货物进口应缴纳的一切关税、税款和其他费用；办理海关手续的费用以及从他国过境的费用。

⑦通知卖方

买方必须给予卖方有关船名、装船点和要求交货时间的充分通知。

⑧交货凭证、运输单据或有同等作用的电子讯息

买方必须接受按照规定提供的交货凭证。

⑨货物检验

买方必须支付任何装运前检验的费用，但出口国有关当局强制进行的检验除外。

⑩其他义务

买方必须支付因获取单据或有同等作用的电子讯息所发生的一切费用，并偿付卖方因给予协助而发生的费用。

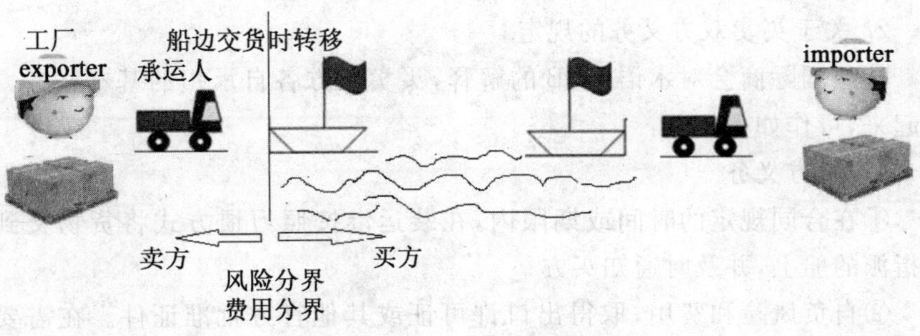

图 3-7　FAS 风险、费用示意图

3. 使用 FAS 术语时应注意的问题

(1)要注意船货衔接问题

在实际业务中,当买方指定的载货船舶能够直接靠岸时,"船边"指码头上装卸工具所及的范围,如果买方所派的船只不能靠岸,卖方则要负责用驳船把货物运至船边,完成船边交货。

(2)应考虑不同的运输包装方式

当使用集装箱运输货物时,卖方通常将货物在集装箱码头移交给承运人,而非交到船边,这时不宜使用 FAS 术语,而应使用 FCA 术语。

(3)应了解不同惯例对 FAS 的不同解释

由于卖方承担在特定地点交货前的风险和费用,而且这些费用和相关作业费可能因各港口惯例不同而变化,所以买卖双方应尽可能清楚地订明指定装运港内的交货点。如果没有约定特定的交货点或该交货点不能确定,卖方可以在指定装运港选择最适合其目的的交货点。

3.3.2 FOB 船上交货术语

1. FOB 术语的含义

船上交货(FOB,Free On Board)FOB 贸易术语英文为"Free on Board (... named port of shipment)",即"船上交货(……指定装运港)"。

FOB 贸易术语指卖方在指定装运港将货物交到买方指派的船上或者取得货物已经交付的方式交货。货物损失或者损害的风险在货物装上船时转移,买方承担此后的一切费用和风险。另外要求卖方办理货物的出口结关手续。

交货地点:装运港船上。

运输方式:海运内河。

风险转移:装运港船舷。

2. 关于买卖双方义务的规定

按照国际商会对术语 FOB 的解释,买卖双方各自承担的基本义务。概括起来,可作如下划分:

(1)卖方义务

①在合同规定的时间或期限内,在装运港按照习惯方式将货物交到买方指派的船上,并及时通知买方。

②自负风险和费用,取得出口许可证或其他官方批准证件。在需要办理海关手续时,办理货物出口所需的一切海关手续。

③负担货物在装运港越过船舷为止的一切费用和风险。

④自付费用提供证明货物已交至船上的通常单据。如果买卖双方约定采用电子通信，则所有单据均可被具有同等效力的电子数据交换(EDI)信息所代替。

(2)买方义务

①自负风险和费用取得进口许可证或其他官方批准的证件。在需要办理海关手续时，办理货物进口以及经由他国过境的一切海关手续，并支付有关费用及过境费。

②负责租船或订舱，支付运费，并给予卖方关于船名、装船地点和要求交货时间的充分通知。

③负担货物在装运港越过船舷后的一切费用和风险。

④接受卖方提供的有关单据，受领货物，并按合同规定支付货款。

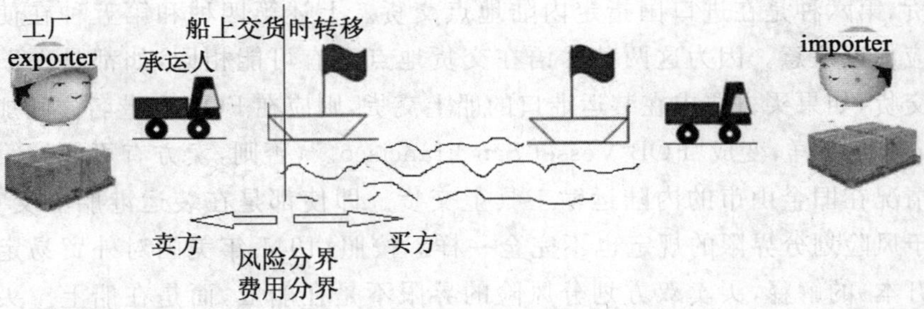

图 3-8　FOB 风险、费用示意图

3. 使用 FOB 术语应注意的问题

(1)关于风险划分界限的变更

买方必须自该交货点起负担一切费用和货物灭失或者损坏的风险，这也就是说如果货物在海上遇险或者遭遇海盗，将与卖方无关，买方不应此理由拒绝支付货款，所以卖方可以建议买方为货物投保。

(2)关于 FOB 价格需要考虑的因素

FOB 价格包含了国内的所有费用。如果是货物比较多或者利润比较高的话，国内的费用是可以不用考虑的。而如果货物比较少，就需要相应提高价格，因为单位成本增加了很多，单位成本主要包括：内陆运费(工厂到港口或者集装箱仓库)、装卸费(特别是一些不能机械装卸的货物)、拼箱杂费、码头费、报送费、报检费等。

(3)关于船货衔接问题

使用 FOB 术语时，卖方在装运港将货物装上船时完成交货，而载货船舶由买方负责租船订舱，所以买卖双方必须注意船货衔接问题。为了避免发生买方船到而卖方未备妥或卖方备妥货物而不见买方载货船舶的情况,买卖双方必须相互给予充分的通知。如卖方及时将备货进度告知买方,以便买方适时租船订舱。买方租船订舱后也应及时将船名、航次、预计到达装运港的时间通知卖方,以便卖方作好交货准备。

(4)个别国家对 FOB 的不同解释

有关 FOB 的解释都是按照国际商会的《2010 通则》作出的,然而,不同的国家和不同的惯例对 FOB 的解释并不完全统一。它们之间的差异在有关交货的地点、风险划分界限以及卖方承担的责任义务等方面的规定上都可体现出来。如在北美国家采用的《1941 年美国对外贸易定义修订本》中,将 FOB 概括为六种,其中前三种是在出口国内陆指定地点的内陆运输工具上交货,第四种是在出口地点的内陆运输工具上交货,第五种是在装运港船上交货,第六种是在进口国指定内陆地点交货。上述第四种和第五种在使用时应加以注意。因为这两种术语在交货地点上有可能相同,如都是在旧金山交货,如果买方要求在装运港口的船上交货,则应在 FOB 和港名之间加上"Vessel"字样,变成"FOB Vessel San Francisco。",否则,卖方有可能按第四种情况在旧金山市的内陆运输工具上交货。即使都是在装运港船上交货,关于风险划分界限的规定也不完全一样。按照《1941 年美国对外贸易定义修订本》的解释,买卖双方划分风险的界限不是在船舷,而是在船上。买方责任之三规定:"承担货物一切灭失及(或)损坏责任,直至在规定日期或期限内,已将货物装载于轮船上为止。"

另外,关于办理出口手续问题上也存在分歧。按照《2010 通则》的解释,FOB 条件下,卖方义务是"自负风险及费用,取得出口许可证或其他官方批准证件,并办理货物出口所必需的一切海关手续"。但是,按照《1941 年美国对外贸易定义修订本》的解释,卖方只是"在买方请求并由其负担费用的情况下,协助买方取得由原产地及(或)装运地国家签发的,为货物出口或在目的地进口所需的各种证件"。

鉴于上述情况,在我国同美国、加拿大等国家从事的进出口业务中,采用 FOB 成交时,应对有关问题在合同中具体订明,以免因解释上的分歧而引起争议。

【案例 3-10】

兰州某出口公司(所在地处在铁路交通干线)于 12 月向日本出口 30 公吨甘草膏,每公吨 40 箱,共 1200 箱,售价为:USD1800 美元/MT FOB 新港,即期信用证付款,装运期为 12 月 25 日前,货物必须用集装箱装运。该公司于 12 月上旬将货物运到天津,并已经订好舱位。不料货物在天津港存仓后,

仓库午夜起火,1200 箱货物全部被焚毁。该公司只好要求日商将装运期延长 15 天,重新发货。请问:卖方能否回避该批货物的损失呢? 为什么?

分析:我国进出口企业长期以来不管采用何种运输方式,对外洽谈业务或报盘仍习惯用 FOB、CFR 和 CIF 三种贸易术语。但在滚装、滚卸、集装箱运输的情况下,船舷无实际意义时应提倡尽量改用 FCA、CPT 及 CIP 三种贸易术语,特别是内陆地区的出口。

案例中出口公司所在地正处在铁路交通的干线上,外运公司在该市有集装箱中转站,即可接受拼箱托运也可接受整箱托运。假如当初采用 FCA 兰州对外成交,出口公司在当地将 1200 箱交中转站或自装自集后将整箱(集装箱)交中转站,不仅风险转移给买方,而且当地承运人(即中转站)签发的货运单据即可在当地银行办理议付结汇。该公司自担风险将货物运往天津,再集装箱出口,不仅加大了自身风险,而且还推迟结汇。

我方做法的不当之处在于,我方不应选择 FOB 术语成交而应选择 FCA 术语成交。本案采用集装箱运输,若采用 FCA 术语成交,比采用 FOB 术语成交具有以下好处:可以提前转移风险;可以提早取得运输单据;可以提早交单结汇,提高资金的周转率;可以减少卖方的风险责任。这样,我方不但不用承担案中的风险,而且还可以提早取得运输单据,提早交单结汇。所以,本案应以 FCA 术语成交为宜。

【案例 3-11】

某合同出售一级大米 300 吨,按 FOB 条件成交,装船时货物经公证人检验,符合合同规定的品质条件,卖方在装船后已及时发出装船通知。但航行途中由于海浪过大,大米被海水浸泡,品质受到影响。当货物到达目的港时,只能按三级大米的价格出售,因而买方要求卖方赔偿差价损失。试问在上述情况下,卖方对该项损失是否负责? 为什么?

分析:卖方对此项差价损失不需负责。因为:按照国际商会《Incoterms 2000》的解释:"FOB 是指当货物在装运港越过船舷时,卖方即完成交货,买方必须自该交货点起,负担一切费用和货物灭失或损坏的风险。"按本例的情况,卖方已按照合同规定的条件,将货物在约定的装运港装上买方租派的船只上,自装船越过船舷之时起,货物的风险已由卖方转移给买方。在运输途中部分大米受到海水浸泡,致使品质受到影响,这是属于风险损失范围,与卖方的交货品质无关。事实上,货物在装船时,已验明品质是符合合同规定的条件的。因此,按照 FOB 条件的解释,卖方不需负责。

3.3.3 CFR 成本加运费术语

1. CFR 术语的含义

CFR(Cost and Freight (CFR 或 C&F)成本加运费)。

交货地点:装运港船上。

运输方式:海运内河。

风险转移:装运港船舷。

CFR 术语英文为“Cost and Freight (Named Port of Shipment)”,即“成本加运费(……指定目的港)”。按此术语,卖方报价包括货物到指定目的地的运输费用在内。

CFR 贸易术语指卖方必须支付把货物运至指定目的港所需的开支和运费,但从货物交至船上甲板后,货物的风险、灭失或损坏以及发生事故后造成的额外开支,在货物越过指定港的船舷后,就由卖方转向买方负担。另外要求卖方办理货物的出口结关手续。本术语适用于海运或内河运输。

CFR 术语要求卖方办理出口清关手续。该术语仅适用于海运或内河运输。如当事各方无意越过船舷交货,则应使用 CPT 术语。

CFR(Cost and Freight 简称 CFR 或 C&F,成本加运费)属于象征性交货。

2. 关于买卖双方义务的规定

(1)卖方义务

①提供符合合同规定的货物

卖方必须提供符合销售合同规定的货物和商业发票或有同等作用的电子讯息,以及合同可能要求的、证明货物符合合同规定的其他任何凭证。

②许可证、其他许可和手续

卖方必须自担风险和费用,取得任何出口许可证或其他官方许可,并在需要办理海关手续时,办理货物出口货物所需的一切海关手续。

③运输合同和保险合同

运输合同:卖方必须自付费用,按照通常条件订立运输合同,经由惯常航线,将货物用通常可供运输合同所指货物类型的海轮(或依情况适合内河运输的船只)运输至指定的目的港。

保险合同:无义务。

④交货

卖方必须在装运港,在约定的日期或期限内,将货物交至船上。

⑤风险转移

除买方必须承担货物在装运港越过船舷之后灭失或损坏的一切风险外，卖方必须承担货物灭失或损坏的一切风险，直至货物在装运港越过船舷为止。

⑥费用划分

除规定卖方支付的费用外，卖方必须支付与货物有关的一切费用，直至已经按照规定交货为止；按照运输合同规定所发生的运费和其他一切费用，包括货物的装船费和根据运输合同由卖方支付的、在约定卸货港的任何卸货费；在需要办理海关手续时，货物出口需要办理的海关手续费用及出口时应缴纳的一切关税、税款和其他费用，以及如果根据运输合同规定，由卖方支付的货物从他国过境的费用。

⑦通知买方

卖方必须给予买方说明货物已按照规定交货的充分通知，以及要求的任何其他通知，以便买方能够为受领货物采取通常必要的措施。

⑧交货凭证、运输单据或有同等作用的电子讯息

卖方必须自付费用，毫不迟延地向买方提供表明载往约定目的港的通常运输单据。此类单据（如可转让提单、不可转让海运单或内河运输单据）必须载明合同货物，其日期应在约定的装运期内，使买方得以在目的港向承运人提取货物，除非另有约定，应使买方得以通过转让单据（可转让提单）或通过通知承运人，向其后手买方出售在途货物。

如此运输单据有数份正本，则应向买方提供全套正本。

如买卖双方约定使用电子方式通信，则前项所述单据可以由具有同等作用的电子数据交换（EDI）讯息代替。

⑨查对、包装、标记

卖方必须支付为按照规定交货所需进行的查对费用（如核对货物品质、丈量、过磅、点数的费用）。

卖方必须自付费用提供符合其安排的运输所要求的包装（除非按照相关行业惯例该合同所描述货物无需包装发运）。

包装应作适当标记。

⑩其他义务

应买方要求并由其承担风险和费用，卖方必须给予买方一切协助，以帮助买方取得由装运地国和（或）原产地国所签发或传送的、为买方进口货物可能要求的和必要时从他国过境所需的任何单据或有同等作用的电子讯息。

应买方要求，卖方必须向买方提供投保所需的信息。

(2)买方义务

①支付价款

买方必须按照销售合同规定支付价款。

②许可证、其他许可和手续

买方必须自担风险和费用，取得任何进口许可证或其他官方许可，并在需要办理海关手续时，办理货物进口及从他国过境的一切海关手续。

③运输合同与保险合同

运输合同：无义务。

保险合同：无义务。

④受领货物

买方必须在卖方按照规定交货时受领货物，并在指定的目的港从承运人收受货物。

⑤风险转移

买方必须承担货物在装运港越过船舷之后灭失或损坏的一切风险。

如买方未按照规定给予卖方通知，买方必须从约定的装运日期或装运期限届满之日起，承担货物灭失或损坏的一切风险，但以该项货物已正式划归合同项下，即清楚地划出或以其他方式确定为合同项下之货物为限。

⑥费用划分

除运输合同规定外，买方必须支付自按照规定交货时起的一切费用；货物在运输途中直至到达目的港为止的一切费用，除非这些费用根据运输合同应由卖方支付；包括驳运费和码头费在内的卸货费，除非这些费用根据运输合同应由卖方支付；如买方未按照规定给予卖方通知，则自约定的装运日期或装运期限届满之日起，货物所发生的一切额外费用，但以该项货物已正式划归合同项下，即清楚地划出或以其他方式确定为合同项下之货物为限；在需要办理海关手续时，货物进口应缴纳的一切关税、税款和办理海关手续的费用以及需要时从他国过境的费用，除非这些费用已包括在运输合同中。

⑦通知卖方

一旦买方有权决定装运货物的时间和(或)目的港，买方必须就此给予卖方充分通知。

⑧交货凭证、运输单据或有同等作用的电子讯息

买方必须接受按照规定提供的运输单据，如果该单据符合合同规定的话。

⑨货物检验

买方必须支付任何装运前检验的费用，但出口国有关当局强制进行的检验除外。

⑩其他义务

买方必须支付因获取单据或有同等作用的电子讯息所发生的一切费用，并偿付卖方因给予协助而发生的费用。

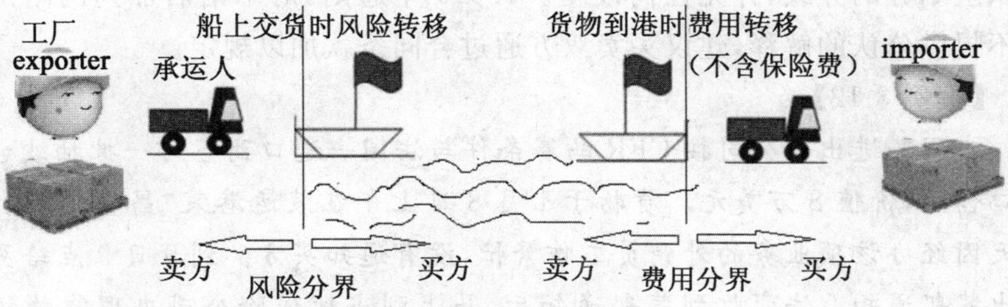

图 3-9　CFR 风险、费用示意图

3. 使用 CFR 术语应注意的问题

(1)装船通知的重要作用

卖方应及时发出装船通知。按 CFR 条件成交时，由卖方安排运输，由买方办理货运保险。如卖方不及时发出装船通知，则买方就无法及时办理货运保险，甚至有可能出现漏保货运险的情况。因此，卖方装船后务必及时向买方发出装船通知，否则，卖方应承担货物在运输途中的风险和损失。

(2)按 CFR 进口应慎重行事

在进口业务中，按 CFR 条件成交时，鉴于由外商安排装运，由进口方负责保险，故应选择资信好的国外客户成交，并对船舶提出适当要求，以防外商与船方勾结，出具假提单，租用不适航的船舶，或伪造品质证书与产地证明。若出现这类情况，会使进口方蒙受不应有的损失。

4. CFR 变形

卸货费究竟由何方负担，买卖双方应在合同中订明。为了明确责任，可在 CFR 术语后加列表明卸货费由谁负担的具体条件：

(1) CFR Liner Terms (CFR 班轮条件)

这是指卸货费按班轮办法处理，即卖方负责卸货，买方不负担卸货费。

(2) CFR Landed(CFR 卸到岸上)

这是指由卖方负担卸货费，其中包括驳运费在内。

(3) CFR EX Tackle(CFR 吊钩下交货)

这是指卖方负责将货物从船舱吊起卸到船舶吊钩所及之处(码头上或

驳船上)的费用。在船舶不能靠岸的情况下,租用驳船的费用和货物从驳船卸到岸上的费用,概由买方负担。

(4) CFR Ex Ship's Hold (CFR 舱底交货)

这是指货物运到目的港后,由买方自行启舱,并负担货物从舱底卸到码头的费用。

在 CFR 术语的附加条件,只是为了明确卸货费由何方负担,其交货地点和风险划分的界线,并无任何改变。《2010 年通则》对术语后加列的附加条件不提供公认的解释,建议买卖双方通过合同条款加以规定。

【案例 3-12】

我国某进出口公司按 CFR 马赛条件与法国一进口商签订一批抽纱台布出口合同,价值 8 万美元。货物于 1 月 8 日上午在装运港装"昌盛轮"完毕,当天因经办该项业务的外销员工作繁忙,没有通知买方。到 9 日 9 点给买方发出装船通知。法商收到装船通知后,马上到当地保险公司办理货物运输保险手续,此时该保险公司已获悉"昌盛轮"已于 9 日凌晨在海上发生意外而拒绝承保。于是法商立即致电卖方,表示该批货物损失应由我某进出口公司承担,同时索要 8000 美元违约赔偿,且拒不赎单付款。请问:我方该如何处理? 为什么?

分析:货物损失的责任由我方承担。因为,在 CFR 术语成交的情况下,租船订舱和办理投保手续分别由卖方和买方办理。因此,卖方在装船完毕后应及时向买方发出装运通知,以便买方办理投保手续,否则,由此而产生的风险应由卖方承担。本案中,因为我方未及时发出装运通知,导致买方未能及时办理投保手续,未能将风险及时转移给保险公司,因而,风险应由我方承担。

【案例 3-13】

2003 年,美国出口商 A 与韩国进口商 B 签订了一份 CFR 合同,规定 A 出售 1000 公吨小麦给 B,小麦在装运港装船时是混装的,当时在 A 装运的 3000 吨散装(in Bulk)小麦中,有 1000 吨是卖给 B 的,货物运抵目的港后,将由船公司负责分拨 1000 吨给 B。但受载船只在途中遇到高温天气使小麦发生变质,而使该批货物损失 1200 吨,其余 1800 吨安全运抵目的港。但 A 在货到目的港时声称,出售给 B 的 1000 吨小麦已在运输途中全部损失,并且认为按 CFR 合同,A 对此项风险不负责任。买方则要求卖方履行合同,双方争执不下,逐根据合同中的仲裁条款请求仲裁解决,仲裁机构经过取证,最后裁决卖方不应推卸自己交货的责任,对货物在途中发生的损失不能转嫁给买方。

分析：在本例中，由于卖方出售的 1000 吨小麦是散装的，而且和另外 2000 吨小麦混装在一起。A 在出售这 1000 吨小麦时，并未指定或特定化。因此，在这 1000 吨小麦交给 B 以前，卖方 A 就不能以损失 1200 吨为理由，把其中 1000 吨认定是卖给 B 的。因此 A 仍然不能推卸他交付 B1000 吨小麦的责任。

有关货物风险的划分，虽然与合同的性质有关，但同时也要考虑风险的划分与货物的交货状态有关。假设本例中 A 出售的是 1000 吨包装小麦，卖方在装船时，已把这 1000 吨小麦清楚地分开，并在包装上标注了指定的唛头，从而确定这 1000 吨是出售给 B 的，如果这 1000 吨货物因风险导致全部或部分损失，那么，这项风险应属于 B 的责任。

本案例中因卖方未对合同项下的货物进行划拨，所以不具备风险转移的前提，在这种情况下，卖方引用 CFR 合同中关于风险转移的规定进行抗辩，是没有合法的理论依据的。

【案例 3-14】

有一份 CFR 合同，买卖一批蜡烛，货物装船时，经公证人检验合格，符合合同的规定。货到目的港，买方发现有 20％的蜡烛有弯曲现象，因而向卖方索赔。但卖方拒绝，其理由是：货物在装船时，品质是符合合同规定的。事后又查明起因是货物交给承运人后，承运人把该批货物装在靠近机房的船舱内，由于舱内温度过高而造成的。试问上述情况下，卖方拒赔的理由是否成立？为什么？

分析：卖方对此项损失，不负赔偿责任。因为在本案中，双方是按 CFR 条件成交、货物的风险损失发生在装船以后，此项风险已由卖方转移给买方。事实证明，卖方在装船时，货物经由公证人检验，证明其品质完全符合合同的规定，因此卖方已履行 CFR 合同规定的交货义务。至于货物到达目的港以后，有 20％ 的蜡烛发生弯曲现象，显然与卖方交货无关，事后查明，是存放的船舱温度过高，致使白蜡软化而弯曲，是由于承运人没有按照商品的特性保管货物而造成的。根据提单的规定，承运人应承担在保全货物方面未恪尽职责的责任，收货人则有权凭提单向承运人索赔。因此，本例的情况应属于运输索赔，与卖方无关。本例合同是按 CFR 条件成交，即使上述损失属于风险范围，也只能由买方凭保险单向保险公司索赔，与卖方也是无关。

3.3.4 CIF 成本运费加保险术语

1. CIF 术语的含义

CIF 贸易术语(Cost,Insurance and Freight)成本保险加运费。

交货地点:装运港船舷。

运输方式:海运内河。

风险转移:装运港船舷。

CIF 贸易术语英文为“Cost,Insurance and Freight(... named port of shipment)”,即“成本、保险费加运费(……指定目的港)”。它指卖方除负有与“成本加运费”术语相同的义务外,卖方还须办理货物在运输途中应由买方承担购货物灭失或损坏的海运保险并支付保险费。本术语适用于海运或内河运输。

CIF 贸易术语是指在装运港当货物越过船舷时卖方即完成交货。按此术语,卖方报价包括货物的成本、海上保险费和货物运到指定目的地的所有运输费用。卖方必须支付将货物运至指定的目的港所需的运费和费用,但交货后货物灭失或损坏的风险及由于各种事件造成的任何额外费用即由卖方转移到买方。但是,在 CIF 条件下,卖方还必须办理买方货物在运输途中灭失或损坏风险的海运保险。因此,由卖方订立保险合同并支付保险费。买方应注意到,CIF 术语只要求卖方投保最低限度的保险险别。如买方需要更高的保险险别,则需要与卖方明确地达成协议,或者自行作出额外的保险安排。

CIF 术语要求卖方办理货物出口清关手续。

该术语仅适用于海运和内河运输。若当事方无意越过船舷交货则应使用 CIP 术语。

CIF 贸易术语属于象征性交货。

2. 关于买卖双方义务的规定

(1)卖方义务

①提供符合合同规定的货物

卖方必须提供符合销售合同规定的货物和商业发票或有同等作用的电子讯息,以及合同可能要求的、证明货物符合合同规定的其他任何凭证。

②许可证、其他许可和手续

卖方必须自担风险和费用,取得任何出口许可证或其他官方许可,并在需要办理海关手续时,办理货物出口货物所需的一切海关手续。

③运输合同和保险合同

运输合同：卖方必须自付费用，按照通常条件订立运输合同，经由惯常航线，将货物用通常可供运输合同所指货物类型的海轮（或依情况适合内河运输的船只）装运至指定的目的港。

保险合同：卖方必须按照合同规定，自付费用取得货物保险，并向买方提供保险单或其他保险证据，以使买方或任何其他对货物具有保险利益的人有权直接向保险人索赔。保险合同应与信誉良好的保险人或保险公司订立，在无相反明确协议时，应按照《协会货物保险条款》（伦敦保险人协会）或其他类似条款中的最低保险险别投保。保险期限应按照受领货物和风险转移规定。应买方要求，并由买方负担费用，如果能投保的话，卖方应加投战争、罢工、暴乱险。最低保险金额应包括合同规定价款另加10%（即110%），并应采用合同货币。

④交货

卖方必须在装运港，在约定的日期或期限内，将货物交至船上。

⑤风险转移

除买方必须承担货物在装运港越过船舷之后灭失或损坏的一切风险外，卖方必须承担货物灭失或损坏的一切风险，直至货物在装运港越过船舷为止。

⑥费用划分

除买方必须支付费用外，卖方必须支付与货物有关的一切费用，直至已经按照规定交货为止；按照运输合同规定所发生的运费和其他一切费用，包括货物的装船费；按照保险合同规定所发生的保险费用；根据运输合同由卖方支付的、在约定卸货港的任何卸货费用；在需要办理海关手续时，货物出口需要办理的海关手续费用及出口时应缴纳的一切关税、税款和其他费用，以及根据运输合同规定由卖方支付的货物从他国过境的费用。

⑦通知买方

卖方必须给予买方说明货物已按照规定交货的充分通知，以及要求的任何其他通知，以便买方能够为受领货物采取通常必要的措施。

⑧交货凭证、运输单据或有同等作用的电子讯息

卖方必须自付费用，毫不迟延地向买方提供表明载往约定目的港的通常运输单据。此类单据（如可转让提单、不可转让海运单或内河运输单据）必须载明合同货物，其日期应在约定的装运期内，使买方得以在目的港向承运人提取货物，并且，除非另有约定，应使买方得以通过转让单据（可转让提单）或通过通知承运人，向其后手买方出售在途货物。

如此运输单据有数份正本，则应向买方提供全套正本。

如买卖双方约定使用电子方式通信，则前项所述单据可以由具有同等作用的电子数据交换(EDI)讯息代替。

⑨查对、包装、标记

卖方必须支付为按照规定交货所需进行的查对费用(如核对货物品质、丈量、过磅、点数的费用)。

卖方必须自付费用，提供符合其安排的运输所要求的包装(除非按照相关行业惯例该合同所描述货物无需包装发运)。

包装应作适当标记。

⑩其他义务

应买方要求并由其承担风险和费用，卖方必须给予买方一切协助，以帮助买方取得由装运地国和(或)原产地国所签发或传送的、为买方进口货物可能要求的和必要时从他国过境所需的任何单据或有同等作用的电子讯息。

应买方要求，卖方必须向买方提供额外投保所需的信息。

(2)买方义务

①支付价款

买方必须按照销售合同规定支付价款。

②许可证、其他许可和手续

买方必须自担风险和费用，取得任何进口许可证或其他官方许可，并在需要办理海关手续时，办理货物进口及从他国过境的一切海关手续。

③运输合同与保险合同

运输合同：无义务。

保险合同：无义务。

④受领货物

买方必须在卖方已按照规定交货时受领货物，并在指定的目的港从承运人处收受货物。

⑤风险转移

买方必须承担货物在装运港越过船舷之后灭失或损坏的一切风险。

如买方未按照规定给予卖方通知，买方必须从约定的装运日期或装运期限届满之日起，承担货物灭失或损坏的一切风险，但以该项货物已正式划归合同项下，即清楚地划出或以其他方式确定为合同项下之货物为限。

⑥费用划分

除运输合同规定外，买方必须支付自按照规定交货时起的一切费用；货物在运输途中直至到达目的港为止的一切费用，除非这些费用根据运输合同应由卖方支付；包括驳运费和码头费在内的卸货费，除非这些费用根据运输合同应由卖方支付；如买方未按照规定给予卖方通知，则自约定的装运日期或装运期限届满之日起，货物所发生的一切额外费用，但以该项货物已正式划归合同项下，即清楚地划出或以其他方式确定为合同项下之货物为限；在需要办理海关手续时，货物进口应缴纳的一切关税、税款和其他费用，及办理海关手续的费用，以及需要时从他国过境的费用，除非这些费用已包括在运输合同中。

⑦通知卖方

一旦买方有权决定装运货物的时间和（或）目的港，买方必须就此给予卖方充分通知。

⑧交货凭证、运输单据或有同等作用的电子讯息

买方必须接受按照规定提供的运输单据，如果该单据符合合同规定的话。

⑨货物检验

买方必须支付任何装运前检验的费用，但出口国有关当局强制进行的检验除外。

⑩其他义务

买方必须支付因获取单据或有同等作用的电子讯息所发生的一切费用，并偿付卖方因给予协助而发生的费用。

应卖方要求，买方必须向其提供投保所需的信息。

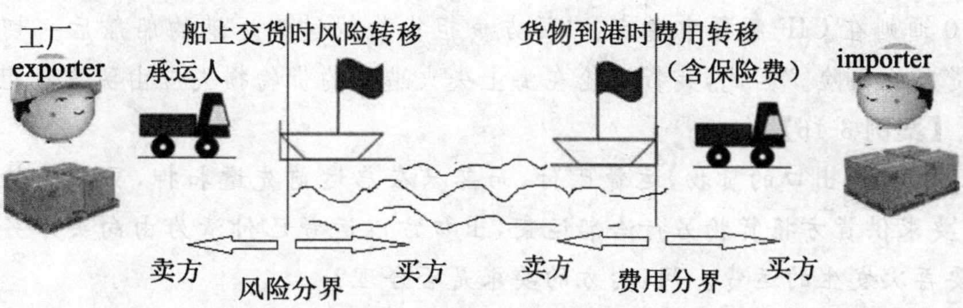

图 3-10　CIF 风险、费用示意图

3. 使用 CIF 术语应注意的问题

通过对“2010 年国际贸易术语的解释通则”的了解，我们在使用 CIF 贸易术语中应注意以下问题

(1)装卸问题

按 CIF 术语成交，卸货港（目的港）是合同的要件，因为它关系到进口方

的利益,如果出口方违反了,进口方有权撤销合同。

(2)关于风险划分的问题

CIF术语费用和风险的划分地点是相互分离的(它不同于FOB术语,FOB术语费用和风险的划分都是同一地点)。CIF术语费用的划分为指定的目的港。CIF术语风险的划分为装运港船舷为界。

(3)关于保险费问题

CIF术语项下,出口方虽然负责保险,取得保险单,并支付保险费,但是这是属于代办性质 ,就是进口方代办。因此进口方签订合同时要特别谨慎。

(4)有关单据的重要性

CIF术语是很重要的项下很重要一条是"凭单交货,凭单收取",交单和付款是对流条件。单据齐全内容正确,就可以及时地收取货款;反之单据不全,内容有毛病,尽管货物是好的、合格的,也不能及时收取货款。

【案例3-15】

我某公司S采用CIF术语向欧洲某商出口一批草编制品。合同规定:货物装船后,S应立即向中国人民保险公司(PICC)投保一切险,付款方式为即期信用证。S在合同规定的期限、指定的港口装船完毕,船公司签发了海运提单,S及时向中国银行议付了款项。第二天,S公司接到客户来电称:装货海轮在海上失火,草编制品全部被烧毁,并要求S出面向PICC提出索赔,否则要求S退回全部货款。请问:S该如何处理?为什么?

分析:S退回不应退回货款。本案买卖双方订立的是CIF合同。CIF合同的含义是卖方负担货物在装运港越过船舷前的一切责任、费用和风险。2010通则在CIF解释中规定:"买方负担货物越过装运港的船舷后一切货损货差的风险。"因此,装货海轮在海上失火造成的货物损失应由买方负担。

【案例3-16】

以CIF出口的货物,运费已付,而船只在启运前先遭扣押,买方等待货物,要求供货方将货物另行洽船运交,出口方以运费已付清为由向买方另外索要再次发生的运费。问:卖方的要求是否合理?

分析:卖方的要求合理。按《Incoterms 2010》的解释,在CIF条件下,卖方负责装船以前的一切风险,买方负责装船以后的一切风险。本案的卖方已将出口货物装上了船,付清运费并已取得装船提单,卖方的责任已经解除,风险已转移给了买方,所以由该船遭扣押另行转船的一切费用应由买方负担。

4. FOB、CFR和CIF三者异同

(1) FOB、CFR和CIF三者相同之处

①适用的运输方式相同，仅适合于单一的海洋或者内河运输；

②交货地点都在装运港船上；

③货物发生损失或者损害的风险都是在货物装上船时转移。

(2) FOB、CFR 和 CIF 三者不同之处

由于三者的价格构成不同，卖方责任就不同。CFR 卖方责任是在 FOB 责任之外多加一项办理国际货物运输的责任，并支付从装运港至目的港的正常运费。而 CIF 是在 CFR 卖方责任基础上，多加一项办理国际货物运输保险的责任，并支付保险费。根据国际惯例，如果双方没有约定保险险种、保险金额，按照 Incoterms 2010 相关规定办理即可。

3.4　常用六种贸易术语 FOB/CFR/CIF 和 FCA/CPT/CIP

3.4.1　十一种贸易术语之间的关系

11 种国际贸易术语的关系如表 3-1 所示：

表 3-1　　11 种国际贸易术语的关系

<table>
<tr><th>名称</th><th>交货地点</th><th>风险转移</th><th>保险</th><th>出口报关及运费</th><th>进口报关及运费</th><th>适用的运输方式</th></tr>
<tr><td>EXW 工厂交货</td><td>指定地点</td><td>交货时</td><td rowspan="4">买方</td><td>买方</td><td rowspan="10">买方</td><td>任何</td></tr>
<tr><td>FCA 货交承运人</td><td>指定承运人</td><td>交货时</td><td rowspan="10">卖方</td><td>任何</td></tr>
<tr><td>FAS 船边交货</td><td>指定装运港</td><td>交货时</td><td>水上</td></tr>
<tr><td>FOB 船上交货</td><td>指定装运港</td><td>装运港船上</td><td>水上</td></tr>
<tr><td>CIF 成本保险费加运费</td><td>指定目的港</td><td>装运港船上</td><td>卖方</td><td>水上</td></tr>
<tr><td>CFR 成本加运费</td><td>指定目的港</td><td>装运港船上</td><td rowspan="2">买方</td><td>水上</td></tr>
<tr><td>CPT 运费送至目的地</td><td>指定目的地</td><td>交货时</td><td>任何</td></tr>
<tr><td>CIP 运费保险费送至目的地</td><td>指定目的地</td><td>交货时</td><td rowspan="4">卖方</td><td>任何</td></tr>
<tr><td>DAT 目的地货站交货</td><td>指定目的港</td><td>交货时</td><td>任何</td></tr>
<tr><td>DAP 目的地交货</td><td>指定目的地</td><td>交货时</td><td>任何</td></tr>
<tr><td>DDP 完税后交货</td><td>指定目的地</td><td>交货时</td><td>卖方</td><td>任何</td></tr>
</table>

11 种国际贸易术语风险转移点如图 3-11 所示：

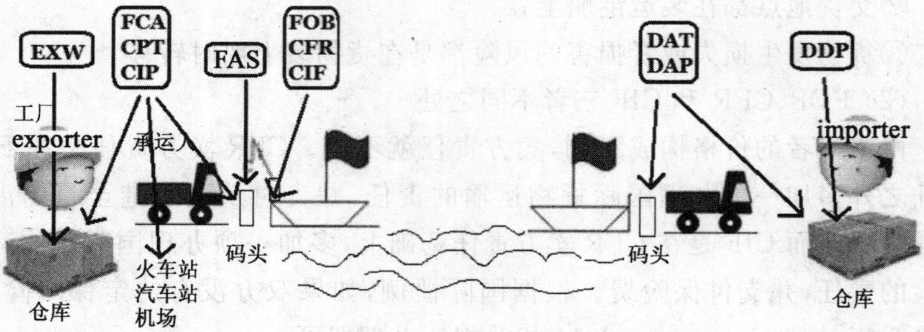

图 3-11　11 种贸易术语风险转移示意图

3.4.2　常用六种贸易术语 FOB/CFR/CIF 和 FCA/CPT/CIP 之间的关系

1. FOB、CIF 和 CF 三种术语的相同点

(1)只能用于海河运输。

(2)交货地点同为装运港口。

(3)风险转移都在货物越过船舷前后。

(4)交货后风险由买方承担。

2. FOB、CIF 和 CFR 三种术语的不同点

(1)FOB 卖方不负责运费和保险费。

(2)CFR 卖方只负责运费不负责保险费。

(3)CIF 卖方负责运费和保险费,但是风险由买方承担。

3. FCA、CIP 和 CPT 三种术语的相同点

(1)适用任何方式运输。

(2)交货地点都是出口国内地、港口。

(3)风险转移在承运人处置货物后。

(4)交货后风险由买方承担。

4. FCA、CIP 和 CPT 三种术语的不同点

(1)FCA 卖方不负责运费和保险费。

(2)CPT 卖方只负责运费不负责保险费。

(3)CIP 卖方负责运费和保险费,但是风险由卖方承担。

5. FOB 接近 FCA,CFR 接近 CPT,CIF 接近 CIP

6. FOB、CFR、CIF 三种贸易术语的价格构成

在我国进出口业务中,最常采用的贸易术语是 FOB、CFR 和 CIF 三种。这三种贸易术语仅适用于海上或内河运输。在价格构成中,通常包括三方

面的内容:生产或采购成本、各种费用和净利润。

FOB、CFR和CIF三种贸易术语的价格构成的计算公式如下:

*FOB*价=生产(采购)成本价+国内费用+净利润;

*CFR*价=生产(采购)成本价+国内费用+运费+净利润,即*FOB*价+运费;

*CIF*价=生产(采购)成本价+国内费用+运费+保险费+净利润,即*FOB*价+运费+保险费。

7. FCA、CPT和CIP三种贸易术语的价格构成

FCA、CPT和CIP三种贸易术语,是国际商会为适应国际贸易的新发展而制定的贸易术语。它们的适用范围比较广,其价格构成也有三部分:生产或采购成本、各种费用和净利润。

由于采用的运输方式不同,交货地点和交货方式不同,有关费用也有所不同。

FCA、CPT和CIP三种贸易术语的价格构成的计算公式如下:

*FCA*价=生产(采购)成本价+国内费用+净利润;

*CPT*价=生产(采购)成本价+国内费用+运费+净利润,即*FCA*价+运费;

*CIP*价=生产(采购)成本价+国内运费+运费+保险费+净利润,即*FCA*价+运费+保险费。

8. 常用六种贸易术语FOB、CFR、CIF和FCA、CPT、CIP的价格换算

(1)FOB、CFR和CIF三种价格的换算

FOB价换算为其他价:

*CFR*价=*FOB*价+运费

*CIF*价=(*FOB*价+国外运费)/(1－投保加成×保险费率)

CFR价换算为其他价:

*FOB*价=*CFR*价－运费

*CIF*价=*CFR*价/(1－投保加成×保险费率)

CIF价换算为其他价:

*FOB*价=*CIF*价×(1－投保加成×保险费率)－运费

*CFR*价=*CIF*价×(1－投保加成×保险费率)

(2)FCA、CPT和CIP三种术语的换算

FCA价换算为其他价:

*CPT*价=*FCA*价+运费

*CIP*价=(*FCA*价+运费)/(1－投保加成×保险费率)

CPT 价换算为其他价：

FCA 价=*CPT* 价—运费

CIP 价=*CPT* 价/(1—投保加成×保险费率)

3.4.3 与交货有关的其他问题

1. 由当事人自愿选定买卖合同中的贸易术语

在国际贸易中，交易双方采用何种贸易术语成交，应在买卖合同中具体订明，由于有关贸易术语的国际贸易惯例是建立在当事人"意思自治"的基础上，具有任意法的性质，故当事人选用何种贸易术语及其所采用的术语受何种惯例管辖，完全根据自愿的原则来确定，如交易双方愿意采用《2010 年通则》中的 FOB 术语，并愿受该通则的管辖，则可在买卖合同中明确规定：FOB Incoterms 2010。即使交易双方同意采用《2010 年通则》中的规定作为买卖合同的基础条件，也可同时在买卖合同中酌情作出某些不同于该通则的具体规定，在实际履行买卖合同时，仍应以买卖合同规定为准。

2. 贸易术语一般确定买卖合同的性质

贸易术语是确定买卖合同性质的一个重要因素，一般地说，采用何种贸易术语成交，则买卖合同的性质也相应可以确定，有时，甚至以某种贸易术语的名称来给买卖合同命名，如 FOB 合同、CIF 合同等，在通常情况下，贸易术语的性质与买卖合同的性质是相吻合的，按 F 组和 C 组术语成交时，卖方都是在起运国家或装船国家履行其交货义务，都具有装运地或装运港交货的性质。因此，按这两组术语签订的买卖合同，其性质都属于装运合同的类别，但是按 D 组术语成交时，卖方必须承担货物运至目的地的所有费用和风险，即在到达地点履行其交货义务，故按 D 组术语签订的买卖合同，其性质属于到达合同的类别，装运合同与到达合同的性质是完全不同的，我们必须予以区别。由于 C 组术语存在费用划分和风险划分两个分界点，也由于有些人对贸易术语与合同性质的关系缺乏正确的理解，所以按 C 组术语签订的买卖合同，容易被人们误认为是"到达合同"按 CIF 条件成交的价格，往往被人们误认为是"到岸价格"，这种误解，对实际工作已产生了不利影响，应当引起人们高度的重视。

3. 贸易术语并不是决定买卖合同性质唯一的因素

贸易术语通常虽确定买卖合同的性质，但它并不是决定合同性质唯一的因素，决定买卖合同性质的还有其他因素，例如，交易双方约定使用 CIF 术语，但同时又约定："以货物到达目的港作为支付货款的前提条件"。按此条件签订的合同，就不是装运合同，而应当是到达合同，因为，在这里支付条件是确定合同性质的决定因素，由此可见，确定买卖合同的性质，不能单纯看采用何种贸易术语，还应看买卖合同中的其他条件是如何规定的。

4. 避免贸易术语与买卖合同中的其他条件相矛盾

为了明确买卖合同的性质和分清买卖双方的义务，以免引起争议，交易双方选用的贸易术语应与买卖合同的性质相吻合。也就是说，买卖双方应根据交货等成交条件选用相应的贸易术语，防止出现贸易术语与买卖合同的其他条件不吻合，甚至互相矛盾的情况，尤其在选用C组术语成交时，在涉及增加卖方义务的规定时，更应审慎从事，以免出现与贸易术语含义相矛盾的内容。

注意买卖合同中的贸易术语与运输合同中的术语互相衔接。《2010年通则》中的有关规定，仅适用于买卖合同中的贸易术语，而绝不适用于运输合同中的术语（有时它们用同样类似的词表示），尤其不适用于各种租船合同中的贸易术语，由于租船合同的术语对于装卸时间和装卸费的限定更为严格，故买卖双方应在买卖合同中应特别注意，并就这些问题作出明确具体的规定，也就是说，买卖双方签订买卖合同时，应尽可能考虑运输合同的要求，以便为随后订立的运输合同打下良好的基础，从而有利于买卖合同的履行，如忽略运输条件，使买卖合同中的运输条件订得不适当，这不仅会给运输造成困难，而且会影响买卖合同的履行，另一方面运输合同是为履行买卖合同而签订的，因此，负责安排运输的买方或卖方在商订运输合同时，务必以买卖合同为依据，使运输合同与买卖合同互相衔接，以保证买卖合同的顺利履行。例如买卖双方按CIF LOGAS NIGERIA条件签订买卖合同，即约定买方不负担卸货费，则卖方签订运输合同时，就应考虑卸货费的负担问题，以便使运输合同与买卖合同互相衔接。

5. 风险的提前转移问题

前提条件：货物必须已经正式划归合同项下，即清楚地划出或以其他的方式确定为该合同下的货物。

卖方承担的风险是以双方约定的交货地点为特定界限，随着交货义务的完成而转移。

各种贸易术语下都规定了当卖方没有按约定受领货物或没有给予卖方完成交货义务的必要指示，如给予装船时间或交货地点的通知时，风险和费用的转移可以提前到交货之前。

6. 包装和检验问题

包装的用料和方式等会因商品的性质和采用的运输方式的不同有很大的差异，为了起到保护商品的作用，避免争端，我们采用《2010通则》每一术语的卖方义务中在装运前的检验费用由买方负担，但是如果是出口国的有关当局强制进行的检验，那么除在 EXW 条件，仍由买方负担检验费用，在其他术语下，则由卖方负担。

3.4.4 选用贸易术语应考虑的主要因素

买卖双方洽商交易时，为了采用适当的贸易术语，需要考虑的因素很多，其中主要有下列几点：体现平等互利和双方自愿的原则。在国际贸易中，按何种贸易术语成交，买卖双方应本着平等互利的精神，从方便贸易和促进成交出发，在彼此自愿的基础上商订，不宜强加于人。一般地说，在装运地或装运港交货情况下，是否附加保险的条件成交，根据国际贸易的习惯做法，原则上应着重买方的意见，由买方选择。

1. 考虑运输条件因素

《2010 通则》对每种贸易术语适用于何种运输方式，都分别作了明确具体的规定，因此，买卖双方采用何种贸易术语，首先应考虑采用何种运输方式，此外，买卖双方还应考虑本身的运输力量以及安排运输有无困难。在本身有足够运输能力或安排运输无困难的情况下，可争取按由自身安排运输的条件成交（如按 FCA、FAS 或 FOB 进口，按 CIP、CIF 或 CFR 出口）；否则，则应酌情争取按由对方安排运输的条件成交。

国际贸易中的货物品种很多，不同类别的货物具有不同的特点，它们在运输方面各有不要求，所以安排运输的难易不同，运费开支大小也有差异。这是选用贸易术语应考虑的因素。此外，成交量的大小，也直接涉及安排运输是否有困难和经济上是否合算。当成交量太小、又无班轮通航的情况下，负责安排运输的一方，势必会增加运输成本，故选用贸易术语时，也应予以考虑。

2. 考虑运费波动因素

运费是货价构成因素之一，在选取用贸易术语时，应考虑货物经由路线的运费收取情况和运价变动趋势。一般地说，当运价看涨时，为了避免承担运价上涨的风险，可以选取用由对方安排运输的贸易术语成交，如按 C 组中的某种术语进口，按 F 组中的某种术语出口，在运价看涨的情况下，如因某种原因不得不采用由自身安排运输条件成交，则应将运价上涨的风险考虑到货价中去以免承担运价变动的风险损失。

3. 考虑运输途中的风险因素

在国际贸易中，交易的商品一般需要通过长途运输，货物在运输过程中可能遇到各种自然灾害、意外事故等风险，特别是当遇到战争或正常的国际贸易遭到人为障碍与破坏的时期和地区，则运输途中的风险更大。因此，买卖双方洽商交易时，必须根据不同时期、不同地区、不同运输路线和运输方式的风险情况，并结合购销意图来选用适当的贸易术语。

4. 考虑办理进出口货物结关手续困难因素

在国际贸易中，关于进出口货物的结关手续，有些国家规定只能由结关所在国的当事人安排或代为办理，有些国家则无此项限制。因此，买卖双方为了避免承担办理进出口结关手续有困难的风险，在洽商交易前，必须了解有关政府当局关于办理进出口货物具体规定，以便酌情选用适当的贸易术语。例如，当某出口国政府当局规定，买方不能直接或间接办理出口结关手续，则不宜按 EXW 条件成交，而应选 FCA 术语成交。

5. 考虑船舷为界有无实际意义因素

在装运港交货条件下，按照一般传统的解释，关于货物费用和风险的划分，以装运港船舷为界，但按《2010 年通则》规定，如要求卖方在船舶到港前即将货物交到货站，或采用滚装、滚卸或集装箱运输时，由于费用和风险以航舷为界来划分已没有实际意义，在此情况下，就不宜采用 FOB、CFR 或 CIF 术语成交，而应分别选用相应的 FCA、CPT 或 CIP 术语来取代更为适宜。

【思考题】

1. 简要说明采用 EXW 术语成交时，买卖双方承担的基本义务。
2. 如何理解 FOB、CFR 和 CIF 三种常用贸易术语以装运港船舷作为风险转移的界限问题？
3. 什么是象征性交货？其主要特征是什么？
4. 请比较 FCA、CPT 和 CIP 的异同点。

第4章 交易磋商

【本章重点】

1. 交易磋商的方式、基本要求和主要环节
2. 交易磋商的步骤
3. 交易磋商的内容

4.1 交易磋商简介

1. 交易磋商(Business Negotiation)的含义

交易磋商是指买卖双方通过直接洽谈或函电的形式,就某项交易的达成进行协商,以求完成交易的过程。交易磋商是国际贸易的重要环节之一,商品的国际交易能否顺利签订合同,主要取决于交易双方对交易条件磋商的结果。交易双方为了争取有利的贸易条件,经常会产生争端。因此,双方要在平等互利的基础上,通过友好协商尽量争取做到双方都有利;同时要保证所达成的协议符合各自国家的法律和规定以及国际贸易惯例。

2. 交易磋商的基本要求

交易磋商是一项交易的开始,应该以对该项业务进行周密调研为基础,要做好充分准备,应该预测和判断该项业务进行所需要的技术和知识。

3. 交易磋商的方式

交易磋商的方式主要有函电磋商方式和直接洽谈方式(或称为"口头磋商方式")两种。

4. 交易磋商的主要环节

交易磋商既可以是口头的(面谈或电话),也可以是书面的(传真、电传或信函)。交易磋商的过程可分成询盘、发盘、还盘和接受四个环节,其中发盘和接受是必不可少的,是达成交易所必需的法律步骤。

4.2　交易磋商的步骤

交易磋商的过程可分成询盘、发盘、还盘和接受四个环节。

1. 询盘(Inquiry)

询盘是交易的一方向对方探询交易条件，表示交易愿望的一种行为。询盘多由买方作出，也可由卖方作出，内容可详可略。如买方询盘："想购买浮法玻璃，请发盘"，或者"想购买浮法玻璃，11 月装运，请报价"。询盘对交易双方无约束力。

询盘的内容可涉及：价格、规格、品质、数量、包装、装运以及索取样品等，而多数只是询问价格。所以，业务上常把询盘称作"询价"。

在国际贸易业务中，有时一方发出的询盘表达了与对方进行交易的愿望，希望对方接到询盘后及时发出有效的发盘，以便考虑接受与否。也有的询盘只是想探询一下市价，询问的对象也不限于一人，发出询盘的一方希望对方开出估价单。这种估价单不具备发盘的条件，所报出的价格也仅供参考。

2. 发盘(Offer)

(1)发盘的含义

《联合国国际货物销售合同公约》(后面简称《公约》)对发盘的解释为："向一个或一个以上特定的人提出的订立合同的建议，如果十分确定并且表明发盘人在得到接受时随约束的意志，即构成发盘。一个建议如果写明货物并且明示或暗示地规定数量和价格或规定如何确定数量和价格，即为十分确定。"

发盘也叫"发价"，指交易的一方(发盘人)向另一方(受盘人)提出各项交易条件，并愿意按这些条件达成交易的一种表示。

发盘在法律上称为要约，在发盘的有效期内，一旦经过受盘人无条件接受，合同即告成立，发盘人承担按发盘条件履行合同义务的法律责任。

发盘多由卖方提出(Selling Offer)。也可由买方提出(Buying Offer)，也称"递盘"(Bid)。

实际业务中常见由买方询盘后，卖方发盘，但也可以不经过询盘，一方直接发盘。

(2)构成发盘的要件

一个发盘的构成必须具备下列四个条件：

①向一个或一个以上的特写人提出。发盘必须指定可以表示接受的受

盘人。受盘人可以是一个,也可以指定多个。不指定受盘人的发盘,仅应视为发盘的邀请,或称邀请做出发盘。

②表明订立合同的意思。发盘必须表明严肃的订约意思,即发盘应该表明发盘人在得到接受时,将按发盘条件承担与受盘人订立合同的法律责任。这种意思可以用“发盘”“递盘”等术语加以表明,也可不使用上述或类似上述术语和语句,而按照当时谈判情形,或当事人之间以往的业务交往情况或双方已经确立的习惯做法来确定。

③发盘内容必须十分确定。内容十分确定的发盘,一旦受盘人接受,合同即告成立。如果内容不确定,即使对方接受,也不能构成合同成立。发盘内容的确定性体现在发盘中所列的条件是否是完整的、明确的和终局的。

④送达受盘人。根据《公约》规定,发盘于送达受盘人时生效。如发盘由于在传递中遗失以至受盘人未能收到,则该发盘无效。

上述四个条件,是《公约》对发盘的基本要求,也可称为构成发盘的四个要素。

(3)发盘的撤回与撤销

《公约》第 15 条对发盘生效时间作了明确规定:“发盘在送达受盘人时生效”。那么,发盘在未被送达受盘人之前,如发盘人改变主意,或情况发生变化,这就必然会产生发盘的撤回和撤销的问题。在法律上,“撤回”和“撤销”属于两个不同的概念。撤回是指在发盘尚未生效,发盘人采取行动阻止它的生效。而撤销是指发盘已生效后,发盘人以一定方式解除发盘的效力。

《公约》第 15 条第 2 款规定:“一项发盘,即使是不可撤销的,也可以撤回,如果撤回的通知在发盘到达受盘人之前或同时到达受盘人。”

根据《公约》的规定,发盘可以撤销,其条件是:发盘人撤销的通知必须在受盘人发出接受通知之前传达到受盘人。

但是,在下列情况下,发盘不能再撤销:

①发盘中注明了有效期,或以其他方式表示发盘是不可撤销的。发盘人规定了有效期,即在有效期内不能撤销。如果没有规定有效期,但以其他方式表示发盘不可撤销,如在发盘中使用了“不可撤销”字样,那么在合理时间内也不能撤销。

②受盘人有理由信赖该发盘是不可撤销的,并且已本着对该发盘的信赖行事。

(4)发盘效力的终止

关于发盘失效问题,《公约》第 17 条规定:“一项发盘,即使是不可撤销的,于拒绝通知送达发盘人时终止。”这就是说,当受盘人不接受发盘的内容,并将拒绝的通知送到发盘人手中时,原发盘就失去效力,发盘人不再受其约束。此外,在贸易实务中还有以下三种情况造成发盘的失效:①发盘人在受盘人接受之前撤销该发盘;②发盘中规定的有效期届满;③其他方面的问题造成发盘失效。这包括政府发布禁令或限制措施造成发盘失效。另外还包括发盘人死亡、法人破产等特殊情况。

3. 还盘(Counter Offer)

受盘人不同意发盘中的交易条件而提出修改或变更的意见,称为还盘,又称“还价”。在法律上叫反要约。

还盘实际上是受盘人以发盘人的地位发出的一个新盘。原发盘人成为新盘的受盘人。

还盘又是受盘人对发盘的拒绝,发盘因对方还盘而失效,原发盘人不再受其约束。

还盘可以在双方之间反复进行,还盘的内容通常仅陈述需变更或增添的条件,对双方同意的交易条件无需重复。在国际贸易中,往往经过多次的还盘、反还盘,才最终达成协议。

4. 接受(Acceptance)

(1)接受的含义

所谓接受,就是交易的一方在接到对方的发盘或还盘后,在发盘的有效期内,以声明或行为无条件地同意发盘中提出的各项交易条件,愿意按这些条件和对方达成交易的一种表示。法律上将接受称作承诺。接受和发盘一样,既属于商业行为,也属于法律行为。对有关接受问题在《公约》中也作了较明确的规定。

接受在法律上称为“承诺”,接受一经送达发盘人,合同即告成立。双方均应履行合同所规定的义务并拥有相应的权利。

如交易条件简单,接受中无需复述全部条件。如双方多次互相还盘,条件变化较大,还盘中仅涉及需变更的交易条件,则在接受时宜复述全部条件,以免疏漏和误解。

(2)构成接受的要件

根据《公约》的解释,构成有效的接受要具备以下四个条件:

①接受必须是由受盘人做出。其他人对发盘表示同意,不能构成接受。这一条件与发盘的第一个条件是相呼应的。发盘必须向特定的人发出,即表示发盘人愿意按发盘的条件与受盘人订立合同,但并不表示他愿意按这些条件与任何人订立合同。因此,接受也只能由受盘人做出,才具有效力。

②受盘人表示接受,要采取声明的方式即以口头或书面的声明向发盘

人明确表示出来。另外，还可以用行为表示接受。

③接受的内容要与发盘的内容相符。就是说，接受应是无条件的。但在业务中，常有这种情况，受盘人在答复中使用了接受的字眼，但以对发盘的内容作了增加、限制或修改这在法律上称为有条件的接受，不能成为有效的接受，而属于还盘。

④接受的通知要在发盘的有效期内送达发盘人才能生效。发盘中通常都规定有效期。这一期限有双重意义：一方面它约束发盘人，使发盘人承担义务，在有效期内不能任意撤销或修改发盘的内容，过期则不再受其约束；另一方面，发盘人规定有效期，也是约束受盘人，只有在有效期内做出接受，才有法律效力。

(3)逾期接受

在国际贸易中，由于各种原因，导致受盘的接受通知有时晚于发盘人规定的有效期送达，这在法律上称为"迟到的接受"。对于这种迟到的接受，发盘人不受其约束，不具法律效力。但也有例外的情况。《公约》第21条规定过期的接受在下列两种情况下仍具有效力：

①如果发盘人毫不迟延地用口头或书面的形式将此种意思通知受盘人。

②如果载有逾期接受的信件或其他书面文件表明，它在传递正常的情况下是能够及时送达发盘人的，那么这项逾期接受仍具有接受的效力，除非发盘人毫不迟延地用口头或书面方式通知受盘人，他认为发盘已经失效。

【案例 4-1】

我出口企业对意大利某商人发盘限10日复到有效，9日意商人用电报通知我方接受该发盘，由于电报局传递延误，我方于11日上午才收到对方的接受通知，而我方在收到接受通前获悉市场价格已上涨，对此，我方应如何处理？

分析：中国与意大利均系《联合国国际货物销售合同公约》缔约国，该案双方洽谈过程中，均未排除或做出任何保留，因此，双方当事人均应受《公约》约束。按《公约》规定，如果载有逾期接受的信件或其他书面文件表明，它是在传递正常能及时传达到发价人的情况下寄发的，则该项逾期接受具有接受效力，除非发盘人毫不迟延地用口头或书面通知被发盘人，他认为发盘已经失效，据此，我方于11月收到意商的接交电报属因传递延误而造成的逾期接受。因此，如我方不能同意此项交易，应即复电通知对方：我方原发盘已经失效。如我方鉴于其他原因，愿按原发盘达成交易，订立合同，可回电确信，也可不予答复，予以默认。

【案例 4-2】

某出口商 A 向外商 B 发盘，B 公司已不经营 A 报盘中所涉及的商品，遂把收到的报盘转给 C，C 回复 A 称完全接受 A 给 B 的报盘。问(1)C 的接受是否有效？(2)如无效的话，A 又愿意与 C 达成合同；A 应该如何处理 C 的接受？

分析：(1)C 的接受无效；(2)A 可把 C 的接受作为报盘处理。

【案例 4-3】

某出口商 A 三月二日用传真给 B 发了一批化工产品的报盘，规定有效期七天，三月五日因价格上涨，A 传真给 B 要求撤销三月二日发盘。A 能否撤销？

分析：规定了有效期的发盘属于不得撤销的一种情况。

【案例 4-4】

某出口商 A 给 B 报 100 吨钢材价格 USD350/MT，B 答复按 A 所报价格购买 80 吨，因价格上涨，第二天 B 又传真给 A 同意以 USD350/MT 的价格购买 100 吨，A 已不想成交。问 A 可否拒绝 B 对原报盘的接受？

分析：合同数量是主要条款，拒绝使报盘失效，对 A 已无法律约束力，A 可对 B 的接受任意处理，即拒绝(也没有义务通知 B)或接受(把 B 的接受看作报盘)。

【案例 4-5】

下面是甲乙双方往来的磋商函电，请分析它们分别属于磋商中的哪个环节，为什么？

甲(5 月 1 日电)："兹有 5000 打运动衫，规格按 3 月 15 日样品，每打 CIF 纽约价＄84.5，标准出口包装，5～6 月装运，以不可撤销 L/C 支付，限 20 日复到。"

乙(5 月 3 日电)："你方 5 月 1 日电收悉，贸易条件对我方不合适，请重新报价。"

甲(5 月 4 日电)："4000 打运动衫，规格按 3 月 15 日内衬 PP 装包装样品，每打 CIF 纽约价＄80，新瓦楞纸箱，6 月份装运，以不可撤销 L/C 支付，限 10 日复到有效。"

乙(5 月 10 日电)："你方来电我方基本同意，将每打 CIF 纽约价再降至＄78，限 5 月 20 日复到我方有效。"

甲(5 月 21 日电)："你方交易条件我方完全同意。"

分析：甲的 5 月 1 日电属于发盘。因为甲的函电是向乙这一特定人发出的，具备合同主要条款，内容十分确定完整，而且甲在函电中表明了订立合同的愿望。

乙于5月3日发出的函电属向甲方做出的邀请发盘。

甲于5月4日的函电属于向乙做出的再发盘,原因同5月1日函电,即符合发盘条件。

乙于5月10日的函电属还盘行为,因为他更改了部分主要贸易条件。

甲的5月21日的函电属于逾期接受,即无效接受。因为他的接受表示是在发盘规定的有效期之后做出的。

4.3 交易磋商的内容

交易磋商的内容包括标的物磋商、价格磋商、结算方式磋商等。

4.3.1 标的物磋商

国际贸易活动的核心是商品,也叫"买卖标的"(Subject Matter),标的是指买卖双方成交的对象。所以在国际贸易合同中,标的物名称必须准确,如果不准确,买卖双方就无法对细节进行磋商,更无从开展贸易。所以在具体确定买卖对象时,应做到商品标的的名称必须明确具体,避免空泛笼统的规定;双方应尽可能使用国际上通用的名称;有时同种商品由于不同名称会征取不同运费和税率,所以贸易双方应选用对买卖最有利的品名。

标的物磋商的内容包括品名与品质条款、包装条款、数量条款的磋商。

1. 品名与品质条款

(1)商品的品名(Name of Commodity)

品名或说明规定的是双方交易的物质内容,是交易赖以进行的物质基础和前提条件。因此买卖双方在磋商和签订进出口合同时,一定要明确、具体地商定商品的品名,并尽可能使用国际上通用的名称,避免履约的麻烦。

在合同中规定标的物的具体名称,关系到买卖双方在货物交接方面的权利。在国际货物买卖业务中,如果卖方所交货物不符合约定的品名规定,则买方有权提出索赔,甚至拒收货物或撤销合同。

(2)品名条款的内容

国际货物买卖合同中的品名条款,并无统一的要求和格式,通常由买卖双方协商确定。品名条款的内容一般比较简单,通常都是在"商品名称"或"品名"的标题下,列明交易双方成交商品的名称。有时为了省略起见,也可不加标题,只在合同的开头部分,列明交易双方同意买卖某种商品的文字。另外,有些商品还出现了品名和品质条款合并的情况。

(3)规定品名条款的注意事项

国际货物买卖合同中，品名条款是合同中的主要条款，所以，在规定此条款时，应注意下列事项：

①商品的品名必须做到内容明确具体。

②商品的品名必须实事求是、切实反映商品的实际情况。

③商品的品名要尽可能使用国际上通行的名称。

④确定品名时，应注意有关国家的海关税则和进出口限制的有关规定，恰当的选择有利于降低关税和方便进出口的名称。

⑤确定品名时必须考虑其与运费的关系。

(4)商品的 HS 编码和海关商品编码

①HS 编码

HS 编码，是"编码协调制度"的简称。其全称为"商品名称及编码协调制度的国际公约"(*International Convention for Harmonized Commodity Description and Coding System*)，简称"协调制度"(Harmonized System，缩写为 HS)，是 1983 年 6 月海关合作理事会(现名为"世界海关组织")主持制定的一部供海关、统计、进出口管理及与国际贸易有关各方共同使用的商品分类编码体系。

HS 于 1988 年 1 月 1 日正式实施，每 4 年修订 1 次。世界上已有 200 多个国家使用 HS，全球贸易总量 98%以上的货物都是以 HS 分类的。

HS 对所有的国际贸易商品尽可能详细地进行了分类。HS 将商品分为 21 大类，类下面再分三大层。第一层为章，共有 97 章。其中 1～24 章(1～4 类)为农副产品，25～96 章(5～21 类)为工业产品，第 77 章留空作为备用章。第二层为品目，共有 1242 个品目。第三层为子目，共有 5019 个子目。每个品目编一个四位数的品目号，前两位数字表示该品目所属的章，后两位数字表示该品目在这一章内的顺序号，中间用圆点隔开。一个品目号可以代表一种商品，也可表示一组相关的商品。

HS 编码是国家规定的商品出口编码，每一种商品出口时都有不同的编码，编码不同，课税的多少也不一样。

从 1992 年 1 月 1 日起，我国进出口税则采用 HS 编码。目前 HS 编码已成为国际贸易的一种标准语言。

②海关商品编码

但是在实际操作中，各国海关以 HS 为基础，并依照世界海关组织的相关原则确定各自的海关商品编码，它是各个国家在 HS 编码的基础上，根据各自国家的实际情况，由海关部门编制的出口商品的商品代码，是在进出口贸易中使用的对商品进行分类管理、表示进出口商品名称的数字化代码，对规范商品管理、简化实际操作、方便统计分析起着重要的作用，广泛地应用于进出口报关、出口退税、出口企业的业务处理及财务核算等领域。

HS编码采用六位编码，即编码第一、二位数码代表“章”，第三、四位数码代表“目”(Heading)，第五、六位数码代表“子目”(Subheading)。我国的海关商品编码在六位HS编码的基础上，采用十位编码：前六位和HS编码一致，第七、第八两位是根据我国关税、统计和贸易管理的需要加列的本国子目，另外，根据实际工作需要对部分税号又进一步分出了第九、第十位数编码。

例如海关商品编码为70071190的车辆用钢化安全玻璃，其中“70”表示第七十章“玻璃及其制品”，“07”表示07目，“11”表示11子目，“90”是我国加列的本国子目。

(5)商品品质的含义

商品的品质体现了进出口商对商品的实际需求和买卖标的确切价值，商品的品质体现了其外在形态和内在品质。

在外贸实务中，表示商品品质的方法分为两大类：用实物表示和用说明表示。对于商品品质的规定既要明确，又要留有一定的机动余地。

(6)用实物表示商品品质

通常，我们把这种表示方法又细分为两类：

①看货买卖。即以实际商品来表示该商品的品质。买方或其代理人亲自验看商品，确定商品品质，因此以看货买卖的方式成交后，买方就不得再对货物品质提出异议。

②凭样买卖。即以样品表示买卖商品的品质。样品可以是从一批商品中随机抽取出来的，也可以使专门生产出的，但必须是能准确反映整批商品品质的少量实物。因此样品可能来自于买方，也可能来自于卖方，或者是买卖双方互相提供。凭样买卖可分为以下几种：

第一，卖方提供的样品(Seller's Sample)。

卖方提供的样品，经买方对样品确认后，作为卖方交货，买方收货的品质标准，又称为“凭卖方样品买卖”(Sale by Seller's Sample)，买方合同一般订明：“品质标准以卖方样品为依据”，要求卖方交货的品质必须与买方样品完全相同。

凭卖方样品买卖的注意事项如下：

事项一：品质适中，卖方所提供的样品品质要适中，有广泛的代表性。

事项二：保留复样，卖方提供给买方的样品已经交给了买方保留，该样品就称作标准样(Type Sample)或原样(Original Sample),卖方必须保留一个与原样品品质完全一致的样品,该样品称作复样(Duplicate Sample)或留样(Keep Sample),以备生产、交货和品质纠纷核对之用。

第二,买方样品(Buyer's Sample)。

买方主动向卖方提供的样品,经卖方对样品确认后,作为卖方交货,买方收货的品质标准,又称"凭买方样品买卖"(Sale by Buyer's Sample),买方合同一般订明"品质标准以买方样品为依据",同样要求卖方交货的品质必须与买方样品完全相同。

凭买方样品买卖的注意事项:买方卖方提供的样品必须经卖方对样品确认,买方勿盲目接单;划清商品产权责任 。

第三,对等样品(Counter Sample)。

对等样品也称作回样(Return Sample),卖方根据买方提供的样品再制作一个样品提交给买方,经买方对样品确认后,作为卖方交货,买方收货的品质标准,又称为"凭对等样品买卖"(Sale by Sample),实际上凭对等样品买卖的过程就是把"凭买方样品买卖"转变成"凭卖方样品买卖"。

若卖方没有完全把握做到交货品质与样品品质完全一致,应在交货合同中规定一些弹性条款,如:商品与样品大致相同(Quality to be about equal to the Sample)或品质与样品近似(Quality to be similar to the Sample)。另外,为了避免双方发生对品质的争议,必要时还可使用"封样(Sealed Sample)",即由第三方或公证机关留存一份。

(7)凭说明表示品质

指用文字、图表、相片等方式来说明商品的品质。可分为:

①凭规格买卖(Sale by Specification)。反映商品主要品质、属性的指标,如尺寸、纯度、成分、硬度等。

如:中国芝麻油:水分(最高)10%,杂质(最高)1.5%,含油量(湿态乙醚浸出物)55%基础。

②凭等级买卖(Sale by Grade)。同种商品根据主要指标的差异,按照指标高低进行分组,每组一个等级,以表示品质优劣。

③标准买卖(Sale by Standard)。指由权威性的机构或组织颁布的对某些商品品质规定的必须达到的规格中若干主要指标的要求,这种标准一般具有法律约束。

(8)凭说明表示品质标准

①买卖双方自行订立,商品的规格和等级给予标准化。引用标准时,要注明引用的规章的年份。

②由国际贸易惯例形成，凭说明书和图样买卖（Sale by Descriptions and Illustration）。对那些性能结构特别复杂、难以用文字准确描述品质的商品，如汽车、机床等，可将能够详尽说明商品品质的商品说明书列为合同条件，作为交货依据。

除了说明书外，还要有品质保证条款和技术服务条款。如合同中规定："品质与技术数据必须与卖方所提供的产品说明书严格相符。"

(9)凭品牌或商标买卖（Sale by Trade Mark or Brand Name）

买卖双方在确定交易商品的品质条款时以商品的商标或品牌为准，以简化对品质的描述。

(10)凭产地表示品质（Sale by Name of Origin or Geographical Indication）

以商品的产地名称作为买卖双方的确定交易商品的品质条款。如粤绣等。

(11)品质条款的规定技巧

①要根据进出口商品的特性订立品质条款，选择适合的方法表示品质。

②运用不同的方法表示品质，相应的要采取不同的策略。

③对于无品质公差的，可指定品质机动幅度。品质机动幅度是指允许卖方所交货物的品质指标可有一定幅度范围内的差异，只要卖方所交货物的品质没有超出机动幅度的范围，买方就无权拒收货物。

三种规定机动幅度的方法：①规定范围：玻璃厚度 3MM/3.2MM；②规定极值：大豆含水量不高于过 6%，含油率最低不低于 53%；③规定差异：苹果每个 50～60g。

④价格调整条款。规定品质机动幅度，就是规定交货品质允许有一定幅度的偏差，在此幅度内，可以维持原价，也可以约定标准调整价格。

⑤在实务中，当我方为买方时，应尽量将货物的品质条款规定清楚，按适销性原则处理会遇到很多麻烦，涉及通用品质的确认等复杂问题。

⑥学会利用各国法律中的关于商品品质的"默许条件"或"默示担保"及国际公约中的商销性的规定，掌握国际惯例及通行做法，维护自己的利益。

(12)品质条款的作用

①改进商品品质是非价格竞争手段。

②商品品质是非常重要的。

③商品品质是引起买卖双方分歧的重要原因。

【案例 4-6】

我方某出口公司与德国一公司签订出口某商品的合同，数量为 100 长吨，单价为每长吨CIF不来梅80英榜，品质规格为：水分最高15%，杂质不超过3%，交货品质以中国商品检验局品质检验证书为最后依据。但在成交前我方公司曾向对方寄送样品，合同签订后又电告对方，确认成交货物与样品相似。货物装运前由中国商品检验局检验签发了品质规格合格证书。货物运抵德国后，该外国公司提出，虽有商检局出具的品质合格证书，但货物的品质却比样品低，卖方应有责任交付与样品一致的货物，因此要求每长吨减价6英镑。我方某公司以合同中并未规定凭样交货，而仅规定了凭规格交货为理由，认为所交货物符合合同规定，因此不同意减价。于是，德国公司请德国某检验公司进行检验，出具了所交货物平均品质比样品低7%的检验证明，并据此向我方公司提出索赔600英镑的请求。我方出口公司则仍坚持原来理由而拒赔。德国公司拟提请国外仲裁机构仲裁，但因合同中未规定仲裁条款，争议发生后双方就仲裁又达不成协议，德国公司遂请求中国国际贸易促进委员会对外贸易仲裁委员会协助解决此案。此时，我方出口公司进一步陈述说，这笔交易在交货时商品是经过挑选的，因该商品系农产品，不可能做到与样品完全相符，但不至于比样品低7%。我方出口公司留存的样品已遗失，对自己的陈述无法加以证明。运用所学知识对该案例进行解析。

分析：此笔交易究竟是凭规格买卖，还是凭样品买卖，或者是既凭规格又凭样品的买卖？若既凭规格又凭样品的买卖，卖方是否尚需负品质与样品不符的责任。凭样品买卖是指交易双方约定以样品作为交货的品质依据的买卖。双方的这种约定，既可以是明示的，也可以是默示的。前者是指以样品为交货依据，并在合同中明确加以规定；后者是指根据交易的情况推断当事人有以样品为交货依据的意思。在本笔交易中，从合同的条款来看，只规定了品质规格条款，并未规定凭样品交货。但是在签约前曾寄交了样品，在签约后卖方又电报确认了货物品质规格条款的补充。因此，从整个交易过程来判断，这个电报可以理解为交货与样品相似是合同中品质规格条款的补充，这笔交易不是仅仅凭规格买卖，而是既凭规格又凭样品的买卖。根据国际贸易有关法律规定："凡是既凭样品又凭规格达成的交易，卖方所交货物必须既与样品一致，又要符合规格的要求。否则，买方有权拒收货物，并可提出索赔要求"。如在英国《货物买卖法》中，作了如下具体规定：第一，凡合同条款中有明示规定或有默示的意思，表示凭样品交易者，即为凭样品买卖合同；第二，凭样品买卖合同应包含以下默示条件：①整批货物与样品一致；②买方应有合理机会把整批货物与样品进行比较；③所交货物不得含有对样品进行合理检验所不易发现的、不适合商销的缺陷。又如《联合国国际货物销售合同公约》第三十五条(C)也规定:“货物的质量与卖方向买方提供的货物样品或样式相同”,否则,即为与合同不符,卖方须负此项不符合同的责任。

由此可见,我方出口公司提出的“本合同不是凭样品买卖的合同,因此只需交付合同所规定的品质的货物,不承担交货品质与样品不符的责任”,这是站不住脚的。按样品确定品质的方法,一般来说,货、样做到完全一致是较困难的,因此往往容易引起双方的争执。有些卖方为了避免交货品质与样品不一致,减轻自己的责任,常在合同中明确规定:“交货品质和样品大体相符(Quality to be considered as being about equal to the sample)”。但是,无论合同中规定品质与样品相符或相似,通常都应允许买方有合理机会对所交货物品质与样品进行比较,并有向卖方提出异议索赔的权利,本案正是如此,卖方的确认为虽然确认的是成交货物品质与样品相似,而不是相符,仍应允许买方进行货物与样品的比较并保留其异议索赔的权利。如果比较结果证明品质相差较大,不论卖方交货时曾否对货物进行过挑选,都要负品质不符样品的责任。因而,我方出口公司进一步陈述的理由也是不充分的。尤其是自己留存的复样已遗失,不能拿出证物证明自己的陈述理由,从法律上来说是无效的。

通过对本案的分析,我们应当吸取的主要教训:(1)有关人员对凭样买卖的性质以及国际贸易业务中的通常做法不够熟悉和了解。在已经签约的情况下,却又去电确认交货与样品相似,这完全是多余的。这样做把一般凭规格的买卖,变成了既凭规格又凭样品的买卖,使自己多承担了责任。因此,如果交易货物的品质能够以规格确定,就不需要再寄送样品,更不能轻易地确认交货品质与样品相似。为了进行商品宣传也可以寄送样品,但应明确表示该样品仅供参考,即参考样品。(2)如果是以凭样品成交的合同,应该妥善保存复样,一旦发生争议,可对复样进行重新检验,以便对比,从而分清责任。

2. 包装条款(Parking Clause)

(1)包装条款概述

包装条款是用来规定货物包装方式、包装材料、包装费用负担和运输标志等方面内容的条款。

(2)包装条款的内容

在国际贸易中,除一些货物因其本身特点不需要包装外,多数货物都需要有一定的包装。包装的费用计入成本之中。货物的包装主要分为两类:

①运输包装。又称“大包装”或“外包装”。主要作用是为了保护货物的

安全运输，便于装运和储存。

②销售包装。又称“小包装”或“内包装”。其作用是为了保护商品的质量、数量。

(3)包装条款合同

包装条款是买卖合同的主要条款。按照各国法律规定买卖双方对包装条款一经确定，卖方所交货物的包装必须符合合同的约定。

在我国外贸合同中，常常对合同包装条款的签订不够重视，以“习惯出口包装”或“习惯包装”这种用语加以约定的做法，往往在日后履行合同时容易产生争议。

由于商品的品种、商品的特性不一，运输方法以及运输距离又不相同，包装条款的内容及繁简也不尽相同。包装条款一般包括包装材料、包装方式、包装规格、包装标志和包装费用的负担等内容。

包装材料和包装方式应按合同中订立的内容进行包装，若合同中没有规定，卖方应按同种商品的惯常的方式进行包装。违反了合同中的包装规定即是违反了包装条款，买方可以拒收货物。

运输包装的方式与包装用料、辅料由不同商品的特性决定。与运输包装有关的内容，如费用、包装标志以及包装提供者的责任与义务等有时也必须在合同中明确规定。

按照国际贸易习惯和某些国家的法律规定，包装条款是合同的主要条款之一，是货物说明的组成部分。如果货物的包装与合同规定或行业习惯有重大不符，则属于违约，买方有权索赔损失，甚至拒收货物。因此，买卖双方必须在合同中明确规定包装条款。

3. 数量条款(Quantity Clause)

买卖双方对交易商品的数量、体积、重量、面积、容积等进行磋商达成共识并签订于合同的款项。

(1)列明数量条款的意义

①买卖双方交接货物的有效依据。

②法律内涵。

(2)计量单位的确定方法

①计量单位

第一，重量(Weight)，黄金、白银等贵重商品，通常采用克或司来计量，砖石之类的商品，则采用克拉作为计量单位。

第二，数量(Number)。

第三，长度(Length)，1码＝3英寸＝0.914cm，1英寸＝2.54cm，1英＝

12 寸＝30.48cm。

第四，面积(Area)。

第五，体积(Volume)。

第六，容积(Capacity)。

②国际贸易中的度量衡单位

第一，公制(The Metric System)，基本单位为千克(公斤)，米为欧盟及大多数国家采用。

第二，国际单位制(The International System)，是国际标准计量组织在公制基础上制定公布的，基本单位包括：千克(公斤)、米、秒、摩尔、坎德拉、安培和开尔文等七种，是我国法定计量单位。

第三，英制(The British System)，基本单位为磅和码，为英联邦国家采用。

第四，美制(The US System)。

(3)计量重量的方法

方法一：毛重(Gross Weight)。凡商品本身的重量加包装的重量称为毛重，这种计量方法一般适用于低值商品。

方法二：净重(Net Weight)。除去其包装物后商品本身的重量，是国际贸易中最常见的计重方法。

①计算皮重(包装物)的方法

第一，实际皮重(Actual Tare/Real Tare)，每件包装物的重量的总和。

第二，平均皮重(Average Tare)，商品包装整齐划一，重量相差不大，可以从整批货物中抽出一定件数的包装物，称其皮重，然后加总平均，乘以总件数，求得整批货物的皮重。

第三，习惯皮重(Customary Tare)，规范化的包装物重量。皮重已为市场所公认，无需称重，计算其皮重时无需对包装逐件过秤，按习惯上公认的皮重乘以总件数即可。

第四，约定皮重(Computed Tare)，买卖双方签合同时所约定的包装重量。有些价值较低的农产品或其他商品，可以在合同中规定以毛重计量，即所谓"以毛作净"，(Gross for Net)。

②公重(Conditioned Weight)，一个公平合理的量。

一些商品如棉花、羊毛等是以商品的干净重加国际公定的回潮率下所允许的含水量之和，其计算公式如下：

实际回潮率＝(实际含水量＋商品干净量)×100％公定回潮率

＝(公定含水量＋商品干净量)×100％ 商品实际重量

$$
\begin{aligned}
&=\text{商品干净重}+\text{实际含水量}\\
&=\text{商品干净量}\times(1+\text{实际回潮率})\ \text{公重}\\
&=\text{商品干净重}+\text{公定含水量}\\
&=\text{商品干净重}\times(1+\text{公定回潮率})\\
&=[\text{商品实际重量}\times(1+\text{公定回潮率})]\div(1+\text{实际回潮率})
\end{aligned}
$$

③理论重量(Theoretical Weight)。

④法定重量(Legal Weight)和实物重量(Net Weight)。

法定重量的含义是商品重量加上直接接触商品的包装物的重量,或是商品的净重加上销售包装重量。

实物重量的含义是除去外包装和内包装后的商品重量。

(4)签订数量机动条款幅度的注意事项

①买卖双方对合同条款中的商品数量,不仅仅是只规定一个固定的量,而是在在规定数量的基础上,可以上下浮动一定的幅度,以便于合同的履行,也称为"数量增减条款"或"溢短装条款"(More or Less Clause),机动的幅度要科学,常以百分比来表示。

②溢短装数量的计价方法与买卖双方的利益。

(5)签订数量条款时必须考虑的因素

①国外市场的供求状况。出口成交时的数量条款需要考虑国外货源供应情况、国际市场的价格动态、国外客户的自信状况和经营能力。

②市场需求。进口成交时的数量条款需要考虑支付能力、市场行情。

4.3.2　价格磋商

价格磋商是指海关在使用除成交价格以外的估价方法时,在保守商业秘密的基础上,与纳税义务人交换彼此掌握的用于确定完税价格的数据资料的行为。

1. 进出口商品的计价原则

商品的价格,始终是交易磋商的核心条款。在国际贸易中,正确掌握作价原则,选择有利的计价货币,作好成本核算,是对外报价必须做好的工作。

进出商品的计价原则是什么呢?

在确定进出口商品价格时,国际市场行情和购销意图,是商品定价的最主要的依据。市场行情既反映了当前的价格水平,又反映了未来价格变动的趋势。正确把握市场行情,才能以有利的价格条件成交。

我国国际贸易公司在出口商品报价时,尤其应重视国际市场的价格。有些出口商采用低价作为竞争手段,导致被进口国有关企业指控"倾销",对此,我们一方面应积极应诉,另一方面在报价时应充分重视市场价格水平。

2. 计价货币

国际贸易中,对于现汇贸易,应采用可兑换货币。我国的人民币,已实行经常项目下可兑换,所以也是我国对外贸易中使用的货币之一。可兑换货币的价值,因汇率的变动而变动,故而买卖双方均应密切注意货币汇率的升降趋势。选择合适的货币,以减少由于汇率波动而带来的风险。

通常,买卖双方愿意选择汇率稳定的货币作为计价货币。但在汇率不稳定的情况下,出口方倾向于选用"硬币",即币值坚挺、汇率看涨的货币;而进口方则倾向于选用"软币",即币值疲软、汇率看跌的货币。合同中采用何种货币要由双方自愿协商决定。若采用的计价货币对其中一方不利,这一方应采取合适的保值措施,比如远期外汇买卖,并应把所承担的汇率风险考虑到货价中去。

3. 佣金和折扣

在商品价格中,有时会包含佣金和折扣。

(1)佣金(Commission)

佣金是指卖方或买方支付给中间商代理买卖或介绍交易的服务酬金。我国的外贸专业公司,在代理国内企业进出口业务时,通常由双方签订协议规定代理佣金比率,而对外报价时,佣金率不明示在价格中,这种佣金称之为"暗佣"。如果在价格条款中,明确表示佣金多少,称为"明佣"。在我国对外贸易中,主要出现在我国出口企业向国外中间商的报价中。

包含佣金的合同价格,称为"含佣价",通常以含佣价乘以佣金率,得出佣金额。

其计算公式为:佣金=含佣价×佣金率,而佣金=含佣价-净价。整理后得含佣价和净价的关系为含佣价=净价/(1-佣金率)。佣金通常以英文缩写字母C表示。

比如每平方10美元CFR拉各斯包含佣金2%,可写成:每平方10美元CFRC2拉各斯。其中的"C2"即表示佣金率为2%。卖方应在收妥货款后,再向中间商支付佣金。

(2)折扣(Discount)

折扣是卖方在原价格的基础上给予买方的一定比例的价格减让。使用折扣方式减让价格,而不直接降低报价,使卖方既保持了商品的价位,又明确表明了给予买方的某种优惠,是一种促销手段,如数量折扣、清仓折扣、新产品的促销折扣等。比如每件20美元CIF纽约减5%折扣。卖方在开具发票时,应标明折扣,并在总价中将折扣减去。

4. 出口商品的成本核算

出口商品的成本核算主要有两个经济效益指标：

(1)出口商品换汇成本(换汇率)

该指标反映出口商品每取得一个单位外汇如美元的外汇净收入所耗费的人民币成本。换汇成本越低，出口的经济效益越好。

计算公式为：出口换汇成本＝出口总成本(人民币元)/出口外汇净收入(如美元)

这里的出口总成本，包括进货(或生产)成本，国内费用(储运、管理，预期利润等，通常以费用定额率表示)及税金；出口外汇净收入指的是扣除运费和保险费后的FOB外汇净收入。

例：某商品国内进价为人民币8000元，加工费900元，流通费600元，税金50元，出口销售外汇净收入为1100美元，则：

出口总成本＝8000＋900＋600＋50＝9550元(人民币)

换汇成本＝8900元人民币/1100美元＝8.09元(人民币)/美元

(2)出口商品盈亏率

该指标说明出口商品盈亏额在出口总成本中所占的百分比，正值为盈负值为亏。

出口商品盈亏率＝(出口人民币净收入－出口总成本)/出口总成本×100％

其中，出口人民币净收入＝FOB出口外汇净收入×银行外汇买入价。

盈亏率和换汇成本之间的关系为：

出口商品盈亏率＝(1－出口换汇成本/银行外汇买入价)×100％

可见，换汇成本高于银行买入价，盈亏率是负值。换汇成本低于银行外汇买入价，出口才有盈利。

4.3.3 结算方式磋商

1. 概述

所谓结算方式，是指用一定的形式和条件来实现各单位(或个人)之间货币收付的程序和方法。结算方式是办理结算业务的具体组织形式，是结算制度的重要组成部分。结算方式的主要内容包括：商品交易货款支付的地点、时间和条件，商品所有权转移的条件，结算凭证及其传递的程序和方法等。

结算亦称“货币结算”，是在商品经济条件下，各经济单位间由于商品交易、劳务供应和资金调拨等经济活动而引起的货币收付行为。结算按支付形式的不同分为现金结算、票据转让和转账结算。现金结算是收付款双方直接以现金进行的收付。票据转让是以票据的给付表明债权债务关系。转账结算是通过银行或网上支付平台将款项从付款单位账户划转到收款单位账户的货币收付行为。

在商品交易和劳务供应等社会经济活动中,结算归属于交换。交换是交付商品、劳务等标的与支付货币两大对立流程的统一。在自由平等的正常主体之间,交换遵循的原则是等价和同步。同步交换,是等价交换的保证。许多情况下由于交易标的的流转验收,如商品货物的流动交接、服务劳务的转化等需要过程,货物流和资金流的异步和分离的矛盾不可避免,而异步交换,先收受对价的一方容易违背道德和协议,破坏等价交换原则,故先支付对价的一方往往会受制于人,自陷被动、弱势的境地,承担风险。异步交换必须附加信用保障或法律支持,交换才能顺利完成。因此,为确保等价交换要遵循同步交换的原则,防范异步交换风险,这就要求支付货币应与交付的流程相适配,以实现同步交换。

按同步交换原理,结算方式又可分为一步支付方式和分步支付方式。对当面现货交易,适配即时性直接付转的一步支付方式,如现金结算、票据转让等都是一步支付方式。转账结算中的电汇及网上直转也是一步支付,转账结算一般适用于现货交易,但若无信用保障或法律支持,一步支付导致异步交换容易引发非等价交换风险,如现实中进口方先付款后不能按时按质按量收获标的;出口方先交货后不能按时如数收到价款;被拖延、折扣或拒付等引发经济纠纷的事件时有发生。

在国际贸易中,支付问题曾经成为制约其发展的瓶颈之一,出口方不愿先发货,怕货发出后不能收回货款;进口方不愿先支付,担心支付后拿不到商品或商品质量得不到保证。结果是双方都不愿意承担异步交换或将导致的不等价交换风险,使国际贸易无法进行。为应合同步交换的市场需求,以信用证支付和银行、国际保理等第三方支付为代表的分步支付方式应运而生。此方式即款项从启动支付到所有权转移至对方不是一步完成,而是在中间增加中介托管环节,由原来的直接付转改进到间接汇转,业务由一步完成变为分步操作,从而形成一个可监控的过程,按步骤有条件进行支付,使支付结算体系将更加科学和完善。

2. 结算方式的种类

现行的银行结算方式包括:银行汇票、商业汇票、银行本票、支票、汇兑、委托收款、异地托收承付结算等七种。这些结算方式可以分为以下几类:

(1)根据结算形式的不同,可以划分为票据结算和支付结算两大类。

(2)根据结算地点的不同,可以划分为同城结算方式、异地结算方式和通用结算方式三大类。

①同城结算方式是指在同一城市范围内各单位或个人之间的经济往来,通过银行办理款项划转的结算方式,具体有支票结算方式和银行本票结算方式。

②异地结算方式是指不同城镇、不同地区的单位或个人之间的经济往来通过银行办理款项划转的结算方式,具体包括银行汇票结算方式、汇兑结算方式和异地托收承付结算方式。

③通用结算方式是指既适用于同一城市范围内的结算,又适用于不同城镇、不同地区的结算,具体包括商业汇票结算方式和委托收款结算方式,其中商业汇票结算方式又可分为商业承兑汇票结算方式和银行承兑汇票结算方式。

3. 国际结算(International Settlements)

两个不同国家的当事人,不论是个人间的、单位间的、企业间的或政府间的,因为商品买卖、服务供应、资金调拨、国际借贷而需要通过银行办理的两国间外汇收付业务,叫作“国际结算”。

国际贸易经常发生贷款外结算,以结清买卖双方间的债权债务关系,称之为国际贸易结算。它是建立在商品交易货物与外汇两清基础上的结算,又称为有形贸易结算。

国际贸易结算是以票据为基础,单据为条件,银行为中枢,结算与融资相结合的非现金结算体系。

(1)结算形式

①汇付(Remittance):又称“汇款”,是最简单的国际贸易货款结算方式。采用汇付方式结算货款时,卖方将货物发运给对方后,有关货运单据由卖方自行寄送买方,而买方则径自通过银行将货款交给卖方。

②托收(Collection):托收是指由接到委托指示的银行处理金融单据和/或商业单据以便取得承兑或者付款,或者凭承兑或者付款交出商业单据,或凭其他条件交出单据。

③信用证(Letter of Credit,简称 L/C):信用证方式是银行信用介入国际货物买卖价款结算的产物。它的出现不仅在一定程度上解决了买卖双方之间互不信任的矛盾,而且还能使双方在使用信用证结算货款的过程中获得银行资金融通的便利,从而促进了国际贸易的发展。因此,被广泛应用于国际贸易之中,以致成为当今国际贸易中的一种主要的结算方式。

(2)票据种类

国际贸易中使用的票据包括汇票、本票、支票,以使用汇票为主。

①汇票。汇票是由一人向另一人签发的书面无条件支付命令,要求对方(接受命令的人)即期或定期或在可以确定的将来时间,向某人或指定人或持票来人支付一定金额的票据。

②本票。本票是一人向另一人签发的,保证即期或在可以预料的将来时间,由自己无条件支付给持票人一定金额的票据。

本票又可分为商业本票和银行本票。商业本票是由工商企业或个人签发的本票,也称为“一般本票”。商业本票又分为即期和远期的,商业本票一般不具备再贴现条件,特别是中小企业或个人开出的远期本票,因信用保证不高,因此很难流通。银行本票都是即期的。在国际贸易结算中使用的本票大多是银行本票。

③支票。支票是银行为付款人的即期汇票。具体说就是出票人(银行存款人)对银行(受票人)签发的,要求银行见票时立即付款的票据。出票人签发支票时,应在付款行存有不低于票面金额的存款。如存款不足,持票人提取会遭拒付,这种支票称为空头支票。开出空头支票的出票人要负法律责任。

4. 综述

国际贸易错综复杂,由于交易双方在不同的地域、国家,所以更加增加了贸易结算的困难。在交易磋商中,不论采用哪种国际贸易结算方式,最基本前提是对贸易方的资信状况要了解清楚,只有双方有良好的信誉,才能促使贸易的顺利完成。在贸易结算方式的选择上,尽量规避风险比较大的方式,积极采用保险或者多重结算方式抵消风险,一旦采用某种结算方式,要尽可能地考虑到风险隐患并较早采取相应措施,保护自身利益。

【思考题】

1. 交易磋商的流程是什么样的?
2. 先报价的利与弊分别是什么?

第5章 国际货物买卖合同的订立

【本章重点】

1. 国际货物买卖合同主要形式和特点
2. 国际货物买卖合同订立需要注意的问题

经过交易磋商，一方的发盘或还盘被对方有效地接受后，就算达成了交易，双方之间就建立了合同关系。在业务中，一般还要用书面形式将双方的权利、义务明文规定下来，便于执行，这就是所谓签订合同。

国际货物买卖合同所适用的法律，可以是有关国家的国内法，也可以适用有关国际货物买卖的国际公约。

习惯上，双方达成交易后，出口方先给进口方签署形式发票。

5.1 形式发票(Proforma Invoice)简介

5.1.1 形式发票的定义

形式发票是一种非正式发票，是卖方对潜在的买方报价的一种形式。买方常常需要形式发票，以作为申请进口和批准外汇之用。

形式发票是在没有正式合同之前，经双方签字或盖章之后产生法律效力的充当合同的文件，它包括产品描述，单价，数量，总金额、付款方式、包装、交货期等。形式发票本来只是在客户确认了价格并下了订单之后卖方所做的使对方再次确认的发票，但在没有正式合同之前形式发票即是合同。

"Proforma"是拉丁文，它的意思是"纯为形式的"，所以单从字面来理解，Proforma Invoice 是指纯为形式的，无实际意义的发票。形式发票又叫预示发票(P/I)、预开发票或估价发票。卖方凭此预先让买方知晓如果双方将来以某数量成交之后，卖方要开给买方的商业发票大致的形式及内容，是一种试算性质的货运清单。这种发票本来是卖方在推销货物时，为了供买方估计进口成本，假定交易已经成立所签发的一种发票。实际上，并没有发出货物的事实，正因为如此，这种发票也被称之为“试算发票”。形式发票是出口商有时应进口商的要求，发出一份列有出售货物的名称、规格、单价等非正式参考性发票，供进口商向其本国贸易管理当局或外汇管理当局等申请进口许可证或批准给予外汇等之用。

5.1.2 形式发票的要素

形式发票最主要的要素应清楚地列出以下几个内容：

(1)货物品名。

(2)数量。

(3)成交价格方式是 FOB、CFR、还是 CIF 等，这一点很重要，关系到费用及风险分担的问题。

(4)装运期。

(5)运输方式。

(6)付款方式。

(7)公司的详细的银行资料。

以上所列的几点只是一些基本要约，一般小额贸易国外客户是很少签正式出口合同，形式发票往往就起着约定合同基本内容以实现交易的作用，所以要将可能产生分歧的条款一一详列清楚，要买方签字确认条款，以后真正执行合同时有所依据。如果是形式发票被利用来做信用证，信用证上的条款应与形式发票上的一致。

形式发票不是一种正式发票，不能用于托收和议付，它所列的单价等，也仅仅是进口商根据当时情况所作的估计，对双方都没有最终的约束力，所以说形式发票只是一种估价单，正式成交还要另外重新缮制商业发票。

5.1.3 形式发票的作用

(1)作为数量化的报价。

(2)作为销售确认。

(3)让买方凭它可以申请办理输入许可、外汇许可和开立信用证。

5.1.4 形式发票的使用

在实务上，如果形式发票具备报价单的内容而构成法律上的要约(Offer)，则可以用来替代报价单，甚至可以作销售确认书(Sales Confirmation)。

形式发票还可以用于其他需要结算的场合。

(1)用于预付货款，即在装货前要求现金支付。

(2)在寄售方式中，出口的货物没有确定的销售合约，而是放在代理商手中，对代理商来说，形式发票可以作为向潜在的买方报价的指南。

(3)如果是投标，形式发票可以使买方在许多相互竞争的供货商中按合理的价格和销售条件签订销售合同。

在具体操作中，一份完整的形式发票必须包括支付方式(T/T，L/C，T/T 加 L/C，托收付款等，其中还要写明定金和剩余款项的金额)、目的港、货物的相关信息。

5.1.5　形式发票的格式

1. 公司信息

(1)公司地址(Address)

英语大写，规范，从小到大排列。

例如：门牌号，楼层号，小区，街道，城市，省份，国家。

(2)公司电话和传真(Tel and Fax)

根据要求如实填写，中国的电话前加区号＋86 5342369878。

(3)发票编号和日期(Invoice No. and Date)

根据公司的具体情况和规则编写，日期基本上是说开票的日期。

(4)买方地址(Address)

地址填写方式和公司抬头一样，名称大写。

(5)电话和传真(Tel and Fax)

为了排版的美观，电话可写可不写，但是传真最好要写上，因为形式发票有的时候要传真确认件。

注意：如果有通知方或第三方，那就要另辟一栏写上通知方和第三方的详细地址和电话传真。通知方或第三方指的是和买卖双方有关的人员或者公司，法人。

2. 产品的规格描述、数量、单价、总数

(1)产品描述(Numbers &Description of The Goods)：

型号，名称如有 5 个或者 5 个以上，为了清晰可以编号。

(2)数量(Quantity)：后面直接写上单位，如 套(set)，只，个(pcs)。

(3)单价(Unit price)：货币符号＋单位如 US＄/set、CNY￥/set 等，一定要写上价格条款 FOB、CFR 或 CIF＋港口名称。FOB 后的港口只可以是本国的内陆的，CFR，CIF 后一定是外国的港口。

(4)总数(Total amount)：数字后面保留 2 位小数，并且一律右对齐。

(5)纵行总计：数量和价格要标明产品单位和货币单位，单价不必总计。

HUAXIA GUANGHUI INDUSTRIES CO., LTD

Proforma Invoice

NO	GH081011
Date	11/Oct/2008

Exporter

HUAXIA GUANGHUI INDUSTRIES CO., LTD.

Buyer

Abuja Glazing Company
2, Ifelodun Street, Dopemu, Agege, Lagos Nigeria

Terms of payment:
By 30% down payment and rest against copy of B/L.
Details as Attached

Country of Origin	Port of Shipment	Port of Discharge
China	*Tianjin Port/China*	*onne Port / Nigeria*

Item N^{O}	*Quantity (Sq.Metre)*	Description of Goods	Unit CNF Value (US$)	Total CNF Value (US$)
01	5227.2	**4 Containers of Bronze Float Glass** Size: 2200 x 1650 mm Thickness:4mm Packing:72sheets/crate,10crates/20'con (TOTAL =1440sheets)	$3.28	US$17,145.00
		Total FOB/Tianjin China for 4-cntrs		US$17,145.00
		Total Freight, 4-cntrs at US$2,8600 per 20'cntr (onne Port)		US$5,600.00
		Total CNF/ Apapa Port / Nigeria		US$22,745.00

Twenty Two Thousand, Four Hundred and Fourty Nine Dllars only

PLS REMIT YOUR T.T AT FOLLOWING ROUTE:

Beneficiary bank : ShenZhen Development Bank Co.,Ltd
ADD:7/F,No 5047,Road Shennan Dong,Shenzhen,P.R.China
SWIFT NO: SZDBCNBS
INTERMEDIATE BANK: BANK OF NEW YORK, NEW YORK SWIFT NO:IRVTUS3N
BENEFICIARY NAME: HUAXIA GUANGHUI INDUSTRIES CO.,LTD
ADD: NO.61, NORTH OF HUBIN ROAD ,DEZHOU,SHANDONG CHINA
ACCOUNT NUMBER: 11009286009101

Shipping Marks:
N/M

MF468312

Authorized Signature

图 5-1 形式发票

3. 付款事项

(1)付款方式(Payment terms)：T/T、L/C、托收等。

(2)交货期限(Time of delivery)：在多少个工作日内，或者在多少号之前，或者收到多少款项后发货等等。

(3)起运港(Port of loading)：港口加国家，如 Shanghai Port，China 。

(4)卸货港(Port of discharging):港口加国家,如 New York,USA 。如果目的地不是卸货港口,也要标明目的地。

4. 受益人信息

公司名称、电话、传真、开户行地址、银行账号等。

如果买方有其他特殊要求可在此处填写。

5. 签字盖章

一般地,左边买方,右边卖方。

公司公章或者个人签,如果买方要求，就一定要盖章然后传真过去给其确认。

【案例 5-1】

某公司给客户的形式发票的期限为 2010 年 7 月 28 日,该公司又于 8 月通知客户该形式发票因汇率变动而作废,但客户于 9 月 9 日开来信用证,对此信用证,该公司有无装船义务? 又该公司在接到对方 9 月 9 日开出的信用证后,立即通知客户于 9 月底将差额货款汇来,结果无消息,该信用证已到期,应如何处理?

分析:形式发票本来是一种非正式发票,它只是将卖方议定的交易条件转达结买方,供买方接受时作为参考,或者用来申请进口许可证,获得进口货物所需的外汇。对于邀请发盘的性质,不能作为交易中的要约过程,但如果其中已具备了发盘应必备的条件,也可以成为发盘。若发盘有明确的有效期,那么发盘在有效期内受其约束,有效期满,发盘失效。本例形式发票的有效期为 7 月 28 日,且该公司又于 8 月 2 日通知客户形式发票作废,客户部于 9 月 9 日开来信用证,显然早已超过了接受的时效,所以双方合同关系不成立。既然合同关系不成立,卖方也就没有履行交货的义务,而应将该信用证退还客户,并说明理由,以免造成误解,产生不必要的纠纷。该公司接到信用证后,通知客户汇来差额贷款显然也是不合适的,因为在该公司宣布原发盘失效后,并没有进行新的发盘,交易成立的条件根本不具备。该公司应将信用证退回买方。买方也应要求卖方退还信用证,以免日后造成不应有的损失。

5.2　国际贸易合同的订立

5.2.1　国际贸易合同含义

国际贸易合同在国内又被称“外贸合同”或“进出口贸易合同”,即营业地处于不同国家或地区的当事人就商品买卖所发生的权利和义务关系而达成的书面协议。国际贸易合同受国家法律保护和管辖，是对签约各方都具有同等约束力的法律性文件，是解决贸易纠纷，进行调节、仲裁与诉讼的法律依据。国际贸易合同属于社会交往中比较正式的契约文体，具有准确性、直接性和法定效力性等特点。了解国际贸易合同的独特文体特征有助于对其理解和运用。

5.2.2 国际贸易合同主要形式

国际贸易合同包括国际货物买卖合同、成套设备进出口合同、包销合同、委托代理合同、寄售合同、易货贸易合同、补偿贸易合同等形式。

5.2.3 国际贸易合同的特点

在国际贸易中，国际货物买卖合同的当事人处于不同的国家，因此国际货物买卖合同与国内货物买卖合同相比，具有不同的特点：

1. 国际性

即订立国际货物买卖合同的当事人的营业地在不同的国家，不管合同当事人的国籍是什么。如果当事人的营业地在不同的国家，其签订的合同即为"国际性"合同；反之，合同被称为"国内"合同。如果当事人没有营业地，则以其长期居住所在地为"营业地"。

2. 合同的标的物是货物

国际货物买卖合同的标的物是货物，即有形财产，而不是股票、债券、投资证券、流通票据或其他财产，也不包括不动产和提供劳务的交易。

3. 国际货物买卖合同的货物必须由一国境内运往他国境内

国际货物买卖合同的订立可以在不同的国家完成，也可以在一个国家完成，但履行合同时，卖方交付的货物必须运往他国境内，并在其他境内完成货物交付。

国际货物买卖合同具有涉外因素，调整国际货物买卖合同的法律涉及不同国家的法律制度、适用的国际贸易公约或国际贸易惯例。

国际货物买卖合同具有涉外因素，被认为与一个以上的国家有重要的联系，因此在法律的适用性上，各国法律的规定就与国内合同有所不同。概括起来，国际货物买卖合同适用的法律有三种：国内法、国际贸易惯例、国际条约。

5.2.4 国际货物贸易合同的作用

1. 国际贸易合同是各国经营进出口业务的企业开展货物交易最基本的

手段。

这种合同不仅关系到合同当事人的利益，而且还关系到国家的利益以及国与国之间的关系，因此国际贸易合同具有重要的作用。

2. 国际贸易合同明确规定了当事人各方的权利和义务，是联系双方的纽带，对双方具有相同的法律约束力。

在合同的履行过程中，合同双方当事人都必须严格执行合同条款，否则就是违反合同，即违约。当违约造成损失或损害时，受损害方可依据相关适用法律提出索赔要求，违约方必须承担造成的损失。如果一方因客观原因需要修改合同的某些条款或终止合同时，必须提请对方确认。如果对方不同意修改或终止合同，除非提请方证明出现了不可抗力等特殊情况，否则，提请方仍需履行原合同。

5.2.5 国际贸易合同成立的法律规范

合同对当事人构成的约束力是建立在法律基础上的。因此，合同必须符合法律规范才能得到法律的承认和保护。各国的法律对于合同的成立，都要求具备一定的条件，即所谓合同有效成立的条件，但各国的要求不完全相同。综合起来看。主要有以下几项：

1. 合同当事人的意思表示要一致

这种意思表示一致是通过要约(Offer)和承诺(Acceptance)而达成的。也就是说，一方向另一方提出要约，另一方对该项要约表示承诺，双方的意思表示达成一致，合同即告成立。合同一旦成立，对双方均产生法律约束力。如果有要约，没有承诺，合同就不成立。即使双方相互要约(Cross Offer)，意思表示正好一致，合同仍不成立。

要约和承诺在国际贸易实务中分别被称作发盘和接受。在有关国际贸易法律中，对发盘和接受这两个行为的定义非常严格。判定国际贸易合同是否成立，不仅要看有无发盘和接受，而且还要看发盘和接受这两个行为是否成立。

2. 对价(Consideration)和约因(Cause)的规定

对价是英美法中有关合同成立所必须具备的一个要素。按英美法解释，合同当事人之间存在着“我给你是为了你给我”的关系。这种通过相互给付，从对方那里获得利益的关系称作对价。例如，在货物买卖合同中，买方付款是为了获得卖方的货物，而卖方交货是为了获得买方的货款。

约因是大陆法中提出的合同成立要素之一。它是指当事人签订合同所追求的直接目的。例如，在货物买卖合同中，买卖双方签订合同都要有约因。买方的约因是获得货物，卖方的约因是获得货款。

在国际贸易合同中，要有对价或约因，法律才承认合同的有效性；否则，合同得不到法律的保障。

3. 合同当事人必须有订立合同的能力

国际贸易合同一般是在法人之间签订的。我国《对外贸易法》规定我国的涉外经济合同当事人必须是企业或者其他经济组织；但是，法人是由自然人组织起来的，它必须通过自然人才能进行活动，因此，代表法人的自然人必须具备订立合同的能力。另外，法人本身也必须具有一定的行为和能力。法人采取的最普遍的具体形式是公司。

4. 合同标的和内容必须合法

各国法律都规定合同不得违反法律，不得违反公共政策和公共秩序。我国《合同法》规定：订立合同，必须遵守法律，并不得损害社会公共利益。这里的公共利益是广义的，包括公众安全、优良习惯和道德规范。在国际贸易中，对违禁品，如毒品、走私物品、严重败坏社会道德风尚的物品等签订贸易合同是不合法的；与敌国或国家明令禁止的贸易对象国签订贸易合同也是不合法的。

对于不合法的合同，在当事人之间，没有权利和义务关系。一旦双方当事人发生争议或纠纷，任何一方都不能上诉。法律对这种合同不予承认和保护。同时，如果法律认为必要时，还要追究当事人的刑事责任，没收买卖的货物。

5. 当事人必须在自愿和真实的基础上签订合同

合同是双方当事人意思表示一致的结果。根据各国的法律规定，如果由于各种原因或事实，构成当事人表示的意思不是自愿和真实的，合同则不成立。这些原因和事实大致有以下几种：

(1)胁迫(Duress)

各国法律都一致认为，凡在胁迫下订立的合同，受胁迫的一方可以主张合同无效。因为在受胁迫的情况下所作的意思表示，不是自愿表达的意思。在英美法中，除普通法中有胁迫的法律原则外，在平衡法中有“不正当影响”的原则。“不正当影响”主要适用于滥用特殊关系以订立合同为手段从中谋取利益的场合。在大陆法中，除有胁迫的法律原则外，还有“绝对强制”的法律原则。前者是指施加心理上的压力；后者是指除施加心理压力外，还对其人身加以强制。在“不正当影响”和“绝对强制”下订立的合同都是无效的。

(2)欺诈(Fraud)

欺诈是指以使他人发生错误为目的的故意行为。各国法律都认为，凡因受欺诈而订立合同时，蒙受欺诈的一方可以撤销合同。我国《合同法》第 52 条规定：采取欺诈或者胁迫手段订立合同无效。英美法把欺诈称为“欺骗性的不正确说明”，受欺骗的一方，可要求损害赔偿并撤销合同。对某种事实保持沉默是否构成欺诈的问题，国外一般认为，只有当一方负有对某种事实提出说明的义务时，不作说明才构成欺诈；如果没有此项义务，则不能仅因沉默而构成欺诈。以买卖合同举例，在磋商过程中，当事人没有提供商品的国际市场价格的义务，因此没有必要提供说明，不能认为是欺诈。但对于买卖标的物的情况一定要如实说明，因其与对方决定是否订约有关，买方必须告知。若明知一旦告知买方，买方就不会订约，因而采取沉默的办法隐瞒，这就构成欺诈。

(3)错误(Mistake)

错误是指当事人意思表示错误。错误导致意思表示不真实，从而影响合同的有效性。各国法律都认为，任何意思表示的错误，都使合同无效，交易就会缺乏必要的保障。所以，对此问题应采取谨慎的态度。英美法认为，订约当事人一方的错误，原则上不能影响合同的有效性，只有当该项错误导致当事人之间根本没有达成真正的协议，或者虽已达成协议，但双方当事人在合同标的物的存在、性质、数量或有关交易的其他重大事项存在分歧时，才可主张合同无效。

5.2.6　合同形式的法律规定

在大陆法中，把合同形式分为要式合同(Formal Contract)和非要式合同(Informal Contract)。

所谓要式合同是指依照法律的规定，应按其规定的形式和程序成立的合同。例如，必须由双方当事人签字，并由证人或公证机关证明的合同。非要式合同，可以用口头，或者书面，或者包括人证在内的其他证明形式的合同，而无须一定要采用书面形式。

在英美法中，虽没有要式和非要式的划分，但也有相同的概念，如，在英美法的分类中，有签字蜡封的合同。该合同应属于一种按要求的形式和程序订立的合同，它与大陆法中的要式合同相似。美国的《统一商法典》规定，凡是价金超过 500 美元的货物买卖合同，须以书面形式做成，但仍保留了例外，如卖方已在实质上开始生产专为买方制造的，不宜于售给其他买方的商品，则该合同虽然没有采取上面的形式，但仍有约束力。

《公约》对于国际货物买卖合同的形式，原则上不加以任何限制。《公约》第 11 条明确规定，买卖合同无需书面订立或证明，在形式方面不受任何其他条件的限制。《公约》的这一规定既兼顾西方国家的习惯做法，也是为了适应国际贸易发展的特点。因为许多国家贸易合同是以现代通信方法订立的，不一定存在书面合同。但《公约》允许缔约国对该条的规定提出声明予以保留。我国对此做了保留。

买卖双方在以函电成交时，任何一方当事在人为如果要以签订书面合同作为合同成立的依据，都必须在发出要约或在承诺通知中提出这一保留条件。这时，合同的成立不是以双方函电达成协议时成立，合同应于签订书面合同时成立。如果任何一方当事人都没有提出签订书面合同作为合同成立的依据，则按合同法的一般原则，合同应于双方的函电达成协议时成立，即当载有承诺内容的信件、电报或电传生效时，合同即告成立。

5.2.7 国际贸易合同有效认定

国际贸易合同争议的仲裁案件中，许多争议需要首先根据适用的法律及国际公约来认定合同的效力。因为合同是否有效直接影响着国际仲裁的过程和结果，一个国际贸易合同的有效订立，一般应具备以下条件：

(1)合同当事人须有订立合同的主体资格。

(2)合同订立的形式和内容必须合法。

(3)当事人的意思表示真实。

(4)合同当事人之间要通过要约与承诺的方式达成一项可履行的协议。

5.2.8 合同双方的义务

1. 卖方的基本义务

卖方的基本义务是按照合同和公约的规定交付货物，移交一切与货物有关的单据，并移转货物的所有权。《公约》规定，如果合同没有指定具体交货地点，则在合同涉及货物运输的情况下，卖方的交货义务是把货物交给第一个承运人；如果合同项下的货物是特定物，或从指定存货中提取的货物或尚待制造的未经特定化的货物，而双方当事人在订约时已经知道这些货物处于某一特定地点者，则卖方应于该地点把货物交给买方处置；在其他情况下，卖方应在其订约时的营业地点把货物交给买方。当国际货物买卖合同采用某种贸易术语来确定交货地点时，应适用贸易术语的解释，而不适用公约的上述规定。《公约》还规定，卖方应按合同指定的日期交货；如果合同规定了一段交货的期限(如 1 个月)，则卖方可在这段时间内的任何一天交货；在其他情况下，卖方应在订立合同后的一段合理时间内交货。至于何谓合理时间，《公约》未作具体解释，须按具体情况确定。

卖方的另一项主要义务是对货物的权利担保和品质担保，即卖方应保证他所交付的货物符合合同的要求，并保证他对出售的货物拥有合法权利，没有侵犯任何第三者的权益。《公约》规定，卖方交付的货物必须与合同所规定的数量、质量和规格相符，并须按照合同所规定的方式装箱或包装。即：货物应具有同一规格货物通常使用的用途；货物应适合买方在订约时曾明示或默示地通知卖方任何特定的用途；货物的质量应与卖方向买方提供的样品或模型相同；货物应按同类货物通用的方式装箱或包装。《公约》还规定，卖方所交付的货物必须是第三者不能提出任何权利或请求权的货物，即没有侵犯任何第三者的所有权、担保物权和工业产权。但如果买方在知悉货物权利有瑕疵的情况下，仍然同意买受货物，或者卖方由于按照买方提供的技术图样、设计规格来制造产品而侵犯了第三者的工业产权如商标权或专利权，则卖方对此可不承担责任。

2. 买方的主要义务

买方的主要义务是按照合同和《公约》的规定支付货款和收取货物。《公约》规定，付款地点如果合同中没有指定，买方应在卖方的营业地付款；如果是凭交货或交单付款，则应在移交货物或单据的地点付款。付款时间如果合同没有作出规定，买方应在卖方交货或交单时付款。但买方在没有机会检验货物以前，没有支付货款义务。这项规定同国际贸易的习惯做法有矛盾，因为在国际贸易中，特别是以 CIF 条件成交时，通常都是凭单付款在先，货到检验在后，买方必须在卖方提出装运单据时支付货款，不能以未检验货物为理由拒付货款。故公约规定，如果上述买方检验货物的机会与双方议定的交货或支付程序相抵触，则可不受上述规定的限制。此外，买方还应采取一切应采取的行动，以便卖方能交付货物。这在双方以 FOB 条件成交时尤为重要。因为在 FOB 条件下，如果买方不及时指派装货船只，卖方就无从履行其交货义务。

【案例 5-2】

甲与乙签订一份为期两年的供货合同，规定："由甲每月供应 10 吨一级花生油，价格每三个月议定一次。"又规定："如双方发生争议，应提交仲裁处理。"但该合同执行了半年后，甲方提出："因合同的价格未明确，合同无效。"问如果提交仲裁，仲裁员将如何裁决？为什么？

分析：合同有效。应该按照合同规定价格每三个月议定一次的确定方法给予调整仲裁。根据公约规定，合同项下的价格在远期交货的情况下，双方采取灵活作价方法，不规定就具体价格，只规定确定价格的方法。不影响发盘成立，发盘被对方接受，则合同成立。

【案例 5-3】

甲与乙订有长期协议:"卖方甲必须在收到买方乙订单 14 天内答复,如果卖方在 14 天内未答复,则视为已接受订单。"2 月 1 日卖方甲收到乙的订单,订购 1000 打服装,2 月 25 日甲通知乙他不能供应 1000 打服装,乙提出异议,认为如甲不履行交货义务,则要求损害赔偿,问乙的索赔是否合理?为什么?

分析:乙方的索赔合理。按照公约规定,卖方收到买方订单后,既不发货,也不通知买方拒绝其订单,则卖方的缄默就等于接受,买方可以控告卖方违约。该案例中,虽然卖方已经通知买方不能接受订单,但通知的时间已经超出约定的 14 天范围内,通知应无效,应视为甲方以接受,故买方乙的索赔合理。

附件:

出口产品购销合同

合同编号:YHA14-423

签约日期:2014-4-23

甲方(买方):LS INTERNATIONAL GROUP CO., LTD

ADD: RM 1701,17/F HENAN BUILDING 90 JAFFE ROAD WANCHAI HK

乙方(卖方):山东耀华琉璃有限公司

地址/邮编:山东省济南市历城区王舍人镇开源路 7 号

SHANDDONG YAOHUA GLASS CO., LTD

Add: No. 7 Kaiyuan Road, Licheng Area, Jinan City, Shandong Province 250101 China

根据《中华人民共和国合同法》等法律规定,甲乙双方经友好协商,就甲方向乙方购买以下货物并用于对外出口签订如下合同,双方共同遵守执行。

一、产品乐称、品种规格、数量、金额、总贷款:

产品名称	规格(mm)		数量/片	面积	木箱	FOBqingdao $/m2	总价 $
8mm 白玻 +0.38mm 透明 PVB +0.38mm 绿 PCV+8mm 白玻	3925	1975	324	2511.61	36	$22.00	$55255.37
总计	4*20GP	324	2511.61	36		$55255.37	

备注:①信义原片,普利金彩色胶片。②边部处理:精磨四边。③胶合板木箱包装。玻璃之间衬塑料薄膜。

二、交货时间

采购到原片后 15 天之内交货(老虎到原材料、船期等因素,如遇特殊情况,可延期 5 天)。

三、产品加工及其他要求

(一)加工要求:

1. 原片符合汽车级标准,夹胶质量符合国家标准。玻璃表面无划伤,内部无污点,无气泡。

2. 每片夹胶玻璃都必须使用一片完整的胶片,不允许胶片存在重叠或者破裂。

3. 不允许有掉角、崩边。

4. 需要提供装箱及装柜照片,供方对因玻璃的内在质量引起的纠纷负责。

(二)包装要求:中性包装,无供方标识,木箱上需注明每箱各装的尺寸和片数

(三)加固要求:装柜前或由于加固不善发生的破碎由供方承担。(妥善保管,保证货物装柜前无水温)

四、受益人银行信息

Beneficial Bank：BANK OF CHINA JINAN BRANCH，LICHENG SUB-BRANCH

Bank add：84，HUAYUAN ROAD JINAN CHINA

SWIFT BIC：BKCHCNBJ51B

Beneficiary：SHANDONG YAOHUA GLASS CO.，LTD

USD A/C No：205214316203

五、结算时间及方式:甲方在合同签订后 3 个工作日内付给乙方合同金额 30%的贷款,乙方在收到货款后开始生产。发货前甲方付清全款。

六、质量、数量、包装检验方式:产品质量依据国家标准,玻璃为汽车级,产品数量依据合同规定,包装适合长途海运。

七、不可抗力

因不可抗力事件不能按本合同履行全部或部分义务的,免除违约方的全部或部分责任,但应在不可抗力发生后七日内通知对方,并在不可抗力发生后 15 日内向对方提供有关机构出具的发生不可抗力的证明。

八、违约责任

甲乙双方因以下原因或其他原因违反本合同约定,应向另一方承担违约责任,违约金额为本合同标的额的 10%造成损失还应当赔偿损失(包括支

付的律师费用)。

1. 乙方未按合同约定的时间及/或地点、方式、数量、质量、包装等要求履行交货义务;

2. 乙方未能提供符合本合同约定的发票、单据等。

3. 甲乙双方其他违约行为。

九、争议解决方式

因执行本合同所发生的一切争议,由双方友好协商解决,协商不成,依法向守约方所在地人民法院提起诉讼。

十、合同的生效及修改

本合同经甲、乙双方签章后生效。协议各方保证签字盖章是真实有效的。甲乙双方经协商一致,可对本合同进行补充或修改。补充或个性必须采取书面形式。经双方签字、盖章后生效。补充或修改文本与本合同具有同等效力。

本合同文本一式两份。双方各执一份,各份具有同等效力,传真件有效。

十一、其他

具体装货数量及批次以甲方发货通知为准。

包装为中性包装,不得有工厂任何标志及商标。甲方指定商标。

甲方(盖章): 乙方(盖章):

有权签字人(签字:) 有权签字人(签字:)

5.3 合同订立注意事项

随着经济全球化的发展,国际贸易业务频繁地涉及不同国家、不同的商品交易,在签订国际贸易合同时需要下列问题:

5.3.1 合同文本的起草

当谈判双方就交易的主要条款达成一致意见后,就进入合同签约阶段,自然,就提出了由谁起草合同文本的问题。一般来讲,文本由谁起草,谁就掌握主动。因为口头上商议的东西要形成文字,还有一个过程,有时仅仅是一字之差,意思则有很大区别。起草一方的主动性在于可以根据双方协商的内容,认真考虑写入合同中的每一条款。而对方则毫无思想准备,有些时候,即使认真审议了合同中的各项条款,但由于文化上的差异,对词意的理解也会不同，难以发现于己不利之处。所以，在谈判中，应重视合同文本的起草，尽量争取起草合同文本，如果做不到这一点，也要与对方共同起草合同文本。我国一些涉外谈判，往往是由外商一开始就提出一份完整的合同文本，迫使我方按照合同文本的内容讨论每项条款。这种做法会使我方在谈判中处于极端被动的地位，一方面由于思想准备不足，容易让对方塞进一些对我方不利的条款或遗漏一些对方必须承担义务的条款；另一方面，按一方事先拟好的合同文本进行谈判，极大地限制了我方谈判策略和技巧的发挥，并且很难对合同进行比较大的修改或补充，甚至有的只是在对方的合同上签字。另外，如果用外文文本作基础，对我国也有诸多不利，不仅要在翻译内容上反复推敲，弄清外文的基本含义，而且还要考虑法律上的意义，一些约定俗成的用法，包括外文的一词多义，弄不好就会造成麻烦，出现意想不到的问题。因此，在谈判中应该争取拟就合同谈判的草稿。在此基础上进行谈判。

要起草合同的文本，需要做许多工作，这可以同谈判的准备工作结合起来阐述。例如，在拟定谈判计划时，所确定的谈判要点，实际上就是合同的主要条款。起草合同文本，不仅要提出双方协商的合同条款，以及双方应承担的责任、义务，而且还要对所提出的条款进行全面细致的讨论和研究，明确哪些条款不能让步，哪些条款可作适当让步、让步到什么程度。这样，当双方就合同的草稿进行实质性谈判时，就掌握了主动权。

5.3.2 明确双方当事人的签约资格

合同是具有法律效力的法律文件。因此，要求签订合同的双方都必须具有签约资格。否则，即使签订合同，也是无效的合同。在签约时，要调查对方的信资情况，应该要求当事人相互提供有关法律文件，证明其合法资格。一般来讲，重要的谈判，签约人应是董事长或总经理。有时，非重要的谈判如具体业务谈判，进行签约的非上述人员，但也要检查签约人的资格。如了解对方提交的法人开具的正式书面授权证明，常见的有授权书、委托书等。了解对方的合法身份和权限范围，以保证合同的合法性和有效性。

审查对方当事人的签约资格，一定要严肃认真，切不能草率从事。实行改革开放政策以来，我国对外贸易迅速扩大。但是，在与外商谈判时，由于盲目轻信对方，草率签订合同，以致吃亏受骗的现象屡有发生。有些单位为了急于引进、输出，仅凭熟人介绍，不进行任何信资调查，就签订数额巨大的合同，结果给企业和国家造成重大损失。所以，进行信资调查，了解对方的企业信誉及其行为能力和责任能力是十分重要的。此外，不要轻易相信对方的名片，名片不能代替证书，有的人名片官衔很大，实际上是空的。还有，与外国公司打交道，不要只看母公司的信誉和资产情况，实际上母公司对子公司是不负连带责任的。

审查对方当事人的签约资格应注意以下几点：

(1)考察时关注的问题应该是直接进行贸易的公司的实力。有的公司在交易前会亲自前往客户当地考察，不要只注重对方办公场所在写字楼是否高级，公司领导人是否有魄力，经营网点和加工厂区规模是否宏大。这些只是表面现象。应该注意与中方签约的企业的真正实力，根据某些国家的法律，一些公司母公司不需要负子公司的债务关系。所以考察时关注的问题应该是直接进行贸易的公司的实力。

(2)不要被对方的大名头所迷惑。世界各国的公司法律体制千差万别，不要被对方的“名头”所迷惑，在很多国家，注册一个带“国际”字头的公司很容易。另外，在有些国家的公司，对注册资金要求很松，无须全部认缴到位，注册时也不一定缴纳很多的注册费。还有，实力弱的子公司以实力较强的母公司的名义进行业务，但发生纠纷却无法追究母公司责任。

(3)采取法律措施前要通过正规的调查机构调查。有些当事人在采取法律措施之前，害怕通过调查会使对方有所警觉，因此不愿意先调查后决定是否采取措施。但实际上，正规的调查机构的调查一方面不会透露委托人是谁，更不透露调查目的；另一方面，调查员更多的是通过其他相关渠道调查得到信息并汇总后出具报告的，不会引起被调查公司的注意。

(4)通过多个渠道了解对手的资信状况。在国际贸易活动中，如果只从一个渠道了解对手的资信状况，往往很难保证信息的准确性，尤其是通过对手故意透露给你的渠道。而通过正规的资信调查，则可以通过多种渠道了解该公司的情况。例如：某些公司的银行证明可以通过欺骗手段得到，如果盲目相信这类资信证明，会给以后的贸易活动带来安全隐患。正确的调查渠道一般有：公司注册部门、法院诉讼记录、银行间往来记录、房产管理部门、财务统计部门、其主要客户、当地律师、电话登记部门等，只有各方面均反映良好，才能给予较高的授信额度。

5.3.3 明确规定双方义务和责任

许多合同只规定双方交易的主要条款，却忽略了双方各自应尽的责任和义务，特别是违约应承担的责任。这样无形中等于为双方解除了应负的责任，架空了合同或削减了合同的约束力，还有一种情况是，有些合同条款写得十分含糊笼统，即使是规定了双方各自的责任、义务，但如果合同条款不明确，也无法追究违约者的责任。合同文字如果含糊不清、模棱两可，在执行过程中，往往争议纷纷、扯皮不断，甚至遗祸无穷。

此外，对合同中的一些关键词句，一定要谨慎推敲，不能含糊迁就，有时仅一字之差，却“谬以千里”。

5.3.4　合同中的条款要详细、协调

合同中的条款要详细，各条款之间相互协调。如合同条款太笼统，则不利于合同的履行。

5.3.5　争取在本方进行缔约或签字仪式

比较重要的谈判，双方达成协议后，举行的合同缔约或签字仪式，要尽量争取在本方举行。因为签约地点往往决定采取哪国法律解决合同中的纠纷问题。根据国际法的一般原则，如果合同中对出现纠纷采用哪国法律未作具体规定，一旦发生争执，法院或仲裁庭就可以根据合同缔结地国家的法律来作出判决或仲裁。

【思考题】

1. 简述一项合同有效成立的条件。
2. 书面合同的内容有哪些？合同有哪几种形式？
3. 形式发票的作用是什么？

第6章 合同履行

【本章重点】

1. 合同的履行过程
2. 国际货物的运输
3. 国际货物运输保险
4. 履行国际贸易合同过程中应注意的问题

6.1 合同的履行过程

买卖双方经过交易磋商、达成协议后要签订书面合同，作为约束双方权利和义务的依据。合同的履行，指的是合同规定义务的执行。任何合同规定义务的执行，都是合同的履行行为；相应地，凡是不执行合同规定义务的行为，都是合同的不履行。因此，合同的履行表现为当事人执行合同义务的行为。当合同义务执行完毕时，合同也就履行完毕。在国际贸易中，买卖合同一经依法有效成立，有关当事人必须履行合同规定的义务。所以，履行合同是当事人双方共同的责任。

6.1.1 出口合同的履行

在出口合同的履行过程中包括备货、催证、审证、改证、租船订舱、报关、报验、保险、装船和制单结汇等多种环节。其中又以货(备货)、证(催证、审证、改证)、船(租船、订舱)、款(制单、结汇)四个环节最为重要。

1. 备货

备货工作是指卖方根据出口合同的规定，按时、按质、按量地准备好应交的货物，并做好申请报验和领证工作。

(1)备货

备货是进出口公司根据合同和信用证规定,向生产加工及仓储部门下达联系单(有些公司称其为加工通知单、或信用证分析单等)要求有关部门按联系单的要求,对应交的货物进行清点、加工整理、刷制运输标志以及办理申报检验和领证等项工作。联系单是各个部门进行备货、出运、制单结汇的共同依据。在备货工作中,应注意以下几问题:

①货物的品质、规格,应按合同的要求核实,必要时应进行加工整理,以保证货物的品质、规格与合同规定一致。

②货物的数量:应保证满足合同或信用证对数量的要求,备货的数量应适当留有余地,多备些做装运时可能发生的调换和适应舱容之用。

③货物的包装和唛头(运输标志):应进行认真检查和核实,使之符合信用证的规定,并要做到对保护商品和适应运输的要求,如发现包装不良或破坏,应及时进行维修或换装。标志应按合同规定的式样刷制。

④备货时间:应根据信用证规定,结合船期安排,以利于船货衔接。

(2)报验

以我国为例,凡属国家规定,或合同规定必经中国进出口商品检验局检验出证的商品,在货物备齐后,应向商品检验局申请检验,只有取得商检局发给合格的检验证书,海关才准放行。凡经检验不合格的货物,一律不得出口。

申请报验的手续是,凡需要法定检验出口的货物,应填制“出口报验的申请单”,向商检局办理证件取验手续。“出口报验申请单”的内容一般包括品名、规格、数量(或重量)、包装、产地等项。如需有外文译文时,应注意中、外文内容一致。“申请单”还应附上合同信用证副本等有关单据,供商检局检验和发证时参考。

申请报验后,如出口公司发现“申请单”内容填写有误,或因国外进口人修改信用证以致货物规格有变动时,应提出更改申请,并填写“更改申请单”,说明更改事项和更改原因。

货物经检验合格,即由商检局发给检验证书,进出口公司应在检验证书规定的有效期内将货物出运。检验证书的有效期一般货物是从发证之日起两个月内有效;鲜果、鲜蛋类为两星期,植物检疫为三星期内有效;如超过有效期装运出口,应向商检局申请展期,并由商检局进行复验合格后才能出口。

2. 催证、审证和改证

在履行以信用证付款的合同时,对信用证的掌握、管理和使用直接关系到国家对外政策的贯彻和收汇的安全。信用证的掌握、管理和使用主要包括催证、审证和改证等项内容,这也是履行合同的一项重要工作。

(1)催证

如果在出口合同中买卖双方约定采用信用证方式,买方应严格按照合同的规定按开立信用证,这是卖方履约的前提。但在实际业务中,有时国外进口商在市场发生变化或资金发生短缺的情况时,往往会拖延开证。对此,出口商应催促对方迅速办理开证手续。特别是大宗商品交易或买方要求而特制的商品交易,更应结合备货情况及时进行催证。必要时,也可请驻外机构或开户银行协助代为催证。

(2)审证

信用证是依据合同开立的,信用证内容应该是与合同条款一致的。但在实践中,由于种种因素,如工作的疏忽、电文传递的错误、贸易习惯的不同、市场行情的变化或进口商有意用开证的主动权加列有利于自己利益的条款等,往往会出现开立的信用证条款与合同规定不符。为确保收汇安全和合同顺利执行,防止导致经济上和政治上不应有的损失,出口商应该在国家对外政策的指导下,对不同国家、不同地区以及不同银行的来证,依据合同进行认真的核对与审查。

一般来说,在审查国外来证时,应考虑下列四个方面:

①政治上是否符合国家对外政策。

②安全及时收汇是否有保障。

③签订贸易协定的国家的来证是否符合协定的规定。

④来证的条款是否符合合同规定,证内所列条款,出口商能否履行。

在实际业务中,银行和进出口公司共同承担审证任务。其中,银行着重审核开证行的政治背景、资信能力、付款责任和索汇路线等方面的内容,进出口公司则着重审核的内容。

一般审证任务应包括以下几个方面:

①政治性的审查。来证国家必须是和本国有经济往来的国家和地区,应拒绝接受与本国无往来关系的国家和地区的来证。来证的各项内容应符合本国方针政策,不得有歧视性内容,否则应根据不同情况向开证行交涉。

②开证银行资信的审查。为了保证安全收汇,对开证行所在国家的政治经济状况、开证行的资信、经营作风等必须进行审查,对于资信不佳的银行,应酌情采取适当措施。

③对信用证的性质与开证行付款责任的审查。来证应标明“不可撤销”的字样。同时要在信用证内有开证保证付款的内容。

对有些国家的来证，虽然注明有“不可撤销”的字样，但在信用证内对开证行付款责任方面加列“限制性”条款或“保留”条件的条款，受益人必须特别注意。如来证注明“以领到进口许可证后通知时方能生效”，电报来证注明“另函详”等类似文句，应在接到上述生效通知书或信用证详细条款后方能生效。

上述3点，也是银行审证的重点，进出口公司只作复核性审查。

④对信用证金额与货币的审查。信用证金额应以合同金额相一致。如合同订有溢短装条款，信用证金额应包括溢短装运部分的金额。信用证金额中单价与总值要填写正确，大、小写并用。来证所采用的货币应与合同规定相一致。如来自与本国订有支付协定的国家，使用货币应与支付协定规定相符。

⑤对商品的品质、规格、数量、包装等条款的审查。信用证中有关商品货名、规格、数量包装、单价等项内容必须和合同规定相符，特别是要注意有无另外的特殊条款，应结合合同内容认真研究，作出能否接受或是否修改的决策。

⑥对信用证规定的装运期、有效期和到期地点的审查。装运期必须与合同规定一致，如国外来证晚，无法按期装动，应及时电请国外买方延展装期限。信用证有效期一般应与装运期有一定的合理间隔，以便在装运货物后有足够时间办理制单结汇工作。关于信用证的到期地点，通常要求在本国境内到期，如信用证将到期地点规定在国外，或国外银行的柜台等，出口商不易掌握国外银行收到单据的确切日期，这不仅影响收汇时间，而且还容易引起纠纷，所以一般不宜接受。

⑦对单据的审查。对于来证中要求提供的单据种类和份数及填制方法等，要进行仔细审核，如发现有不正常的规定，例如要求商业发票或产地证明须由国外第三者签证以及提单上的目的港后面加上指定码头等字样，都应慎重对待。

⑧对其他特殊条款的审查。在审证时，除对上述内容进行仔细审核外，有时信用证内加列许多特殊条款，如指定船籍、船龄等条款，或不准在某个港口转船等，一般不应轻易接受，但若无关紧要，并且也可以办到，则也可酌情灵活掌握。

(3)改证

对信用证进行了全面细致的审核以后，如果发现问题，应区别问题的性质，分别同银行、运输、保险、商检等有关部门研究，作出恰当妥善的处理。凡是属于不符合本国对外贸易方针政策，影响合同执行和安全收汇的情况，出口商必须要求国外客户通过开证行进行修改,并坚持在收到银行修改信用证通知书后才能对外发货,以免发生货物装出后而修改通知书未到的情况,造成卖方工作上的被动和经济上的损失。

在办理改证工作中,凡需要修改的各项内容,应做到一次向国外客户提出,尽量避免由于出口商考虑不周而多次提出修改要求。否则,不仅增加双方的手续和费用,而且还对外造成不良影响。其次,对不可撤销信用证中任何条款的修改,都必须在有关当事人全部同意后才能生效,这是各国银行公认的惯例。

最后,对来证不符合规定的各种情况,还需作出具体分析,不一定坚持要求对方办理改证手续。只要来证内容不违反政策原则并能保证卖方安全迅速收汇,出口商也可以灵活掌握。

总之,对国外来证的审核和修改,是保证顺利履行合同和安全迅速收汇的重要前提,出口方必须给予足够的重视,认真做好审证工作。

3. 租船、订舱和装运

进出口公司在备货的同时,如果是 CIF 或 CFR 合同,还必须做好租船订舱工作,办理报关、投保等手续。

(1)租船订舱。

在 CIF 或 CFR 条件下,租船订舱是卖方的主要职责之一。

如出口货物数量较大,需要整船载运的,则要对外办理租船手续;如出口货物数量不大,无须整船装运的,可由外运公司代为洽订班轮或租订部分舱位运输。

租船订舱的简单程序为:

①进出口公司委托外运公司办理托运手续,填写托运单(Shipping Note),亦称"订舱委托书"递送外运公司作为订舱依据。

②外运公司收到托运单后,审核托运单,确定装运船舶后,将托运单的配舱回单退回,并将全套装货单(Shipping Order)交给进出口公司填写,然后由外运公司代表进出口公司作为托运人向外轮代理公司办同物托运手续。

说明:在实际操作中,一般外运公司不进行区分托运单和装货单,此时的托运单也可以认为是装货单。本教材后面出现海运托运单即装货单。只有对办理托运手续要求严格的外运公司,收到进出口公司提供托运单,审核并确定装运船舶后,交由进出口公司再填写装货单。

③货物经海关查验放行后,即由船长或大副签收"收货单"(又称"大副收据",Mate's Receipt)。收货单的船公司签发给托运人的表明货物已装妥

的临时收据。托运人凭收货单向外轮代理公司交付运费并换取正式提单。

(2)报关

报关是指进出口货物装船出运前,向海关申报的手续。

以我国为例,按照我国海关法规定,凡是进出国境的货物,必须经由设有海关的港口、车站、国际航空站出口,并由货物所有人向海关申报,经过海关放行后,货物才可提取或者装船出口。

当前,我国的进出口公司在办理报关时,必须填写出口货物报关单,必要时还需提供出口合同副本、发票、装箱单或重量单、商品检验证书及其他有关证件,向海关申报出口。

出口报关前的准备:

当货物在安排拖车运输前(或者运输同时),出口商需要提供出口报关所必需的报关资料(外汇核销单、出口合同、发票、装箱单、报关委托书以及根据货物所受国家海关监管出口需要的证书:如许可证等);当货物经拖车运到指定出口口岸,货柜进入码头堆场闸口时,开始受到口岸海关的正式监管,此时货柜无论出入码头堆场都必须经过海关同意才能继续运作;当货柜进入码头堆场后,码头电脑会纪录此货柜的进场时间、柜号、封条号、堆场位置等信息,并通过与海关电脑联网受到海关电脑的监控,此时才可以正式向海关申报出口。

出口报关流程:

①报关公司输入资料。由报关公司通过联网电脑向船公司货代根据客户提供资料输入要报关的船名、航次、柜号、订舱号、出口单位名称、收货人名称、货物名称、件数、毛重等资料。

②向海关电脑传输资料。船公司货代收到资料并审核通过后会自动向海关电脑传输资料。

③打印装船单。海关电脑收到资料后也会自动通过,此时所有上述资料是由报关公司根据客户提供的内容并且负责审核的。当海关电脑通过后,打印在空白装船单上,此时叫作“装船单”,当海关电脑予以放行并且加盖海关印章后,叫作“放行条”。

④申报出口并审单。报关公司将装船单上的内容(主要是运输工具号码及提运单号码),通过海关允许的录入公司,正式向海关的报关电脑系统申报出口,当海关报关系统接收到后会交由审单中心负责处理各个口岸传输的报关数据,目前出口商品绝大多数是由电脑自动审单,报关公司在发送前必须严格审核所申报的资料与客户提供的内容完全一致。

⑤递单。审核通过后,打印出口报关单后,连同报关资料(核销单、合

同、发票等），由报关员签字、报关公司盖章，向现场海关递单。首先递单给综合科，综合科在电脑里确认接单，需要征税的货物转给税费组，一般货物转交给风险管理科，风险管理科认为需要查验的货物进行电脑布控，不要查验的货物直接放行，转交给放行组加盖海关印章后出单给报关行。报关行将放行条交给码头进行电脑确认海关是否放行，确认后加盖码头确认章，再由报关行将放行条交给船代公司，船代公司根据放行条装船出口。

⑥申请打印出口外汇核销联及退税联。当船离开港口后，船代公司会在电脑发送一份此船实际装船的舱单资料给海关的报关电脑系统，报关电脑系统与舱单资料对碰一致后才可以向海关申请打印出口外汇核销联及退税联。至此，全部报关环节完毕。

(3)投保

凡是按 CIF 价格成交的出口合同，卖方在装船前，须及时向保险公司办理投保手续，填制投保单。出口商品的投保手续一般都是逐笔办理的。投保人在投保时应将货物名称、保额、运输路线、运输工具、开航日期、投保险别等一一列明。

实际操作中，由于我国进出口公司同中国人民保险公司的业务量较大，为简化手续，一般不实际填写投保单，而是利用出口货物明细单或货物出运单等替代投保单，保险公司接受投保，签发保险单或保险凭证。

从以上出口合同履行的环节可以看出，在出口合同履行过程中，货、证、船的衔接是一项极其细致而复杂的工作。因此，国际贸易公司为做好出口合同履行，必须加强对出口合同的科学管理，包括能反映出口合同执行情况的进程管理制度，采取相应的合理措施，做好单证和货物的管理工作。尽量避免交货期不准、拖延交货期或不交货等现象的产生。

4. 制单结汇

出口货物装出之后，国际贸易公司即应按照信用证的规定，正确缮制各种单据。在信用证规定的交单有效期内，递交银行办理议付结汇续。

我国出口结汇的办法有三种：收妥结汇、押汇和定期结汇。

(1)收妥结汇，又称“收妥付款”，是指议付行收到外贸公司的出口单据后，经审查无误，将单据寄交国外付款行索取货款，待收到付款行将货款拨入议付行账户的贷记通知书(Credit Note)时，即按当日外汇牌价，折成人民币给出口商。

(2)押汇，又称“买单结汇”，是指议付行在审单无误情况下，按信用证条款买入受益人(出口商)的汇票和单据，从票面金额中扣除从议付日到估计收到票款之日的利息，将余款按议付日外汇牌价折成人民币，拨给出口商。

议付行向受益人垫付资金买入跟单汇票后，即成为汇票持有人，可凭票向付款行索取票款。银行做出口押汇，是为了对出口商供资金融通，有利于出口商的资金周转。

(3)定期结汇，是议付行根据向国外付款行索偿所需时间，预先确定一个固定的结汇期限，到期后主动将票款金额折成人民币拨交出口商。

对于结汇单据，要求做到"正确、完整、及时、简明、整洁"。

5. 索赔和理赔

在出口合同履行过程中，如因国外买方未按合同规定履行义务，致使出口商遭受损失，可根据不同对象、不同原因以及损失大小，向对方提出索赔。在向国外提出索赔时，要本着实事求是的精神，尽可能通过友好协商的办法解决，做到既要维护出口方的正当权益，又不影响双方的贸易关系。

如果出口方交货的品质、数量、包装不符合合同的规定，在进口方享有复验权的情况下，进口方即使已经支付货款，出口方仍可被提出索赔。出口方在处理索赔时，应注意下列几点：

(1)要认真细致地审核国外买方提出的单证和出证机构的合法性。对其检验的标准和方法也都要一一核对，以防进口方串通检验机构弄虚作假或国外检验机构检验有误。

(2)要认真作好调查研究，弄清事实，分清责任。为此，必须会同生产部门和运输部门对商品品质、包装、储存、摆货、运输等方面进行周密调查，然后把单证材料和实际情况结合起来，进行分析研究，查清货物发生损失的环节、原因，并确定责任属于何方。如果属于船运公司或保险公司的责任范围，由船运公司或保险公司处理；如确实属于出口方的责任，就应实事求是地予以赔偿。对进口方提出的不合理要求，必须根据可靠的资料，予以拒绝。

6.1.2　进口合同的履行

履行进口合同的主要环节是：开立信用证、租船订舱和装运、保险、审单和付汇、报关和接货、验收和拨交、进口索赔等。

1. 开立信用证

进口合同签订后，按照合同规定填写开立信用证申请书向银行办理开证手续。信用证的内容就与合同条款一致，例如品质规格、数量、价格、交货期、装货期、装运条件及装运单据等，应以合同为依据，并在信用证中一一作出规定。

信用证的开证时间，应按合同规定办理。如合同规定在出口方确定交货期后开证，应在接到出口方上述通知后开证；如合同规定在出口方领到出口许可证并支付履约保证金后开证，应在收到对方已领到许可证的通知或银行通知保证金已照收后开证。

对方收到信用证后，如提出修改信用证的请求，经对方同意后，即可向银行办理改证手续。最常见的修改内容有：延长装运期和信用证有效期、变更装运港口等。

2. 租船订舱和催装

FOB价格条件下的进口合同，租船订舱应由进口方负责。目前，我国进口货物的租船订舱工作统一委托外运公司办理。如合同规定，出口方在交货前一定时期内应将预计装日期通知进口方。进口方在接到上述通知后，应及时向外运公司办理租船订舱手续。在办妥租船订舱手续后，进口方应按规定的期限通知对方船名及船期，以便对方备货装船。同时，进口方还应随时了解和掌握出口方备货和装前的准备工作情况，注意催促对方按时装运。对数量大的物资的进口，如有必要亦可请驻外机构或者检验机构就地了解、督促，或派员前往出口地点检验监督。

国外装船后，出口应按合同规定的内容，通知进口方，以便进口方办理保险和接货等项手续。

3. 保险

FOB或CFR价格条件下的进口合同，保险由进口方办理。在我国，凡是进口货物由进出口公司委托对外贸易运输公司办理，并由外运公司同中国人民保险公司签订预约保险合同，其中对各种货物应保的险别作了具体规定。按照预约保险合同的规定，所有按FOB及CFR条件进口货物的保险，都由中国人民保险公司承保。因此，每批进口货物在收到国外装船通知后，将船名、提单号、开船日期、商品名称、数量、装运港、目的港等项内容通知保险公司，办妥保险手续。

4. 审单和付汇

银行到国外寄来的汇票及单据后，对照信用证的规定，核对审据的份数和内容。如内容无误，通知银行对国外付款。

同时进口方用本国货币或指定货币按照国家规定的有关折算的牌价向银行买汇赎单。进口方凭银行出具的“付款通知书”向用货部门进行结算。如审核国外单据发现证、单不符时，要立即处理，要求国外改正，并停止对外付款。

5. 报关和接货

进口货物到货后，由进口方或委托外运公司根据进口单据填写“进口货物报关单”向海关申报，并随附发票、提单及保险单。如属法定检验的进口商品，还须随附商品检验证书。货、证经海关查验无误，才能放行。

进口货物运达港口卸货时，港务局要进行卸货核对。如发现短缺，应及时填制“短卸报告”交由船方签认，并根据短缺情况向船方出具索赔权的书面声明。卸货时如发现残损，货物应存放于海关指定仓库，待保险公司会同商检局检验后作出处理。

6．验收和拨交

进口货物须经商检局进行检验。如有残损短缺，凭商检局出具的证书对外索赔。对于合同规定在卸货港检验的货物，或已发现残损短缺有异状的货物，或合同规定的索赔期即将满期的货物等，都需要在港口进行检验。

在办完上述手续后，进口方委托对外贸易运输公司提取货物并拨交给订货部门，外运公司以“进口物资代运发货通知书”通知订货部门在目的地办理收货手续。同时通知进口方代运手续已办理完毕。如订货部门不在港口，所有关税及运往内地费用由外运公司向进口方结算后，进口方再向订货部门结算货款。

7．进口索赔

进口商口常因品质、数量、包装等不符合合同的规定，而需向有关方面提出索赔。根据造成损失原因的不同，进口索赔的对象主要有三个方面：

(1)向出口方索赔

凡属下列情况者，均可向出口索赔。例如，原装数量不足；货物的品质、规格与合同规定不符；包装不良致使货物受损；未按期交货或拒不交货等。

(2)向轮船公司索赔

凡属下列情况者，均可向轮船公司索赔。例如实际装载数量少于提单所载数量；提单是清洁提单，而货物有残缺情况，且属于船方过失所致；货物所受的损失，根据租船合约有关条款应由船方负责等等。

(3)向保险公司索赔

凡属下列情况者，均可向保险公司索赔。例如属于自然灾害、意外事故或运输中其他事故的发生致使货物受损，并且属于承保险别范围以内的；凡轮船公司不予赔偿金额不足抵补损失的部分，并且属于承保范围内的。

(4)在进口业务中，办理对外索赔时一般应注意以下几个方面：①关于索赔证据。对外提出索赔需要提供证据，首先应制备索赔清单，随附商检局签发的检验证书、发票、装箱单、单副本。其次，对不同的索赔对象还要另附有关证件。向卖方索赔时，应在索赔证件中提出确切根据和理由，如属于FOB或CFR合同，还须随附保险单；向轮船公司索赔时，须另附由船长及港务局理货员签证的理货报告、船长签证、短卸或残损证明;向保险公司索赔时,须另附保险公司与买方的联合检验报告等。②关于索赔金额。索赔金额,除受损商品的价值外,有关的费用也可提出。如商品检验费、装卸费、银行手续费、仓租、利息等,都可包括在索赔金额内。至于包括哪几项,应根据具体情况确定。③关于索赔期限。对外索赔必须在合同规定的索赔有效期限内提出,过期无效。如果商检工作可能需要更长的时间,可向对方要求延长索赔期限。④关于出口方的理赔责任。进口货物发生了损失,除属于轮船公司及保险公司的赔偿责任外,如属出口方必须直接承担的职责,应直接向出口方要求赔偿,防止出口方制造借口向其他方面推卸理赔责任。

目前,进口索赔工作,属于船方和保险公司责任的由外运公司代办;属于出口方责任的由进口方直接办理。为了做好索赔工作,要求进口方、外运公司、订货部门、商检局等各有关单位密切协作,要做到检验结果正确,证据属实,理由充实,赔偿责任明确,并要及时向有关方面提出,力争把货物所受到的损失如数取得补偿。

6.2 国际货物的运输

6.2.1 国际货物运输概述

1. 国际货物运输的含义

国际货物运输,就是在国家与国家、国家与地区之间的运输。国际货物运输又可分为国际贸易物资运输和非贸易物资运输两种。由于国际货物运输中的非贸易物资的运输往往只是贸易物资运输部门的附带业务,所以,国际货物运输通常被称为国际贸易运输。

国际货物运输是实现进口商品、暂时进口商品、转运物资、过境物资、邮件、国际捐赠和援助物资、加工装配所需物料、部件以及退货等,从一国(或地区)向另一国(或地区)运送的物流活动,属于国际物流范畴。

2. 国际货物运输方式

在国际货物运输中,涉及的运输方式很多,其中包括海洋运输、铁路运输、航空运输以及包括河流运输、邮政运输、公路运输、管道运输、大陆桥运输等在内的其他运输方式,以及由各种运输方式组合的国际多式联运等。各国际运输公司的经营,多以某一种或多种运输方式为主,较常见的是海运或空运,并辅以其他运输方式,从而实现服务范围较大化覆盖。

3. 国际货物运输的实质

在国际贸易中，商品的价格包含着商品的运价；商品的运价在商品的价格中占有国际货物运输较大的比重，一般来说，约占 10%；在有的商品中，要占到 30%～40%。商品的运价也和商品的生产价格一样，随着市场供求关系变化而围绕着价值上下波动。商品的运价随着商品的物质形态一起进入国际市场中交换，商品运价的变化直接影响到国际贸易商品价格的变化。而国际货物运输的主要对象又是国际贸易商品，所以可以说，国际货物运输也就是一种国际贸易，只不过它用于交换的不是物质形态的商品，而是一种特殊的商品，即货物的位移。所谓商品运价，也就是它的交换价格。

由此，从贸易的角度来说，国际货物运输就是一种无形的国际贸易。

4. 国际货物运输的主要特点

国际货物运输是国家与国家、国家与地区之间的运输，与国内货物运输相比，它具有以下几个主要特点：

(1)国际货物运输涉及国际关系问题，是一项政策性很强的涉外活动

国际货物运输是国际贸易的一个组成部分，在组织货物运输的过程中，需要经常同国外发生直接或间接的广泛业务联系，这种联系不仅是经济上的，也常常会涉及国际间的政治问题，是一项政策性很强的涉外活动。因此，国际货物运输既是一项经济活动，也是一项重要的外事活动，这就要求国际贸易公司不仅要用经济观点去办理各项业务，而且要有政策观念，按照本国的对外政策的要求从事国际运输业务。

(2)国际货物运输是中间环节很多的长途运输

国际货物运输是国家与国家、国家与地区之间的运输，一般来说，运输的距离都比较长，往往需要使用多种运输工具，通过多次装卸搬运，要经过许多中间环节，如转船、变换运输方式等，经由不同的地区和国家，要适应各国不同的法规和规定。如果其中任何一个环节发生问题，就会影响整个的运输过程，这就要求国际贸易公司做好组织、环环紧扣，避免在某环节上出现脱节现象，给运输带来损失。

(3)国际货物运输涉及面广，情况复杂多变

国际货物运输涉及国内外许多部门，需要与不同国家和地区的货主、交通运输、商检机构、保险公司、银行或其他金融机构、海关、港口以及各种中间代理商等打交道。同时，由于各个国家和地区的法律、政策规定不一，贸易、运输习惯和经营做法不同，金融货币制度的差异，加之政治、经济和自然条件的变化，都会对国际货物运输产生较大的影响。

(4)国际货物运输的时间性强

按时装运进出口货物,及时将货物运至目的地,对履行进出口贸易合同,满足商品竞争市场的需求,提高市场竞争能力,及时结汇,都有着重大意义。特别是一些鲜活商品、季节性商品和敏感性强的商品,更要求迅速运输,不失时机地组织供应,才有利于提高出口商品的竞争能力,有利于巩固和扩大销售市场。因此,国际货物运输必须加强时间观念,争时间、抢速度,以快取胜。

(5)国际货物运输的风险较大

由于在国际货物运输中环节多,运输距离长,涉及的面广,情况复杂多变,加之时间性又很强,在运输沿途国际形势的变化、社会的动乱,各种自然灾害和意外事故的发生,以及战争、封锁禁运或海盗活动等,都可能直接或间接地影响到国际货物运输,以至于造成严重后果,因此,国际货物运输的风险较大。为了转嫁运输过程中的风险损失,各种进出口货物和运输工具都需要办理运输保险。

6.2.2 海洋运输方式

1. 海洋运输方式的特点

在国际货物运输中,运用最广泛的是海洋运输(Ocean Transport)。目前,海运量在国际货物运输总量中占 80%以上。

(1)海洋运输方式的优点

海洋运输之所以被如此广泛采用,是因为它与其他国际货物运输方式相比,主要有下列明显的优点:

①通过能力大

海洋运输可以利用四通八达的天然航道,它不像火车、汽车受轨道和道路的限制,故其通过能力很大。随着政治、经贸环境以及自然条件的变化,还可随时调整和改变航线完成运输任务。

②运量大

海洋运输船舶的运输能力,远远大于铁路运输车辆。如一艘万吨船舶的载重量一般相当于 250~300 个车皮的载重量。随着国际航运业的发展,现代化的造船技术日益精湛,船舶日趋大型化,船舶的运输能力越来越强。

③运费低

海上运输航道为天然形成,港口设施一般为政府所建,经营海运业务的公司可以大量节省用于基础设施的投资。按照规模经济的观点,因为运量大,航程远,分摊于每货运吨的运输成本就少,因此运价相对低廉。

(2)海洋运输方式的缺点

海洋运输虽有上述优点,但也存在不足之处,主要表现在下列两个方面:

①海洋运输受气候和自然条件的影响较大,航期不易准确,而且风险较大。

②海洋运输的速度也相对较低。

2. 海洋运输的经营方式

海洋运输的经营方式主要有班轮运输和租船运输两大类。班轮运输又称"定期船运输",租船运输又称"不定期船运输"。

(1)班轮运输

①班轮运输的定义

班轮运输指船舶在特定的航线上和既定的港口之间,按照事先规定的船期表进行有规律的、反复的航行,以从事货物运输业务并按照事先公布的费率表收取运费的一种运输方式。其服务对象是非特定的、分散的众多货主,班轮公司具有公共承运人的性质。

②班轮运输的特点

班轮运输有固定的船期、航线、停靠港口和相对固定的运费率。

班轮运费中包括装卸费,故班轮的港口装卸由船方负责。

班轮承运货物的数量比较灵活,货主按需订舱,特别适合于一般件杂货和集装箱货物的运输。

③班轮运输的班轮运费

班轮运费由班轮运价表规定,包括基本运费和各种附加费。基本运费分成两大类:一类是传统的件杂货运费;另一类是集装箱包箱费率。

件杂货也有按商品价格或件数计收运费的。大宗低值货物,可由船、货双方议定运价。

班轮运费中的附加费名目繁多,其中包括超长附加费、超重附加费、选择卸货港附加费、变更卸货港附加费、燃油附加费、港口拥挤附加费、绕航附加费、转船附加费和直航附加费等。

集装箱运输费用中,除上述海运费用外,还需包括有关的服务费和设备使用费。

此外,班轮公司对不同商品混装在同一包装内,按其中收费较高者计收运费。同一票商品,如包装不同,其计费等级和标准也不同,如托运人未按不同包装分别列明毛重和体积,则全票货物按收费较高者计收运费;同一提单内有两种以上不同货名,如托运人未分别列明毛重和体积,也从高计费。

(2)租船运输

租船指包租整船。租船费用较班轮低廉，且可选择直达航线，故大宗货物一般采用租船运输。

①租船运输的定义

租船是指租船人向船东租赁船舶用于货物运输的一种方式，通常适用于大宗货物运输。有关航线和港口、运输货物的种类以及航行的时间等，都按照承租人的要求，由船舶所有人确认。租船人与出租人之间的权利义务以双方签订的租船合同确定。

②租船运输的分类

租船运输中租船方式主要有定程租船和定期租船两种。

a. 定程租船。定程租船是以航程为基础的租船方式，又称“程租船”。船方必须按租船合同规定的航程完成货物运输任务，并负责船舶的运营管理及其在航行中的各项费用开支。程租船的运费一般按货物装运数量计算，也有按航次包租金额计算。

租船双方的权利和义务，由租船合同规定。程租船方式中，合同应明确船方是否负担货物在港口的装卸费用。如果船方不负担装卸，则应在合同中规定装卸期限或装卸率以及与之相应的滞期费和速遣费。如租方未能在限期内完成装卸作业。为了补偿船方由此而造成延迟开航的损失，应向船方支付一定的罚金，即滞期费。如租方提前完成装卸作业则由船方向租方支付一定的奖金，称为速遣费。通常速遣费为滞期费的一半。

b. 定期租船。定期租船是按一定时间租用船舶进行运输的方式，又称“期租船”。船方应在合同规定的租赁期内提供适航的船舶，并负担为保持适航的有关费用。租船人在此期也可在规定航区内自行调度支配船舶，但应负责燃料费、港口费和装卸费等运营过程中的各项开支。

3. 海洋货物运输的作用

(1)海洋货物运输是国际贸易运输的主要方式

国际海洋货物运输虽然存在速度较低、风险较大的不足，但是由于它的通过能力大、运量大、运费低，以及对货物适应性强等优点，加上全球特有的地理条件，使它成为国际贸易中主要的运输方式。我国进出口货物运输总量的80％～90％是通过海洋运输进行的，由于集装箱运输的兴起和发展，不仅使货物运输向集合化、合理化方向发展，而且还节省了货物包装用料和运杂费，减少了货损货差，保证了运输质量，缩短了运输时间，从而降低了运输成本。

(2)海洋货物运输是国家节省外汇支付，增加外汇收入的重要渠道之一在我国,运费支出一般占外贸进出口总额 10%左右,尤其大宗货物的运费占的比重更大,在贸易中如果充分利用国际贸易术语,争取我方多派船,不但节省了外汇的支付,而且还可以争取更多的外汇收入。特别把我国的运力投入到国际航运市场,积极开展第三国的运输,为国家创造外汇收入。世界各国,特别是沿海的发展中国家都十分重视建立自己的远洋船队,注重发展海洋货物运输。一些航运发达国家,外汇运费的收入成为这些国家国民经济的重要支柱。

(3)发展海洋运输业有利于改善国家的产业结构和国际贸易出口商品的结构

海洋运输是依靠航海活动的实践来实现的,航海活动的基础是造船业、航海技术和掌握技术的海员。造船工业是一项综合性的产业,它的发展又可带动钢铁工业、船舶设备工业、电子仪器仪表工业的发展,促进整个国家的产业结构的改善。我国由原来的船舶进口国,近几年逐渐变成了船舶出口国,而且正在迈向船舶出口大国的行列。由于我国航海技术的不断发展,船员外派劳务已引起了世界各国的重视。海洋运输业的发展,我国的远洋运输船队已进入世界 10 强之列,为今后大规模的拆船业提供了条件,不仅为我国的钢铁厂冶炼提供了廉价的原料、节约能源和进口矿石的消耗,而且可以出口外销废钢。由此可见,由于海洋运输业的发展,不仅能改善国家产业结构,而且还会改善国际贸易中的商品结构。

(4)海洋运输船队是国防的重要后备力量

海上远洋运输船队历来在战争发生时都被用作后勤运输工具。美、英等国把商船队称为“除陆、海、空之外的第四军种”,原苏联的商船队也被西方国家称之为“影子舰队”。可见,它对战争的胜负所起的作用。正因为海洋运输占有如此重要的地位,世界各国都很重视海上航运事业,通过立法加以保护,从资金上加以扶植和补助,在货载方面给予优惠。

4. 海洋运输的单据

海洋运输单据简称“海运单据”,具体可分为海运托运单、海运提单、电子提单和海运单。

(1)海运托运单(Shipping Order)

①海运托运单定义

海运托运单是由托运人填写并盖章确认的,专门用于委托船公司或其代理人承运而缮制的一种表单,表单上列有出运后缮制提运单所需要的各项内容,并印有“托运人证实所填内容全部属实并愿意遵守承运人的一切运输章程”的文字说明。

Shipping Order （托运单）

Shipper's Name And Address:(发货人) JIANGXI MEDICINES AND HEALTH PRODUCTS I/E CO.,LTD NO 281 FUZHOU ROAD,NANCHANG,JIANGXI, CHINA

委托方：

联系人：　　联系电话：

联系传真：　　E-mai:

Consignee's Name And Address:(收货人) TO ORDER

受托方：天津象屿速传物流有限公司

(AS AGENT)

Notify Party:(通知人) AL KHAMSAN CO FOR GEN TRAD & CONT CO

柜型 Size	20 GP	40 GP	其 他
柜量Quantity			

XINGANG

Port of Delivery:(交货地点)

Special Requirements （特殊要求）请详细填写此要求，以便于操作更顺利！请

Port of Discharge:(卸货港)

船期：

MARKS（唛头）	No.of Pkgs（件数）	PACKAGES GOODS AS STATED BY SHIPPER（包装种类与货名）	GROSS WEIGHT (KG) 毛重（公斤）	MEASUREMENT (CBM) 尺码（立方米）
N/M				

委托范围及相关说明【　　】(未填写的，以实际操作为准)

1、海运订舱：船公司【　　】　运费预付（Prepaid）；　运费到付（Collect）

1）费用项目及标准：

2）付款时间：船开后　　日内：付款单位：　　开票抬头：

3）提单签发方式：　正本 Mb/l；　正本 Hb/l；　电放；　海运单（SEA WAY）

4）提单签发的特殊要求：

2、拖车安排：□ 自拖 □ 速传代理拖车　拖车时间：【　　】

工厂联系人 / 电话：＿＿＿＿　上柜地点：【　　】

场装：□ 指定＿＿推场；□ 速传代安排　送货时间：【　　】

4、报关安排：□ 指定＿＿报关行；□ 速传代为安排：报关抬头：【　　】

报关资料：□ 一般贸易　□ 转关　□ 手册报关　核销单号：

报检：□ 换证　□ 商检　□ 柜检　□ 薰蒸　□ 产地证

5、其他要求：

委托单位签章：

经办人签章：

日期：

备注（Remark）：1. 托运人证明所填全部属实，愿遵守船公司的一切载运章程；2. 托运人逾期付款的受托人有权扣留因办理货运代理事务所获取的单据；3. 目的港收货人逾期未提货所产生之费用及额外费用由托运人承担，如托运人怠于处理，则受托方可以代为处理，由此产生的费用由委托人承担；4. 对于委托方所委托操作的货运代理事务，受托方有权根据实际业务需要转委托或部分转委托给第三方。5. 委托受托人拖车的，封铅完好视同柜内货物完好；工厂上柜时，如有第三人的货物入柜的需第一时间通知受托方并经受托方同意，否则产生的额外拖车费及海关查验相关费（如拆装箱费等）等异常费用由受托方承担；6. 未尽事宜，根据双方合同约定并参照《中国国际货运代理协会标准交易条件》执行。

图 6-1　海运托运单实例

②海运托运单主要内容

主要内容包括：收货人、托运人、装运条件、货物说明、相关事项及特殊条款。

托运单号码(D/R NO.)：又表示为 S/O NO.，由承运人填写，一般情况

下，该号码即为该承运人所签发提单的号码。

托运人(Shipper 或 Consignor)：委托运输的人。

收货人(Consignee)：分为不记名抬头或来人抬头、记名抬头、指示抬头三种。

通知人(Notify Party)：填写接受船方发出到货通知的收件人名称和地址。

船名和航次(Vessel and Voyage NO.)。

装运港(Port of Loading)和卸货港(Port of Discharge)：装运港是船公司进行货物装船的港口。卸货港是船公司安排卸货的港口。

分批装运(Partial Shipment)和转船装运(Trans Shipment)：内容应严格按照合同或信用证条款填写，填写的内容限在"允许"、"不允许"两者中取其一。如果合同或信用证规定分若干批，或对分批装运有进一步说明，不要将这些说明填入本栏目，而应将这些说明填入"特别条款"的栏目中。

运输标志(Shipping Marks)：包装货物的买卖合同或信用证若规定了唛头，填写时填写的内容和形式与合同或信用证规定完全一致，并与发票和装箱单相符合。若货物为散装货或裸装货，没有唛头时，应注明 N/M。

商品说明和包装种类与数量(Description of Goods，Quantity and Kind of Packages)：多种货物应分别注明。如果是包装货物，此栏注明包装数量和单位，例如"500 Cases"，应加大写数量，如 Five Hundred Cases Only，且大小写数量应一致。若是散装货如矿砂，此栏填写"In Bulk"。

(2)海运提单(Bill of Lading，B/L)

海运提单简称提单，是指由船长或船公司或其代理人签发的、证明已收到特定货物、允诺将货物运到特定的目的地并交付给收货人的凭证。同时，海运提单也是收货人在目的港据以向船公司或其代理提取货物的凭证。

Shipper

INTERNATIONAL GROUP CO., LTD.
NO. 6, HONGKONG ROAD, QINGDAO, SHANDONG
PROVINCE, CHINA.

Booking Ref

B/L No. ITJCGP1404118

PIL

PACIFIC INTERNATIONAL LINES (PTE) LTD
(Incorporated in Singapore)
CO. REG NO. 196700080N

PORT-TO-PORT OR COMBINED TRANSPORT BILL OF LADING

Received in apparent good order and condition except as otherwise noted the total number of packages or units enumerated below for transportation from the Port of Loading (or the Place of Receipt if mentioned below) to the Port of Discharge (or the Place of Delivery if mentioned below), subject to all the terms and conditions hereof, including the terms and conditions on the reverse hereof. One of the signed original Bills of Lading must be surrendered duly endorsed in exchange for the Goods or delivery order. In accepting this Bill of Lading, the Merchant expressly accepts and agrees to all the terms and conditions hereof, including the terms and conditions on the reverse hereof, and the rights and liabilities arising in accordance with the terms and conditions hereof shall (without prejudice to any rule of common law or statute rendering them binding on the Merchant) become binding in all respects between the Carrier and the Merchant as though the contract evidenced hereby had been made between them.

Consignee (not negotiable unless consigned "to order" or "to order of" a named Person or "to order of bearer")

TO THE ORDER OF NATIONAL CREDIT AND
COMMERCE BANK LIMITED, DILKUSHA BRANCH
(NITS), DHAKA, BANGLADESH (BIN-19011031390)

Notify Party

M/S GLASS COLLECTION SHARIF PARA, MIRDDA
BARI, JATRABARI, DHAKA, BANGLADESH
NATIONAL CREDIT AND COMMERCE BANK LIMITED,
DILKUSHA BRANCH (NITS), DHAKA, BANGLADESH
(BIN-19011031390)

Vessel and Voyage Number	Port of Loading	Port of Discharge
ANDREAS VAR026	XINGANG SEAPORT, CHINA	CHITTAGONG SEAPORT, BANGLADESH
Place of Receipt★	**Place of Delivery★**	**Number of Original Bs/L**
XINGANG SEAPORT, CHINA CY	CHITTAGONG SEAPORT, BANGLADESH CY	THREE (3)

PARTICULARS AS DECLARED BY SHIPPER - BUT WITHOUT REPRESENTATION AND NOT ACKNOWLEDGED BY CARRIER

Container Nos. / Seal Nos. Marks / Numbers	No. of Containers / Packages / Description of Goods	Gross Weight (Kilos)	Measurements (cu-metres)
N/M	2X20GP CONTAINERS SAID TO CONTAIN 24 CRATES CLEAR FIGURED GLASS LC NUMBER 161614010783 AND DATE MAR. 05, 2014 APPLICANT TIN NO. 225-100-8331 AND BIN/VAT REGISTRATION NUMBER 9151063998 SHIPPED ON BOARD SHIPPER`S LOAD STOW COUNT AND SEAL FREIGHT PREPAID FCIU3548235/W015070/20GP/12CRATES/25000.00KGS/17.000CBM/CY/CY PCIU1193732/W015071/20GP/12CRATES/25000.00KGS/17.000CBM/CY/CY	50000.00 KGS	34.000CBM

FREIGHT & CHARGES

Total number of containers or packages received by the Carrier (in words)
TWO TWENTY FOOTER CONTAINERS ONLY

Shipped on Board Date
17-APR-2014

Place and Date of Issue
XINGANG 17-APR-2014

In Witness Whereof the number of Original Bills of Lading stated above have been issued, all of the same tenor and date, one of which being accomplished, the others to stand void.
Signed for the Carrier,
PACIFIC INTERNATIONAL LINES (PTE) LTD
AS AGENT

★ applicable only when this document is used as a Combined Transport Bill of Lading

ORIGINAL
WB05 5374684

图 6-2 海运提单实例

(3)海运单(Sea Waybill, Ocean Waybill)

①海运单的含义

海运单是证明海上运输合同和货物由承运人接管或装船，以及承运人保证据以将货物交付给单证所载明的收货人的一种不可流通的单证，因此，它又称"不可转让海运单"(Non－Negotiable Sea Waybill)。

海运单的正面内容与提单的基本一致，但是印有"不可转让"的字样。有的海运单在背面有承运人责任、义务与免责条款，装货、卸货与交货条款，运费及其他费用条款，留置权条款，共同海损条款，双方有责碰撞条款，首要条款，法律适用条款等内容。

海运单不能背书转让，收货人无需凭海运单，只需出示适当的身份证明，就可以提取货物。因此海运单迟延到达、灭失、失窃等均不影响收货人提货，这样可以有效地防止海运欺诈、错误交货的发生。海运单在无转卖货物意图的贸易运输中焕发了勃勃生机。1990 年在国际海事委员会第 34 届大会上通过了《国际海事委员会海运单统一规则》，供当事人选择适用。

②海运单的法律问题

有关海运单的法律问题主要有：

第一，海运单的法律适用。海运单是海上货物运输合同的证明，因而调整海上货物运输合同的汉堡规则和有关国内法适用于海运单。然而，调整提单法律问题的海牙规则、海牙－维斯比规则能否适用于海运单，目前观点不一。

第二，收货人的法律地位。海运单规则规定了代理原则，规定托运人不仅为其自身利益，同时也作为收货人的代理人，为收货人的利益订立运输合同。因而收货人被视为海运单所证明的运输合同的当事人，可以依据海运单向承运人主张权利并承担义务。

第三，货物支配权。在使用海运单的情况下，托运人有权在承运人向收货人交付货物之前的任何时候书面变更收货人，实现对货物的支配。

③海运单与提单的区别和联系

第一，提单是货物收据、运输合同的证明，也是物权凭证；海运单只具有货物收据和运输合同这两种性质，它不是物权凭证。

第二，提单可以是指示抬头形式，可以背书流通转让；海运单是一种非流动性单据，海运单上标明了确定的收货人，不能转让流通。

第三，海运单和提单都可以做成"已装船"(Shipped on Board)形式，也可以是"收妥备运"(Received for Shipment)形式。海运单的正面各栏目的格式和缮制方法与海运单提单基本相同，只是海运单收货人栏不能做成指示性抬头，应缮制确定的具体收货人。

第四，提单的合法持有人和承运人凭提单提货和交货；海运单上的收货人并不出示海运单，仅凭提货通知或其身份证明提货，承运人凭提单收货人出示适当身份证明交付货物。

第五，提单有全式和简式提单之分；而海运单是简式单证，背面不列详细货运条款但载有一条可援用海运提单背面内容的条款。

第六，海运单和记名提单(Straight B/L)，虽然都具有收货人，不作背书转让。我国法律对于记名提单还是当作提单来看的。但事实上，记名提单不具备物权凭证的性质。所以，虽然在有些国家收货人提货需要出具记名提单，但在有些国家，比如美国，只要能证明收货人身份也可以提货。如此，记名提单在提货时和海运单无异。但是海运单并不经过银行环节，这一点与记名提单不同。

6.2.3 铁路运输(Rail Transport)方式

1. 国际铁路运输的含义

在国际货物运输中，铁路运输是仅次于海洋运输的主要运输方式，海洋运输的进出口货物，也大多是靠铁路运输进行货物的集中和分散的。

铁路运输是一种陆上运输方式，以两条平行的铁轨引导火车。铁路运输是一种最有效的已知陆上交通方式。铁轨能提供极光滑及坚硬的媒介让火车的车轮在上面以最小的摩擦力滚动。这样，在火车上面的人会感到更舒适，货物更安全，而且节省能量。如果配置得当，铁路运输可以比路面运输运载同一重量货物时节省五至七成能量。而且，铁轨能平均分散火车的重量，令火车的载重力大大提高。

世界上第一条铁路出现在1825年的英国，其后铁路建设迅速发展，到19世纪末，世界铁路总里程达65万公里，目前已有140多万公里。世界铁路分布很不平衡，其中欧洲、美洲各占世界铁路总长度的1/3，而亚洲、非洲和大洋洲加在一起仅占1/3左右。

2. 国际铁路运输的特点

国际铁路运输是在国际贸易中仅次于海运的一种主要运输方式。铁路运输有许多优点，一般不受气候条件的影响，可保障全年的正常运输，而且运量较大，速度较快，有高度的连续性，运转过程中可能遭遇风险也较小。办理铁路货运手续比海洋运输简单，而且发货人和收货人可以在就近的始发站或装运站和目的站办理托运和提货手续。

在和其他运输工具的比较下，国际铁路运输有以下优点：

(1)铁路运输的准确性和连续性强

铁路运输几乎不受气候影响，一年四季可以不分昼夜地进行定期的、有规律的、准确的运转。

(2)铁路运输速度比较快

铁路货运速度每昼夜可达几百公里，一般货车可达100公里/小时左右，远远高于海上运输。

(3)运输量比较大

铁路一列货物列车一般能运送 3000～5000 吨货物，远远高于航空运输和汽车运输。

(4)铁路运输成本较低

铁路运输费用仅为汽车运输费用的几分之一到十几分之一；运输油耗约是汽车运输的 1/20。

(5)铁路运输安全可靠，风险远比海上运输小。

铁路运输也存在缺陷，如运输受轨道的限制、不能跨洋过海；初期投资大，铁路运输需要铺设轨道、建造桥梁和隧道，建路工程艰巨复杂，需要消耗大量钢材、木材，其初期投资大大超过其他运输方式，使得其应用在一定的程度上受到限制；另外一个缺陷是占用土地。

另外，铁路运输由运输、机务、车辆、工务、电务等业务部门组成，要具备较强的准确性和连贯性，各业务部门之间必须协调一致，这就要求在运输指挥方面实行统筹安排，统一领导。

3. 铁路货物运输种类

现行铁路货物运输种类分为整车、零担和集装箱三种。

整车适用于大宗货物。

零担适用于零星货物。

集装箱适用于精密、贵重、易损货物。

托运人可以依据货物数量、性质、状态、形体等特点加以选择，达到安全、迅速、经济、便利地运送货物的目的。

4. 国际铁路运输中的主要铁路干线

(1)西伯利亚大铁路

东起海参崴，途经伯力、赤塔、伊尔库茨克、新西伯利亚、鄂木斯克、车里雅宾斯克、古比雪夫，止于莫斯科。全长 9300 多公里。以后又向远东延伸至纳霍德卡一东方港。该线东连朝鲜和中国，西接北欧、中欧、西欧各国，南由莫斯科可接伊朗。我国与前苏联、东欧国家及伊朗之间的贸易，主要用西伯利亚大铁路。

(2)加拿大连接东西两大洋铁路

①鲁珀特港一埃德蒙顿一温尼伯，魁北克(加拿大国家铁路)。

②温哥华一卡尔加里一温尼伯一散德贝一蒙特利尔一圣约翰一哈利法克斯(加拿大太平洋大铁路)。

(3)美国连接东西两大洋铁路

①西雅图－斯波坎－俾斯麦－圣保罗－芝加哥－底特律（北太平洋铁路）。

②洛杉矶－阿尔布开克－堪萨斯城－圣路易斯－辛辛那提－华盛顿－巴尔的摩（圣菲铁路）－洛杉矶－图森－帕索－休斯敦－新奥尔良（南太平洋铁路）。

③旧金山－奥格登－奥马哈－芝加哥－匹兹堡－费城－纽约（联合太平洋铁路）。

（4）中东－欧洲铁路

从伊拉克的巴士拉、向西经巴格达、摩苏尔、叙利亚的穆斯林米亚、土耳其的阿达纳、科尼亚、厄斯基色希尔至博斯普鲁斯海峡东岸的于斯屈达尔，经过博斯普鲁斯大桥至伊斯坦布尔，接巴尔干铁路，向西经索菲亚、贝尔格莱德、布达佩斯至维也纳，联接中、西欧铁路网。

5．我国铁路运输的经营方式

在我国，铁路运输按经营方式的不同，可分为国际铁路联运和国内铁路运输。

（1）国际铁路货物联运

国际铁路联运是指由两个或两个以上不同国家铁路当局联合起来完成一票货物从出口国向进口国转移所进行的全程运输。它使用一份统一的国际联运票据，由铁路部门以连带责任负责办理货物的全程运输，在由一国铁路向另一国铁路移交货物时无需发货人、收货人参与的运输方式。

国际铁路货物联运主要依据《国际铁路货物运送公约》和《国际铁路货物联运协定》为框架进行。《国际铁路货物联运协定》是各参加国铁路和发、收货人办理货物联运必须遵守的基本文件，具体规定了货物运送条件、运送组织、运输费用计算核收办法，以及铁路与发、收货人之间权利与义务的问题。我国是《国际铁路货物联运协定》的成员国。

《国际铁路货物联运协定》规定，国际铁路货物联运的范围包括：在《国际铁路货物联运协定》国家之间的铁路运输；《国际铁路货物联运协定》成员国与非成员国间的运输；通过港口的货物运送。

（2）国内铁路运输

中国进口货物由港口经铁路转运到各地用货部门或仓库，出口货物由产地或仓库经铁路集中到港区装船，各省、市、自治区之间的外贸物资的调拨，都属于国内铁路运输。实际上是以港口为集中点的运输。

6．我国的国际铁路运输

我国的国际铁路运输大致上分为两种，第一种是国际铁路联运，第二种是对港澳地区的铁路运输。

(1)国际铁路联运

国际铁路联运,发货人由始发站托运,使用一份铁路运单,铁路方面便根据运单将货物运往终点站交给收货人。在由一国铁路向另一国铁路移交货物时,不需收、发货人参与,亚欧各国按国际条约承担国际铁路联运的义务。

我国通往欧洲的国际铁路联运线有两条:一条是利用俄罗斯的西伯利亚大陆桥贯通中东、欧洲各国;另一条是由江苏连云港经新疆与哈萨克斯坦铁路连接,贯通俄罗斯、波兰、德国至荷兰的鹿特丹。后者称为新亚欧大陆桥,运程比海运缩短 9000 公里,比经由西伯利亚大陆桥缩短 3000 公里,进一步推动了我国与欧亚各国的经贸往来,也促进了我国沿线地区的经济发展。

(2)对港澳地区的铁路运输

对港澳地区的铁路运输按国内运输办理,但又不同于一般的国内运输。货物由内地装车至深圳中转和香港卸车交货,为两票联运,由外运公司签发"货物承运收据"。京九铁路和沪港直达通车后,内地至香港的运输更为快捷,由于香港特别行政区系自由港。放货物在内地和香港间进出,需办理进出口报关手续。

对澳门地区的铁路运输,是先将货物运抵广州南站再转船运至澳门。

7. 国际铁路货物运输对我国国际贸易的作用

(1)有利于发展同欧亚各国的贸易

通过铁路把欧亚大陆联成一片,为发展中东、近东和欧洲各国的贸易提供了有利的条件。在建国初期,我国的国际贸易主要局限于东欧国家,铁路运输占我国进出口货物运输总量的 50%左右,是当时我国进出口贸易的主要运输方式。进入 20 世纪 60 年代以后,我国海上货物运输的发展,铁路运输进出口货物所占的比重虽然有所下降,但其作用仍然十分重要。自 50 年代以来,我国与朝鲜、蒙古、越南、原苏联的进出口货物,绝大部分仍然是通过铁路运输来完成的;我国与西欧、北欧和中东地区一些国家也通过国际铁路联运来进行进出口货物的运输。

(2)有利于开展同港澳地区的贸易,并通过香港进行转口贸易

铁路运输是大陆地区和港澳开展贸易的一种运输方式。港澳两地的日用品一直以来都是大陆供应,随着内地对该地区出口的不断扩大,运输也逐渐增加。做好对港澳的运输达到优质、适量、均衡、应时的要求,在政治上和经济上都非常重要。为了确保该地区的市场供应,从内地开设了直达地区的快运列车,对繁荣稳定港澳市场以及该地区的经济发展起到了积极作用。

香港是世界著名的自由港，与世界各地有着非常密切的联系，海、空定期航班比较多，作为转口贸易基地，开展陆空、陆海联运，为我国发展与东南亚、欧美、非洲、大洋洲各国和地区的贸易，对保证我国出口创汇起着重要作用。

(3)对进出口货物在港口的集散和各省、市之间的商品流通起着重要作用

我国幅员辽阔，海运进口货物大部分利用铁路从港口运往内地的收货人，海运出口货物大部分也是由内地通过铁路向港口集中，因此铁路运输是我国国际货物运输的重要集散方式。至于国内各省市和地区之间调运外贸商品、原材料、半成品和包装物料，主要也是通过铁路运输来完成的。我国国际贸易进出口货物运输大多都要通过铁路运输这一环节，铁路运输在我国国际货物运输中发挥着重要作用。

(4)利用欧亚大陆桥运输是必经之道

大陆桥运输是指以大陆上铁路或公路运输系统为中间桥梁，把大陆两端的海洋连接起来的集装箱连贯运输方式。

大陆桥运输一般都是以集装箱为媒介，采用国际铁路系统来运送。我国目前开办的西伯利亚大陆桥和新欧亚大陆桥的铁路集装箱运输具有安全、迅速、节省的优点。这种运输方式对发展我国与中东、近东及欧洲各国的贸易提供了便利的运输条件。为了适应我国经济贸易的发展需要，利用这两条大陆桥开展铁路集装箱运输也是必经之道，将会促进我国与这些国家和地区的国际贸易发展。

8. 铁路运输单据

铁路运输可分为国际铁路联运和国内铁路运输，前者使用国际铁路联运运单，后者使用国内铁路运单。通过铁路对港、澳出口的货物，由于国内铁路运单不能作为对外结汇的凭证，故使用"承运货物收据"这种特定性质和格式的单据。

(1)国际铁路联运运单(International Through Rail Waybill)

国际铁路联运运单是一式五联的国际联运运单，包括：

①运单正本(随同货物至到站，并连同第五联和货物一起交给收货人)。

②运行报单(是铁路办理货物交接、清算运费、统计运量和收入的原始单证，由铁路留存)。

③运单副本(在始发站经铁路加盖承运日期戳后，交给发货人)。

④货物交付单(随同货物之到站，由终点站铁路留存)。

⑤货物到达通知书(随同货物至到站，并连同第一联和货物一起交给收

货人)。

国际铁路货物联运所使用的铁路运单和运单副本是发、收货人与铁路之间缔结的运输契约,对双方都具有法律效力。运单随同货物自始发站到终点站运行,货到终点站,运单作为通知、清点和交付货物的凭证连同货物一并交给收货人。运单副本在始发站经铁路加盖承运日期戳后,退回给发货人,它是发货人连同其他单证向银行办理结汇的主要单据之一。由于国际铁路货物联运分为快运和慢运两种,故在运单及其副本上加有不同的标记。凡需快运的货物,则在运单及其副本的正反两面的上边和下边加印有红线;慢运货物则使用不加注红线的运单和运单副本。铁路运单及其副本,不同于海运提单,它不是代表货物所有权的物权凭证。

国际铁路联运运单的作用:国际铁路联运运单是铁路承运货物出具的凭证;是铁路同货主交接货物、核收运杂费用和处理索赔与理赔的依据。联运运单副本发还给发货人,是卖方向银行结算货款的主要证件之一。

要注意,铁路不同于海运,没有控制货物的单据,铁路是运单随货物走的。出口商应该在收到货款和运费后发货。

(2)承运货物收据(Cargo Receipt)

承运货物收据是在特定运输方式下所使用的一种运输单据,它既是承运人出具的货物收据,也是承运人与托运人签订的运输契约。我国内地通过铁路运往港、澳地区的出口货物,一般都委托中国对外贸易运输公司承办。当出口货物装车发运后,当地外运公司即签发一份承运货物收据给托运人,以作为对外办理结汇的凭证。

承运货物收据的格式及内容和海运提单基本相同,主要区别是它只有第一联为正本。在该正本的背面印有“承运简章”,载明承运人的责任范围。该简章第二条规定由该公司承运之货物,在铁路、轮船、公路、航空及其他运输机构范围内,应根据各机构的规章办理。可见,这种承运货物收据不仅适用于铁路运输,而且还适用于其他运输方式。

6.2.4　航空运输(Air Transport)方式

航空运输是一种现代化的运输方式,它与海洋运输、铁路运输相比,具有运输速度快、货运质量高、且不受地面条件的限制等优点。因此,它最适宜运送急需物资、鲜活商品、精密仪器和贵重物品。

1. 航空运输的含义和特点

航空运输又称“飞机运输”,它是在具有航空线路和飞机场的条件下,利用飞机作为运输工具进行货物运输的一种运输方式。航空运输在国际货物运输业中,其货运量占比重比较小,伴随着物流的快速发展,航空运输在国际货运方面将会扮演重要角色。

航空运输的主要优点是速度非常快,缺点是运输费用相当高。投资额度和运输成本都比较高,固定成本方面包括开拓航线、修建机场和机场维护需要大量资金;可变成本也比较高,主要是由于燃料、飞行员薪水、飞机的维护保养等方面的支出很大。

航空运输的适用范围:产品价值昂贵、容易损坏,或者市场销售周期特别短如鲜花、海鲜、时尚服装等,为了确保产品在全球范围销售可采用航空的形式。

2. 航空运输的运输方式

航空运输方式主要有班机运输、包机运输、集中托运和航空快递业务。

(1)班机运输(Scheduled Airline)

班机运输指具有固定开航时间、航线和停靠航站的飞机运输。通常为客货混合型飞机,货舱容量较小,运价较贵,但由于航期固定,有利于客户安排鲜活商品或急需商品的运送。

(2)包机运输(Chartered Carrier)

包机运输是指航空公司按照约定的条件和费率,将整架飞机租给一个或若干个包机人(包机人指发货人或航空货运代理公司),从一个或几个航空站装运货物至指定目的地。包机运输适合于大宗货物运输,费率低于班机,但运送时间则比班机要长些。

(3)集中托运(Consolidation)

集中托运可以采用班机或包机运输方式,是指航空货运代理公司将若干批单独发运的货物集中成一批向航空公司办理托运,填写一份总运单送至同一目的地,然后由其委托当地的代理人负责分发给各个实际收货人。这种托运方式,可降低运费,是航空货运代理的主要业务之一。

(4)急件专递

急件专递是目前航空运输中最快捷的方式,它由专门经营此项业务的部门和航空公司合作,以最迅速的方式传送急件。

3. 有关的国际航空运输公约

航空业的跨国特征是与生俱来的,因而航空货物运输的产生、发展必然伴随着调整这种运输方式的统一实施规范的国际公约的产生、发展。又因为航空业历史较短,得以吸收了包括海运在内的其他各种运输方式有关国际公约、惯例的精神,并根据航空业的自身特征作出了修改。这其中较有影响力的国际航空运输公约有:

(1)《华沙公约》(1929 年)；

(2)《海牙议定书》(1955 年)；

(3)《瓜达拉哈拉公约》(1961 年)；

(4)《危地马拉议定书》(1971 年)；

(5)《蒙特利尔第一号附加议定书》(1975 年)；

(6)《蒙特利尔第二号附加议定书》(1975 年)；

(7)《蒙特利尔第二号附加议定书》(1975 年)；

(8)《蒙特利尔第二号附加议定书》(1975 年)。

这些文件中《华沙公约》是最基本的，随后的各项议定书都是对《华沙公约》的补充或修改。所以这八份文件又被合称为“华沙体系”。它们彼此内容相关却又各自独立，《华沙公约》的缔约国并不自然成为以后各次议定书的参加国，也不一定受其管辖。这些文件中以《华沙公约》和《海牙议定书》的适用最为广泛，已经为世界大多数国家所认可。

《华沙公约》全称为《统一航空运输某些规则的公约》，是 1929 年 10 月 12 日由德国、英国、法国、瑞典、前苏联、巴西、日本、波兰等国家在华沙签订的，因而简称《华沙公约》。它是最早的国际航空法规，也是目前为止为世界上大多数国家接受的航空公约，其目的是为了调整不同国家“在航空运输使用凭证和承运人责任方面”的有关问题。《华沙公约》规定了以航空承运人为一方和以旅客、货物托运人、收货人为另一方的航空运输合同双方的权利、义务关系，确定了国际航空运输的一些基本原则。

二战后，由于航空运输业的飞速发展以及世界政治形势的急剧变化，《华沙公约》的某些内容与现实的要求脱节，《修订 1929 年 10 月 12 日在华沙签订的“统一有关国际航空运输某些规则的公约”的议定书》，即《海牙议定书》正是此时诞生的，该协定签订于 1955 年，1963 年 8 月 1 日生效。我国参加《华沙公约》和《海牙议定书》的时间分别是 1958 年和 1975 年。

关于公约的适用范围，《华沙公约》与《海牙议定书》的精神是一样的，只是措辞稍有不同，它们都规定公约不仅适用于商业性的国际航空货物运输，而且还适用于包括旅客、行李在内的其他取酬的和免费的国际航空运输，但邮件和邮包的运输因为另有国际邮政公约管辖，所以不适用。

4. 承运人责任

与《海牙规则》相类似，《华沙公约》制定时由于航空运输仍处于发展的初期，技术水平有限，因此也采用了不完全的过失责任制，即在一般问题上采用推定过失原则，一旦出现货物损失，首先假定承运人有过失，但如果承运人能够举证说明自己并无过失，则不必负责。但当承运人的过失是发生在驾驶中、飞机操作中或者在领航时，则承运人虽有过失，也可要求免责。《海牙议定书》保持了过失责任制的基础，并顺应历史的潮流取消了驾驶、飞机操作和领航免责的规定。

与同时代的海运公约所不同的是，《华沙公约》根据航空运输的特点明确规定了承运人对货物运输过程中"因延迟而造成的损失应负责任。"这在当时是极有远见的。

《华沙公约》同样也对承运人的责任限额作出了规定，并明确"企图免除承运人的责任，或定出一个低于本公约所规定的责任限额的任何条款都属无效"，这样避免了承运人在运输合同中随意增加免除或者降低承运人自身赔偿责任的做法。《海牙议定书》只是增加了承运人对旅客的赔偿责任，对货物的责任限额不变。

5. 发货人、收货人的权利和义务

根据《华沙公约》发货人的权利主要指在收货人提取货物之前或者收货人拒收货物后或者无法与收货人联系的情况下，对货物处理的权利，包括有权在货物运输的途中将货物提回；对已运至目的地的货物要求回运或改运；对在经停机场的货物要求中止运输；要求将货物交付给航空货运单指定的收货人以外的第三人等等。但托运人"不得因行使这种权利而使承运人或其他托运人遭受损失，并应偿付由此产生的一切费用"。在收货人行使提货权后，发货人的上述权力丧失。

发货人或收货人的义务包括：

(1)支付运费。

(2)填写航空货运单、提交必要的单证。同时应对航空货运单中有关货物的各项说明、声明的正确性负责，如因填写不当使承运人或其他任何有关方遭受损失，托运人应予以赔偿。

(3)受领货物。

6. 航空运输单据

(1)航空运单(Air Waybill)

空运单据(Air Transport Document)是由空运的承运人或其代理人签发的货运单据，通常称为航空运单。它是货物的收据，也是托运人与承运人之间的运输契约，但不具有物权凭证的性质。收货人不能以航空运单提货，而是凭航空公司的提货通知单在目的地机场或仓库提取货物，所以空运单据是不可转让的(Non-Negotiable)，应该在航空运单的收货人栏内详细填写收货人全称和地址，而不得做成指示抬头。

(2)航空总运单(Master Air Waybill，简称 MAWB)与分运单(House

Air Waybill，简称 HAWB)

在集中托运的前提下，航空运输单据可分为航空总运单与分运单。

总运单：集中托运商以自己的名义向航空公司订舱托运，航空公司收运后签发给集中托运商的就是总运单。

分运单：集中托运商在取得航空公司签发的总运单后，签发自己的分运单给真正的收发货人。它是集中托运商接收货物的初步证据，是集中托运商的目的港代理人交付货物给收货人的正式文件，也是集中托运商与托运人结算运费的依据。

7. 航空运输办理手续

(1)托运人托运货物应向承运人填交货物运输单，并根据国家主管部门规定随附必要的有效证明文件。托运人应对运输单填写内容的真实性和正确性负责。托运人填交的货物运输单经承运人接受，并由承运人填发货物运输单后，航空货物运输合同即告成立。

(2)托运人要求包用飞机运输货物，应填交包机申请书，经承运人同意接受并签订包机运输协议书以后，航空包机货物运输合同即告成立，签订协议书的当事人，均应遵守民航主管机关有关包机运输的规定。

(3)托运人对运输的货物，应当按照国家主管部门规定的包装标准包装；没有统一规定包装标准的，托运人应当根据保证运输安全的原则，按货物的性质和承载飞机等条件包装；凡不符合上述包装要求的，承运人有权拒绝承运不符合规格的货物。

(4)托运人必须在托运的货物上标明发站、到站和托运人、收货人的单位、姓名和地址，按照国家规定标明包装储运指标标志。

(5)国家规定必须保险的货物，托运人应在托运时投保货物运输险。

(6)托运人托运货物，应按照民航主管机关规定的费率缴付运费和其他费用。除托运人和承运人另有协议外，运费及其他费用一律于承运人开具货物运单时一次付清。

(7)承运人应于货物运达到货地点后 24 小时内向收货人发出到货通知、收货人应及时凭提货证明到指定地点提取货物，货物从发出到货通知的次日起，免费保管三天。收货人逾期提取，应按运输规则缴讨保管费。

(8)收货人在提取货物时，对货物品质和重量无异议，并在货物运输单上签收，承运人即解除运输责任。

(9)因承运人的过失或故意造成托运人或收货人损失，托运人或收货人要求赔偿，应在填写货物运输事故记录的次日起 180 日内，以书面形式向承运人提出，并附有关证明文件。

6.2.5 其他运输方式

1. 集装箱运输(Container Transport)

(1)集装箱运输含义

集装箱运输,是指以集装箱这种大型容器为载体,将货物集合组装成集装单元,以便在现代流通领域内运用大型装卸机械和大型载运车辆进行装卸、搬运作业和完成运输任务,从而更好地实现货物"门到门"运输的一种新型、高效率和高效益的运输方式。

集装箱运输是一种现代化的先进运输方式。由于集装箱运输使货物流通过程中各个环节发生重大改变,被称为20世纪的"运输革命"。集装箱运输可促使运输生产走向机械化、自动化。

(2)集装箱运输特点

①高效率

由于货物的标准化和装卸机械、运输工具的专业化和大型化,使集装箱运输成为一种高效率的运输方式。高效率体现在以下方面:a. 装卸功率高,运输工具利用率高。由于装卸效率提高,各种运输工具,在港站停留时间大大缩短,使运输工具每个航次中航行时间与航次总时间的比值明显增大,大大提高了运输工具的使用率。b. 资金周转率高。由于货物装卸效率提高,货物在港站停留的时间减少,加上集装箱货物在运输过程(特别是长距离运输)中普遍采用大批量高速的运输组织方式和行政手续的简化,使货物的运达速度比传统的零担运输明显缩短。这样可以缩短买方货物占用资金的周期。而对于卖方来说,由于集装箱货物交接地点已从港口、车站交接转变为内陆地区以至"门到门"交接,卖方可以在交货后即可取得运输单据,使结汇时间提前。因此对买卖双方来讲,由于货物运输而占用的流动资金周转率都有较明显的提高。c. 节省包装运输杂费等费用。由于集装箱本身是一种具有较高强度的容器,在运输途中可以起到保护货物的作用,货物使用集装箱运输时,可以简化运输包装,节省包装费用。在集装箱运输过程中各港口、车站对装卸费、中转费大都采用优惠价格,加之可以减少运输途中由于换装而引起的理货和办理海关手续次数,因而采用集装箱运输可以减少运杂费用。d. 提高库场使用率。由于集装箱的强度远远大于货物运输包装的强度,集装箱货物在库场中堆码时,最多可达四层,因而可以大大减少货物堆码占用的面积,提高库场利用率。

②高质量

集装箱运输是高质量的运输方式主要体现在:集装箱运输是以箱为运

输单元的，其装卸、换装、运输暂存过程中都是以箱为单位整体进行的，加之在运输过程中，货物都是装在箱内且箱子又有较高强度和较好的封闭性，货物装载又有较高要求，因此使用集装箱运输货物，可以减少全程运输过程中由于各种原因引起的货损、货差、被盗、丢失的可能性。

③货物运达速度快

为了保证集装箱运输的高效率，货物全程运输所涉及的各环节如托运、装卸、通关等，都简化了手续，大大方便和简化了货主办理单据和各种财务及行政手续。

④高密集

集装箱运输中的集装箱和各类运输工具的现代化，各种港站设施、机械设备及整个集疏运系统都需要投入大量的资金。随着运输工具的现代化、大型化、装卸机械的大型化、专业化和管理的现代化，集装箱运输需要的人力资源将会进一步减少，但对人员素质要求更高。

⑤标准化

集装箱运输的标准化主要体现在以下方面：

第一，由于箱型的标准化及货物装在箱内运输带来的货物重量和外形尺度的标准化。

第二，各种运输方式中运输工具的专业化和标准化。

第三，各类港、站设施的专业化和结构、布局及设计要求的标准化。

第四，各类装卸、搬运机械设备的标准化。

第五，运输管理组织、运输装卸技术工艺标准化。

第六，运输法规、运输单据的统一化、标准化等。

⑥高效益

集装箱运输经济效益高主要体现在以下几方面：

第一，简化包装，大量节约包装费用。为避免货物在运输途中受到损坏，必须有坚固的包装，而集装箱具有坚固、密封的特点，其本身就是一种极好的包装。使用集装箱可以简化包装，有的甚至无须包装，实现件杂货无包装运输，可大大节约包装费用。

第二，减少货损货差，提高货运质量。由于集装箱是一个坚固密封的箱体，集装箱本身就是一个坚固的包装。货物装箱并铅封后，途中无须拆箱倒载，一票到底，即使经过长途运输或多次换装，不易损坏箱内货物。集装箱运输可减少被盗、潮湿、污损等引起的货损和货差，深受货主和船公司的欢迎，并且由于货损货差率的降低，减少了社会财富的浪费，也具有很大的社会效益。

第三，减少营运费用，降低运输成本。由于集装箱的装卸基本上不受恶劣气候的影响，船舶非生产性停泊时间缩短，又由于装卸效率高，装卸时间缩短，对船公司而言，可提高航行率，降低船舶运输成本，对港口而言，可以提高泊位通过能力，从而提高吞吐量，增加收入。

⑦高效率

传统的运输方式具有装卸环节多、劳动强度大、装卸效率低、船舶周转慢等缺点。而集装箱运输完全改变了这种状况。

普通货船装卸，一般每小时为35吨左右，而集装箱装卸，每小时可达400吨左右，装卸效率大幅度提高。同时，由于集装箱装卸机械化程度很高，因而每班组所需装卸工人数很少，平均每个工人的劳动生产率大大提高。

由于集装箱装卸效率很高，受气候影响小，船舶在港停留时间大大缩短，因而船舶航次时间缩短，船舶周转加快，航行率大大提高，船舶生产效率随之提高，从而，提高了船舶运输能力，在不增加船舶艘数的情况，可完成更多的运量，增加船公司收入，这样高效率带来高效益。

⑧高投资

集装箱运输虽然是一种高效率的运输方式，但是它同时又是一种资本高度密集的行业。主要表现在三个方面：

第一，船公司必须对船舶和集装箱进行巨额投资。根据有关资料表明，集装箱船每立方英尺的造价约为普通货船的3.7～4倍。集装箱的投资相当大，开展集装箱运输所需的高额投资，使得船公司的总成本中固定成本占有相当大的比例，高达2/3以上。

第二，集装箱运输中的港口投资也相当大。专用集装箱泊位的码头设施包括码头岸线和前沿、货场、货运站、维修车间、控制塔、门房，以及集装箱装卸机械等，耗资巨大。

第三，为开展集装箱多式联运，还需有相应的内陆设施及内陆货运站等，为了配套建设，这就需要兴建、扩建、改造、更新现有的公路、铁路、桥梁、涵洞等，这方面的投资更是惊人。可见，没有足够的资金开展集装箱运输，实现集装箱化是困难的，必须根据国力量力而行，最后实现集装箱化。

⑨高协作

集装箱运输涉及面广、环节多、影响大，是一个复杂的运输系统工程。集装箱运输系统包括海运、陆运、空运、港口、货运站以及与集装箱运输有关的海关、商检、船舶代理公司、货运代理公司等单位和部门。如果互相配合不当，就会影响整个运输系统功能的发挥，如果某一环节失误，必将影响全局，甚至导致运输生产停顿和中断。因此，要求搞好整个运输系统各环节、各部门之间的高度协作。

⑩多式联运

由于集装箱运输在不同运输方式之间换装时，不需要搬运箱内货物而只需换装集装箱，这就提高了换装作业效率，适于不同运输方式之间的联合运输。在换装转运时，海关及有关监管单位只需加封或验封转关放行，从而提高了运输效率。

此外，由于国际集装箱运输与多式联运是一个资金密集、技术密集及管理要求很高的行业，是一个复杂的运输系统工程，这就要求管理人员、技术人员、业务人员等具有较高的素质，才能胜任工作，才能充分发挥国际集装箱运输的优越性。

(3)集装箱运输的分类

集装箱运输根据集装箱数量和方式可以分为整箱和拼箱两种。

①整箱(Full Container Load，简称 FCL)。整箱是指货主将货物装满整箱之后，以箱为单位托运的集装箱。一般做法是由承运人将空箱运到工厂或者仓库后，货主把货装入箱内、加封、铅封后交给承运人，并取得站场收据，最后由站场收据换取提单。

②拼箱(Less Than Contain Load，简称 LCL)。拼箱是指承运人或者代理人接受货主托运的数量不足一整箱的小票货物之后，根据货类性质和目的地进行分类、整理、集中、装箱、交货等工作均在承运人码头集装箱货运站或者内陆集装箱运转站进行。

2. 国际多式联运(International Multimodal Transport)

(1)国际多式联运的含义

国际多式联运，是指按照多式联运合同，以至少两种不同的运输方式，由多式联运经营人将货物从一国境内接管货物的地点运至另一国境内指定交付货物的地点的一种运输方式。多式联运经营人(Combined Transport Operator 简称 CTO)是指其本人或通过其代表订立多式联运合同的任何人，他负有履行多式联运合同的责任。

(2)国际多式联运的特点

①国际多式联运是根据多式联运合同进行的。国际多式联运合同是多式联运经营人与发货人订立的、符合多式联运条件的运输合同，该合同是以多式联运经营人签发的、多式联运单据证明的、有偿的、承揽和不要式的合同(不要式合同是指当事人订立的合同依法并不需要采取特定的形式，当事人可以采取口头方式，也可以采取书面方式。不要式合同采取不特定的形式不影响合同的成立和生效)。

②国际多式联运的货物主要是集装箱货物或集装化的货物。在运输过程中一般以集装箱作为运输的基本单元。货物集装箱化促进了国际多式联运的发展，而现代集装箱运输自产生时起就与多式联运紧密地联系在一起，使得国际多式联运具有集装箱运输的高效率、高质量、高技术、高投入和系统性的特点。

③国际多式联运全程运输中至少使用两种或两种以上不同的运输方式的国际间的货物运输。

④国际多式联运是一票到底，实行全程单一率的运输。发货人只办理一次托运、一次计付运费、一次保险，通过一张运输单据，可以实现从启运地到目的地的全程连贯运输。因此，它具有简单化和统一化的特点。

⑤国际多式联运是不同运输方式的综合组织。在运输过程中，无论涉及何种运输方式，分为多少个区段，国际多式联运都是由多式联运经营人完成或组织完成的，国际多式联运经营人要对全程运输负责。从启运地接管货物，在最终目的地交付货物，及全程运输中各区段的衔接工作和有关服务业务，由国际多式联运经营人在不同国家或地区的分支机构或委托代理人完成。

⑥国际多式联运经营人可以通过货物运输路线、运输方式的选择，运输区段的划分和对各区段实际承运人的选择达到降低运输成本，提高运输速度，实现合理运输的目的。

(3)国际多式联运应具备的条件

①接受托运申请，订立多式联运合同

多式联运经营人根据货主提出的托运申请和自己的运输线路等情况，决定是否接受该托运申请，发货人或其代理人根据双方就货物的交接方式、时间、地点、付费方式等达成协议并填写场站收据，并把其送至多式联运经营人进行编号，多式联运经营人编号后留下货物托运联，将其他联交还给发货人或其代理人。

②空箱的发放，提取及运送

多式联运中使用的集装箱一般由多式联运经营人提供，这些集装箱的来源可能有三种情况：一种是多式联运经营人自己购置使用的集装箱，二是向借箱公司租用的集装箱，三是由全程运输中的某一分运人提供。如果双方协议由发货人自行装箱，则多式联运经营人应签发提箱单或租箱公司或分运人签发提箱单交给发货人或其代理人，由他们在规定日期到指定的堆场提箱并自行将空箱拖运到货物装箱地点，准备装货。

③出口报关

若多式联运从港口开始，应在港口报关；若从内陆地区开始，则应在附近内陆地海关办理报关，出口报关事宜一般由发货人或其代理人办理，也可委托多式联运经营人代为办理，报关时应提供场站收据、装箱单、出口许可证等有关单据和文件。

④货物装箱及接受货物

若是发货人自行装箱，发货人或其代理人提取空箱后在自己的工厂和仓库组织装箱，装箱工作一般要在报关后进行，并请海关派员到装箱地点监装和办理加封事宜，如需理货，还应请理货人员现场理货并与其共同制作装箱单。

对于由货主自行装箱的整箱货物，发货人应负责将货物运至双方协议规定的地点，多式联运经营人或其代表在指定地点接受货物，如果是拼箱货，则由多式联运经营人在指定的货运站接收货物，验收货物后代表多式联运经营人接收货物的人应在场站收据正本上签章并将其交给发货人或其代理人。

⑤订舱及安排货物运送

多式联运经营人在合同订立后，应立即制定该合同涉及的集装箱货物的运输计划，该计划应包括货物的运输路线、区段的划分、各区段实际承运人的选择及确定各区间衔接地点的到达、起运时间等内容。

这里所说的订舱泛指多式联运经营人要按照运输计划安排洽定各区段的运输工具，与选定的各实际承运人订立各区段的分运合同，这些合同的订立由多式联运经营人本人或委托的代理人办理，也可请前一区段的实际承运人代为向后一区段的实际承运人订舱。

货物运输计划的安排必须科学并留有余地，工作中应相互联系，根据实际情况调整计划，避免彼此脱节。

⑥办理保险

在发货人方面，应投保货物运输保险。该保险由发货人自行办理，或由发货人承担费用而由多式联运经营人代为办理。货物运输保险可以是全程投保，也可以为分段投保。在多式联运经营人方面，应投保货物责任险和集装箱保险，由多式联运经营人或其代理人向保险公司或以其他形式办理。

⑦签发多式联运提单，组织完成货物的全程运输

多式联运经营人的代表收取货物后，多式联运经营人应向发货人签发多式联运提单，在把提单交给发货人之前，应注意按双方议定的付费方式及内容、数量向发货人收取全部应付费用。

多式联运经营人有完成和组织完成全程运输的责任和义务，在接受货物后，要组织各区段实际承运人，各派出机构及代表人共同协调工作，完成全程中各区段的运输及各区段之间的衔接工作，并做好运输过程中所涉及的各种服务性工作和运输单据、文件及有关信息等组织和协调工作。

⑧运输过程中的海关业务

按国际惯例，国际多式联运的全程运输均应视为国际货物运输，因此，该环节工作主要包括货物及集装箱进口国的通关手续，进口国内陆段保税运输手续及结关等内容，如果陆上运输要通过其他国家海关和内陆运输线路时，还应包括这些海关的通关及保税运输手续。

如果货物在目的的港交付，则结关应在港口所在地海关进行，如果在内陆地交货，则应在口岸办理保税运输手续，海关加封后方可运往内陆目的地，然后在内陆海关办理结关手续。

⑨货物支付

当货物运往目的地后，由目的地代理通知收货人提货，收货人需凭多式联运提货，多式联运经营人或其代理人需按合同规定，收取收货人应付的全部费用，收回提票签发提货单，提货人凭提货单到指定堆场和地点提取货物。

如果是整箱提货，则收货人要负责至掏箱地点的运输，并在货物掏出后将集装箱运回指定的堆场，此时，运输合同终止。

⑩货运事故处理

如果全程运输中发生了货物灭失、损害和运输延误，无论能否确定损害发生的区段，发(收)货人均可向多式联运经营人提出索赔，多式联运经营人根据提单条款及双方协议确定责任并做出赔偿。如能确定事故发生的区段和实际责任者，可向其进一步索赔，如不能确定事故发生的区段，一般按在海运段发生处理。如果已对货物及责任投保，则存在要求保险公司赔偿和向保险公司进一步追索问题，如果受损人和责任人之间不能取得一致，则需要通过在诉讼时效内提起诉讼和仲裁来解决。

3. 大陆桥运输(Land Bridge Transport)

(1)大陆桥运输的含义

大陆桥运输是指利用横贯大陆的铁路(公路)运输系统，作为中间桥梁，把大陆两端的海洋连接起来的集装箱连贯运输方式。简单地说，就是两边是海运，中间是陆运，大陆把海洋连接起来，形成海一陆联运，而大陆起到了“桥”的作用，所以称之为“陆桥”。而海—陆联运中的大陆运输部分就称之为“大陆桥运输”。从形式上看，是海—陆—海的连贯运输，但实际在做法上已在世界集装箱运输和多式联运的实践中发展成多种多样。

大陆桥运输是借助于不同的运输方式，跨越辽阔的大陆或狭窄的地峡，以沟通两个互不毗连的大洋或海域之间的运输形式。通常也是一种国际联合运输。目的在于缩短运输距离，减少运输时间和节约运输总费用支出。例如，从太平洋东部的日本，通过海运到苏联远东沿海港口（纳霍德卡和东方港等），后再经西伯利亚大铁路等陆上交通，横跨亚欧大陆直达欧洲各国或沿海港口，再利用海运到达大西洋沿岸各地，这类货物运输即为典型的大陆桥运输。

(2)大陆桥运输特点

①属大陆桥运输范畴，采用海陆联运方式，全程由海运段和陆运段组成；

②比采用海运缩短路程，但增加了装卸次数。所以在某些地域，大陆桥运输能否发展，主要取决于它与全程海运相比较在运输费用、运输时间等方面的综合竞争度。

(3)大陆桥运输的线路

①北美大陆桥

北美大陆桥指从日本东向，利用海路运输到北美西海岸，再经由横贯北美大陆的铁路线，陆运到北美东海岸，再经海路运箱到欧洲的“海—陆—海”运输结构。

北美大陆桥包括美国大陆桥运输和加拿大大陆桥运输。美国大陆桥有两条运输线路：一条是从西部太平洋沿岸至东部大西洋沿岸的铁路和公路运输线；另一条是从西部太平洋沿岸至东南部墨西哥湾沿岸的铁路和公路运输线。

北美大陆桥是世界上历史最悠久、影响最大、服务范围最广的陆桥运输线。

北美大陆桥运输对巴拿马运河的冲击很大，由于陆桥运输可以避开巴拿马运河宽度的限制，许多海运承运人开始建造超巴拿马型集装箱船，增加单艘集装箱船的载运箱量，放弃使用巴拿马运河，使集装箱国际海上运输的效率更为提高。

②西伯利亚大陆桥

西伯利亚大陆桥（或称亚欧第一大陆桥）全长 1.3 万公里，东起俄罗斯东方港，西至俄芬（芬兰）、俄白（白俄罗斯）、俄乌（乌克兰）和俄哈（哈萨克斯坦）边界，过境欧洲和中亚等国家。

我国通过西伯利亚铁路可进行陆桥运输的路线有三条：铁一铁路线；铁

一海路线;铁一公路线。

西伯利亚大陆桥存在的问题:运输时间不稳定;铁路运输中,货物位置难确认;往返货源不平衡。

③新亚欧大陆桥

亚欧第二大陆桥,也称"新亚欧大陆桥"。该大陆桥东起中国的连云港,西至荷兰鹿特丹港,全长10837公里,其中在中国境内4143公里,途径中国、哈萨克斯坦、俄罗斯、白俄罗斯、波兰、德国和荷兰7个国家,可辐射到30多个国家和地区。1990年9月,中国铁路与哈萨克铁路在德鲁日巴站正式接轨,标志着该大陆桥的贯通。1991年7月20日开办了新疆至哈萨克斯坦的临时边贸货物运输。1992年12月1日由连云港发出首列国际集装箱联运"东方特别快车",经陇海、兰新铁路,西出边境站阿拉山口,分别运送至阿拉木图、莫斯科、圣彼得堡等地,标志着该大陆桥运输的正式开办。该大陆桥运量逐年增长,并具有巨大的发展潜力。

(4)其他陆桥运输形式

北美地区的陆桥运输不仅包括上述大陆桥运输,而且还包括小陆桥运输(Mini-Bridge)和微桥运输(Micro-Bridge)等运输组织形式。

小陆桥运输从运输组织方式上看与大陆桥运输并无大的区别,只是其运送的货物的目的地为沿海港口。

微桥运输与小陆桥运输基本相似,只是其交货地点在内陆地区。

4. 邮政运输(Parcel Post Transport)

(1)邮政运输的含义

邮政运输又称"邮包运输",是指通过邮局寄交货物的运输方式。各国的邮政业务都由国家办理,均兼办邮包运输业务。国际邮政是在国与国之间进行的,在多数情况下,国际邮件需要经过一个或几个国家经转。各国相互经转对方的国际邮件,遵照国际邮政公约和协定的规定进行,形成全球性的邮政运输网,国际邮政运输被国际贸易界普遍采用。

邮政运输是一种较简便的运输方式。各国邮政部门之间订有协定和合约,通过这些协定和合约,各国的邮件包裹可以相传递,从而形成国际邮政运输网。由于国际邮政运输具有国际多式联运和"门到门"运输的性质,加之,手续简便,费用也不高,故其成为国际贸易中普遍采用的运输方式中之一。

邮政运输使用飞机、卡车和火车,主要运输以时间为关键因素的小包裹。包裹运输昂贵,与大规模运输的零担货运相比在价格上没有竞争优势。邮政运输提供的服务主要是交货迅速而可靠。

(2)国际邮政运输的特点

国际邮政运输是一种具有国际多式联运性质的运输方式。一件国际邮件一般要经过两个或两个以上国家的邮政局和两种或两种以上不同运输方式的联合作业才能完成。从邮政托运人角度来说,只要按邮局章程办理一次托运、一次付清足额邮资、取得一张邮政包裹收据,全部手续即告完备。邮件的运送、交接、保管等一系列手续由各国的邮政局负责办理。邮件到达目的地后,收件人可凭邮政局到件通知和收据向邮政局提取邮件。

邮政运输的优点:最简便,具有国际多式联运和“门到门”运输的优势。

局限性:量小、费用高。

(3)常用的国际邮政运输服务

① EMS(Express Mail Service)

EMS,邮政特快专递服务。它是由万国邮联管理下的国际邮件快递服务,是中国邮政提供的一种快递服务。该业务在海关、航空等部门均享有优先处理权,它以超高速、超高质量为用户传递国际、国内紧急信函、文件资料、金融票据、商品货样等各类文件资料和物品。

提供该服务的为中国邮政速递物流公司,是中国邮政集团公司直属全资公司,主要经营国际、国内 EMS 特快专递业务,是中国速递服务的最早供应商,中国速递行业的最大运营商。公司全国员工近万人,EMS 业务包括国内所有市县,延伸亚洲地区。

EMS 特快专递业务 1980 年开办,业务量逐年增长,业务种类不断丰富。除提供国内、国际特快专递服务外,EMS 相继推出省内次晨达和次日递、国际承诺服务和限时速递等高端服务,同时提供代收货款、收件人付费、鲜花礼仪速递等增值服务。

② UPS(United Parcel Service)

UPS 快递于 1907 年作为一家信使公司成立于美国华盛顿州西雅图,是一家全球性的公司,其商标是世界上最知名的商标之一。作为世界上最大的快递承运商与包裹递送公司,同时也是运输、物流、资本与电子商务服务的领导性的提供者。

UPS 每天都在世界上 200 多个国家和地域管理着物流、资金流与信息流。通过结合货物流、信息流和资金流,UPS 不断开发供应链管理、物流和电子商务的新领域,如今 UPS 已发展到拥有 300 亿美元资产的大公司。

③ TNT(TNT Express)

TNT 快递为企业和个人提供快递和邮政服务。总部位于荷兰的 TNT 集团,在欧洲和亚洲可提供高效的递送网络,且通过在全球范围内扩大运营分布来优化效能。提供世界范围内的包裹、文件以及货运项目的安全准时运送服务。2012 年 3 月被全球最大的包裹快递公司 UPS 以 51.6 亿欧元现金收购。

TNT 快递是全球最大的快递公司之一。每天递送百万件包裹、文件和托盘货物。TNT 快递在欧洲、中东、非洲、亚太和美洲地区运营航空和公路运输网络。TNT 快递在 2012 年的营业收益为 73 亿欧元。

④ DHL

DHL 是全球知名的邮递和物流集团 Deutsche Post DHL 旗下公司。DHL 快递由 Adrian Dalsey、Larry Hillblom 和 Robert Lynn 三名创业者于 40 多年前成立于旧金山，公司持续以惊人的速度在发展。如今它已成为国际快运和物流行业的全球领导者。

DHL 的业务遍布全球 220 个国家和地区，是全球国际化程度最高的公司。

DHL 国际快递是一家全球性的国际快递公司，提供专业的运输、物流服务，为全球最大的递送网络之一，在五大洲拥有将近 34 个销售办事处以及 44 个邮件处理中心。通过覆盖全球 220 多个国家和地区的 120000 多个目的地（主要城市）的运输网络。

DHL 国际快递速度快，安全可靠，在美国、西欧有特别强的清关能力。DHL 在快递、空运与海运、陆运、合同物流解决方案及国际邮递等领域提供了专业性服务。

图 6-3　常用的国际邮政运输公司标志

5. 公路、内河、管道运输方式

(1)公路运输(Road Transportation)

①公路运输的含义

公路运输是一种现代化的运输方式，它不仅可以直接运进或运出对外贸易货物，而且还是车站、港口和机场集散进出口货物的重要手段。国际公路货物运输是指国际货物借助一定的运载工具，沿公路作跨及两个或两个以上国家或地区的移动过程，起重要的衔接作用。

②国际公路货物运输的特点

国际公路货物运输有以下特点：

运输效益高,公路运输装卸环节少,货损货差小,损失比例也较小。

公路运输的局限性:载重量小,不适宜装载重件、大件货物,不适宜长途运输,运价通常较水路、铁路高。

③国际公路货物运输的作用

公路运输的特点决定了它最适合于短途运输。它可以将两种或多种运输方式衔接起来,实现多种运输方式联合运输,做到进出口货物运输的"门到门"服务。

公路运输可以配合船舶、火车、飞机等运输工具完成运输的全过程,是港口、车站、机场集散货物的重要手段。尤其是鲜活商品、集港疏港抢运,往往能够起到其他运输方式难以起到的作用。可以说其他运输方式往往要依赖汽车运输来最终完成两端的运输任务。

公路运输也是一种独立的运输体系,可以独立完成进出口货物运输的全过程。公路运输是欧洲大陆国家之间进出口货物运输的最重要的方式之一。我国的边境贸易运输、港澳货物运输,其中有相当一部分也是靠公路运输独立完成的。

集装箱货物通过公路运输实现国际多式联运。集装箱由交货点通过公路运到港口装船,或者路线相反。美国陆桥运输、我国内地通过香港的多式联运都可以通过公路运输来实现。

(2)内河运输(Inland Water Transportation)

内河运输是水上运输的重要组成部分,它是连接内陆腹地与沿海地区的纽带,在运输和集散进出口货物中起着重要的作用。

与铁路、公路相比,内河运输存在着速度慢,时效性不强的弱点的同时,由存在着投资少,运力大、成本低、能耗低的优势。运送没有时效性要求的大宗货物和集装箱货物,尤其是需求量稳定,连续发送就能满足其需求的货物,且价格不高。运输费用占整个售价较大比例的大宗货物,内河运输具有明显的优势。

(3)管道运输(Pipeline Transport)

管道运输是用管道作为运输工具的一种长距离输送液体和气体物资的输方式,是一种专门由生产地向市场输送石油、煤和化学产品的运输方式,是统一运输网中干线运输的特殊组成部分。管道运输石油产品比水运费用高,但仍然比铁路运输便宜。大部分管道都是被其所有者用来运输自有产品。

管道运输不仅运输量大、连续、迅速、经济、安全、可靠、平稳,而且投资少、占地少、费用低,并可实现自动控制。除广泛用于石油、天然气的长距离运输外，还可运输矿石、煤炭、建材、化学品和粮食等。管道运输可省去水运或陆运的中转环节，缩短运输周期，降低运输成本，提高运输效率。

当前管道运输的发展趋势是：管道的口径不断增大，运输能力大幅度提高；管道的运输距离迅速增加；运输物资由石油、天然气、化工产品等流体逐渐扩展到煤炭、矿石等非流体。

6.2.6 合同中的装运条款

国际运输合同中的装运条款包括以下内容：

1. 装运时间

装运时间，又称“装运期”，是指双方在合同中规定卖方将货物装上运输工具或交给承运人的期限。装运时间是买卖合同中的重要条款。之所以重要，在于它涉及双方的经济利益（作价），保证合同顺利完成。

装运时间的规定方法：

规定装运时间的基本原则：装运时间不仅要作出具体的、毫不含糊的规定，而且还要留有充分的余地。一般来说，不应规定一个具体的日期作为装运日（例：2012 年 6 月 15 日装船）。

最常见的有以下几种：

(1)规定某月装运。

(2)规定跨月装运。

(3)规定某月或某日之前装运。

(4)规定在收到信用证后若干天内装运。

(5)规定近期装运。

(6)不规定装运期，而是采用下列方式：

①使用“于或约于”之类词语来限定装运日期。此时银行将视为在所述日期前后各五天内装运，起讫日包括在内。

②“某月某日止”(to)、“至某月某日”(until)、“直至某月某日”(till)及“在某月某日至某月某日之间”(between)。此时用于确定装运期限时，包括所述日期。

词语“某月某日之前”(before)及“某月某日之后”(after)。此时不包括所述日期。

词语“从某月某日”(from)以及“某月某日之后”(after)用于确定到期日时不包括所述日期。

③“上半月”和“下半月”。此时应分别理解为自每月“1～15 日”和“16 日至月末最后一天”，包括起讫日。

④“月初”、“月中”和“月末”。此时应分别理解为每月 1～10 日、11～20 日和 21 日至月末最后一天，包括起讫日期。

【案例 6-1】

某对外贸易进出口公司于 5 月 23 日接到一张国外开来信用证，信用证规定受益人为对外贸易进出口公司(卖方)，申请人为 E 贸易有限公司(买方)。信用证对装运期和议付有效期条款规定："Shipment must be effected not prior to 31st May, 1997. The Draft must be negotiated not later than 30th June, 1997"。

对外贸易进出口公司发现信用证装运期太紧，23 日收到信用证，31 日装运就到期。所以有关人员即于 5 月 26 日(24 日和 25 日系双休日)按装运期 5 月 31 日通知储运部安排装运。储运部根据信用证分析单上规定的 5 月 31 日装运期即向货运代理公司配船。因装运期太紧，经多方努力才设法商洽将其他公司已配上的货退载，换上对外贸易进出口公司的货，勉强挤上有效的船期。

对外贸易进出口公司经各方努力，终于 5 月 30 日装运完毕，并取得 5 月 30 日签发的提单。6 月 2 日备齐所有单据向开证行交单。6 月 16 日开证行来电提出："提单记载 5 月 30 日装运货物，不符合信用证规定的装运期限。不同意接受单据。"

分析：信用证规定的是"装运必须不得早于 1997 年 5 月 31 日(... not prior to 31st May)，议付有效期规定为最迟不得晚于 6 月 30 日"，即装运期与议付有效期都是在 6 月 1～30 日之间，而卖方却于 30 日以前装运，所以不符合信用证要求。

一般信用证对装运期习惯规定为：最迟装运期某月某日，或不得晚于某月某日装(... not later than ...)。

有关审证人员没有认真地审查信用证条款，误解信用证装运期的规定。

2. 装运港(地)与目的地(港)

(1)装运港(地)与目的地(港)的规定方法。

在买卖合同中，装运港和目的港规定方法有三种：

①规定装运港与目的港各一个。一般来说，这是业务正常情况下的规定方法。

②规定两个或两个以上的装运港与目的港。如数量较大或货源分散集中装运有困难时，可规定两个或两个以上装运港。

③规定选择港(Optional Ports)。这是在明确规定装运港与目的港有困难时而采取的规定选择港的方法。

(2)定装运港(地)与目的地(港)应注意的问题。

①规定装运港与目的港必须明确具体。

②内陆城市不能直接作为装运港与目的港。

③必须注意装卸港的具体条件。

④规定装运港与目的港时要注意港名重名问题。

⑤慎重使用"选择港"。

【案例 6-2】

我某出口公司按 CFR 条件向日本出口红豆 250 吨,合同规定卸货港为日本口岸,发运货物时,正好有一船驶往大阪,我公司打算租用该船,但在装运前,我方主动去电询问哪个口岸卸货时值货价下跌,日方故意让我方在日本东北部的一个小港卸货,我方坚持要在神户、大阪。双方争执不下,日方就此撤销合同。

问题:试问我方做法是否合适?日本商人是否违约?

分析:我方做法不合适。选择港的使用,合同中规定的卸货港为日本口岸,按照惯例,进口商在装运前应通知出口商,否则出口商可自行决定,可在日本的任何一个港口卸货;我方去电询问纯属多此一举,这种做法不妥当;日方撤销合同没有正常理由,违约的原因是价格下跌,属正常商业风险,不能作为撤约的理由。

3. 分批装运与转运

(1)分批装运(Partial Shipment)。

分批装运,又称"分期装运"(Shipment by Installments),是指一个合同项下的货物分若干批或若干期装运。

关于分批装,应注意下列事项:

①在缺省的情况下,允许分批支款及(或)分批装运。

②表明使用同一运输工具并经由同次航程运输的数套运输单据在同一次提交时,只要显示相同目的地,将不视为部分发运,即使运输单据上标明的发运日期不同或装卸港、接管地或发送地点不同。如果交单由数套运输单据构成,其中最晚的一个发运日将被视为发运日。

③含有一套或数套运输单据的交单,如果表明在同一种运输方式下经由数件运输工具运输,即使运输工具在同一天出发运往同一目的地,仍将被视为部分发运。

④含有一份以上快递收据、邮政收据或投邮证明的交单,如果单据看似由同一地点或邮政机构在同一地点和日期加盖印戳或签字并且表明同一目的地,将不视为部分发运。

(2)转运(Transshipment)

转运,在海洋运输中叫“转船”,是指货物从装运地(港)至卸货地(港)的运输过程中,从一运输工具或运输方式转为另一运输工具或运输方式的转装或重装。对于海运,缺省值可以转运;如果信用证禁止转运,但只要货物装载在集装箱、拖车及(或)子母船运输或含有承运人声明保留转运权利条款者,即使信用证禁止转运,银行也将接受注明转运将发生或可能发生的有关运输单据,只要同一有关运输单据包括运输全程即可。

4. 装运通知

装运通知指卖方向买方发出的货物已装船通知,即仅指按信用证或合同规定,发货人在装船后向收货人或其通知人或其指定人发出的通知货物装运情况的书面文件。

按照国际惯例,卖方在货物装运后应及时将装运情况通知买方,以便买方做好接卸货物、报关及其他准备工作。尤其是在 CFR 条件成交的情况下,由卖方负责租船订舱,买方自行投保。卖方在货物装船后应立即通知买方或其指定的保险公司,以便买方及时办理投保后手和进口报关手续,并作好付款接货的准备。若因装船通知迟发或漏发而造成买方漏办保险,或未能及时办理保险,则由此造成的损失将由卖方承担。

5. 装卸时间

装卸时间是指允许完成货物装卸任务所约定的时间。

(1)装卸时间的规定方法

装运时间的规定方法有以下几种:

①日(Days)或连续日(Running Days;Consecutive Days),这种方法对租船人不利;

②工作日(Working Days);

③晴天工作日(Weather Working Days);

④连续 24 小时晴天工作日(Weather Working Days of Consecutive 24 Hours),这种方法一般适用于昼夜作业的港口,国际上采用比较普遍,我国也使用此方法。

(2)规定装卸时间的注意事项

①有时关于装卸时间并不按日数或每天装卸货物的吨数来规定,而只是按“港口习惯速度尽快装卸”(To load/discharge in customary quick dispatch,CQD),这种规定不明确,容易引起争议,故采用时应审慎行事。

②有关工作日、星期日、节假日的规定。工作日是指在港口当地,按照港口当地的习惯,进行正常装卸作业的日子。而休息日,例如一般国家规定

的星期日或伊斯兰教国家规定的星期五，不属于工作日。但在实务中，即便是国家规定的休息日，有些港口也进行工作，特别是星期六，有些地方规定是休息日，有些地方规定上半天班，这样很容易引发争议，所以最好在合同中给予明确。根据《1993年航次租船合同装卸时间解释规则》，工作日是指没有被装卸时间明确排除在外的日数。根据该规则的解释，合同中没有明确从装卸时间中扣除的日期均应作为工作日，不论是星期六、星期日还是节假日，只要合同中没有明确扣除的话，都不能扣除。

③有关装运时间的起算。为了计算装卸时间，合同中还必须对装卸时间的起算和止算时间加以约定。关于装卸时间的起算时间，各国法律规定或习惯并不完全一致，一般规定在船长向承租人或其代理人递交了"装卸准备就绪通知书"(Notice of Readiness，N/R)以后，经过一定的规定时间后开始起算。

关于止算时间，现在世界各国习惯上都以货物装完或卸完的时间，作为装卸时间的止算时间。

6. 装卸率

装卸率是指日装卸货物的数量。装卸率的高低关系到装卸任务的完成时间和运费水平。装卸率的规定一定要适当。

7. 滞期费与速遣费

滞期费是指在规定的装运期限内，租船人未完成装卸作业任务，给船方造成经济损失，租船人对超过的时间应向船方支付一定的罚金。

速遣费是指规定的装运期限内，租船人提前完成装卸作业任务，使船方节省了船舶在港的费用开支，船方应向租船人就节省的时间支付一定的奖金。

8. 国际运输合同中的装运条款应注意的问题

(1)买卖合同中的装运时间的规定，要明确、具体，装运期限应当适度。

(2)应注意货源情况、商品的性质和特点以及交货的季节性等。

(3)应结合考虑交货港、目的港的特殊季节因素。

(4)在规定装运期的同时，应考虑开证日期的规定是否明确合理。

(5)在出口业务中，除非确有必要，一般不能接受对方提出的在合同中既规定装运时间又规定到达时间的做法。

6.3 国际货物运输保险

现代意义上的保险，最初产生于海上运输的需要。在公元前2000年，航行在地中海的商人在遇海难时，为避免船只和货物同归于尽，便往往抛弃一部分货物，损失由各方分摊，形成“一人为大家，大家为一人”的共同海损分摊原则，成为海上保险的萌芽。最早的保险单是热那亚商人勒克维伦于1347 年 10 月 23 日开立的承担“圣克维拉”号船从热那亚至马乔卡的航程保险单。1676 年成立的汉堡火灾保险社是最早的专营保险的组织。18 世纪后，保险业迅速发展，保险种类增加。到了 19 世纪，保险进入现代时期，保险对象和范围不仅包括传统的财产损失和人身伤亡，而且还扩展到生存保险、责任保险、信用保险和再保险等业务。

最早在中国出现的保险机构是英国商人于 1805 年在广州开设的广州保险公司。最早的中国民族资本的保险公司是 1885 年由招商局设立的仁和、济和两家保险公司。中国人自办的第一家人寿保险公司是曾经当过大总统的黎元洪开办的华安合群保寿有限公司。今天，人类已进入 21 世纪，保险公司已与银行一样，成为人们生活中不可或缺的一部分。其中，人寿保险为人们的生命安全提供了确切的保障，从保障人的生命安全这个意义上说，保险公司比银行更重要。

在多边贸易规则下从事国际贸易活动，各种保险国际规则、惯例的掌握与运用对于国际贸易的发展至关重要。保险作为一种经济补偿制度，在国际贸易中具有重要的作用，同时它也是国际贸易中的重要环节。全球国际贸易中，货物运输是最重要的环节之一，其中有 80% 的货物进出口是依靠海洋运输来完成的。而以海洋运输货物保险为核心的国际运输货物保险，作为支持国际货物贸易和国际航运业及风险管理的手段，对于国民经济的发展，尤其是外向型经济的发展至关重要。

为了适应对外贸易的发展，各国都设有国际运输货物保险机构，并制订了相应的保险条款。海洋运输货物保险条款是指保险人或保险公司在其保险单内所载明的，明确规定投保人与保险人之间的权利与义务，即赔偿的责任范围、除外责任、保险期限及其他有关事项的条款。

6.3.1 保险的基本原则

1. 保险利益原则

保险利益原则是保险的基本原则，其本质内容是要求投保人必须对投保的标的具有保险利益。如果投保人以不具有保险利益的标的投保，保险人可单方面宣布保险合同无效；保险标的发生保险责任事故，被保险人不得因保险而获得不属于保险利益限度内的额外利益。

保险人的赔付以被保险人遭受损失为前提，这就可以防止投保人或被保险人放任或促使其不具有保险利益的保险标的发生保险事故，以谋取保险赔偿。

【案例 6-3】

小张(男)和小王(女)大学时就是一对恋人，毕业后虽然在不同城市工作，但仍不改初衷，鸿雁传情。小王生日快到了，约好到小张那里相聚。小张想给她个惊喜，就悄悄买了份保单，准备生日那天送给小王。谁知在小王赶往小张所在城市的路上，遭遇车祸身亡。小张悲痛之余想起了手里的保单，不料保险公司核查后却拒绝支付保险金。这是为什么呢？

分析：保险的原则之一就是保险利益原则。简单地说，就是投保人不能给予投保人"毫不相干"的财产或者他人买保险。"毫不相干"在这里当然不是说丝毫没有关系，而是说没有法律上承认的利益关系。所以小张给小王买的保险不符合保险利益原则，当然是无效的。

这里的保险利益要满足三个条件：

(1)保险利益必须是合法的利益，为法律认可，受法律保护。

(2)保险利益必须是客观存在的、确定的利益，不能是预期的利益。

(3)保险利益必须是经济利益，这种利益可以用货币来计量。

2. 最大诚信原则

最大诚信原则就是诚实、守信，诚信是保险的生命线。

保险合同当事人订立合同及在合同有效期内，应依法向对方提供足以影响对方作出订约与履约决定的全部实质性重要事实，同时绝对信守合同订立的约定与承诺。

3. 补偿原则

保险赔偿原则有时也称"损失补偿原则"。保险赔偿作为财产保险活动的最后环节，是保险双方权利义务关系的核心内容，是财产保险的经济补偿职能的直接体现。

损失赔偿原则是指在保险标的的遭受保险责任范围的损失时，保险人应按照合同规定，以货币形式赔偿被保险人所受的损失，或者以实物赔偿、或修复原标的。

4. 近因原则

近因是指在风险和损失之间，导致损失的最直接、最有效、起决定作用的原因，而不是指时间上或空间上最接近的原因。

近因原则是判断风险事故与保险标的的损失直接的因果关系，从而确定保险赔偿责任的一项基本原则，是保险当事人处理保险案件或法庭审理有关保险赔偿的诉讼案，在调查事件发生的起因和确定事件责任的归属时所遵循的原则。

造成事故的原因可能是一个,也可能是多个,可能是多个没有关联的原因,也可能是一连串的原因所致。判断近因的原则是:近因不是最近的原因,而是造成事故最直接、最有效的原因。

近因原则的里程碑案例是英国 Leyland 船公司和保险公司诉讼案。一战期间,Leyland 公司一艘货船被德国潜艇的鱼雷击中后严重受损,被拖到法国勒哈佛尔港,港口当局担心该船沉没后会阻碍码头的使用,于是该船在港口当局的命令下停靠在港口防波堤外,在风浪的作用下该船最后沉没。Leyland 公司索赔遭拒后诉至法院,审理此案的英国上议院大法官 Lord Shaw 认为,导致船舶沉没的原因包括鱼雷击中和海浪冲击,但船舶在鱼雷击中后始终没有脱离危险,因此,船舶沉没的近因是鱼雷击中而不是海浪冲击。

【案例 6-4】

我方按 CIF 条件出口食品一批,合同规定投保一切险加战争险、罢工险。货到目的港后适逢码头工人罢工,货物因港口无法作业不能卸载。第三天货轮因无法补充燃料,以致冷冻设备停机。等到第六天罢工结束,该批食品已变质。问:进口商向保险公司索赔是否能够得到赔偿?

分析:进口商不能得到保险公司的赔偿。因为罢工险只对因罢工造成的直接损失予以赔偿,在本案中罢工不是食品变质的近因,食品变质的近因是冷冻设备停机,当事人可以采取措施加以避免。

5. 代位追偿(Subrogation)原则

代位追偿原则定义指当保险标的发生保险责任范围内的由第三者责任造成的损失,保险人向被保险人履行损失赔偿责任后,有权在其已经赔付金额的限度内,取得被保险人在该项损失中向第三人责任方要求赔偿的权利。保险人取得该项权利后,即可取代被保险人的地位向第三人责任方索赔。简言之,代位追偿就是保险人取代被保险人,向责任方追偿,是一种权利代位,即追偿权的代位。

【案例 6-5】

1999 年 10 月 16 日,某保险公司(以下称保险公司)承保自鹿特丹运往上海的 29 卷装饰纸。投保人为某木业公司(以下称木业公司),收货人是某装饰耐火板公司(以下称收货人),保险条款为一切险附加战争险。该批货物 1999 年 10 月 6 日装船,某外运公司(以下称外运公司)的德国代理人签发了以外运公司为承运人的已装船清洁提单,承运船舶为某船公司的"HANJIN SAVANNAH"轮。该轮 1999 年 11 月 6 日抵达上海,11 月 16 日收货人开箱后发现货物有水湿现象，遂由理货公司出具了发现货物水湿的报告。11 月 23 日，保险公司委托某公估行对受损货物进行检验并出具了检验报告，认定货损原因系运输过程中淡水进入集装箱所致，货物实际损失为 23521.96 美元。保险公司依保险条款向收货人赔偿后，取得代位求偿权益转让书，并据此向外运公司提起诉讼，请求判处被告赔偿损失。

法院认为，此案是一起海上货物运输保险代位求偿纠纷。并查明：①保险公司与木业公司的海上货物运输保险合同符合法律规定，依法成立且有效；②保险公司依照保险条款向收货人赔偿后得到权益转让书，取得了涉案货物的代位求偿权；③被告外运公司是涉案货物的承运人；④货损的价值以公估行出具的检验报告为准；因此，法院依据《中华人民共和国海商法》第四十二条第(一)项、第二百五十二条第一款、第二百五十七条第一款的规定判决：被告外运公司赔偿原告货物损失 23521.96 美元。

6.3.2 海洋运输货物保险(Ocean Marine Cargo Insurance)

在国际货物买卖业务中，保险是一个不可缺少的条件和环节。其中业务量最大、涉及面最广的是海洋运输货物保险。

海洋运输货物保险是指以海上运输的货物作为保险标的的保险。海洋运输货物保险是以船舶及其附属品为保险标的的保险业务。根据船舶所处的状态分为船舶营运险、船舶建造险、船舶停航险、船舶修理险、拆船保险和集装箱保险等。

海上运输货物保险的承保范围包括承保的风险、承保的损失和承保的费用三方面。

1. 风险和损失

(1)承保的风险

承保的风险是指保险人(保险公司)承保哪些风险。

①海上风险(Perils of Sea)

海上风险又叫“海难”，是指船舶及货物在海洋运输过程中发生的或附随海上运输所发生的风险，它包括自然灾害和意外事故。

所谓自然灾害(Natural Calamities)是指自然界的力量所引起的灾害，是保险人承保的主要风险。

海运货物保险中自然灾害包括：恶劣气候(Heavy Weather)；雷电(Lightning)；海啸(Tsunami)；浪击落海(Washing Overboard)；洪水(Flood)；地震(Earthquake)；火山爆发(Volcanic Eruption)；海水、湖水或河水进入船舶、驳船、船舱、运输工具、集装箱、大型海运箱或储存处所(Entry of Sea,Lake or River Water into Vessel、Craft、Hold、Conveyance、Container、Liftvan or Place of Storage)。

所谓意外事故(Fortuitous Accidents)一般是指由于偶然的非意料之中的原因所造成的事故。

海运货物保险中意外事故包括:火灾(Fire);爆炸(Explosion);搁浅(Grounding);触礁(Stranding);沉没(Sunk);碰撞(Collision);倾覆(Capsized);抛货(Jettison);吊索损害(Sling Loss);海盗行为(Piracy);船长、船员的不法行为(Barratry of Master and Mariner)。

②外来风险(Extraneous Risks)。

外来风险是指除自然灾害和意外事故以外的其他外来原因所造成风险,它不包括由货物自然属性或内在缺陷所造成的必然损失。在国际海运货物保险业务中,保险人承保的外来风险可分为一般外来风险和特殊外来风险两类。

第一类:一般外来风险

一般外来风险是指由一般外来原因所导致的风险。一般外来风险包括:偷窃(Theft,Pilferage);短少和提货不着(Short-Delivery & Non-Delivery);渗漏(Leakage);短量(Shortage in Weight);碰损(Clashing);破碎(Breakage);钩损(Hook Damage);淡水雨淋(Fresh and Rain Water Damage);生锈(Rusting);沾污 (Contamination);受潮受热(Sweating & Heating);串味(Taint of Odour)等。

第二类:特殊外来风险

特殊外来风险是指由于社会政治原因造成的风险。常见的特殊外来风险有战争(War)、罢工(Strikes)、交货不到(Failure to Delivery)、拒收(Rejection)等。

(2)承保的损失

承保的损失是指保险人(保险公司)承保哪些性质的损失。海上货物运输保险承保的是海上损失。

海上损失(Maritime Loss)是指被保险货物在海洋运输中由于发生海上风险所造成的损坏或灭失,又称为“海损”(Average)。按货物损失的程度,海损可分为全部损失与部分损失;按货物损失的性质,海损又可分为共同海损和单独海损,二者在保险业务中均属于部分损失的范畴。

①全部损失(Total Loss)

全部损失简称“全损”,是指运输中的整批货物或不可分割的一批货物的全部损失。全部损失又可分为实际全损和推定全损两种:

所谓实际全损(Actual Total Loss),它是指被保险货物(保险标的物)全部灭失或指货物毁损后不能复原或完全丧失原有用途,已不具有任何使用价值;或指货物以无法挽回地全部被海盗劫走等。如货物沉没海底无法打捞或水泥被水浸泡后变质、完全丧失原有用途等。

所谓推定全损(Constructive Total Loss),它是指被保险货物受损后,完全灭失已不可避免或修复、恢复受损货物的费用将超过货值;或被保险货物遭受严重损失后,继续运抵目的地的运费将超过残损货物的价值。

②部分损失(Partial Loss)

部分损失是指被保险货物的一部分毁损或灭失。部分损失可以分为共同海损和单独海损:

第一,共同海损(General Average 简称 GA)。

所谓共同海损,是指在海运途中,运输货物的船舶遭遇自然灾害或意外事故,威胁到船、货及其他有关各方的共同安全,为了解除共同危险,使航程继续完成,船方有意识地、合理地采取挽救措施所直接造成的某些特殊的牺牲或支出的额外费用。共同海损的损失应由有关的利害关系方按其获救财产的价值比例共同分摊。

构成共同海损必须具备以下条件:

条件一,危难真实存在。

条件二,危难必须威胁共同的安全。

条件三,牺牲和费用必须是合理的、额外的。

条件四,挽救措施最后一定要有效果。

共同海损的分摊(GA Contribution)。共同海损的牺牲和费用均为使船舶、货物和运费免于遭受损失而支出的,因而,不论损失与费用有大小,都应由船方、货主和付运费方按最后获救价值共同按比例分摊。这种分摊称为共同海损的分摊。

第二,单独海损(Particular Average 简称 PA)。

所谓单独海损,是指保险标的物在海上遭受承保范围内的风险所造成的非属共同海损的部分损失,它是针对共同海损而言的,即指除共同海损以外的部分损失。

单独海损的特点如下:

一是它不是人为有意造成的部分损失。

二是它是保险标的物本身的损失。

三是单独海损由受损失的被保险人单独承担,但其可根据损失情况从保险人那里获得赔偿。

第三,共同海损和单独海损的区别。

共同海损和单独海损均属部分损失,但二者的性质、起因和补偿方法有较大的区别。共同海损的起因是人为有意识造成的,而单独海损是承保风险所直接导致的损失;共同海损要由受益方按照受益大小的比例共同分摊,而单独海损由受损方自行承担损失。

③承保的费用

承保的费用是指保险人(保险公司)在保险标的物因遭遇保险责任范围内的事故而产生的费用方面的损失给予的赔偿。

承保费用主要包括以下四种:

第一,施救费用(Sue and Labor Expenses)。

施救费用是指被保险人在船舶发生承保范围内的危险时,采取一切防止或减少保险标的损失的有效措施而产生的费用,此项费用由保险人补偿。

第二,救助费用(Salvage Charge)。

救助费用是指被保险标的遭遇保险责任范围内的灾害事故时,依靠本轮的力量无法摆脱困境,而由第三方采取救助措施,获救成功后,为此支付给第三方的费用。这部分费用由保险人负责。

第三,特别费用。

第四,额外费用。

2. 我国海洋运输货物保险条款

中国人民保险公司根据我国保险工作的实际情况,按照 1963 年伦敦协会货物条款,并参照国际保险市场的习惯做法,分别制定了海洋、陆上、航空及邮包运输方式的货物运输保险条款以及适用于以上四种运输方式货物保险的附加条款,总称为"中国保险条款"(China Insurance Clauses 简称 CIC)。

1972 年曾修改过一次,到 1981 年 1 月 1 日又修订为当前的保险条款,目前在国内应用广泛。

在上述各种运输方式的货物保险中,海运货物保险的险种最多。其险别按照是否能单独投保分为基本险和附加险两类。基本险所承保的主要是自然灾害和意外事故所造成的货物损失与费用;附加险是对基本险的补充和扩大,承保的是除自然灾害和意外事故以外的各种外来原因所造成的损失。附加险只能在投保某一种基本险的基础上才可加保,有一般附加险、特别附加险和特殊附加险之分。

(1) CIC 的基本险别

根据我国现行的《海洋货物运输保险条款》的规定,在基本险别中包括平安险(Free from Particular Average,简称 FPA)、水渍险(With Particular Average,简称 WPA)和一切险(All Risks,简称 AR)三种。

①平安险

平安险的原义是自然灾害下的"单独海损不赔",平安险是俗称。其英文原意是指单独海损不负责赔偿。因此,平安险的原来保障范围只赔全部损失。平安险第 3 款规定在一个航程中如果被保险货物遭遇自然灾害的前后又发生了意外事故,自然灾害造成货物的部分损失,保险人也予以负责。

当前平安险的责任范围包括:

第一,在运输过程中,由于自然灾害和运输工具发生意外事故,造成被保险货物的实际全损或推定全损。

第二,由于运输工具遭遇搁浅、触礁、沉没、互撞、与流冰或其他物体碰撞及其失火、爆炸等意外事故造成被保险货物的全部或部分损失。

第三,只要运输工具曾发生搁浅、触礁、沉没、禁毁等意外事故,不论这意外事故发生之前或者以后曾在海上遭遇恶劣气候、雷电、海啸等自然灾害造成的被保险货物的部分损失。

第四,在装卸转船过程中,被保险货物一件或数件落海所造成的全部损失或部分损失。

第五,被保险人对遭受承保责任内危险的货物采取抢救,防止或减少货损措施支付的合理费用,但以不超过该批被救货物的保险金额为限。

第六,运输工具遭遇自然灾害或者意外事故,需要在中途的港口或在避难港口停靠,因而引起的卸货、装货、存仓以及运送货物所产生的特别费用。

第七,发生共同海损所引起的牺牲、分摊费和救助费用。

第八,运输契约订有"船舶互撞条约",按该条款规定应由货方偿还船方的损失。

【案例 6-6】

我某出口公司按 CIF 条件海运出口玩具产品 100 箱,投保平安险,货物装于船舱内。途中因船舶触礁,舱内进水,致使其中 20 箱严重水浸,无法销售,问:这 20 箱货物损失属于什么性质的损失?投保平安险后,保险人对这部分损失是否予以赔偿?

分析:属于意外事故下的单独海损;保险公司应予赔偿。

②水渍险

水渍险的原义是"负责单独海损",水渍险也是保险业界沿用的俗称。投保水渍险后,保险公司承保的责任范围具体如下:

第一,平安险所承保的各项责任。

第二，对被保险货物在运输途中由于恶劣气候、雷电、海啸、地震、洪水等自然灾害所造成的部分损失负赔偿责任。

水渍险的责任范围，除包括上列“平安险”的各项责任外，还负责被保险货物由于恶劣气候、雷电、海啸、地震、洪水等自然灾害所造成的部分损失。

即：水渍险＝平安险承保范围＋自然灾害造成的部分损失。

③一切险

投保一切险后，保险公司除担负平安险和水渍险的全部责任外，还对被保险货物在运输途中由于一般外来风险（包括自然灾害和意外事故）而遭受的全部或部分损失，也负赔偿责任。

即：一切险＝水渍险承保范围＋一般外来原因造成的全部或部分损失。

上述三种基本险别，被保险人可以从中选择一种投保。

【案例 6-7】

有一份 FOB 天津的合同，货物在装船后，卖方向买方及时发出了装船通知，买方向保险公司投保了“仓至仓条款一切险”（All Risks with Warehouse to Warehouse Clause），但货物在从卖方仓库运往码头的途中，被暴风雨淋湿了 20％的货物。事后卖方以保险单含有“仓至仓条款”为由，要求保险公司赔偿此项损失，但遭到保险公司拒绝。后来卖方又请求买方以投保人名义凭保险单向保险公司索赔，也遭到保险公司拒绝。试问在上述情况下，保险公司能否拒赔？为什么？

分析：对本案例情况，保险公司完全可以拒赔。这是因为：

第一，此案中，尽管保险公司承担“仓至仓条款”的责任，但是卖方只对货损时的货物有所有权，他并未与保险公司签订保险合同，他不是前述保险单的被保险人或合法的受让人。因此，卖方不能向保险公司提赔，保险公司当然可以拒赔。

第二，此案中，买方虽然是前述保险单的被保险人和持有人，但是在保险货物受损时，买方对该货物尚未取得所有权，他对货物装船前发生的风险损失不负任何责任。因此，在货物发生风险损失时，买方对保险标的不具有保险利益，尽管保险单内有“仓至仓条款”，保险公司也可对买方拒赔。

(2) CIC 的附加险别

在海运保险业务中，为了满足投保人的需要，保险人在基本险条款之外又制定了各种附加险条款，进出口商在投保货物的基本险别的基础上，还可根据货物的特点和实际需要，酌情再选择适当的附加险别（一种或若干种）加保。

海洋运输货物保险的附加险种类繁多，归纳起来，可分为一般附加险和特别附加险两类：

①一般附加险

一般附加险承保的是由于一般外来原因所造成的损失和费用。

一般附加险包括：偷窃提货不着险；淡水雨淋险；短量险；混杂、玷污险；渗漏险；碰损、破碎险；串味险；受热、受潮险；钩损险；包装破裂险；锈损险。

上述11种附加险，不能独立投保，它只能在投平安险或水债险的基础上加保。但若投保"一切险"时，因上述险别均包括在内，故不需加保。

②特别附加险

特别附加险是指承保由于军事、政治、国家政策法令以及行政措施等特殊外来原因所引起的风险与损失的险别。中国人民保险公司承保的特别附加险，除包括下列战争险（War Risk）和罢工险（Strikes Risk）以外，还有交货不到险、进口关税险、舱面险、拒收险、黄曲霉毒素险等。

本保险对被保险货物，在保险责任有效期内，在进口港或进口地经当地卫生当局的检验证明，因含有黄曲霉毒素，并且超过了进口国对该毒素的限制标准，必须拒绝进口、没收或强制改变用途时、本公司按照被拒绝进口或被没收部分货物的保险价值或改变用途所造成的损失，负责赔偿。如发生本条款项下的损失，被保险人同意，在本公司需要时应尽力处理拒绝进口或强制改变用途的货物，或申请仲裁。

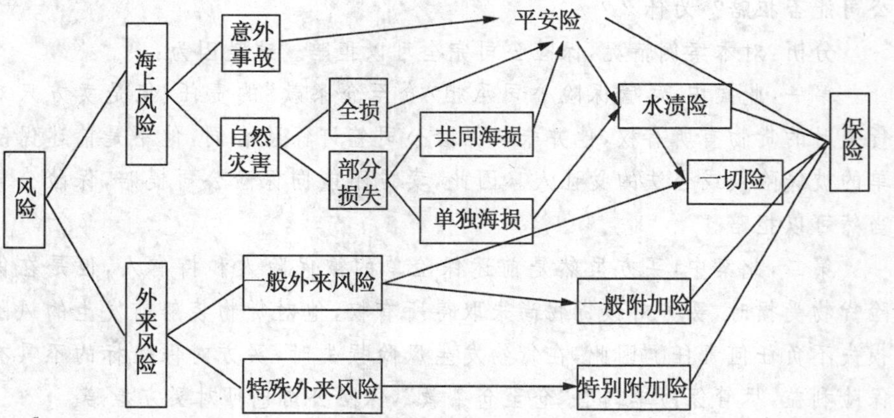

图 6-4　风险和保险承保关系

本条款不负责由于其他原因所致的被有关当局拒绝进口或没收或强制改变用途的货物的损失。

(3)保险责任起讫

保险的责任起讫，又称"保险期间"或"保险期限"，是指保险人承担责任的起讫时限。

同国际保险市场的习惯做法一样，我国海运货物保险基本险的责任起讫，一般也采取“仓至仓”的原则。

“仓至仓”(Warehouse to Warehouse，W/W)是海运货物保险责任起讫(期限)的基本原则，它规定保险人承担的保险责任从保险单载明的发货人仓库或储存处所开始运输时生效，正常运输过程中持续有效，直到保险单载明的目的地收货人最后的仓库或储存处所，保险责任即告终止。

如果途中被保险人将被保险货物用作分配、分派或被转运到非保险单所载明的目的地，保险责任即告终止。

如果未抵达该保险单载明的目的地收货人最后的仓库或储存处所，则保险责任于被保险货物在最后的卸载港全部卸离海轮后满60天终止。该原则又称“仓至仓条款”(Warehouse to Warehouse Clause)。

战争险的保险责任起讫和货物运输其他险别不同，它不采取“仓至仓”条款，而是从货物装上海轮开始至货物运抵目的港卸离海轮为止，即保险人只负责水面风险。如果被保险货物不卸离海轮，保险责任从海轮到达目的港的当日午夜起算满15天终止。

(4)保险除外责任

除外责任是指保险人不负赔偿责任的风险范围。保险条款中对“除外责任”作出规定，主要是为了分清保险人、被保险人等有关方面对损失或费用应负的责任，以使保险人的赔偿责任更加明确。

主要包括下列内容：

①被保险人的故意行为或过失所造成的损失。

②属于发货人责任所引起的损失。

③在保险责任开始前，被保险货物已存在的品质不良或数量短差所造成的损失。

④被保险货物的自然损耗、本质缺陷、特性以及市价跌落、运输延迟所造成的损失或费用。

⑤战争险和罢工险条款规定的责任范围和除外责任。

【案例6-8】

出口商投保了一切险，运输途中的一切货物损失承保公司都予以赔偿吗？

分析：“一切险”是保险公司提供的一种承保险别，有承保范围，而非真正意义上的一切险。

【案例 6-9】

某陶瓷公司采用CIF贸易术语出口，为了防止陶瓷产品在运输途中破碎造成的损失，决定在一切险的基础上，加保破碎附加险。你认为有必要投保附加险吗?

分析：一切险中包含破碎险。

【案例 6-10】

中国某进出口公司D与加拿大商人C签订一份出口大米合同，由中方负责货物运输和保险事宜。为此，中方与上海某轮船公司A签订运输合同租用“远达”号班轮的一个舱位。1997年6月15日，中方将货物在上海港装箱。随后，中方向中国某保险公司B投保海上运输货物保险。货轮在海上航行途中遭遇风险，请问：

①如果卖方公司向B投保的是平安险，而货物遭受部分损失是由于轮船在海上遭遇台风(属于自然灾害还是意外事故?)，那么卖方公司是否可从B处取得赔偿？为什么？

分析：此损失属于“自然灾害引起的单独部分海损”，不是平安险承保范围。

②如果卖方公司投保的是一切险，而货物受损是由于货轮船员罢工，货轮滞留中途港，致使大米变质，那么卖方能否从B处取得赔偿？为什么？

分析：罢工属于“特殊附加险”，不是一切险的承保范围。

③如果发生的风险是由于承运人的过错引起的，并且属于承保范围的风险，B赔偿了损失后，卖方公司能否再向A公司索赔？为什么？

分析：不可，见保险除外责任。

【案例 6-11】

某货轮在上海港装货后驶往纽约，在航行途中船舶失火，船长为了船货共同安全，下令往船舱中浇水，大火被扑灭后，船舶由于主机受损而无法继续航行。船长雇用拖轮将船舶拖往就近的港口修理，修好后继续驶往纽约港。本次火灾造成的损失包括：500箱货物被火焚毁；450箱货物被水淋湿；共支出修理费5000美元；额外增加临时卸货等各项费用支出共3000美元；拖轮费50000美元。问：

①试从货运保险义务方面分析，以上所述的各项损失，各属于什么性质的损失?

分析：500箱被火焚毁的货物为单独海损，其余损失为共同海损。

②在投保了一切险的情况下，被保险人有权向保险公司提出哪些赔偿要求？为什么？

分析：在投保了一切险后，被保险人有权向保险公司提出上述损失的所有赔偿要求。因为这些损失均包含在一切险内。

【案例 6-12】

有一份按 FOB 条件达成的货物买卖合同，买方在卖方装运前就已向保险公司投保了合同标的物仓至仓条款的一切险（ALL Risks With Warehouse to Warehouse Clause），但货物在从卖方仓库运往装运港码头途中，由于震动、挤压导致约20%的货物碰损破碎。事后卖方及时通知保险公司并以保险单含有"仓至仓条款"为由，要求保险公司赔偿损失，但遭拒绝。后来卖方又请买方以投保人的名义凭保险单据向保险公司索赔，仍遭拒绝。问：保险公司为什么会拒赔？

分析：因为 FOB 术语下，货物装船前的风险由卖方承担，而此时买方投保的保险公司仅对买方承担的风险予以赔偿，卖方不具有保险利益。见保险除外责任。

3. 海运进出口货物保险的基本做法

(1)合同中的保险条款

采用不同的贸易术语，办理投保的人就不同。凡采用 FOB 或 CFR 条件成交时，在买卖合同中，应订明由买方投保（To be Covered by The Buyers）。在我国，凡以 CIF 条件成交的出口合同，均需向中国人民保险公司按保险金额、险别和适用的条款投保，并订明由卖方负责办理投保。

在 CIF 出口合同的保险条款中，必须订明下列内容：

①投保金额，或称"保险金额"

保险金额的计算公式：

出口货物的保险金额＝CIF 价×110%

进口货物的保险金额＝CIF 进口货价

保险费的计算公式：

出口货物保险费＝CIF 价×110%×保险费率

进口货物保险费＝CIF 进口货价×保险费率

【例 6-1】

我国某外贸公司出口成交一批价值为 CIF2000 美元的货物。现按 CIF 价格加成 10%投保一切险（1%）和战争险（0.5%），计算保险费。

解：根据出口货物保险费＝CIF 价×110%×保险费率，得：

2000×(1＋10%)×(1%＋0.5%)＝33（美元）

答：该笔保险业务的保险费为 33 美元。

【例 6-2】

我国某外贸公司进口成交一批价值为 CFR12000 美元的货物。现按

CIF 价格加成 10%投保一切险和战争险，查保费率表得出一切险和战争险费率分别为 0.5%和 0.04%，问该笔保险业务的保险费为多少？

解：一切险和战争险费率分别为 0.5%和 0.04%，则总费率为：0.5%+0.04%=0.54%。

将 CFR 价值转化为 CIF 价值，即：

CIF=12000/(1-0.54%×1.1)=12072(美元)

得出保险费为：12072×0.54%=65.2(美元)

答：该笔保险业务的保险费为 65.2 美元。

【例 6-3】

某出口商品 CFR 天津新港价为 1200 美元，投保一切险，保险费率为 0.63%，客户要求加一成投保，求保险金额和保险费。

解：CIF=1200/(1-0.63%×110%)=1208.37(美元)

保险金额=1208.37×110%=1329.21(美元)

保险费=1329.21×0.63%=8.37(美元)

保险费：CIF—CFR=1,208.37—1,200=8.37(美元)

答：该笔保险业务的保险金额为 1329.21 美元，保险费为 8.37 美元。

②险别

凡我国出口以 CIF 或 CIP 条件成交的，通常按照中国人民保险公司现行的货物运输的保险险别并根据商品的特点及海上风险的程度，由双方约定投保的险别。

③我国通常的保险条款

目前，我国通常采用中国人民保险公司 1981 年 1 月 1 日生效的货物运输保险条款为依据。但有时国外客户要求按照下述的英国伦敦保险业协会货物保险条款(ICC Clause)为准，我方也可以通融接受。

(2)出口货物保险的做法

凡按 CIF 和 CIP 条件成交的出口货物，由出口企业向当地保险公司办理投保手续。

一般采用逐笔投保的做法。

保险公司向出口企业收取保险费是按下列方法计算的：

出口货物保险费=*CIF* 价×(1+保险加成率)×保险费率

在已知 CFR 价的条件下，保险费还可按下列方法计算：

保险费=*CIF* 价—*CFR* 价

(3)进口货物保险的做法

按 FOB、CFR 和 CPT 条件成交的进口货物，均由买方办理保险。为了简化投保手续和防止出现漏保或来不及办理投保等情况，我国进口货物一般采取预约保险的做法，即与保险公司共同议定平均运费率和平均保险费率，由此得出保险金额的计算公式：

保险金额＝ FOB（或 FCA）价×（1＋平均运费率＋平均保险费率）

保险金额＝ CFR（或 CPT）价×（1＋平均保险费率）

这里的保险金额均未加成，如投保人要求加成，保险公司也可接受。

（4）保险单证

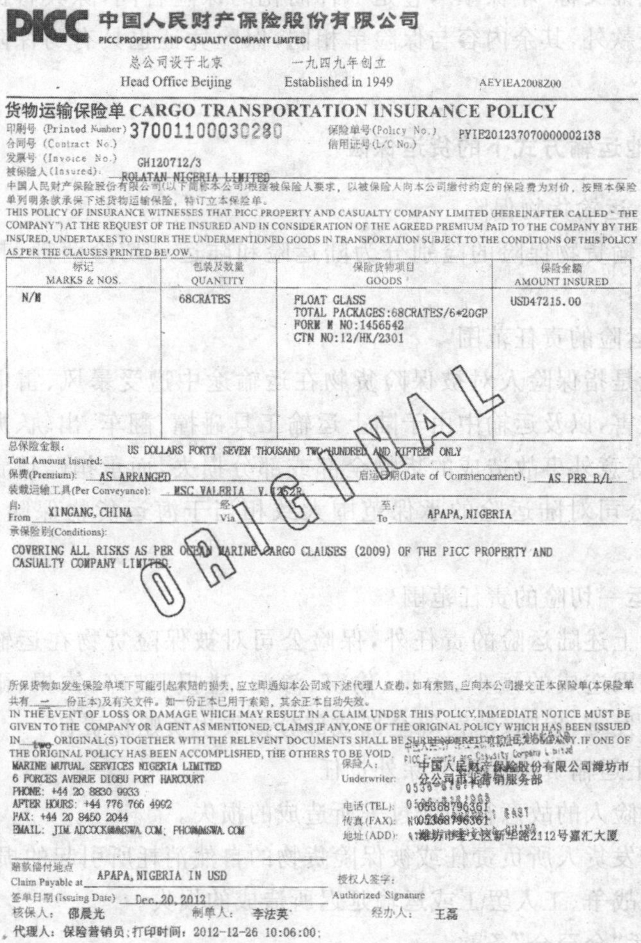

中国人民财产保险股份有限公司
PICC PROPERTY AND CASUALTY COMPANY LIMITED

总公司设于北京　　一九四九年创立
Head Office Beijing　　Established in 1949　　AEYIEA2008Z00

货物运输保险单 CARGO TRANSPORTATION INSURANCE POLICY

印刷号 (Printed Number) 37001100030280　　保险单号(Policy No.) PYIE20123707000002138
合同号 (Contract No.)　　信用证号(L/C No.)
发票号 (Invoice No.) GH120712/3
被保险人(Insured): ROLATAN NIGERIA LIMITED

中国人民财产保险股份有限公司(以下简称本公司)根据被保险人要求，以被保险人向本公司缴付约定的保险费为对价，按照本保险单列明条款承保下述货物运输保险，特订立本保险单。

THIS POLICY OF INSURANCE WITNESSES THAT PICC PROPERTY AND CASUALTY COMPANY LIMITED (HEREINAFTER CALLED " THE COMPANY") AT THE REQUEST OF THE INSURED AND IN CONSIDERATION OF THE AGREED PREMIUM PAID TO THE COMPANY BY THE INSURED, UNDERTAKES TO INSURE THE UNDERMENTIONED GOODS IN TRANSPORTATION SUBJECT TO THE CONDITIONS OF THIS POLICY AS PER THE CLAUSES PRINTED BELOW.

标记 MARKS & NOS.	包装及数量 QUANTITY	保险货物项目 GOODS	保险金额 AMOUNT INSURED
N/M	68CRATES	FLOAT GLASS TOTAL PACKAGES:68CRATES/6*20GP FORM M NO:1456542 CTN NO:12/HK/2301	USD47215.00

总保险金额：
Total Amount Insured: US DOLLARS FORTY SEVEN THOUSAND TWO HUNDRED AND FIFTEEN ONLY
保费(Premium): AS ARRANGED　　启运日期(Date of Commencement): AS PER B/L
装载运输工具(Per Conveyance): MSC VALERIA V.1252R
自 From XINGANG, CHINA　　经 Via　　至 To APAPA, NIGERIA
承保险别(Conditions):
COVERING ALL RISKS AS PER OCEAN MARINE CARGO CLAUSES (2009) OF THE PICC PROPERTY AND CASUALTY COMPANY LIMITED.

ORIGINAL

所保货物如发生保险单项下可能引起索赔的损失，应立即通知本公司或下述代理人查勘。如有索赔，应向本公司提交正本保险单(本保险单共有 二 份正本)及有关文件。如一份正本已用于索赔，其余正本自动失效。

IN THE EVENT OF LOSS OR DAMAGE WHICH MAY RESULT IN A CLAIM UNDER THIS POLICY, IMMEDIATE NOTICE MUST BE GIVEN TO THE COMPANY OR AGENT AS MENTIONED. CLAIMS, IF ANY, ONE OF THE ORIGINAL POLICY WHICH HAS BEEN ISSUED IN two ORIGINAL(S) TOGETHER WITH THE RELEVENT DOCUMENTS SHALL BE SURRENDERED TO THE COMPANY. IF ONE OF THE ORIGINAL POLICY HAS BEEN ACCOMPLISHED, THE OTHERS TO BE VOID.

MARINE MUTUAL SERVICES NIGERIA LIMITED
6 FORCES AVENUE DIOBU PORT HARCOURT
PHONE: +44 20 8830 9933
AFTER HOURS: +44 776 766 4992
FAX: +44 20 8450 2044
EMAIL: JIM.ADCOCK@MMSWA.COM、PHC@MMSWA.COM

保险人：
Underwriter: 中国人民财产保险股份有限公司潍坊市分公司市北营销服务部
电话(TEL): 05368796361
传真(FAX): 05368796361
地址(ADD): 潍坊市奎文区新华路2112号嘉汇大厦

赔款偿付地点
Claim Payable at APAPA, NIGERIA IN USD　　授权人签字：
签单日期(Issuing Date) Dec.20,2012　　Authorized Signature
核保人：邵晨光　　制单人：李法英　　经办人：王磊
代理人：保险营销员；打印时间：2012-12-26 10:06:00；
尊敬的客户：为保障您的利益，请在收到本保险单一周内拨打我们的24小时服务热线"95518"核实保险单资料。

图 6-5　保险单实例

保险单证是保险公司和投保人之间订立的保险合同，也是保险公司出具的承保证明，是被保险人凭以向保险公司索赔和保险公司进行理赔的依据。在国际贸易中，保险单证是可以转让的。

常用保险单证有：

①保险单(Insurance Policy)

保险单又称"大保单"，它是一种正规的保险合同，除载明上述投保单上所述各项内容外，还列有保险公司的责任范围以及保险公司与被保险人双方各自的权利、义务等方面的详细条款。

②保险凭证(Insurance Certificate)

保险凭证又称"小保单"，它是一种简化的保险合同，除其背面没有列入详细保险条款外，其余内容与保险单相同，保险凭证也具有与保险单同样的法律效力。

6.3.3 其他运输方式下的货运保险

1. 陆上运输货物保险

陆上运输货物保险的险别分为陆运险和陆运一切险两种，其承保的责任范围如下：

(1)陆运险的责任范围

陆运险是指保险人对被保险货物在运输途中遭受暴风、雷电、地震、洪水等自然灾害，以及运输中由于陆上运输工具碰撞、翻车、出轨、抛锚、塌方、失火、爆炸等意外事故造成的货物全部或部分损失，而承担赔偿责任。由此可见，保险公司对陆运险的承保范围大致相当于海运货物保险中的"水渍险"。

(2)陆运一切险的责任范围

除包括上述陆运险的责任外，保险公司对被保险货物在运输途中由于一般外来原因造成的短少、短量、偷窃、渗漏、碰损、破碎、钩损、雨淋、生锈、受潮、受热、发霉、串味、沾污等全部或部分损失也负赔偿责任。

(3)陆上运输货物保险的除外责任

①被保险人的故意行为或过失所造成的损失。

②属于发货人所负责任或被保险货物的自然消耗所引起的损失。

③由于战争、工人罢工或运输延迟所造成的损失。

(4)陆运"仓至仓"条款

保险责任的起讫期限与海洋运输货物保险的"仓至仓"条款基本相同，是从被保险货物运离保险单所载明的启运地发货人的仓库或储存处所开始运输时生效。包括正常陆运和有关水上驳运在内，直到该项货物送交保险单所载明的目的地收货人仓库或储存处所，或被保险人用作分配、分派或非正常运输的其他储存处所为止。但如未运抵上述仓库或储存处所，则以被保险货物到达最后卸载的车站后，保险责任以 60 天为限。

(5)陆运战争险

陆运战争险与海运战争险，就战争险的共同责任范围来说，基本上是一致的。即对直接由于战争、类似战争行为以及武装冲突所导致的损失，如货物由于捕获、扣留、拘留、禁制和扣押等行为引起的损失应负责赔偿。

2. 航空运输货物保险

航空运输货物保险也分为航空运输险和航空运输一切险两种。

航空运输险的承保责任范围与海运水渍险大体相同。

航空运输一切险除包括上述航空运输险的责任外，对被保险货物在运输途中由于一般外来原因所造成的，包括被偷窃、短少等全部或部分损失也负赔偿之责。

航空运输货物保险的责任起讫同样适用于“仓至仓”条款。

与上述陆运货物保险一样，被保险货物在投保航空运输险和航空运输一切险后，还可经协商加保航空运输货物战争险附加险。

6.3.4　伦敦保险协会海洋运输货物保险 ICC 条款

随着我国对外经济贸易的发展，目前我国企业以 CIF 价格条件对外出口时，有些国外客户也常会要求采用国际保险市场上通用的英国伦敦保险协会所制定的“协会货物条款”(Institute Cargo Clauses，简称 ICC)进行投保。因为在国际保险市场上，各国保险组织都制定有自己的保险条款，但使用最普遍的是英国伦敦保险业协会所制订的《协会货物条款》，我国企业按 CIF 或 CIP 条件出口时，一般按《中国保险条款》CIC 投保，但如果国外客户要求按《协会货物条款》投保，为了达成交易，我国出口企业一般都予以接受。因此国际贸易公司有必要了解 ICC 险别的责任范围，这样既有助于掌握各种险别的精神实质，也有助于在国际贸易实践中作好投保的选择。

《协会货物条款》的现行规定于 1982 年 1 月 1 日修订公布，共有六种险别，它们是：

第一，协会货物条款(A)，简称 ICC(A)；

第二，协会货物条款(B)，简称 ICC(B)；

第三，协会货物条款(C)，简称 ICC(C)；

第四，协会战争险条款(货物)，简称 IWCC；

第五，协会罢工险条款(货物)，简称 ISCC；

第六，恶意损害险(Malicious Damage Clause)。

以上六种险别中，只有恶意损害险，属于附加险别，不能单独投保，其他五种险别的结构相同，体系完整。其中(A)险责任范围最为广泛，采用承保“除外责任”之外的一切风险的方式表明其承保范围。(A)险相当于中国保险条款中的一切险，其责任范围更为广泛，故采用承保“除外责任”之外的一切风险的方式表明其承保范围。(B)险大体上相当于水渍险。(C)险相当于平安险，但承保范围较小些。(B)险和(C)险都采用列明风险的方式表示其承保范围。因此，除(A)、(B)、(C)三种险别可以单独投保外，必要时，战争险和罢工险在征得保险公司同意后，也可作为独立的险别进行投保。

1. ICC(A)的主要内容

(1) ICC(A)承保范围

①风险条款

ICC(A)风险条款保险承保除外责任以外的一切风险所造成的保险标的损失。

②共同海损条款

ICC(A)保险承保共同海损和救助费用，其理算或确定应根据运输契约和(或)有关法律和惯例办理。该项共同海损和救助的费用的产生，应为避免任何原因所造成的或与之有关的损失所引起的，但除外责任规定的不保责任除外。

③船舶互撞责任条款

ICC(A)保险负责赔偿被保险人根据运输契约订有“船舶互撞责任”条款规定，由被保险人应负的比例责任，视作本保险单项下应予补偿的损失。如果船东根据上述条款提出任何索赔要求，被保险人同意通知保险人，保险人有权自负为被保险人就此项索赔进行辩护。

(2) ICC(A)除外责任

①本保险在任何情况下不负赔偿的责任：

第一，被保险人故意行为所造成的损失和费用。

第二，保险标的自然渗漏，重量或容量的自然损耗，或自然磨损。

第三，由于保险标的包装或准备不足或不当造成的损失或费用(此时所称的“包装”，包括用集装箱或海运集装箱装载的，但该项装载以本保险开始生效前或由被保险人或其受雇人完成的为限)。

第四，由于保险标的本质缺陷或特性造成的损失和费用。

第五，直接由延迟引起的损失或费用，即使延迟是由承保风险所引起，保险标的自然渗漏，重量或容量的自然损耗，或自然磨损可以赔付的费用除外。

第六，由于船舶所有人、经理人、租船人或经营人破产或不履行债务造成的损失或费用。

第七，由于使用任何原子或核子裂变和(或)聚变或其他类似反应或放射性作用或放射性物质的战争武器造成的损失或费用。

②不适航和不适宜除外责任条款

第一，本保险在任何情况下不负下列原因引起的损失和费用：船舶或驳船不适航；船舶、运输工具、集装箱或大型海运箱不适宜安全运载保险标的；如果保险标的在装载时，被保险人或其受雇人知道这种不适航和不适当的情况。

第二，保险人放弃船舶必须适航和适宜将保险标的运往目的地的默示担保，除非被保险人或其受雇人知道这种不适或不适宜的情况。

③战争除外责任条款

ICC(A)保险在任何情况下不负下列原因造成的损失和费用。

第一，战争、内战、革命、叛乱、造反或由此引起的内乱或交战国针对交战国的任何敌对行为。

第二，捕获、拘留、禁制、扣押(海盗行为除外)以及这种行动的后果或这方面的企图。

第三，遗弃的水雷、鱼雷、炸弹或其他遗弃的战争武器。

④罢工除外责任条款

ICC(A)保险在任何情况下不保下列原因造成的损失和费用：

第一，罢工者、被迫停工工人或参与工潮、暴动或民变人员。

第二，罢工、被迫停工、工潮、暴动或民变。

第三，任何恐怖主义者或者任何出于政治目的采取的行动。

(3) ICC(A)保险期限

①运输条款

第一，ICC(A)保险责任自货物运离保险单所载明的启运地仓库或储存处所开始运输时起生效，包括正常运输过程，直至运到下述地点时终止：保险单所载明的目的地收货人或其他最后仓库或储存处所；由被保险人选定保险单所载明目的地之前或目的地的任何其他仓库或存储处所。在正常运输过程之外储存货物，或分配或分派货物，或者被保险货物在最后卸载港全部卸离海轮后满 60 天为止。

以上各款以先发生者为准。

第二，如货物在本保险责任终止前于最后卸载港卸离海轮，需转运到非保险单载明的其他目的地时，保险责任仍按上述规定终止，但以该项货物开始转运时终止。

第三，在被保险人无法控制的运输延迟，任何绕道、被迫卸货、重行装载、转运以及船东或租船人运用运输契约赋予的权限所作的任何航海上的变更的情况下，本保险仍继续有效，即仍需按照上述有关保险终止期限和下述运输契约终止条款的规定办理。

②运输契约终止条款

如由于被保险人无法控制的情况，致使运输契约在非保险单载明的目的地的港口或处所终止，或者运输在按上述保险期限规定发货前终止，本保险亦应终止，除非被保险人立即通知保险人并提出续保要求，并在必要时加缴保险费的情况下，本保险继续有效，直至货物在该港口或处所出售和交货，或除非有特别的约定，在被保险货物抵达该港口或处所后，满 60 天为止，以先发生者为准，或如果货物在上述 60 天期限内（或任何约定的延长期限内），继续运往保险单所载明的目的地或任何其他目的地时，保险责任仍按上述保险期限的规定终止。

另外，ICC(A)保险不适用于共同海损或救助费用，并须按照上述除外责任的规定办理，还不包括由于被保险人或其受雇人的过失、疏忽、破产或不履行债务而引起的费用；本保险不负推定全损，除非保险标的实际全损已经不可避免，或者由于恢复、整理以及运送保险标的到保险目的地的费用超过其本身价值，并在保险标的被合理委付情况下，得按推定全损赔偿。

2. ICC(B)条款的主要内容

(1) ICC(B)承保范围

①除下列除外责任规定的除外责任以外，本保险负责：

第一，保险标的损失可合理归因于：火灾或爆炸；船舶或驳船遭受搁浅、触礁、沉没或倾覆；陆上运输工具的倾覆或出轨；船舶、驳船或其他运输工具同除水以外的任何外界物体碰撞或接触；在避难港卸货；地震、火山爆发或雷电。

第二，由于下列原因引起的保险标的的损失：共同海损牺牲；抛货或浪击落海；海水、湖水或河水进入船舶、驳船、其他运输工具、集装箱、或海运集装箱储存处所。

第三，货物在船舶或驳船装卸时落海或跌落造成任何整件的全损。

②共同海损条款

ICC(B)保险承保共同海损和救助费用，其理算或确定应根据运输契约和(或)有关法律及惯例办理。该项共同海损和救助费用的产生，应为避免任何原因所造成的或与之有关的损失所引起的，但下述的除外责任或本保险其他条款规定的不保责任除外。

③船舶互撞条款

ICC(B)保险负责赔偿被保险人根据运输契约订有“船舶互撞责任”条款规定，由被保险人应负的比例责任，视作本保险单项下应予补偿的损失。如果船东根据上述条款提出任何索赔要求，被保险人同意通知保险人，保险人有权负责为被保险人就此项索赔进行辩护。

(2) ICC(B)除外责任

①一般除外责任条款

本保险在任何情况下不负赔偿的责任：

第一，被保险人故意行为所造成的损失和费用。

第二，保险标的之自然渗漏，重量或容量的自然损耗，或自然磨损。

第三，由于保险标的包装及准备不足或不当造成的损失或费用(此时所谓之“包装”，包括用集装箱或海运集装箱装载的，但该项装载以本保险开始生效前或由被保险人或其受雇人完成为限)。

第四，由于保险标的之内在缺陷或性质所造成的损失和费用。

第五，直接由延迟引起的损失或费用，即使延迟是由承保风险所引起的(保险标的自然渗漏，重量或容量的自然损耗，或自然磨损可以赔付的费用除外)。

第六，由于船舶所有人、经理人、租船人或经营人破产或不履行债务造成的损失或费用。

第七，由任何个人或数人非法行动故意损坏或故意破坏保险标的或其任何部分。

第八，由于使用任何原子或核裂变和(或)聚变或其他类似反应或放射性作用或放射性物质的战争武器造成的损失或费用。

②不适航与不适宜除外责任条款

第一，本保险在任何情况下不负责下列原因引起的损失和费用：船舶或驳船不适航；船舶、运输工具、集装箱或海运集装箱不适宜安全运载保险标的物；如果保险标的在装载时，被保险人或其受雇人知道这种不适航和不适当的情况。

第二，保险人坚持船舶必须适航并适宜将保险标的运往目的地的默示担保，除非被保险人或其受雇人知道这种不适航或不适宜的情况。

③战争除外责任条款

本保险在任何情况下不负责下列原因造成的损失和费用：

第一，战争、内战、革命、叛乱、造反或由此引起的内乱，或交战国或针对交战国的任何敌对行为。

第二，捕获、逮捕、禁制或拘留，以及这种行动的后果或这方面的企图。

第三，遗弃的水雷、鱼雷、炸弹或其他遗弃的战争武器。

④罢工除外责任条款

本保险在任何情况下不保下列原因造成的损失和费用：

第一，罢工者、被迫停工工人或参与工潮、暴动或民变人员；

第二，罢工、被迫停工、工潮、暴动或民变；

第三，恐怖主义分子或任何人出于政治目的采取的行动。

(3) ICC(B)期限

①运输条款

第一，本保险责任自货物运离保险单所载明的启运地仓库或储存处所开始运输时起生效，包括正常运输过程，直至运到下述地点时终止：保险单所载明的目的地收货人或其他最终之仓库或储存处所；由被保险人选用在保险单所载明的目的地之前或目的地的任何其他仓库或储存处所：在正常运输过程之外储存货物，或分配及分派货物，或被保险货物在最后卸载港全部卸离海轮后满 60 天为止。

以上各项以先发生者为准。

第二，如货物在本保险责任终止前于最后卸载港卸离海轮，需转运到非保险单载明的其他目的地时，保险责任仍按上述规定终止，但以该项货物开始转运时终止。

第三，在被保险人无法控制的运输延迟、任何绕道、被迫卸货、重行装载、转运以及船车或租船人运用运输契约赋予的权限所作的任何航海上的变更的情况下，本保险仍继续有效(仍需按照上述有关保险终止期限和下述运输契约终止条款的规定办理)。

②运输契约终止条款

如由于被保险人无法控制的情况，致使运输契约在非保险单载明的目的地港口或处所终止，或者运输在按上述运输条款规定发货前终止，本保险亦应终止，除非被保险人立即通知保险人并提出续保要求，并在必要时加缴保险费，本保险继续有效。

直至货物在该港口或处所出售和交货，或者除非有特别约定，在被保险货物抵达该港口或处所后满 60 天为止，以先发生者为准，或如果货物在上述 60 天期限内(或任何约定的延长期限内)，继续运往保险单所载明的目的地或任何其他目的地时，保险责任仍按上述运输条款的规定终止。

另外，本保险不适用于共同海损或救助费用，并须按照上述除外责任的规定办理，还不包括由于被保险人或其受雇人的过失、疏忽、破产或不履行债务而引起的费用；本保险不负责推定全损，除非保险标的之实际全损已经不可避免，或者由于恢复、整理以及运送保险标的到保险目的地的费用超过其本身的价值，并在保险标的被合理委付的情况下，得按推定全损赔偿。

3. ICC(C)条款的主要内容

(1) ICC(C)承保范围

①风险条款

除下列除外责任规定的除外责任以外，本保险负责：

第一，保险标的损失可合理归因于：火灾或爆炸；船舶或驳船遭受搁浅、触礁、沉没或倾覆；陆上运输工具的倾覆或出轨；船舶、驳船或运输工具同除水以外的任何外界物体碰撞；在避难港卸货。

第二，由于下列原因引起保险标的之损失：共同海损的牺牲；抛货。

②共同海损条款

本保险承保共同海损和救助费用，其理算或确定应根据运输契约和(或)有关法律和惯例办理。该项共同海损和救助费用的产生，应为避免任何原因所造成的或与之有关的损失所引起的，但下列除外责任或本保险其他条款规定的不保责任除外。

③船舶互撞条款

本保险负责赔偿被保险人根据运输契约订有“船舶互撞责任”条款规定，由被保险人应负的比例责任，视作本保险单项下应予补偿的损失。如果船东根据上述条款提出任何索赔要求，被保险人同意通知保险人，保险人有权自负费用为被保险人就此项索赔进行辩护。

(2) ICC(C)除外责任

①一般除外责任条款

本保险在下列情况下不负赔偿的责任：

第一，被保险人故意行为所造成的损失和费用。

第二，保险标的之自然渗漏，重量或容量自然损耗，或自然磨损。

第三，由于保险标的之包装或准备不足或不当造成的损失或费用(此时所称的“包装”，包括用集装箱或大型海运箱装载的，但该项装载以本保险开始生效前或由被保险人或其受雇人完成的为限)。

第四，由于保险标的本质缺陷或特性造成的损失和费用。

第五，直接由延迟引起的损失或费用，即使延迟是由承保风险所引起(上述第2条可以赔付的费用除外)。

第六，由于船舶所有人、经理人、租船人或经营人破产或不履行债务造成的损失或费用。

第七，由任何个人或数人非法行动故意损坏或故意破坏保险标的或其任何部分。

第八，由于使用任何原子或核子裂变和（或）聚变或其他类似反应或放射性作用或放射性物质的战争武器造成的损失或费用。

②不适航与不适宜除外责任条款

第一，本保险在任何情况下不负下列原因引起的损失和费用：船舶或驳船不适航；船舶、运输工具、集装箱或海运集装箱不适宜安全运载保险标的；如果保险标的在装载时，被保险人或其受雇人知道这种不适航和不适当的情况。

第二，保险人放弃船舶必须适航和适宜将保险标的运往目的地的默示担保，除非被保险人或其受雇人知道这种不适航或不适宜的情况。

③战争除外责任条款

本保险在任何情况下不负下列原因造成的过失和费用：

第一，战争、内战、革命、叛乱、造反或由此引起的内乱，或交战国或针对交战国的任何敌对行为。

第二，捕获、拘留、扣留、禁制、扣押（海盗行为除外）以及这种行动的后果或这方面的企图。

第三，遗弃的水雷、鱼雷、炸弹或其他遗弃的战争武器。

④罢工除外责任条款

本保险在任何情况下不保下列原因造成的损失和费用：

第一，罢工者、被迫停工工人或参与工潮、暴动或民变人员；

第二，罢工、被迫停工、工潮、暴动或民变；

第三，任何恐怖主义者或者任何人出于政治目的采取的行动。

(3) ICC(C)期限

①运输条款

第一，本保险责任自货物运离保险单所载明的启运地仓库或储存处所开始运输时起生效，包括正常运输过程，直至运到下述地点时终止：a. 保险单所载明的目的地收货人或其他最后仓库或储存处所；b. 由被保险人选用在保险单所载明目的地之前或目的地的任何其他仓库或储存处所：在正常运输过程之外储存货物，或分配或分派货物，或被保险货物在最后卸载港全部卸离海轮后满 60 天为止。以上各项以先发生者为准。

第二，如货物在本保险责任终止前于最后卸载港卸离海轮，需转运到非保险单载明的其他目的地时，保险责任仍按上述规定终止，但以该项货物开始转运时终止。

第三,在被保险人无法控制的运输延迟、任何绕道、被迫卸货、重新装载、转运以及船车或租船人运用运输契约赋予的权限所作的任何航线上的变更的情况下,本保险仍继续有效,即仍需按照上述有关保险终止期限和下述运输契约终止条款的规定办理。

②运输契约终止条款

如由于被保险人无法控制的情况,致使运输契约在非保险单载明的目的地的港口或处所终止,或者运输在按上述运输条款规定发货前终止,本保险亦应终止,除非被保险人立即通知保险人并提出续保要求,并在必要时加缴保险费的情况下,本保险继续有效,直至货物在该港口或处所出售和交货,或除非有特别约定,在被保险货物抵达该港口或处所后,满 60 天为止。以先发生者为准,或如果货物在上述 60 天期限内(或任何约定的延长期限内),继续运往保险单所载明的目的地或任何其他目的地时,保险责任仍按上述运输条款的规定终止。

另外,本保险不适用于共同海损或救助费用,并须按照上述除外责任的规定办理,还不包括由于被保险人或其受雇人的过失、疏忽、破产或不履行债务而引起的费用;本保险不负推定全损,除非保险标的实际全损已经不可避免,或者由于恢复、整理以及运送保险标的到保险目的地的费用超过其本身价值,并在保险标的被合理委付情况下,得按推定全损赔偿。

4. CIC 和 ICC 海运货物保险条款的比较

如上所述,“中国保险条款”是按照 1963 年伦敦“协会货物条款”制定的,因此,CIC 和 ICC 从总体上看大体相同,一般认为两者一一对应,即一切险对应 ICC(A)、水渍险对应 ICC(B)、平安险对应 ICC(C),战争险和罢工险也分别相似,投保时可以任选其一。但若仔细加以分析,两者也不是完全相同,对应关系的说法并不严谨,在投保(特别是有人坚持使用 ICC)时,有必要将两者进行详细的比较,注意其中的差异,以免错保或引起纠纷。

(1)两者总体上的比较

① CIC 沿用了传统的分类形式,即以平安险、水渍险和一切险表示基本险,附加险另外说明。风险承保范围从小到大、逐一列明,除外责任单独表示。ICC 则以“A、B、C”等系统命名方式将保险责任明显区分为基本险和附加险。风险承保范围由大到小,承保风险采用排外式和列举式两种方法表示:ICC 的(A)险以承保所有风险减去除外责任的方法表示,其他两险(B)、(C)逐一列明,在列明的基础上,再去除除外责任。

② CIC 只有三种基本险可以单独承保,尽管近年来我国实践中也已开

展战争险和罢工险的独保业务,但在条文形式上仍是如此。而ICC的战争险和罢工险由于自成体系,根据条款规定,在征得保险公司同意后,也可以单独承保。

③ CIC仅原则性地规定了"船舶互撞"条款的赔偿责任,而ICC各险均特别指明保险人在赔付时有对被保险人此种索赔进行抗辩的权利,这样可以避免保险人因单方理算不清或"过失"而承担不应有的赔偿责任,反映出保险方在赔付时不仅要严格查明应由保险方承担的被保险方的最小损失,而且还要通过"双方有责碰撞"条款向索赔方抗辩的机会,将扩展赔偿的责任紧缩到最小限度。

④ ICC将被保险人无法控制的迟延或绕道等情况与运输契约在目的地之前终止的情况区别对待:在前一种情况下,被保险人无须发出通知,保险责任自动继续有效;在后一种情况下,只有在被保险人及时将情况通知保险人并在必要时加缴保险费的情况下,保险责任才可以继续有效。CIC对这两种情况没有区分对待,而是均需要被保险人及时将情况通知保险人并在必要时加缴保险费,保险责任才可以继续有效。显然CIC的规定对被保险人不利。

(2)两者具体内容上的比较

① CIC平安险与ICC(C)的比较

CIC平安险的承保责任范围包括:第一,于自然灾害和意外事故所导致的货物的全部损失;第二,由于运输工具遭受意外事故造成货物的全部或部分损失;第三,在运输工具已经发生意外事故的情况下,货物在此前后又在海上遭受自然灾害所造成的部分损失;第四,在装卸或转运时由于一件或数件整件货物落海造成的全部或部分损失;第五,被保险人的施救费用;第六,在避难港卸货引起的损失以及在中途港卸货港所产生的特别费用;第七,共同海损的牺牲、分摊和救助费用;第八,根据"船舶互撞责任"条款规定应由货方偿还船方的损失。

ICC(C)险承保可合理归因于以下原因造成的保险标的损失:第一,火灾或爆炸;第二,船舶或驳船遭受搁浅、触礁、沉没或倾覆;第三,陆上运输工具的倾覆或出轨;第四,船舶、驳船或运输工具同除水以外的任何外界物体碰撞;第五,在避难港卸货;第六,共同海损;第七,抛货等。

从以上所列的两者承保的责任范围来看,ICC(C)险的实际保障范围明显小于平安险。这可从以下三方面加以说明:

第一,CIC平安险承保自然灾害所导致的货物的全部损失,虽已明确指出自然灾害造成的部分损失不赔,但对在运输工具已经发生意外事故的情况下，货物在此前后又在海上遭受自然灾害所造成的部分损失则赔。而 ICC 的(C)险中对自然灾害和一般性的意外事故均未列入责任范围，即对自然灾害如“地震、火山爆发、雷电”以及一般性的意外事故如“海水、湖水或河水进入船舶、驳船、运输工具、集装箱、大型海运箱或储存处所”所致的损失(无论是全部损失还是部分损失)都是不予赔偿的。

第二，CIC 平安险负责承保装卸时所造成的一件或数件或整件货物落海而致的全部或部分损失，而 ICC(C)险不承保货物装卸(避难港除外)时所造成的损失。

第三，在 ICC(C)险的除外责任中规定：对于由任何个人或数人非法行动故意损坏或故意破坏保险标的或其他任何部分不负赔偿责任。

对“任何人”可以理解为包括被保险人及其他一切人的故意行为所造成的损失都是不负赔偿责任的，被保险人如要获得此保障，需加保新附加险“恶意损害条款”。而 CIC 的除外责任中规定对“被保险人的故意行为或过失所造成的损失”是不负赔偿责任的，说明我国条款仅限于被保险人(包括被保险人的代理人)的故意行为或过失造成的损失不予负责，而对其他人的故意行为造成的损失是负责赔偿的。

② CIC 水渍险与 ICC(B)的比较

CIC 水渍险的承保责任范围除包括上述平安险的各项责任外，保险人还负责被保险货物由于恶劣气候、雷电、海啸、地震、洪水等自然灾害所造成的部分损失。

ICC(B)险承保范围采用“列明风险”的方式，承保可合理归因于以下原因造成的保险标的损失：第一，火灾或爆炸；第二，船舶或驳船遭受搁浅、触礁、沉没或倾覆；第三，陆上运输工具的倾覆或出轨；第四，船舶、驳船或其他运输工具同除水以外的任何外界物体碰撞或接触；第五，在避难港卸货；第六，地震、火山爆发或雷电；第七，共同海损的牺牲；第八，抛货或浪击落海；第九，海水、湖水或河水进入船舶、驳船、其他运输工具、集装箱或海运集装箱储存处所；第十，货物在船舶或驳船装卸时落海或跌落造成任何整件的全损。

从总体上来看，ICC(B)险承保的风险与 CIC 水渍险并无明显的差别，但就其列出的承保风险责任来说，以下三点是必须注意的：

第一，在 ICC(B)险承保范围中规定：“货物在船舶或驳船装卸时落海或跌落造成任何整件的全损”，说明它对装卸时落海或跌落造成的整件全损负责赔偿，对部分损失是不予负责的。CIC 水渍险责任范围规定：“在装卸或转运时由于一件或数件整件货物落海造成的全部或部分损失”，说明 CIC 水渍险对全损或部分损失都负赔偿责任，但对货物跌落岸上造成的损失不予负责。

第二，在ICC(B)险的除外责任中，与ICC(C)险规定相同，“由任何个人或数人非法行为故意损坏或故意破坏保险标的或其他任何部分”不负责赔偿。如获得这些保障，同样需加保“恶意损害条款”。

第三，在自然灾害和意外事故的认定上两者不尽一致。自然灾害上，CIC水渍险仅承保恶劣气候、雷电、海啸、地震和洪水造成的损失；ICC(B)险除了承保地震、闪电所造成的各种损失外，还对火山爆发、浪击落水和江、河、湖、海水浸染货物等造成的损失负责赔偿，但又不包括类似于海啸、恶劣气候和洪水等范畴。意外事故上，ICC(B)险除了包含CIC水渍险范围外，还新规定了一项内容，即陆上运输工具倾覆或出轨。

③ CIC一切险与ICC(A)的比较

CIC一切险承保责任范围除包括水渍险的各项承保责任外，保险人还负责被保险货物在运输途中由于一般外来风险所致的全部或部分损失。

ICC(A)险承保范围采用“承保除规定的除外责任以外的一切风险所造成保险标的的损失”，其除外责任包括一般除外责任、不适航和不适货除外责任、战争除外责任和罢工除外责任四类。

通过分析一切险的承保范围和ICC(A)所列的除外责任后，便会发现一切险与ICC(A)的承保范围确实相似。但若仔细研究，两者仍然是有区别的：一方面，CIC一切险的责任范围总体上要大于ICC的(A)险。虽然ICC的(A)险条款承保保险标的损失和损害的一切风险，但其除外责任比CIC条款要宽得多。在ICC的除外责任中除了与CIC的相同之处外，还特别提到了：第一，因船舶所有人、经理人、承租人或经营人的破产或经济困境产生的损失、损害或费用；第二，被保险人或者雇员有私谋时，船舶、驳船的不适航及船舶、驳船、运输工具、集装箱、托盘等不适运；第三，任何人的错误行为对保险标的或其组成部分的蓄意损害或蓄意毁坏；第四，恐怖分子或出于政治动机而行为的人员造成的损失等。

另外根据英国《海上保险法》(因为ICC受英国法律和惯例调整)第55条“……由于与鼠害与虫害最相近的原因造成的损失，保险人不负赔偿责任”的规定：ICC的(A)险也不承保虫害和鼠害造成的损失。而我国的《海商法》和《保险法》并未有此规定，因此，一旦出现虫蚀鼠咬就有承担赔偿责任的可能，因为CIC一切险要负责赔偿运输过程中由于一般外来原因所致的除外责任以外的所有风险；另一方面，ICC的(A)险的责任范围在以下几点又要大于CIC一切险：

第一，在(A)险的战争除外责任的规定中，将“海盗行为”排除在除外责任之外，说明(A)险对“海盗行为”的损失是负赔偿责任的。而 CIC 一切险只有加保战争险时才对“海盗行为”的损失予以负责，如未加保战争险是不予负责的。

第二，在承保抛弃损失时，ICC 的(A)险承保的范围包括共同海损抛弃和非共同海损抛弃造成的损失，而 CIC 一切险只承保共同海损抛弃造成的损失。

④附加险的比较

ICC 新条款的附加险只有三种，即协会战争险、协会罢工险和恶意损害险。而我国 CIC 的附加险则分为一般附加险(11 种)、特别附加险(6 种)和特殊附加险(3 种)。就两者同有的战争险和罢工险来说，其承保的责任范围并无实质性差别。但要注意以下几点：

第一，战争险在除外责任中对敌对行为使用原子武器造成货物的损失有些变化。修订的 CIC 和 ICC 都仅规定由于敌对行为使用原子武器等所致灭失或损害不负赔偿责任，但对由于非敌对行为使用原子武器等造成的灭失或损失必须负责。所谓“非敌对行为”主要指敌对双方以外的海轮遭受他们使用原子武器所造成的灭失或损害，保险人仍负赔偿责任。

第二，战争险和罢工险在除外责任中增加了一条“航程挫折”条款。该条款规定，由于战争或罢工原因而使航程受挫折导致货物未能运达保险单所载明的目的地而引起的间接损失，保险人不负赔偿责任。

第三，协会恶意损害险是 ICC 新增加的附加险，其承保范围主要是对被保险人以外的其他人(如船长、船员等)的故意行为所致保险标的的灭失或损害负赔偿责任。但如果恶意损害是出于有政治动机的人的行为所致保险标的的损失，不属于本险别的保险责任。协会恶意损害险的承保范围在 ICC(A)的责任中已经包括，只适用于在 ICC(B)和 ICC(C)的基础上加保。

综上所述，一般流行的 ICC 与 CIC 相对应的说法是不够严谨的，不仅 ICC(C)险与平安险差别较大，而且 ICC(B)险与水渍险、ICC(A)险与一切险也不完全对应。

因此，在国际贸易实践中投保海运货物保险时，我们在坚持出口用 CIF，进口用 FOB 的基础上应力争使用 CIC，但如果对方坚持使用 ICC 时，则需注意两类保险的差异，谨慎确认自然灾害概括的范围及所造成的损失，根据货物、航线、航程、预期损失等情况仔细选择保险险别，切忌简单对应，以免真正损失索赔时因在条文上找不到依据而陷于被动。

6.4 履行国际贸易合同过程中应注意的问题

6.4.1 出口方履行国际贸易合同过程中应注意的问题

1. 审核信用证和缮制单据

去除“软条款”，如客检证明。信用证要求的特别声明，如法律管辖；单证一致、单单一致。详细的信用证审核注意事项将在后面介绍。

2. 备货、包装

国内收购货物出口的，装货前要查验。在国外质量索赔案件中，有为数不少的情况是国内供货商的产品的确有质量问题，而且装货时外贸公司业务员并不亲自到工厂监督装货，更不用说监督生产了。这样货物发出去后，引起外商索赔，不但造成损失，而且还会丢失客户。因此，外贸公司一定要把好国内供货商这一关，尽量把问题解决在国内。

注意包装。在我们处理的质量索赔争议中，大概有 60% 是因为包装问题引起的，有的因为包装不好而限制在进口国销售（主要是食品类）；有的因为包装不好而使货物受损。因此，无论是自产货物，还是外购货物，均要高度注意产品包装问题。

另外，买方指定原料供应商时，防止上当受骗。例如：美国某客商向国内某公司下服装订单，并指明要求使用某韩国公司布料，结果中方加工生产后，美国公司以某种借口取消合同。经我们调查发现，原来美国公司与该韩国公司串通，目的就是为其销售积压的布料。

3. 处理好与货代、船公司的关系

处理好与货代、船公司的关系，应做到：

(1)与货代订立书面合同，减少口头协议。

(2)进口方指定规模较小的船公司时，防止船公司和进口方两者串通，预防争端与风险。

如果出现船公司无单放货的情况，出口方要掌握好充足证据，向船公司和进口方索赔主张权利。

4. 处理好与保险公司的关系

处理好与保险公司的关系，应做到：

(1)注意留存保险合同及单据。

(2)注意保险公司的特别声明、免责条款。

(3)出口方应熟悉如何办理索赔手续。

5. 妥善应对买方提出的质量异议

(1)不要轻易承诺和答复。例如:本来合同中订立进口方索赔需提供出口方同意的检验机构的检验报告,但进口方收到货物后来函提出有质量问题,并说明由某机构检验。业务员马上回函说:等检验结果出来后再作研究。这样等于双方协商变更了检验条款,在将来的仲裁中非常被动。

(2)不要因为是老客户就不敢拒绝。按照异议索赔条款逐项对照外方索赔不轻易答复并不是不及时答复,对于进口方的索赔,首先是查找合同,逐项对照。

(3)应及时咨询律师,尽早介入。

6. 妥善应对进口方拖欠货款

在实际国际贸易业务中,经常遇到进口方拖欠货款的情况,表现如下:

(1)货到目的港后进口方拒提货物,并提出无理要求。

(2)买方未结上批货物款,又要求继续发货。

(3)以货物积压、质量瑕疵、交货迟延、资金不足、市场变动等借口拒付或拖延支付货款。

对于上述进口方拖欠货款的情况,应及时与进口方进行沟通,了解拖欠货款的实际原因,如果非主观恶意拖欠货款,可以给予对方宽限一定时限,并在给予对方宽限时要签订备忘录或者书面协议,并且在还款协议中加上一些附加条款。如违约罚金条款,直接仲裁条款,担保条款等;而对于主观恶意拖欠货款的情况,应果断采取法律措施:敦促和协调、仲裁、诉讼。此时,应注意有关法律时效。

另外,在国际贸易合同中还应注意以下法律方面的条款:

第一,违约金条款。违约金条款应注意:第一不要遗漏;第二要全面;第三幅度可以高,但不要太高,因为太高导致条款无效,等于让裁判庭否定自己决定。

第二,商检条款。商检证书是买卖双方结算、计算关税、判断是非办理索赔的依据。合同应对检验标准、检验期限、凭封单检验还是凭现状检验,以及对标的物质量和数量提出异议和答复的期限作出明确规定,以免进口商拖延不决。

第三,不可抗力条款。最好在国际合同中尽量列举不可抗力的具体范围、证明条件、通知期限,这可以避免进口商找借口不付款。

第四,争议解决方式条款。由于国外执行难等许多原因,最好约定仲裁条款。条款表述要规范,不能模棱两可造成麻烦。如"凡因本合同所发生的一切争议,均提交中国国际经济贸易仲裁委员会按照其规则裁决。一裁终局，裁决对双方具有法律约束力”。

第五，法律适用条款。对我国不熟悉国际条约和外国法律的人士来说，应尽量争取适用中国法律解决争议。

第六，合同文字及其效力条款。合同最好约定以哪种文字为准，尤其是买卖设备等内容复杂的合同。合同还可以约定合同生效的条件，如交付定金后生效等有利条款。防止侵犯外国专利权。因为目前我国出现较多此类纠纷，要注意避免侵权带来的收汇风险，对来样加工、设备出口等明确法律责任。可以规定“货物所有权保留”条款。在不影响正常贸易情况下，约定在进口方尚未付清全部货款之前，货物仍由出口商所有。

6.4.2 进口方履行国际贸易合同过程中应注意的问题

在整个合同的履行过程中，进口方关注的是能否按时收到符合合同要求的货物。同时，进口方应该注意下述几个问题：

1. 出口方的履约进程

合同订立之后，买卖双方开始各自履行合同规定的义务。进口方在进口重要物资时，应当关注出口方的履约进程，以确保能够按时收到货物。以合同为依据，催促出口方及时办理其所应当完成的事项。关注出口方履约进程，有助于及时解决可能威胁到合同进程的各种细节，也有助于加深对于出口方的了解，加强双方的合作关系。

2. 信用证的开立和修改

如果合同规定货款需通过信用证进行支付，进口方应当按照合同期限做好信用证开证申请工作。按照合同对于信用证类别等要求向银行提出申请，一般不要开立可转让信用证，避免因第二受益人原因使进口方遭受损失；金额通常应当是确定的，避免使用“约”(About)、“大约”(Circa)、“近”(Approximately)等根据 UCP600 被认为可以有 10%增减幅度的词语。在涉及单据要求时，要逐项明确单据类别和具体要求。当信用证开立后，要进行审核确保与向银行提交的开证申请书一致，否则应当立即提请银行要求修改。

在受益人接受信用证后，可能因形势变化而提出修改。当受益人提出修改要求时，进口方(开证申请人)根据合同和客观情况应当及时予以回复，要严格以合同为依据审慎对待，不能置之不理。如果同意受益人的修改要求，应当及时向银行提出；如果不同意其修改要求，应当及时告知并请对方按照信用证原条款执行。对于同一修改通知下的信用证内容，对方不能部分接受部分否定。一般情况下，出口方应当告知银行他的态度。在实践中，如果出口方按照修改后条款提交单据，意味着出口方接受了修改后的条款，如果出口方仍按原证条款交单，意味着出口方拒绝了修改。对此进口方应当注意，有所准备。

如果对国外出口商的资信不了解或不信任，也可以在合同中规定只有当进口商收到出口方请银行开立的“卖方履约保证书”后才开立信用证时，进口方才能开立信用证。并且要规定好，银行保函必须是不可撤销的，保函有效期要晚于卖方履约时限。

3. 货物装运

当合同规定装运期临近，进口方应当及时向出口方发出催装通知，提醒出口方及时装货。特别是由出口方负责订立运输合同的情况下，更应当注意催促。如果合同规定由进口方负责订立运输合同，则应当在合同中规定出口方有义务向进口方通报备货情况，并在交货前的一个确定时限里告知进口方关于预计装船时间以及货物的重量和体积，以便进口方及时做好租船订舱工作。

4. 货物运输保险投保

如果合同规定由进口方负责投保，可以同保险公司订立预约保险合同，当收到出口商发出的装运通知后，立即填制“装货通知”报送保险公司。如果不是预约保险，则应当逐笔向保险公司投保。保险公司对于海运货物的保险责任期限一般实行的是国际上通行的“仓至仓”条款，即货物在国外装运港装上船开始承担风险，直到货物进入保单载明的国内收货人仓库为止。如果货物因故未能及时进入收货人仓库，则保险公司责任延长至货物在目的港卸离海轮次日零时起算 60 日为止，其间，如果发生了收货人对货物进行分装、分配、转售或者是进行了保单上未载明的转运，保险责任利益终止。进口方应当注意并非所有的货物都按照“仓至仓”条款办理的，应当向保险公司询问清楚。

5. 审单

凡是需要经过进口商审单后付款的，进口方应当对出口方提交的单据进行严格审核。在信用证业务下的审单主要是由银行完成的，但通常银行也会将单据交给进口方复核，进口方应当注意在 3 个银行工作日内完成并通知银行。

6. 报关与报验

货物到港后，进口方应当按照法律由有资格的报关员及时、如实向海关申报并接受海关查验。海关有权对货物进行查验，但对查验过程中因查验发生的货物损害承担责任。在海关查验完毕将货物交付货主，而货主未提出异议,就视为货物完整无损。当进口方办理了海关手续、接受了海关查验无误后,缴清进口关税,海关将予放行。

如果进口方进口的货物属于来料加工、来件装配项下的,应当在订立合同之日起的一个月内向海关办理登记备案手续,凭海关核发的"对外加工装配进出口货物登记手册"在货物进口时,向海关办理报关手续接受查验,在海关放行后,企业方可在海关的监管下进行加工作业。当完成后必须全部复出口,既不准内销,也不可允许委托加工的外商在境内提货。

进口货物如属于法定检验范围的,进口厂商必须依法报验,接受检验。即便不属于法定检验范围的产品,为了自身的利益也应及时检验,如有问题,应当及时按照合同规定向对方提起索赔。

【思考题】

1. 国际贸易货物运输合同的主要内容是什么?

2. 什么情况下才构成共同海损?共同海损与单独海损的主要区别是什么?

3. 简述平安险、水渍险和一切险的责任范围。

4. 保险条款中规定的除外责任一般指哪些内容?在向保险公司进行索赔时应注意哪些问题?

5. 海运、陆运、空运的货物保险,保险公司的责任起讫都是"仓至仓"吗?如到达目的港(地)后未进仓其责任期限各为多少?

6. 履行国际贸易合同过程中应注意的问题有哪些?

第7章 国际贸易结算

【本章重点】

1. 国际贸易结算形式及使用注意事项
2. 国际贸易票据的种类及用法

请思考如何解决如下问题：

好不容易找到一个新客户，但由于彼此心存疑虑，不敢把业务做大，又不知道有什么好的措施可以促进交易的达成；好不容易做了一票业务，但由于没能很好地采取规避收汇风险的措施，最终成了一笔坏账；做成了一票业务，款项也收回了，但由于汇率的变动，原本略有利润的业务最后一算账，却亏损了；公司订单有不少，可是由于流动资金不足，只好舍弃部分业务；由于公司规模较小，抵押不足，难以申请更多银行授信额度；公司的应收账款规模越来越大，财务报表比较难看，更别提上市要求了……

以上都是国际贸易结算的问题。

国际贸易结算是指国际贸易货款结算，以结清买卖之间的债权债务关系，这种结算称为国际贸易结算。它是建立在商品交易货物与外汇两清基础上的结算，又称为有形贸易结算。国际贸易结算是以票据为基础，单据为条件，银行为中枢，结算与融资相结合的非现金结算体系。

目前国际贸易结算方式主要有：信用证(L/C)、托收(OC)和电汇(T/T)等。其中信用证结算方式曾是国际贸易中最主要的结算方式。随着国际贸易的发展和竞争的日趋激烈，结算方式发生了明显的变化，买方更愿意选择对其有利的托收和电汇结算方式。据有关统计，“欧美企业间托收和电汇结算方式的使用已达80%～90%，亚太国家信用证的使用在逐年下降，我国的信用证结算也由前些年的35%左右降低到目前的大约占25%”。信用证虽然风险较小，但是其条件比较复杂，近年来围绕信用证结算的纠纷不断；而托收和电汇结算方式因其属于商业信用,贸易几乎完全依赖进出口双方的信誉。为了克服它们的缺陷,国际保理、银行保函等迅速发展起来。

那么,贸易各方如何针对各种结算方式的不同特点、各自的优劣势来有效地防范不同结算方式项下的业务风险促进国际贸易的健康发展,是国际结算领域研究的重要课题。在当前国际经济形势相对低落的情况下,怎样利用好国际贸易结算工具,促进业务的发展,减少风险,是摆在国内企业和各商业银行面前的重要问题。

7.1 国际贸易结算形式

7.1.1 汇付(Remittance)

1. 汇付的定义

汇付(又称"汇款")是最简单的国际贸易货款结算方式,是付款人通过银行,使用各种结算工具将货款汇交收款人的一种结算方式。汇付的优点在于手续简便、费用低廉。

汇付的当事人有四个:

(1)汇款人(Remitter)即付款人,在国际贸易结算中通常是进口人、买卖合同的买方或其他经贸往来中的债务人。

(2)收款人(Payee)通常是出口人、买卖合同中的卖方或其他经贸往来中的债权人。

(3)汇出行(Remitting Bank)是接受汇款人的委托或申请,汇出款项的银行,通常是进口人所在地的银行。

(4)汇入行(Receiving Bank),又称"解付行"(Paying Bank),它是接受汇出行的委托解付款项的银行,通常是汇出行在收款人所在地的代理行。

2. 汇付的种类及其业务程序

根据汇出行向汇入行转移资金发出指示的方式,可以将汇付分为三种方式:

(1)电汇(Telegraphic Transfer,T/T)

电汇是汇出行应汇款人的申请,拍发加押电报或电传给在另一国家的分行或代理行(即汇入行)解付一定金额给收款人的一种汇款方式。

电汇是汇款人将一定款项交存汇款银行,汇款银行通过电报或电传给目的地的分行或代理行(汇入行)指示汇入行向收款人支付一定金额的一种汇款方式。

电汇方式的优点在于速度快，收款人可以迅速收到货款。随着现代通信技术的发展，银行与银行之间使用电传直接通信，快速准确。电汇是目前使用较多的一种方式，但其费用较高。

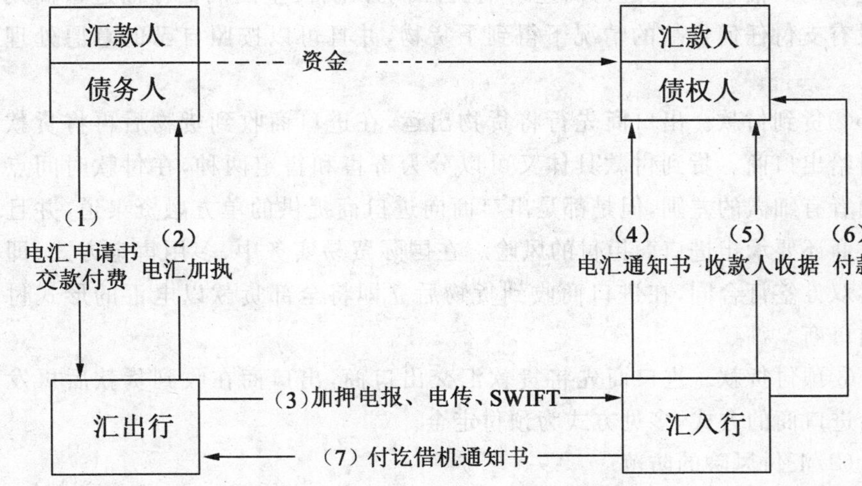

图 7-1　电汇付款流程

(2)信汇(Mail Transfer, M/T)

信汇是汇出行应汇款人的申请，用航空信函的形式，指示出口国汇入行解付一定金额的款项给收款人的汇款方式。

信汇是中汇款人向当地银行交付本国货币，由银行开具付款委托书，用航空邮寄交国外分行或代理行，办理付出外汇业务。采用信汇方式，由于邮程需要的时间比电汇长，银行有机会利用这笔资金，所以信汇汇率低于电汇汇率，其差额相当于邮程利息。

信汇的优点是费用较低廉，但收款人收到汇款的时间较迟。

(3)票汇(Remittance by Banker's Demand Draft，简称 D/D)

票汇是汇出行应汇款人的申请，代汇款人开立以其分行或代理行为解付行的银行即期汇票，支付一定金额给收款人的一种汇款方式。票汇是进口人向进口地银行购买银行汇票寄给出口人，出口人凭此向汇票上指定的银行取款的一种方式。汇出银行在开出银行汇票的同时对汇入行寄发"付款通知书"，汇入行凭此验对汇票后付款。

3. 汇付风险的表现形式及防范方式

(1)汇付风险的表现形式

①赊销(O/A, Open Account)是出口商将货物发送给进口商，在没有得

到付款或付款承诺的情况下，就将货物运输单据交给进口商，让进口商提取货物的一种结算方式。这种先货后款的方式是一种给了进口商较大信用、较长融资时间的结算方式。在这种情况下，出口商能否得到货款，完全依赖于进口商的信誉，一旦进口商违约，就会出现钱货两空的局面。而进口商则在没有支付任何货款的情况下得到了货物，并且可以按照自己的意愿处理货物。

②货到付款。出口商先行将货物出运，在进口商收到货物后再将货款汇付给出口商。货到付款具体又可以分为寄售和售定两种，在付款时间点上两者有细微的差别，但是都是出口商向进口商提供的单方融资渠道，并且出口商还要承担进口商拒付的风险。在国际贸易实务中，多用售定方式，即买卖双方签订合同，在进口商收到货物后立即将全部货款以电汇的形式付给出口商。

③预付货款。进口商先将货款汇交出口商，出口商在收到货款后再发货给进口商的方式，多见方式为预付定金。

(2)汇付风险的防范

①对客户进行有效的资信调查，弄清对方的资信情况，仅和那些资信可靠、经营作风正派的贸易商采用汇付结算方式。

②在预付货款的交易中，进口人为了减少预付风险，采用凭单付汇的做法。进口人将货款汇付给汇入行，并指示汇入行凭出口人提供的某些指定的单据和装运单据付款给出口人。因此对进口人来说，比一般的汇付方式多了一层保障，对出口人来说，只要按时交货交单就可以拿到全部货款。

对于预付定金，一般为合同总值的25%～30%或者以起运地到目的港所需运输费用的两倍或者略高一点。这样做，首先预付金并不算多，如果是有一定信用的进口商，这种方式并不会触及其根本利益，从而体谅出口商的苦衷而给予配合。其次，进口商预付了货款，就在一定程度上受到了牵制，即使日后想毁约，也会考虑其预付金而勉强履约。退一步讲，就算进口商到时真的不提货、不付款，出口商还可以降价销售或用其他办法处理，其损失的部分可用进口商的预付金来补偿，最坏结果也可以将货物全部运回。

4. 汇款申请书的正确填写方式

(1)正确填列收款人全称、账号(必须注明收款人开户银行的交换行号)及开户银行名全称。

(2)如企业在境外账户行办理汇款时，则应该在汇款申请书中的收款人银行的代理行(INTERMEDIARY INST)一栏填写开户银行的相对应境外账户名称。开户银行账户资料可向开户银行查询。

(3)收款人银行名称要准确,最好要有银行SWIFT号码。

(4)收款人名称为开户银行名称。

(5)收款人账号:A/C NO:××××,填写开户银行在境外账户行的相对应币种的有关账号。

7.1.2 托收(Collection)

1. 托收的定义

托收是指由接到委托指示的银行处理金融单据和(或)商业单据以便取得承兑或者付款,或者凭承兑或者付款交出商业单据,或凭其他条件交出单据。

托收涉及四个主要当事人,即委托人、付款人、托收行和代收行。

委托人是委托银行办理托收业务的一方。在国际贸易实务中,出口人开具汇票,委托银行向国外进口人(债务人)收款。

付款人是银行根据托收指示书的指示提示单据的对象。托收业务中的付款人,即国际贸易合同中的买方或债务人。

托收行又称"寄单行",指受委托人的委托办理托收的银行,通常为出口人所在地的银行。

代收行是指接受托收行委托,向付款人收款的银行,通常是托收行在付款人所在地的银行或代理行。

2. 托收的分类

根据托收时是否向银行提交货运单据,可分为光票托收和跟单托收两种。

光票托收。托收时如果汇票不附任何货运单据,而只附有"非货运单据"(发票、垫付清单等),叫"光票托收"。这种结算方式多用于贸易的从属费用、货款尾数、佣金、样品费的结算和非贸易结算等。

跟单托收。跟单托收有两种情形:附有商业单据的金融单据的托收和不附有金融单据的商业单据的托收。在国际贸易中所讲的托收多指前一种。

跟单托收根据交单条件的不同,又可分为付款交单和承兑交单两种。

付款交单。D/P(Documents Against Payment)是经济贸易交易中付款方式的一种。出口人的交单以进口人的付款为条件,即出口人将汇票连同货运单据交给银行托收时,指示银行只有在进口人付清货款时,才能交出货运单据。

承兑交单。D/A(Documents against Acceptance)是指出口人的交单以

进口人在汇票上承兑为条件。即出口人在装运货物后开具远期汇票,连同商业单据,通过银行向进口人提示,进口人承兑汇票后,代收银行即将商业单据交给进口人,在汇票到期时,方履行付款义务。由于承兑交单是进口人只要在汇票上办理承兑之后,即可取得商业单据,凭以提取货物。所以,承兑交单方式只适用于远期汇票的托收。

3. 托收的常见流程

(1)跟单托收

①跟单托收的申请

向银行提交《出口托收申请书》,有关内容全部用英文填写。

②出口托收申请书的内容

代收行(Collecting Bank):出口商在该栏内填写国外代收银行(一般为进口商的开户银行)的名称和地址,这样有利于国外银行直接向付款方递交单据,有利于尽早收汇。如果没有填写或不知道进口方的开户银行,则申请人银行将为申请人选择进口商所在国家或地区的一家银行进行通知,这样出口商收到款项的时间将会较长。因此出口商最好知道进口商所在的国外开户银行。

申请人(Applicant):申请人为出口商,应填写详细的名称、地址、电话、传真号码。

付款人(Drawee):付款人为进口商,应填写详细的名称、地址、电话、传真号码。

如果进口商的资料不详细的话,容易造成代收行工作的难度,使出口商收到款项的时间较长。

汇票的时间和期限(Issue Date and Tenor of Draft):申请书上的汇票的有关内容要与汇票上的一致。

合同号码(Contract Number):申请书上的合同号码要与进出口双方签订的商务合同上的号码保持一致。

单据(Documents):提交给银行的正本和副本的单据名称和数量。

③跟单托收条款(Terms and Conditions of Collection)

托收的条款一般包括以下几项内容:收到款项后办理结汇;收到款项后办理原币付款;要求代收方付款交单(D/P);要求代收行承兑交单(D/A);银行费用由付款人承担;银行费用由申请人承担;通知申请人承兑汇票的到期日;如果付款延期,向付款人收取相应的延期付款利息;付款人拒绝付款或拒绝承兑,通知申请人并说明原因;付款人拒绝付款或拒绝承兑,代收行对货物采取仓储或加保,费用由申请人支付等。

④注意事项

跟单托收注意事项有：汇票金额要一致；汇票出票人签字或盖章；汇票要背书；汇票的出票人和签发人要一致；汇票要与发票等单据保持一致；如果价格条款是CIF，要有保险单，保险单的金额要超过发票金额；运输条款与价格条款保持一致；根据运输单据的要求，是否要求背书；各种单据中的货物描述，要保持一致。

(2)光票托收

①光票托收的申请

申请书包括的内容有：票据的种类、号码、金额、出票人、付款人、收款人。

②光票托收票据的种类

可以办理托收的票据有：汇票、支票、旅行支票。

③光票托收应注意的事项

光票托收注意的事项有：票据的名称、种类、期限、金额、币种要正确；收款人的名称和地址要详细；付款人的名称和地址要详细；票据要背书；注意远期票据是否承兑；注意票据的利息条款；需要票据签发人的名称和签字。

4. 托收风险的表现形式

(1)进口商的信用风险和代收银行风险。在市场行情不好的情况下，进口商会找借口拒收货物拒付货款；还有可能与代收行串通，或者伪造代收行骗取提货单据。

(2)进口国的政治风险。进口商可能会因为进口国的战争骚乱、罢工、未能取得出口许可证、进口国的外汇管理等原因造成不能按时付款。这些都属于出口商需要考虑的进口商所处国家的政治风险。

(3)财务风险。一旦进口商拒绝付款收汇失败，出口商即使在掌握物权的情况下，也不得不独自承担相关的财务损失。如：货物转售的价格损失；目的港的仓储、提取和保险费等，货物存储时间过长还可能腐败变质；实在不能转售，还不得不承担往返的运费等。

5. 托收风险的防范

(1)加强对进口商和进口商银行的信用审查。详细调查客户的信用状况及代收行银行的可靠程度。

(2)投保出口信用险以转嫁出口收汇风险。出口信用保险是一国政府为鼓励和扩大出口而以财政资金做后盾，由专门保险机构向出口商提供的保证其收汇安全的一种政策性风险保障制度，是一种政策性保险业务，它所保障的风险是一般商业保险公司不愿或不能承保的境外商业信用风险或政治风险等。

(3)多种结算方式结合,预收部分货款以降低收汇风险。根据委托代理理论的观点,为使代理人有足够的激励去自动选择有利于委托人的行动,就必须在合同的设计中让代理人也承担一部分不确定的风险,并从这种风险承担中获得相应的补偿。所以,为了确保托收方式下的收汇安全,出口商可以预收一定的预付金,余额用D/P即期的方式收汇。预付金的比例和汇付一样,一般为合同总值的25%~30%为宜。

7.1.3 信用证(Letter of Credit,L/C)

1. 信用证定义、内容、原则和特点

(1)信用证的定义

信用证是开证银行应申请人的要求并按其指示向第三方开立的载有一定金额的、在一定的期限内凭符合规定的单据付款的书面保证文件。信用证是国际贸易中最主要、最常用的支付方式。

(2)信用证的内容

①对信用证本身的说明。如其种类、性质、有效期及到期地点。

②对货物的要求。根据合同进行描述。

③对运输的要求。

④对单据的要求,即货物单据、运输单据、保险单据及其他有关单证。

⑤特殊要求。

⑥开证行对受益人及汇票持有人保证付款的责任文句。

⑦国外来证大多数均加注:“除另有规定外,本证根据国际商会《跟单信用证统一惯例》即国际商会600号出版物(《UCP600》)办理”。

⑧银行间电汇索偿条款(T/T Reimbursement Clause)。

(3)信用证原则

①信用证交易的独立抽象原则。

②信用证严格相符原则。

③信用证欺诈例外原则。

(4)信用证的特点

①信用证是一项自足文件(Self-Sufficient Instrument)。信用证不依附于买卖合同,银行在审单时强调的是信用证与基础贸易相分离的书面形式上的认证。

②信用证方式是纯单据业务(Pure Documentary Transaction)。信用证是凭单付款,不以货物为准。只要单据相符,开证行就应无条件付款。

③开证银行负首要付款责任(Primary Liabilities for Payment)。信用证是一种银行信用,它是银行的一种担保文件,开证银行对支付有首要付款的责任。

2. 信用证的种类

(1)以信用证项下的汇票是否附有货运单据划分为跟单信用证及光票信用证

①跟单信用证(Documentary L/C)是凭跟单汇票或仅凭单据付款的信用证。此处的单据指代表货物所有权的单据(如海运提单等),或证明货物已交运的单据(如铁路运单、航空运单、邮包收据)。

②光票信用证(Clean Credit)是凭不随附货运单据的光票(Clean Draft)付款的信用证。银行凭光票信用证付款,也可要求受益人附交一些非货运单据,如发票、垫款清单等。

在国际贸易的货款结算中,绝大部分使用跟单信用证。

(2)以开证行所负的责任为标准可以分为可撤销信用证与不可撤销信用证

①不可撤销信用证(Irrevocable L/C)指信用证一经开出,在有效期内,未经受益人及有关当事人的同意,开证行不能片面修改和撤销,只要受益人提供的单据符合信用证规定,开证行必须履行付款义务。

②可撤销信用证(Revocable L/C)开证行不必征得受益人或有关当事人同意有权随时撤销的信用证,应在信用证上注明"可撤销"字样。但*UCP*500规定:只要受益人依信用证条款规定已得到了议付、承兑或延期付款保证时,该信用证即不能被撤销或修改。它还规定,如信用证中未注明是否可撤销,应视为不可撤销信用证。

最新的*UCP*600规定银行不可开立可撤销信用证,现在常用的都是不可撤销信用证。

(3)以有无另一银行加以保证兑付为依据可以分为保兑信用证与不保兑信用证

①保兑信用证(Confirmed L/C)指开证行开出的信用证,由另一银行保证对符合信用证条款规定的单据履行付款义务。对信用证加以保兑的银行,称为保兑行。

②不保兑信用证(Unconfirmed L/C)开证行开出的信用证只有开证行一家银行对受益人承担付款责任,没有经另一家银行保兑。

对一些信用不良的国家和地区,一般要求使用保兑信用证来保证资金安全。

(4)根据付款时间不同,可以分为即期信用证、远期信用证以及假远期信用证

①即期信用证(Sight L/C)。指开证行或付款行收到符合信用证条款的跟单汇票或装运单据后,立即履行付款义务的信用证。

②远期信用证(Usance L/C)。指开证行或付款行收到信用证的单据时,在规定期限内履行付款义务的信用证。

③假远期信用证(Usance Credit Payable at Sight)。信用证规定受益人开立远期汇票,由付款行负责贴现,并规定一切利息和费用由开证人承担。这种信用证对受益人来讲,实际上仍属即期收款,在信用证中有“假远期”(Usance L/C payable at Sight)条款。

(5)根据受益人对信用证的权利可否转让,可分为可转让信用证和不可转让信用证

①可转让信用证(Transferable L/C)指信用证的受益人(第一受益人)可以要求授权付款、承担延期付款责任、承兑或议付的银行(统称“转让行”)(或当信用证是自由议付时,可以要求信用证中特别授权的转让银行)将信用证全部或部分转让给一个或数个受益人(第二受益人)使用的信用证。开证行在信用证中要明确注明“可转让”(Transferable),且只能转让一次。

②不可转让信用证指受益人不能将信用证的权利转让给他人的信用证。凡信用证中未注明“可转让”,即是不可转让信用证。

(6)根据信用证作用而分

①循环信用证(Revolving L/C)

循环信用证指信用证被全部或部分使用后,其金额又恢复到原金额,可再次使用,直至达到规定的次数或规定的总金额为止。它通常在分批均匀交货情况下使用。在按金额循环的信用证条件下,恢复到原金额的具体做法有:

第一,自动式循环。每期用完一定金额,不需等待开证行的通知,即可自动恢复到原金额。

第二,非自动循环。每期用完一定金额后,必须等待开证行通知到达,信用证才能恢复到原金额使用。

第三,半自动循环。即每次用完一定金额后若干天内,开证行末提出停止循环使用的通知,自第×天起即可自动恢复至原金额。

②对开信用证(Reciprocal L/C)

对开信用证指两张信用证申请人互以对方为受益人而开立的信用证。两张信用证的金额相等或大体相等,可同时互开,也可先后开立。它多用于

易货贸易或来料加工和补偿贸易业务。

③背对背信用证(Back to Back L/C)

背对背信用证又称“转开信用证”指受益人要求原证的通知行或其他银行以原证为基础,另开一张内容相似的新信用证,对背信用证的开证行只能根据不可撤销信用证来开立。对背信用证的开立通常是中间商转售他人货物,或两国不能直接办理进出口贸易时,通过第三者以此种办法来沟通贸易。原信用证的金额(单价)应高于对背信用证的金额(单价),对背信用证的装运期应早于原信用证的规定。

④预支信用证/打包信用证(Anticipatory Credit/Packing Credit)

预支信用证指开证行授权代付行(通知行)向受益人预付信用证金额的全部或一部分,由开证行保证偿还并负担利息,即开证行付款在前,受益人交单在后,与远期信用证相反。预支信用证凭出口人的光票付款,也有要求受益人附一份负责补交信用证规定单据的说明书,当货运单据交到后,付款行在付给剩余货款时,将扣除预支货款的利息。

⑤备用信用证(Standby Credit)

备用信用证又称“商业票据信用证”(Commercial Paper Credit)、“担保信用证”,指开证行根据开证申请人的请求对受益人开立的承诺承担某项义务的凭证。即开证行保证在开证申请人未能履行其义务时,受益人只要凭备用信用证的规定并提交开证人违约证明,即可取得开证行的偿付。它是银行信用,对受益人来说是备用于开证人违约时,取得补偿的一种方式。

3. 信用证的有关当事人

(1)开证人

开证人指向银行申请开立信用证的人,在信用证中又称“开证人”(Opener)。

义务:根据合同开证;向银行交付比例押金;及时付款赎单。

权利:验、退、赎单;验、退货(均以信用证为依据)。

说明:开证申请书有两部分即对开证行的开证申请和对开证行的声明和保证,申明赎单付款前货物所有权归银行;开证行及其代理行只负单据表面是否合格之责;开证行对单据传递中的差错不负责;对“不可抗力”不负责;保证到期付款赎单;保证支付各项费用;开证行有权随时追加押金;有权决定货物代办保险和增加保险级别而费用由开证申请人负担。

(2)开证行

开证行指接受开证申请人的委托开立信用证的银行,它承担保证付款的责任。

义务：正确、及时开证；承担第一性付款责任。

权利：收取手续费和押金；拒绝受益人或议付行的不符单据；付款后如开证申请人无力付款赎单时可处理单、货；货款不足可向开证申请人追索余额。

(3)通知行

通知行指受开证行的委托，将信用证转交出口人的银行，它只证明信用证的真实性，不承担其他义务，是出口地所在银行。

义务：需要证明信用证的真实性。

权利：收取手续费。

(4)受益人

受益人指信用证上所指定的有权使用该证的人，即出口人或实际供货人。

义务：收到信用证后应及时与合同核对，不符者尽早要求开证行修改或拒绝接受或要求开证申请人指示开证行修改信用证；如接受则发货并通知收货人，备齐单据在规定时间向议付行交单议付；对单据的正确性负责，不符时应执行开证行改单指示并仍在信用证规定期限交单。

权利：被拒绝修改或修改后仍不符，有权在通知对方后单方面撤销合同并拒绝信用证；交单后若开证行倒闭或无理拒付，可直接要求开证申请人付款；收款前若开证申请人破产可停止货物装运并自行处理；若开证行倒闭时信用证还未使用可要求开证申请人另开。

(5)议付银行

议付银行指愿意买入受益人交来跟单汇票的银行。

根据信用证开证行的付款保证和受益人的请求，按信用证规定对受益人交付的跟单汇票垫款或贴现，并向信用证规定的付款行索偿的银行。又称“购票行”、“押汇行”和“贴现行”。一般就是通知行。

义务：严格审单；垫付或贴现跟单汇票；背书信用证。

权利：可议付也可不议付；议付后可处理(货运)单据；议付后开证行倒闭或借口拒付可向受益人追回垫款。

(6)付款银行

付款银行指信用证上指定付款的银行，在多数情况下，付款行就是开证行。

对符合信用证的单据向受益人付款的银行(可以是开证行也可受其委托的另家银行)。有权付款或不付款；一经付款，无权向受益人或汇票持有人追索。

(7)保兑行

保兑行受开证行委托对信用证以自己名义保证的银行。

加批“保证兑付”;不可撤销的确定承诺;独立对信用证负责,凭单付款;付款后只能向开证行索偿;若开证行拒付或倒闭,则无权向受益人和议付行追索。

(8)承兑行

承兑行指对受益人提交的汇票进行承兑的银行,亦是付款行。

(9)偿付行

偿付行指受开证行在信用证上的委托,代开证行向议付行或付款行清偿垫款的银行(又称“清算行”)。

只付款不审单;只管偿付不管退款;不偿付时开证行偿付。

4. 信用证的运作流程和标准格式

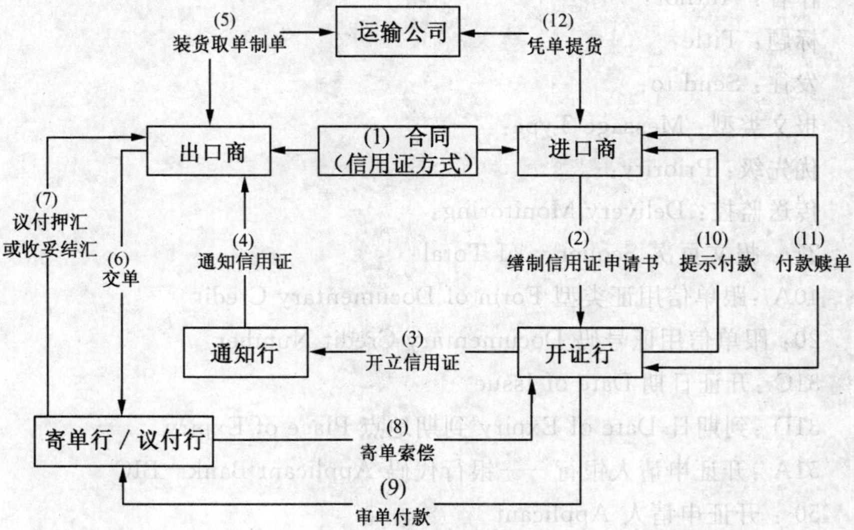

图 7-2　信用证运作流程

(1)信用证的运作流程

①出口商和进口商签订合同,付款方式为信用证。

②进口商即开证申请人根据合同填写开证申请书并缴纳押金或提供其他保证,请开证行开证。

③开证行根据申请书内容,向受益人开出信用证并寄交出口人所在地通知行。

④通知行核对印鉴无误后,将信用证交进口商即受益人。

⑤受益人审核信用证内容与合同规定相符后，按信用证规定装运货物、备妥单据并开出汇票。

⑥受益人在信用证有效期内，单据送议付行议付。

⑦议付行按信用证条款审核单据无误后，办理议付押汇或者收妥结汇，把货款垫付给受益人。

⑧议付行将汇票和货运单据寄开证行或其特定的付款行索偿。

⑨开证行核对单据无误后，付款给议付行。

⑩开证行通知开证人付款赎单。

⑪开证人付款赎单。

⑫开证人凭单提货。

(2)信用证标准格式

编号：Reference：

作者：Author：

标题：Title：

发往：Send to：

报文类型：Message Type：

优先级：Priority：

传送监控：Delivery Monitoring：

27 ：报文页次 Sequence of Total

40A ：跟单信用证类型 Form of Documentary Credit

20：跟单信用证号码 Documentary Credit Number

31C ：开证日期 Date of Issue

31D ：到期日 Date of Expiry 到期地点 Place of Expiry

51A ：开证申请人银行——银行代码 Applicant Bank－BIC

50 ：开证申请人 Applicant

59 ：受益人 Beneficiary

32B ：币别代号与金额 Currency Code，Amount

40E ：适用规则 Applicable Rules

41D ：向银行押汇…… 押汇方式为 Available with ... by ... Name/Address

42C ：汇票汇款期限 Drafts at ...

42A ：汇票付款人——银行代码 Drawee-BIC

43P ：分批装运条款 Partial Shipments

43T ：转运条款 Transshipment

44A：装船/发运/接受监管的地点 Loading on Board /Dispatch/ Taking in Charge

44B：货物发送最终目的地 for Transportation to ...

44C：最迟装运日期 Latest Date of Shipment

45A：货物/劳务描述 Description of Goods and/or Services

46A：单据要求 Documents Required

47A：附加条款 Additional Conditions

71B：费用负担 Charges

48：交单期限 Period for presentation

49：保兑指示 Confirmation instructions

78：给付款行/承兑行/议付行的指示 Instructions to Pay/Accept/Negotiate Bank

72：附言 Sender to Receiver Information

5. 信用证审证要点

拿到一份国外银行开出的信用证，所要做的第一步是审证，如何规避风险，使信用证更好地为受益人服务，就是审证的重中之重。

(1)特别注意信用证是否有软条款

所谓软条款，即开证申请人在信用证中设置的条款，这样的条款会导致受益人贸易地位的丧失，安全收汇受到威胁，而给申请人带来交易主动权或骗取货物及预付款项的利益。一般表现为信用证中存在附加生效条件的条款，或者条款规定单据取得需要进口商的配合，或者纯粹的陷阱条款等。

应注意有下列情况之一的，不是一项有效的付款保证或该项付款保证是存在缺陷问题的，即存在软条款的可能：

①信用证明确表明是可以撤销的；此信用证由于无须通知受益人或未经受益人同意可以随时撤销或变更，应该说对受益人是没有付款保证的，对于此类信用证，一般不予接受；信用证中如没有表明该信用证是否可以撤销，按 UPC500 的规定，应理解是不可以撤销的。

②应该保兑的信用证未按要求由有关银行进行保兑。

③信用证未生效。

④有条件的生效的信用证。信用证开出后暂不生效，待进口许可证签发后通知生效，或待货样经申请人确认后生效。此类条款使出口货物能否装运，完全取决于进口商，出口商则处于被动地位。出口商见信用证才能投产，生产难安排，装运期紧，出运有困难。

⑤信用证密押不符。

⑥开证申请人(买方)通知船公司、船名、装船日期、目的港、验货人等,受益人才能装船。此条款使卖方装船完全由买方控制。

⑦由开证人直接寄送的信用证。

⑧含空运提单的条款,提货人签字就可提货,不需交单,货权难以控制。有的信用证规定提单发货人为开证申请人或客户,可能被不法商人利用此特殊条款进行无单提货。

⑨自相矛盾的条款,如既规定允许提交联运提单,又规定禁止转船。

⑩信用证规定指定货代出具联运提单,当一程海运后,二程境外改空运,容易被收货人不凭正本联运提单提货。

2. 检查信用证的付款时间是否与有关合同规定相一致

应特别注意下列情况:

①信用证中规定有关款项须在向银行交单后若干天内或见票后若干天内付款等情况。对此,应检查此类付款时间是否符合合同规定或公司的要求。

②信用证在国外到期。规定信用证国外到期,有关单据必须寄送国外,由于无法掌握单据到达国外银行所需的时间且容易延误或丢失,有一定的风险。通常要求在国内交单付款。在来不及修改的情况下,必须应提前一个邮程(邮程的长短应根据地区远近而定)以最快方式寄送。

③如信用证中的装运期和有效期是同一天即通常所称的"双到期",在实际业务操作中,应将装运期提前一定的时间(一般在效期前10天),以便有合理的时间来制单结汇。

(3)检查信用证受益人和开证人的名称和地址是否完整和准确

受益人应特别注意信用证上的受益人名称和地址应与其印好的文件上的名称和地址内容相一致,买方的公司名称和地址写法是不是也完全正确,在填写发货票时照抄信用证上写错了的买方公司名号和地址是有可能的,如果受益人的名称不正确,将会给今后的收汇带来不便。

(4)检查装运期的有关规定是否符合要求

逾信用证规定装运期的运输单据将构成不符点,银行有权不付款。检查信用证规定的装运期应注意以下几点:

①能否在信用证规定的装运期内备妥有关货物并按期出运;如来证收到时装期太近,无法按期装运,应及时与客户联系修改。

②实际装运期与交单期时间相距太短。

③信用证中规定了分批出运的时间和数量,应注意能否办到,否则,任何一批未按期出运,以后各期即告失效。

(5)检查能否在信用证规定的交单期交单

如来证中规定向银行交单的日期不得迟于提单日期后若干天，如果过了限期或单据不齐有错漏，银行有权不付款。

交单期通常按下列原则处理：

①信用证有规定的，应按信用证规定的交单期向银行交单。

②信用证没有规定的，向银行交单的日期不得迟于提单日期后 21 天；应充分考虑办理下列事宜对交单期的影响：

第一，生产及包装所需的时间；

第二，内陆运输或集港运输所需时间；

第三，进行必要的检验如法定商检或客检所需的时间；

第四，申领出口许可证/产地证所需的时间(如果需要)；

第五，报关查验所需的时间；

第六，船期安排情况；

第七，到商会和(或)领事馆办理认证或出具有关证明所需的时间(如果需要)；

第八，申领检验证明书如 SGS 验货报告、OMIC LETTER 或其他验货报告如客检证等所需的时间；

第九，制造、整理、审核信用证规定的文件所需的时间；

第十，单据送交银行所需的时间包括单据送交银行后经审核发现有误退回更正的时间。

(6)检查信用证内容是否完整

如果信用证是以电传或电报拍发给了通知行即“电信送达”，那么应核实电文内容是否完整；如果电文无另外注明，并写明是根据《跟单信用证统一惯例解释通则》，那么该电文是可以被当作有效信用证执行。

(7)检查信用证的通知方式是否安全、可靠。信用证一般是通过受益人所在国家或地区的通知(保兑)行通知给受益人的。这种方式的信用证通知比较安全，因为根据《跟单信用证统一惯例解释通则》的有关规定，通知行应对所通知的信用证的真实性负责。如果不是这样寄交的，遇到下列情况之一的应特别注意：

①信用证是直接从海外寄给国际贸易公司的，那么国际贸易公司应该小心查明它的来历。

②信用证是从本地某个地址寄出，要求国际贸易公司把货运单据寄往海外，而国际贸易公司并不了解他们指定的那家银行。

对于上述情况，应该首先通过银行调查核实。

(8)审核的要点

审核信用证各条款，重点检查下列条款的是否符合要求：

① 40A Form of L/C：不可撤销的即期信用证；

② 31D Date and place of expiry：到期日应合理，地点须在国内；

③ 50 APPLICANT：名称地址与客户名称地址一致；

④ 59 BENEFICIARY：名称地址与公司名称地址一致；

⑤ 32 CURRENCY CODE AMOUNT：与客户订单一致；

⑥ 41D AVAILABLE WITH/BY：一般为 ANY BANK BY NEGOTIATION，或 ADVISING BANK；

⑦ 42C DRAFT AT：必须为 AT SIGHT，FOR FULL INVOICE VALUE；

⑧ 43P PARTIAL SHIPMENT：可否分批也要根据货的实际情况；

⑨ 43T TRANSSHIPMENT：可否转运根据运输情况；

⑩ 44A ON BOARD PORT：必须为双方原定的港口；

⑪44B FOR TRANSPORTATION TO：为双方约定的港口；

⑫44C LATEST OF SHIPMENT：应为工厂预定完成生产日期之后 7～10 天；

⑬45A DESCRIPTION OF GOODS：与订单内容相符；

⑭46A DOCUMENTS REQUIRED：仔细研读。确定是否有足够的时间与条件提供所有要求的文件；

⑮47A ADDITIONAL CONDITIONS：注意是否有软条款(指主动权掌握在开征申请人手中，受益人无法控制的条款，或意思含糊不清、模棱两可的条款)；

⑯71B CHARGES：一般为我方负责开证行国家之外产生的银行费用。

7.2 国际贸易的票据

国际贸易中使用的票据包括汇票、本票、支票，以使用汇票为主。

7.2.1 汇票

汇票是由一人向另一人签发的书面无条件支付命令，要求对方(接受命令的人)即期或定期或在可以确定的将来某个时间向某人或指定人或持票来人支付一定金额。

1. 汇票的分类

汇票可以分为以下几种：

(1)按出票人的不同分为银行汇票、商业汇票

①银行汇票(Banker's Draft)是出票人和付款人均为银行的汇票。

②商业汇票(Commercial Draft)是出票人为企业法人、公司、商号或者个人,付款人为其他商号、个人或者银行的汇票。

(2)按有无附属单据分为光票汇票、跟单汇票

①光票(Clean Bill)汇票本身不附带货运单据,银行汇票多为光票。

②跟单汇票(Documentary Bill)又称"信用汇票"、"押汇汇票",是需要附带提单、仓单、保险单、装箱单、商业发票等单据才能进行付款的汇票,商业汇票多为跟单汇票,在国际贸易中经常使用。

(3)按付款时间分为即期汇票、远期汇票

①即期汇票(Sight Bill,Demand Bill, Sight Draft)指持票人向付款人提示后对方立即付款,又称"见票即付汇票"。

②远期汇票(Time Bill,Usance Bill)是在出票一定期限后或特定日期付款的汇票,可分为定期付款汇票、出票日后定期付款汇票、见票后定期付款等三种。远期汇票的付款时间,有以下几种规定办法:a. 见票后若干天付款;b. 出票后若干天付款;c. 提单签发日后若干天付款;d. 指定日期付款。

(4)按承兑人分为商业承兑汇票、银行承兑汇票

①商业承兑汇票(Commercial Acceptance Bill)是以银行以外的任何商号或个人为承兑人的远期汇票。

②银行承兑汇票(Banker's Acceptance Bill)承兑人是银行的远期汇票。

(5)按流通地域分为国内汇票、国际汇票

2. 票据行为

汇票使用过程中的各种行为,都由票据法加以规范。主要有出票、提示、承兑和付款。如需转让,通常应经过背书行为。如汇票遭拒付,还需做成拒绝证书和行使追索权。

(1)出票(Draw/Issue)

出票人签发汇票并交付给收款人的行为。出票后,出票人即承担保证汇票得到承兑和付款的责任。如汇票遭到拒付,出票人应接受持票人的追索,清偿汇票金额、利息和有关费用。

出票时有三种方式规定收款人:

①限制性抬头(Restrictive Payee),这种汇票通常会标注"pay ABC Co. ,Ltd. only"或"pay ABC Co. ,Ltd, not negotiable"。这种汇票不得流通

转让。

②指示性抬头(To order)汇票常标有“pay ABC Co.,Ltd or Order”或者“pay to the order of ABC Co.,Ltd.”。

③持票人或者来人抬头(To bearer)常标注有“pay to bearer”或者“pay to ABC Co.,Ltd. Or bearer”。

(2)提示(Presentation)

提示是持票人将汇票提交付款人要求承兑或付款的行为,是持票人要求取得票据权利的必要程序。提示又分付款提示和承兑提示。

(3)承兑(Acceptance)

承兑指付款人在持票人向其提示远期汇票时,在汇票上签名,承诺于汇票到期时付款的行为。具体做法是付款人在汇票正面写明“承兑(Accepted)”字样,注明承兑日期,于签章后交还持票人。付款人一旦对汇票作承兑,即成为承兑人以主债务人的地位承担汇票到期时付款的法律责任。

(4)付款(Payment)

付款人在汇票到期日,向提示汇票的合法持票人足额付款。持票人将汇票注销后交给付款人作为收款证明。汇票所代表的债务债权关系即告终止。

(5)背书(Endorsement)

票据包括汇票是可流通转让的证券。根据我国《票据法》规定,除非出票人在汇票上记载“不得转让”外,汇票的收款人可以以记名背书的方式转让汇票权利。即在汇票背面签上自己的名字,并记载被背书人的名称,然后把汇票交给被背书人即受让人,受让人成为持票人,是票据的债权人。受让人有权以背书方式再行转让汇票的权利。在汇票经过不止一次转让时,背书必须连续,即被背书人和背书人名字前后一致。对受让人来说,所有以前的背书人和出票人都是他的前手,对背书人来说,所有他转让以后的受让人都是他的“后手”,前手对后手承担汇票得到承兑和付款的责任。在金融市场上,最常见的背书转让为汇票的贴现,即远期汇票经承兑后,尚未到期,持票人背书后,由银行或贴现公司作为受让人。从票面金额中扣减按贴现率结算的贴息后,将余款付给持票人。贴现后余额的计算公式是:贴现后余额=票面金额-(票面金额×贴现率×日数/360)-有关费用。

(6)贴现

贴现是指远期汇票经承兑后,汇票持有人在汇票尚未到期前在贴现市场上转让,受让人扣除贴现息后将票款付给出让人的行为,或银行购买未到期票据的业务。

一般而言，票据贴现可以分为三种，分别是贴现、转贴现和再贴现。

贴现：指银行承兑汇票的持票人在汇票到期日前，为了取得资金，贴付一定利息将票据权利转让给银行的票据行为，是持票人向银行融通资金的一种方式。

转贴现：指商业银行在资金临时不足时，将已经贴现但仍未到期的票据，交给其他商业银行或贴现机构给予贴现，以取得资金融通。

再贴现：指中央银行通过买进商业银行持有的已贴现但尚未到期的商业汇票，向商业银行提供融资支持的行为。

(7)拒付和追索(Dishonour & Recourse)

持票人向付款人提示，付款人拒绝付款或拒绝承兑，均称拒付。另外，付款人逃匿、死亡或宣告破产，以致持票人无法实现提示，也称拒付。出现拒付，持票人有追索权，即有权向其前手(背书人、出票人)要求偿付汇票金额、利息和其他费用的权利。在追索前必须按规定做成拒绝证书和发出拒付通知。拒绝证书用以证明持票已进行提示而未获结果，由付款地公证机构出具，也可由付款人自行出具退票理由书，或有关的司法文书。拒付通知用以通知前手关于拒付的事实，使其准备偿付并进行再追索。

7.2.2　本票

本票是一人向另一人签发的，保证即期或在可以预料的将来某个时间，由自己无条件支付给持票人一定金额的票据。

本票又可分为商业本票和银行本票。商业本票是由工商企业或个人签发的本票，也称为“一般本票”。商业本票可分为即期和远期的商业本票，一般不具备再贴现条件，特别是中小企业或个人开出的远期本票，因信用保证不高，因此很难流通。银行本票都是即期的。在国际贸易结算中使用的本票大多是银行本票。

1. 本票特征

(1)本票是票据的一种，具有一切票据所共有的性质。

(2)本票是自付证券，它是由出票人自己对收款人支付并承担绝对付款责任的票据。这是本票和汇票、支票最重要的区别。在本票法律关系中，基本当事人只有出票人和收款人，债权债务关系相对简单。

(3)无须承兑。本票在很多方面可以适用汇票法律制度。但是由于本票是由出票人本人承担付款责任，无须委托他人付款，所以，本票无须承兑就能保证付款。

2. 本票生效具备的必要项目

拿到一张本票后，这张本票是否生效，根据《中华人民共和国票据法》规定，这张本票要求具备以下的必要项目：

(1)标明其为“本票”字样；

(2)无条件支付承诺；

(3)出票人签字；

(4)出票日期和地点；

(5)确定的金额；

(6)收款人或其指定人姓名。

3. 本票种类

本票的划分方法多种多样，根据签发人的不同，可分为商业本票和银行本票；根据付款时间的不同，可分为即期本票和远期本票；根据有无收款人之记载，可分为记名本票和不记名本票；根据其金额记载方式的不同，可分为定额本票和不定额本票；根据支付方式的不同，可分为现金本票和转账本票。

(1)一般本票(PROMISSORY NOTE)

一般本票：出票人为企业或个人，票据可以是即期本票，也可是远期本票。

(2)银行本票(CASHER'S ORDER)

银行本票：出票人是银行，只能是即期本票。

7.2.3 支票

1. 支票含义

支票是银行为付款人的即期汇票。具体说就是出票人(银行存款人)对银行(受票人)签发的要求银行见票时立即付款的票据。出票人签发支票时，应在付款行存有不低于票面金额的存款。如存款不足，持票人提款会遭拒付，这种支票称为空头支票。开出空头支票的出票人要负法律责任。

2. 支票种类

支票可分为以下五种：

(1)记名支票：是出票人在收款人栏中注明“付给某人”，“付给某人或其指定人”。这种支票转让流通时，须由持票人背书，取款时须由收款人在背面签字。

(2)不记名支票：又称“空白支票”，抬头一栏注明“付给来人”。这种支票无须背书即可转让，取款时也无须在背面签字。

(3)划线支票:在支票的票面上划两条平行的横向线条,此种支票的持票人不能提取现金,只能委托银行收款入账。

(4)保付支票:为了避免出票人开空头支票,收款人或持票人可以要求付款行在支票上加盖"保付"印记,以保证到时一定能得到银行付款。

(5)转账支票:发票人或持票人在普通支票上载明"转账支付",以对付款银行在支付上加以限制。

7.2.4　票据风险与防范

票据作为国际结算中一种重要的支付凭证,在国际上使用十分广泛。由于票据种类繁多,性质各异,再加上大多数人极少接触到国外票据,缺乏鉴别能力,因而在票据的使用过程中也存在着许多风险。

在票据的风险防范方面,要注意以下几点:

(1)贸易成交以前,一定要了解客户的资信,做到心中有数,防患于未然。特别是对那些资信不明的新客户以及那些外汇紧张、地区落后、国家局势动荡的客户。

(2)对客商提交的票据一定要事先委托银行对外查实,以确保能安全收汇。

(3)贸易成交前,买卖双方一定要签署稳妥、平等互利的销售合同。

(4)在银行未收妥票款之前,不能过早发货以免货款两空。

(5)即使收到世界上资信最好的银行为付款行的支票也并不等于将来一定会收到货款。

近年来,国外不法商人利用伪造票据及汇款凭证在国内行骗的案件屡屡发生,且发案数呈上升趋势,对此不能掉以轻心

7.3　国际贸易常用的结算方式

国际贸易中,常用的结算方式有信用证结算方式、汇付和托收结算方式、银行保证函以及各种结算方式的结合使用。

7.3.1　信用证结算方式

信用证方式是银行信用介入国际货物买卖价款结算的产物。它的出现不仅在一定程度上解决了买卖双方之间互不信任的矛盾,而且还能使双方在使用信用证结算货款的过程中获得银行资金融通的便利,从而促进了国际贸易的发展。因此被广泛应用于国际贸易之中,以致成为当今国际贸易

中的一种主要的结算方式。

信用证是银行做出的有条件的付款承诺，即银行根据开证申请人的请求和指示，向受益人开具的有一定金额、并在一定期限内凭规定的单据承诺付款的书面文件；或者是银行在规定金额、日期和单据的条件下，愿代开证申请人承购受益人汇票的保证书。属于银行信用，采用的是逆汇法。

7.3.2 汇付和托收结算方式

汇付和托收是国际贸易中常用的货款结算方式。

1. 汇付结算方式

汇付结算方式是付款人通过银行，使用各种结算工具将货款汇交收款人的一种结算方式。属于商业信用，采用顺汇法。

汇付业务涉及的当事人有四个：付款人（汇款人 Remitter）、收款人（Payee 或 Beneficiary）、汇出行（Remitting Bank）和汇入行（Paying Bank）。其中付款人（通常为进口人）与汇出行（委托汇出汇款的银行）之间订有合约关系，汇出行与汇入行（汇出行的代理行）之间订有代理合约关系。

在办理汇付结算方式时，需要由汇款人向汇出行填交汇款申请书，汇出行有义务根据汇款申请书的指示向汇入行发出付款书；汇入行收到会计示委托书后，有义务向收款人（通常为出口人）解付货款。但汇出行和汇入行对不属于自身过失而造成的损失（如付款委托书在邮递途中遗失或延误等致使收款人无法或迟期收到货款）不承担责任，而且汇出行对汇入行工作上的过失也不承担责任。

2. 托收结算方式

托收结算方式是出口人在货物装运后，开具以进口方为付款人的汇款人的汇票（随附或不随付货运单据），委托出口地银行通过它在进口地的分行或代理行代进口人收取货款 r 一种结算方式。属于商业信用，采用的是逆汇法。

托收方式的当事人有委托人、托收行、代收行和付款人。委托人（Principal），即开出汇票委托银行向国外付款人代收货款的人，也称为“出票人”（Drawer），通常为出口人；托收行（Remitting Bank）即接受出口人的委托代为收款的出口地银行；代收行（Collecting Bank）即接受托收行的委托代付款人收取货款的进口地银行；付款人（Payer 或 Drawee），汇票上的付款人即托收的付付款人，通常为进口人。

上述当事人中，委托人与托收行之间、托收行与代收行之间都是委托代理关系，付款人与代收行之间则不存在任何法律关系，付款人是根据买卖合同付款的。所以，委托人能否收到货款，完全视进口商的信誉好坏，代收行与托收行均不承担责任。

在办理托收业务时，委托人要向托收行递交一份托收委托书，在该委托书中人出各种指示，托收行以至代收行均按照委托的指示向付款人代收货款。

7.3.3　银行保证函(Banker's Letter of Guarantee，简写为 L/G)

银行保证函，又称"银行保证书"、"银行保函"，或简称"保函"，它是指银行应委托人的申请向受益人开立的一种书面凭证，保证申请人按规定履行合同，否则由银行负责偿付债款。

银行保函业务是指银行应客户的申请而开立的有担保性质的书面承诺文件，一旦申请人未按其与受益人签订的合同的约定偿还债务或履行约定义务时，由银行履行担保责任。

7.3.4　各种结算方式的结合使用

在国际贸易业务中，一笔交易的货款结算可以只使用一种结算方式(通常如此)，也可根据需要，例如不同的交易商品、不同的交易对象、不同的交易做法，将两种以上的结算方式结合使用，或有利于促成交易，或有利于安全及时收汇，或有利于妥善处理付汇。常见的不同结算使用的形式有信用证与汇付结合、信用证与托收结合、汇付与银行保函或信用证结合等。

1. 信用证与汇付结合

这是指一笔交易的货款，部分用信用证方式支付，余额用汇付方式结算。这种结算方式的结合形式常用于允许其交货数量有一定机动幅度的某些初级产品的交易。对此，经双方同意，信用证规定凭装运单据先付发票金额或在货物发运前预付金额若干成，余额待货到目的地(港)后或经再检验的实际数量用汇付方式支付。使用这种结合形式，必须首先明确采用的是何种信用证和何种汇付方式以及按信用证支付金额的比例。

2. 信用证与托收结合

这是指一笔交易的货款，部分用信用证方式支付，余额用托收方式结算。这种结合形式的具体做法通常是：信用证规定受益人(出口人)开立两张汇票，属于信用证项下的部分货款凭光票支付，而其余额则将货运单据附在托收的汇票项下，按即期或远期付款交单方式托收。这种做法，对出口人收汇较为安全，对进口人可减少垫金，易为双方接受。但信用证必须订明信用证的种类和支付金额以及托收方式的种类，也必须订明"在全部付清发票金额后方可交单”的条款。

3. 汇付与银行保函或信用证结合

汇付与银行保函或信用证结合使用的形式常用于成套设备、大型机械和大型交通运输工具(飞机、船舶等)等货款的结算。这类产品交易金额大、生产周期大,往往要求买方以汇付方式预付部分货款或定金,其余大部分货款则由买方按信用证规定或开保函分期付款或迟期付款。

此外,还有汇付与托收结合、托收与备用信用证或银行保函结和等形式。我们在开展对外经济贸易业务时,究竟选择哪一种结合形式,可酌情而定。

【思考题】

1. 简述汇票、支票、本票的区别。

2. 信用证和托收都是通过银行办理货款的收付,为什么这两种方式的性质不同?

3. 在 T/T、信用证、D/P 三种支付方式中,就卖方的风险而言,何种最大? 何种其次? 哪种最小? 为什么?

4. 简述票据风险与防范。

【阅读材料】

信用证实例

SENDER: NATIONAL CREDIT AND COMMERCE BANK LIMITED(DILKUSHA BRANCH),DHAKA,BD

SENDER'S BIC: NCCLBDDHDLB

RECEIVER: PING AN BANK CO.,LTD(FORMERLY SDB) HEAD OFFICE

RECEIVER'S BIC: SZDBCNBS

INPUT DATE& TIME: 2014-4-11 07:03:00

MT 700 ISSUE OF A DOCUMENTARY CREDIT

27:Sequence of Total

1/1

40A:Form of Documentary Credit

IRREVOCABLE

20:Documentary Credit Number

161614011279

31C：Date of Issue

140410

40E：Applicable Rules

UCP LATEST VERSION

31D：Date and Place of Expiry

140630AT NEGOTIATING BANK'S COUNTER

50：Applicant

GLASS COLLECTION

SHARIF PARA，MIRDDA BARI，

JATRABARI，DHAKA，

BANGLADESH.

59：Beneficiary

XXX INTERNATIONAL GROUP CO.，LTD.

NO.6，HONGKONG ROAD，QINGDAO，

SHANDONG PROVINCE，CHINA.

32B：Currency Code，Amount

USD53355，85

41D：Available With … By…

ANY BANK IN BENEFICIARY'S COUNTRY

BY NEGOTIATION

42C：Drafts at …

SIGHT

42A：Drawee

NCCLBDDHDLB

NATIONAL CREDIT AND COMMERCE BANK LIMITED (DILKUSHA

BRANCH)，DHAKA，BD

43P：Partial Shipments

ALLOWED

43T：Transhipment

ALLOWED

44E：Port of Loading/Airport of Departure

ANY SEAPORT OF CHINA

44F: Port of Discharge/Airport of Destination

CHITTAGONG SEAPORT, BANGLADESH.

44C: Latest Date of Shipment

140610

45A: Description of Goods and/or Services.

COMODITY : CLEAR FIGURED GLASS:

DESCRIPTION, QUALITY, QUANTITY, UNIT PRICE/ RATES, SPECIFICATION

AND ALL OTHER DETAILS AS PER BENEFICIARY'S PROFORMA INVOICE

NO. LS14-0302 DATED 07/04/2014.

DELIVERY TERMS: CFR CHITTAGONG SEAPORT, BANGLADESH.

46A: Documents Required

THIS CREDIT IS AVAILABLE BY NEGOTIATION OF BENEFICIARY'S DRAFT

AT SIGHT DRAWN ON US BEARING THE CLAUSE DRAWN UNDER DOCUMENTARY

CREDIT NO. 161614011279 DATED 10/04/2014 OF NATIONAL CREDIT AND

COMMERCE BANK LIMITED, ACCOMPANIED BY THE FOLLOWING DOCUMENTS:

(A) BENEFICIARY'S MANUALLY SIGNED COMMERCIAL INVOICES IN

OCTUPLICATE CERTIFYING MERCHANDISE TO BE OF CHINA ORIGIN, IRC

NO. BA-0206528, LCAF NO. NCCBLA-106918, H. S. CODE NO. 7003.19.00

MUST APPEAR ON INVOICES.

(B) FULL SET OF CLEAN 'SHIPPED ON BOARD' OCEAN BILL OF LADING

DULY VALIDATED DRAWN ON OR ENDORSED TO THE ORDER OF NATIONAL

CREDIT AND COMMERCE BANK LIMITED, DILKUSHA

BRANCH(NITS),DHAKA,

BANGLADESH (BIN-19011031390) SHOWING 'FREIGHT PREPAID' AND MARKED

NOTIFY APPLICANT AND US.

(C) INSURANCE COVERED BY THE APPLICANT. ALL SHIPMENT UNDER THIS

CREDIT MUST BE ADVISED BY THE BENEFICIARY IMMEDIATELY AFTER

SHIPMENT DIRECT TO CENTRAL INSURANCE CO. LTD., NAWABPUR BRANCH,

144/1, NAWABPUR ROAD(3RD FLOOR), DHAKA-1100, BANGLADESH, THE

APPLICANT AND TO US QUOTING THIS CREDIT NUMBER AND REFERRING TO

COVER NOTE NO. CIC/NB/MC-0107/04/2014 DATED 09/04/2014 GIVING

FULL DETAILS OF SHIPMENT AND A COPY OF SUCH ADVICE.

(D) CERTIFICATE OF ORIGIN ISSUED BY CONCERNED GOVERNMENT/

AUTHORISED AUTHORITY/ORGANISATION LIKE CHAMBER OF COMMERCE OF

EXPORTING COUNTRY STATING THAT MERCHANDISE IS OF CHINA ORIGIN.

(E) PACKING LIST IN 5(FIVE) COPIES.

(F) SHIPMENT/TRANSSHIPMENT BY ISRAELI FLAG VESSEL STRICTLY

PROHIBITED AND A DECLARATION FROM CONCERNED SHIPPING LINE/AGENT.

(G) BENEFICIARY'S CERTIFICATE TO THE EFFECT THAT COUNTRY OF

ORIGIN, NAME AND ADDRESS OF THE APPLICANT ALONGWITH APPLICANT'S

TIN 225-100-8331 HAS BEEN CLEARLY MENTIONED WITH IN-

DELIBLE INK ON

THE SURFACE OF AT LEAST 2 PERCENT CARTON/CONTAINER/PACK/BAG/ROLL.

(H) ONE SET OF NON-NEGOTIABLE SHIPPING DOCUMENTS TO BE SENT TO

THE APPLICANT IMMEDIATELY AFTER SHIPMENT AND A CERTIFICATE TO

THIS EFFECT ISSUED BY THE BENEFICIARY.

(I) NO CLAIM CERTIFICATE FROM THE ADVISING BANK REGARDING

ADVISING CHARGE OF THE CREDIT AND SUBSEQUENT AMENDMENT IF ANY

THEREOF.

47A: Additional Conditions

(1) INVOICE SHOULD INDICATE IMPORT UNDER 'CASH FOREIGN EXCHANGE RESOURCE'.

(2) SHIPMENT MUST NOT BE MADE BEFORE THE CREDIT ISSUING DATE.

(3) L/C NUMBER AND DATE MUST BE MENTIONED IN ALL SHIPPING DOCUMENTS.

(4) PACKING : EXPORT STANDARD SEAWORTHY PACKING.

(5) APPLICANT TIN 225-100-8331 AND BIN/VAT REGISTRATION

NUMBER 9151063998 SHOULD BE MENTIONED IN ALL SHIPPING DOCUMENTS.

(6) AN AMOUNT OF USD100.00 AS DISCREPANCY AND CABLE CHARGE WILL BE DEDUCTED AT THE TIME OF PAYMENT FOR EACH SET OF DISCREPANT DOCUMENTS, IF ACCEPTED AND/OR PAID.

(7) BENEFICIARY MUST CERTIFY ON INVOICE THAT QUALITY, QUANTITY, RATE, PACKING, MARKING AND ALL OTHER DETAILS OF GOODS ARE STRICTLY IN ACCORDANCE WITH THE ABOVE LC AND PROFORMA INVOICE AND COUNTRY OF ORIGIN HAS BEEN PRINTED CLEARLY ON GOODS/LABEL/PACKAGE/

CONTAINER/BAG/ROLL OF THE MERCHANDISE.

(8) BENEFICIARY MUST CERTIFY IN THE COMMERCIAL INVOICES THAT NO COMMISSION INCLUDED IN THIS ISSUE AND THE PRICE IS NET..

(9) FCR/STALE/SHORT FORM/BLANK BACK/CHARTER PARTY/FREIGHT FORWARDERS/CLAUSED BILL OF LADING ARE NOT ACCEPTABLE.

(10) SHIPMENT TO BE MADE IN 60 CRATES IN 5X20 FEET GP CONTAINERS..

(11) SHIPPING MARKS: N/M.

(12) 05 PERCENT PLUS/MINUS IN QUANTITY AND VALUE ARE ACCEPTABLE..

71B: Charges

ALL CHARGES OUTSIDE BANGLADESH ARE ON BENEFICIARY'S ACCOUNT INCLUDING LC ADVISING AND REIMBURSEMENT CHARGES.

48: Period for Presentation

DOCUMENTS TO BE PRESENTED WITHIN 21 DAYS AFTER THE DATE OF SHIPMENT BUT WITHIN THE VALIDITY OF THE CREDIT.

49: Confirmation Instructions

WITHOUT

78: Instructions to the Paying/Accepting/Negotiating Bank

(I) UPON RECEIPT OF SHIPPING DOCUMENTS DRAWN STRICTLY IN ACCOR-DANCE WITH THE CREDIT TERMS, WE SHALL REMIT THE PROCEEDS AS PER YOUR INSTRUCTION OR SHALL AUTHORISE YOU TO CLAIM REIMBURSEMENT.

(II) EACH NEGOTIATION TO BE ENDORSED ON THE REVERSE OF THIS CREDIT.

(III) DOCUMENTS CONTAINING ANY DISCREPANCY MUST NOT BE NEGOTIATED EVEN AGAINST GUARANTEE OR UNDER RESERVE WITHOUT OUR PRIOR APPROVAL.

(IV) DOCUMENTS TO BE SENT TO NCC BANK LIMITED, DILKUSHA BRANCH (NITS), 43, DILKUSHA C/A, (1ST FLOOR),

DHAKA－1000, BANGLADESH WITHIN 48 HOURS OF NEGOTIATION.

72: Sender to Receiver Information

THIS IS AN OPERATIVE INSTRUMENT. THIS CREDIT IS SUBJECT TO UCPDC

2007 REVISION ICC PUBLICATION NO. 600.

第8章　外贸单证和外贸信函

【本章重点】

1. 必要的清关文件及其缮制要点
2. 其他交单单据及其缮制要点
3. 外贸信函

外贸单证就是指在国际结算中应用的单据、文件与证书，凭借这种文件来处理国际货物的支付、运输、保险、商检、结汇等。

外贸因其特殊性，需要不同于一般的单据，主要是运输单据，包括提单、商业发票、汇票、装箱单、产地证等。国际商会《跟单信用证统一惯例》对国际贸易中涉及的单据和支付等问题进行了规范。

常见单证有下面几种：

资金单证：汇票、本票、支票、信用证；

商业单证：商业发票、海关发票；

货运单证：海运提单、租船提单、多式运输单据、空运单等；

保险单证；

其他单证：商检单证、原产地证书、装运通知、其他证明单据（寄单证明、寄样证明、船龄证明等）。

8.1　清关文件

清关文件（Customs Clearance Documents）是指外贸进出口过程中，货物出入海关时需要同时提供的证明业务合规性的作证资料，又称为“单证”，是保证出口货物顺利通关的基础。清关资料由出口商（Shipper）提供。

常用的海运清关文件有海运提单、商业发票、装箱单等，很多国家还要求原产地证、商检证书等其他文件，其中有的国家强制需要商检证书。另外，一些国家还有要求一些特殊的文件，如尼日利亚要求必须有 CTN 证书等。

8.1.1 海运提单

在讲述海洋运输方式章节时，对提单进行过简单介绍。

1. 海运提单的定义、性质、作用和内容

(1)海运提单定义

海运提单是承运人收到货物后出具的货物收据，也是承运人所签署的运输契约的证明，提单还代表所载货物的所有权，是一种具有物权特性的凭证。

(2)海运提单的性质和作用

海运提单的性质和作用，可概括为以下三个方面：

①货物收据

提单是承运人签发给托运人的收据，确认承运人已收到提单所列货物并已装船，或者承运人已接管了货物，等待装船。

②物权凭证

提单是货物所有权的凭证。谁持有提单，谁就有权要求承运人交付货物，并且享有占有和处理货物的权利，提单代表了其所载明的货物。

③运输契约的证明

承运人之所以为托运人承运有关货物，是因为承运人和托运人之间存在一定的权利义务关系，双方权利义务关系以提单作为运输契约的凭证。

(3)海运提单的内容

根据《中华人民共和国海商法》的规定，提单正面应记载以下各项：

①货物的品名、标志、包数或者件数、重量或者体积以及运输危险货物时对危险性质的说明；

②承运人的名称和主要营业所；

③船舶名称；

④托运人的名称；

⑤收货人的名称；

⑥装货港和在装货港接受货物的日期；

⑦卸货港；

⑧多式联运提单增列接收货物地点和文件货物地点；

⑨提单的签发日期、地点和份数；

⑩运费的支付；

⑪承运人或者其代表。

我国《海商法》还同时规定，提单缺少本款规定的一项或者几项的，不影响提单的性质。提单正面记载的事项，在法律上具有初步证据。

2. 海运提单的分类

按不同的分类标准，提单可以划分为许多种类：

(1)按提单收货人的抬头分

①记名提单(Straight B/L)

记名提单又称“收货人抬头提单”，是指提单上的收货人栏中已具体填写收货人名称的提单。提单所记载的货物只能由提单上特定的收货人提取，或者说承运人在卸货港只能把货物交给提单上所指定的收货人。如果承运人将货物交给提单指定的以外的人，即使该人占有提单，承运人也应负责。这种提单失去了代表货物可转让流通的便利，但同时也可以避免在转让过程中可能带来的风险。

使用记名提单，如果货物的交付不涉及贸易合同下的义务，则可不通过银行而由托运人将其邮寄收货人，或由船长随船带交。这样，提单就可以及时送达收货人，而不致延误。因此，记名提单一般只适用于运输展览品或贵重物品，特别是短途运输中使用较有优势，而在国际贸易中较少使用。

②不记名提单(Bearer B/L，or Open B/L，or Blank B/L)

提单上收货人一栏内没有指明任何收货人，而注明“提单持有人”(Bearer)字样或将这一栏空白，不填写任何人的名称的提单。这种提单不需要任何背书手续即可转让或提取货物，极为简便。承运人应将货物交给提单持有人，谁持有提单，谁就可以提货，承运人交付货物只凭单，不凭人。这种提单丢失或被窃，风险极大，若转入恶意的第三者手中时，极易引起纠纷，故国际上较少使用这种提单。另外，根据有些班轮公会的规定，凡使用不记名提单，在给大副的提单副本中必须注明卸货港通知人的名称和地址。

《海商法》规定：“记名提单：不得转让；指示提单：经过记名背书或者空白背书转让；不记名提单：无需背书，即可转让。”记名提单虽然安全，不能转让，对贸易各方的交易不便，用得不多。一般认为：由于记名提单不能通过背书转让，因此从国际贸易的角度看，记名提单不具有物权凭证的性质。不记名提单无需背书即可转让，任何人持有提单便可要求承运人放货，对贸易各方不够安全，风险较大，很少采用。

③指示提单(Order B/L)

在提单正面“收货人”一栏内填上“凭指示”(To order)或“凭某人指示”

(Order of ...)字样的提单。这种提单按照表示指示人的方法不同，指示提单又分为托运人指示提单、记名指示人提单和选择指示人提单。如果在收货人栏内只填记“指示”字样，则称为托运人指示提单。这种提单在托运人未指定收货人或受让人之前，货物所有权仍属于卖方，在跟单信用证支付方式下，托运人就是以议付银行或收货人为受让人，通过转让提单而取得议付货款。如果收货人栏内填记“某某指示”，则称为记名指示提单，如果在收货人栏内填记“某某或指示”，则称为选择指示人提单。记名指示提单或选择指示人提单中指名的“某某”既可以是银行的名称，也可以是托运人。

指示提单是一种可转让提单。提单的持有人可以通过背书的方式把它转让给第三者，而不须经过承运人认可，所以这种提单为买方所欢迎。背书分为记名背书(Special Endorsement)和空白背书(Endorsement in Blank)。前者是指背书人(指示人)在提单背面写上被背书人的名称，并由背书人签名。后者是指背书人在提单背面不写明被背书人的名称。在记名背书的场合，承运人应将货物交给被背书人。反之，则只需将货物交给提单持有人。

而不记名指示(托运人指示)提单与记名指示提单不同，它没有经提单指定的人背书才能转让的限制，所以其流通性更大。指示提单可以通过背书转让，适应了正常贸易需要，所以在实践中被广泛应用。

(2)按货物是否已装船划分

①已装船提单(Shipped B/L, or On Board B/L)

已装船提单是指货物装船后由承运人或其授权代理人根据大副收据签发给托运人的提单。如果承运人签发了已装船提单，就是确认已将货物装在船上。这种提单除载明一般事项外，通常还必须注明装载货物的船舶名称和装船日期，即是提单项下货物的装船日期。

由于已装船提单对于收货人及时收到货物有保障，所以在国际货物买卖合同中一般都要求卖方提供已装船提单。根据国际商会1990年修订的《国际贸易术语解释通则》的规定，凡以CIF或CFR条件成立的货物买卖合同，卖方应提供已装船提单。在以跟单信用证为付款方式的国际贸易中，更是要求卖方必须提供已装船提单。国际商会1993年重新修订的《跟单信用证统一惯例》规定，如信用证要求海运提单作为运输单据时，银行将接受注明货物已装船或已装指定船只的提单。

②收货待运提单(Received for Shipment B/L)

收货待运提单又称“备运提单”、“待装提单”，或简称待运提单。它是承运人在收到托运人交来的货物但还没有装船时，应托运人的要求而签发的提单。签发这种提单时，说明承运人确认货物已交由承运人保管并存在其所控制的仓库或场地，但还未装船。所以，这种提单未载明所装船名和装船时间，在跟单信用证支付方式下，银行一般都不肯接受这种提单。但当货物装船，承运人在这种提单上加注装运船名和装船日期并签字盖章后，待运提单即成为已装船提单。同样，托运人也可以用待运提单向承运人换取已装船提单。中国《海商法》也对此作了明确的规定。

这种待运提单于 19 世纪晚期首先出现于美国，其优点在于：对托运人来说，他可以在货物交承运人保管之后至装船前的期间，尽快地从承运人手中取得可转让提单，以便融通资金，加速交易进程。而对于承运人来说，则有利于招揽生意，拓宽货源。但这种提单同时也存在一定的缺陷，首先，因待运提单没有装船日期，很可能因到货不及时而使货主遭受损失。其次，待运提单上没有肯定的装货船名，致使提单持有人在承运人违约时难以向法院申请扣押船。最后，待运提单签发后和货物装船前发生的货损、货差由谁承担也是提单所适用的法律和提单条款本身通常不能明确规定的问题，实践中引起的责任纠纷也难以解决。基于上述原因，在贸易实践中，买方一般不愿意接受这种提单。

随着集装箱运输的发展，承运人在内陆收货越来越多，而货运站不能签发已装船提单，货物装入集装箱后没有特殊情况，一般货物质量不会受到影响。港口收到集装箱货物后，向托运人签发“场站收据”，托运人可持“场站收据”向海上承运人换取“待运提单”，这里的待运提单实质上是“收货待运提单”。由于在集装箱运输中，承运人的责任期间已向两端延伸，所以根据《联合国国际货物多式联运公约》和《跟单信用证统一惯例》的规定，在集装箱运输中银行还是可以接受以这种提单办理货款的结汇。

中国《海商法》第 74 条规定：“货物装船前，承运人已经应托运人的要求签发收货待运提单或者其他单证的，货物装船完毕，托运人可以将收货待运提单或者其他单证退还承运人，以换取已装船提单，承运人也可以在收货待运提单上加注承运船舶的船名和装船日期，加注后的收货待运提单视为已装船提单。”

由此可见，从承运人的责任来讲，集装箱的“收货待运提单”与“已装船提单”是相同的。因为集装箱货物的责任期间是从港口收货时开始的，与非集装箱装运货物从装船时开始不同。跟单信用证惯例也允许接受集装箱的“收货待运”提单。但是在国际贸易的信用证仍往往规定海运提单必须是“已装船提单”，使开证者放心。

(3)按提单上有无批注划分

①清洁提单(Clean B/L)

在装船时，货物外表状况良好，承运人在签发提单时，未在提单上加注任何有关货物残损、包装不良、件数、重量和体积，或其他妨碍结汇的批注的提单称为清洁提单。

使用清洁提单在国际贸易实践中非常重要，买方要想收到完好无损的货物，首先必须要求卖方在装船时保持货物外观良好，并要求卖方提供清洁提单。根据国际商会《跟单信用证统一惯例》第34条规定："清洁运输单据是指货运单据上并无明显地声明货物及（或）包装有缺陷的附加条文或批注者；银行对有该类附加条文或批注的运输单据，除信用证明确规定接受外，当拒绝接受。"可见，在以跟单信用证为付款方式的贸易中，通常卖方只有向银行提交清洁提单才能取得货款。清洁提单是收货人转让提单时必须具备的条件，同时也是履行货物买卖合同规定的交货义务的必要条件。

中国《海商法》第76条规定："承运人或者代其签发提单的人未在提单上批注货物表面状况的，视为货物的表面状况良好。"

由此可见，承运人一旦签发了清洁提单，货物在卸货港卸下后，如发现有残损，除非是由于承运人可以免责的原因所致，承运人必须负责赔偿。

②不清洁提单（Unclean B/L or Foul B/L）

在货物装船时，承运人若发现货物包装不牢、破残、渗漏、玷污、标志不清等现象时，大副将在收货单上对此加以批注，并将此批注转移到提单上，这种提单称为不清洁提单。中国《海商法》第75条规定："承运人或者代其签发提单的人，知道或者有合理的根据怀疑提单记载的货物品名、标志、包数或者件数、重量或者体积与实际接收的货物不符，在签发已装船提单的情况下怀疑与已装船的货物不符，或者没有适当的方法核对提单记载的，可以在提单上批注，说明不符之处，怀疑的根据或者说明无法核对。"

实践中承运人接受货物时，如果货物外表状况不良，一般先在大副收据上做出记载，在正式签发提单时，再把这种记载转移到提单上。在国际贸易的实践中，银行是拒绝出口商以不清洁提单办理结汇的。为此，托运人应把损坏或外表状况有缺陷的货物进行修补或更换。习惯上的变通办法是由托运人出具保函，要求承运人不要将大副收据上所作的有关货物外表状况不良的批注转批到提单上，而根据保函签发清洁提单，以使出口商能顺利完成结汇。但是，承运人因未将大副收据上的批注转移提单上，承运人可能承担对收货人的赔偿责任，承运人因此遭受损失，应由托运人赔偿。那么，托运人是否能够赔偿，在向托运人追偿时，往往难以得到法律的保护而承担很大的风险。承运人与收货人之间的权利义务是提单条款的规定，而不是保函的保证。所以，承运人不能凭保函拒赔，保函对收货人是无效的，如果承、托双方的做法损害了第三者收货人的利益,有违民事活动的诚实信用的基本原则,容易构成与托运人的串通,对收货人进行欺诈行为。

由于保函换取提单的做法,有时确实能起到变通的作用,故在实践中难以完全拒绝,中国最高人民法院在《关于保函是否具有法律效力问题的批复》中指出:"海上货物运输的托运人为换取清洁提单而向承运人出具的保函,对收货人不具有约束力。不论保函如何约定,都不影响收货人向承运人或托运人索赔;对托运人和承运人出于善意而由一方出具另一方接受的保函,双方均有履行之义务。"承运人应当清楚自己在接受保函后所处的地位,切不可掉以轻心。

(4)根据运输方式不同划分

①直达提单(Direct B/L)

直达提单又称"直运提单",是指货物从装货港装船后,中途不经转船,直接运至目的港卸船交予收货人的提单。直达提单上不得有"转船"或"在某港转船"的批注。凡信用证规定不准转船者,必须使用这种直达提单。如果提单背面条款印有承运人有权转船的"自由转船"条款者,则不影响该提单成为直达提单的性质。

使用直达提单,货物由同一船舶直运目的港,对买方来说比中途转船有利得多,它既可以节省费用、减少风险,又可以节省时间,及早到货。因此,通常买方只有在无直达船时才同意转船。在贸易实务中,如信用证规定不准转船,则买方必须取得直达提单才能结汇。

②转船提单(Transshipment B/L)

转船提单是指货物从起运港装载的船舶不直接驶往目的港,需要在中途港口换装其他船舶转运至目的港卸货,承运人签发这种提单称为转船提单。在提单上注明"转运"或在"某某港转船"字样,转船提单往往由第一程船的承运人签发。由于货物中途转船,增加了转船费用和风险,并影响到货时间,故一般信用证内均规定不允许转船,但直达船少或没有直达船的港口,买方也只好同意可以转船。

按照海牙规则,如船舶不能直达货物目的港,非中转不可,一定要事先征得托运人同意。船舶承运转船货物,主要是为了扩大营业、获取运费。转运的货物,一般均属零星杂货,如果是大宗货物,托运人可以租船直航目的港,也就不发生转船问题。转运货物船方的责任可分下列三种情况:第一,第一航程与第二航程的承运人对货物的责任各自负责,互不牵连;第二,第一航程的承运人在货物转运后承担费用,但不负责任;第三,第一航程的承运人对货物负责到底。

上述三项不同责任，须根据转运的过程和措施不同而定。

③联运提单(Through B/L)

联运提单是指货物运输需经两段或两段以上的运输方式来完成，如海陆、海空或海海等联合运输所使用的提单。船船(海海)联运在航运界也称为“转运”，包括海船将货物送到一个港口后再由驳船从港口经内河运往内河目的港。

联运的范围超过了海上运输界限，货物由船舶运送经水域运到一个港口，再经其他运输工具将货物送至目的港，先海运后陆运或空运，或者先空运、陆运后海运。当船舶承运由陆路或飞机运来的货物继续运至目的港时，货方一般选择使用船方所签发的联运提单。

④多式联运提单(Multimodal Transport B/L or Intermodal Transport B/L)

这种提单主要用于集装箱运输，是指一批货物需要经过两种以上不同运输方式，其中一种是海上运输方式，由一个承运人负责全程运输，负责将货物从接收地运至目的地交付收货人，并收取全程运费所签发的提单。提单内的项目不仅包括起运港和目的港，而且还列明一程二程等运输路线，以及收货地和交货地。

多式联运是以两种或两种以上不同运输方式组成的，多式联运提单是参与运输的两种或两种以上运输工具协同完成所签发的提单。

组成多式联运的运输方式中其中一种必须是国际海上运输。

多式联运提单如果贸易双方同意，并在信用证中明确规定，可由承担海上区段运输的船公司、其他运输区段的承运人、多式联运经营人(Combined Transport Operator)或无船承运人(Non-vessel Operating Common Carrier)签发。

中国《海商法》第四章“海上货物运输合同”中的第八节“多式联运合同的特别规定”以及《联合国国际货物多式联运公约》制约着多式联运。

(5)按提单内容的简繁划分

①全式提单(Long Form B/L)

全式提单是指提单除正面印就的提单格式所记载的事项，背面列有关于承运人与托运人及收货人之间权利、义务等详细条款的提单。由于条款繁多，所以又称“繁式提单”。在海运的实际业务中大量使用的大都是这种全式提单。

MEDITERRANEAN SHIPPING COMPANY S.A.　　CONTRACT OF CARRIAGE

Terms and conditions of MSC Mediterranean Shipping Company S.A.　　Contract of Carriage continued from the front page.

Standard edition - 08/2009

See website for large version | Ver página Web para términos y condiciones | www.mscmedshipco.com

图 8-1　背面列有详细条款的全式提单实例

②简式提单(Short Form B/L,or Simple B/L)

简式提单,又称“短式提单”“略式提单”,是相对于全式提单而言的,是指提单背面没有关于承运人与托运人及收货人之间的权利义务等详细条款的提单。这种提单一般在正面印有“简式”(Short Form)字样,以示区别。简式提单中通常列有如下条款:“本提单货物的收受、保管、运输和运费等事项，均按本提单全式提单的正面、背面的铅印、手写、印章和打字等书面条款和例外条款办理，该全式提单存该公司及其分支机构或代理处，可供托运人随时查阅”。

简式提单通常包括租船合同项下的提单和非租船合同项下的提单。

租船合同项下的提单。在以航次租船的方式运输大宗货物时，船货双方为了明确双方的权利、义务首先要订立航次租船合同，在货物装船后承租人要求船方或其代理人签发提单，作为已经收到有关货物的收据，这种提单就是“租船合同项下的提单”。因为这种提单中注有“所有条件均根据某年某月某日签订的租船合同”(All terms and conditions as per charter party dated ...)；或者注有“根据……租船合同开立”字样，所以它要受租船合同的约束。因为银行不愿意承担可能发生的额外风险，所以当出口商以这种提单交银行议付时，银行一般不愿接受。只有在开证行授权可接受租船合同项下的提单时，议付银行才会同意，但往往同时要求出口商提供租船合同副本。国际商会《跟单信用证统一惯例》规定，除非信用证另有规定，银行将拒收租船合同项下的提单。

根据租船合同签发的提单所规定的承运人责任，一般应和租船合同中所规定的船东责任相一致。如果提单所规定的责任大于租船合同所规定的责任，在承租人与船东之间仍以租船合同为准。

非租船合同项下的简式提单。为了简化提单备制工作，有些船公司实际上只签发给托运人一种简式提单，而将全式提单留存，以备托运人查阅。这种简式提单上一般印有“各项条款及例外条款以该公司正规的全式提单所印的条款为准”等内容。按照国际贸易惯例，银行可以接受这种简式提单。这种简式提单与全式提单在法律上具有同等效力。

(6)按签发提单的时间划分

①倒签提单(Anti-dated B/L)

倒签提单是指承运人或其代理人应托运人的要求，在货物装船完毕后，以早于货物实际装船日期为签发日期的提单。当货物实际装船日期晚于信用证规定的装船日期，若仍按实际装船日期签发提单，托运人就无法结汇。为了使签发提单的日期与信用证规定的装运日期相符，以利结汇，承运人应托运人的要求，在提单上仍以信用证的装运日期填写签发日期，以免违约。

签发这种提单，尤其当倒签时间过长时，有可能推断承运人没有使船舶尽快速遣，因而承担货物运输延误的责任。特别是市场上货价下跌时，收货人可以以“伪造提单”为借口拒绝收货，并向法院起诉要求赔偿。承运人签发这种提单是要承担一定风险的。但是为了贸易需要，在一定条件下，比如在该票货物已装船完毕,但所签日期是船舶已抵港并开始装货,而所签提单的这票货尚未装船,是尚未装船的某一天;或签单的货物是零星货物而不是数量很大的大宗货;或倒签的时间与实际装船完毕时间的间隔不长等情况下,取得了托运人保证承担一切责任的保函后,才可以考虑签发。

②顺签提单(Post-date B/L)

顺签提单指在货物装船完毕后,应托运人的要求,由承运人或其代理人签发的提单。但是该提单上记载的签发日期晚于货物实际装船完毕的日期。即托运人从承运人处得到的以晚于货物实际装船完毕的日期作为提单签发日期的提单。由于顺填日期签发提单,所以称为"顺签提单"。

③预借提单(Advanced B/L)

预借提单是指货物尚未装船或尚未装船完毕的情况下,信用证规定的结汇期(即信用证的有效期)即将届满,托运人为了能及时结汇,而要求承运人或其代理人提前签发的已装船清洁提单,即托运人为了能及时结汇而从承运人那里借用的已装船清洁提单。

这种提单往往是当托运人未能及时备妥货物或船期延误,船舶不能按时到港接受货载,估计货物装船完毕的时间可能超过信用证规定的结汇期时,托运人采用从承运人那里借出提单用以结汇,当然必须出具保函。签发这种提单承运人要承担更大的风险,可能构成承、托双方合谋对善意的第三者收货人进行欺诈。签发这种提单的后果:

第一,因为货物尚未装船而签发提单,即货物未经大副检验而签发清洁提单,有可能增加承运人的赔偿责任。

第二,因签发提单后,可能因种种原因改变原定的装运船舶,或发生货物灭失、损坏或退关,这样就会很容易地使收货人掌握预借提单的事实,以欺诈为由拒绝收货,并向承运人提出索赔要求,甚至诉讼。

不少国家的法律规定和判例表明,在签发预借提单的情况下,承运人不但要承担货损赔偿责任,而且还会丧失享受责任限制和援引免责条款的权利,即使该票货物是因免责事项原因受损的,承运人也必须赔偿货物的全部损失。

签发倒签或预借提单,对承运人的风险很大,由此引起的责任承运人必须承担,尽管托运人往往向承运人出具保函,但这种保函同样不能约束收货人。比较而言,签发预借提单比签发倒签提单对承运人的风险更大,因为预借提单是承运人在货物尚未装船,或者装船还未完毕时签发的。中国法院对承运人签发预借提单的判例,不但由承运人承担了由此而引起的一切后果,赔偿货款损失和利息损失,而且还赔偿了包括收货人向第三人赔付的其他各项损失。

④过期提单(Stale B/L)

过期提单有两种含义,一是指出口商在装船后延滞过久才交到银行议付的提单。按国际商会500号出版物《跟单信用证统一惯例》1993年修订本第42条规定:"如信用证无特殊规定,银行将拒受在运输单据签发日期后超过21天才提交的单据。在任何情况下,交单不得晚于信用证到期日。"二是指提单晚于货物到达目的港,这种提单也称为"过期提单"。因此,近洋国家的贸易合同一般都规定有"过期提单也可接受"的条款(Stale B/L is acceptance)。

(7)按收费方式划分

①运费预付提单(Freight Prepaid B/L)

成交CIF、CFR价格条件为运费预付,按规定货物托运时,必须预付运费。在运费预付情况下出具的提单称为运费预付提单。这种提单正面载明"运费预付"字样,运费付后才能取得提单;付费后,若货物灭失,运费不退。

②运费到付提单(Freight to Collect B/L)

以FOB条件成交的货物,不论是买方订舱还是买方委托卖方订舱,运费均为到付(Freight Payable at Destination),并在提单上载明"运费到付"字样,这种提单称为运费到付提单。货物运到目的港后,只有付清运费,收货人才能提货。

③④⑤⑥⑦⑧⑨⑩低运费提单(Minimum B/L)

最低运费提单是指对每一提单上的货物按起码收费标准收取运费所签发的提单。如果托运人托运的货物批量过少,按其数量计算的运费额低于运价表规定的起码收费标准时,承运人均按起码收费标准收取运费,为这批货物所签发的提单就是最低运费提单,也可称为"起码收费提单"。

(8)按提单签发的不同划分

①船东提单

船公司签发的提单,通常为整箱货签发提单。

②无船承运人所签发的提单(NVOCC B/L)

无船承运人提单指由无船承运人或其代理人所签发的提单。在集装箱运输中,无船承运人通常为拼箱货签发提单,因为拼箱货是在集装箱货运站内装箱和拆箱,而货运站又大多有仓库,所以有人称其为仓/仓提单(House B/L)。当然,无船承运人也可以为整箱货签发提单。

③运输代理行提单(House B/L)

运输代理行提单是指由运输代理人签发的提单。在航运实践中,为了节省费用、简化手续,有时运输代理行将不同托运人发运的零星货物集中在一套提单上托运,而由承运人签发给运输代理行成组提单,由于提单只有一套,各个托运人不能分别取得提单,只好由运输代理人向各托运人签发运输代理人(行)的提单。由于集装箱运输的发展,运输代理人组织的拼箱货使用这种提单有利于提高效率,所以这种提单的使用正在扩展。

一般情况下,运输代理行提单不具有提单的法律地位,它只是运输代理人收到托运货物的收据,而不是一种可以转让的物权凭证,故不能凭此向承运人提货。根据国际商会《跟单信用证统一惯例》1993年修订本的规定,除非提单表明运输行作为承运人(包括无船承运人)或承运人的代理人出具的提单,或国际商会批准的"国际货运代理协会联合会"的运输提单可以被银行接受外,银行将拒收这种提单。

3. 特殊的海运提单

(1)合并提单(Omnibus B/L)

合并提单是指根据托运人的要求,将同一船舶装运的同一装货港、同一卸货港、同一收货人的两批或两批以上相同或不同的货物合并签发一份提单。托运人或收货人为了节省运费,常要求承运人将本应属于最低运费提单的货物与其他另行签发提单的货物合并在一起只签发一份提单。

(2)并装提单(Combined B/L)

这是将两批或两批以上品种、质量、装货港和卸货港相同,但分属于不同收货人的液体散装货物并装于同一液体货舱内,而分别为每批货物的收货人签发一份提单时,其上加盖有"并装条款"印章的提单,称为并装提单。在签发并装提单的情况下,应在几个收货人中确定一个主要收货人(通常是其中批量最大的收货人),并由这个主要收货人负责分摊各个收货人应分担的货物自然损耗和底脚损耗。

(3)分提单(Separate B/L)

这是指承运人依照托运人的要求,将本来属于同一装货单上其标志、货种、等级均相同的同一批货物,托运人为了在目的港收货人提货方便,分开签多份提单,分属于几个收货人,这种提单称为分提单。只有标志、货种、等级均相同的同一批货物才能签发分提单,否则会因在卸货港理货增加承运人理货、分货费用的负担。分提单一般除了散装油类最多不超过5套外,其他货物并无限制。

(4)交换提单(Switch B/L)

交换提单是指在直达运输的条件下,应托运人的要求,承运人承诺在某一约定的中途港凭在启运港签发的提单另换发一套以该中途港为启运港,但仍以原来的托运人为托运人的提单，并注明“在中途港收回本提单，另换发以该中途港为启运港的提单”或“Switch B/L”字样的提单。

当贸易合同规定以某一特定港口为装货港，而作为托运人的卖方因备货原因，不得不在这一特定港口以外的其他港口装货时，为了符合贸易合同和信用证关于装货港的要求，常采用这种变通的办法，要求承运人签发这种交换提单。

(5)舱面货提单(On Deck B/L)

舱面货提单又称“甲板货提单”，是指货物装于露天甲板上承运时，并于提单注明“装于舱面”(On Deck)字样的提单。

(6)包裹提单(Parcel Receipt B/L)

(7)集装箱提单(Container B/L)

集装箱提单是集装箱货物运输下主要的货运单据，负责集装箱运输的经营人或其代理人在收到集装箱货物后而签发给托运人的提单。

4. 电子提单

(1)电子提单的含义

电子提单是指通过电子数据交换系统(简称 EDI)传递的有关海上货物运输合同的数据。

电子提单不同于传统提单，它是无纸单证，即按照一定规则组合而成的电子数据。各有关当事人凭密码通过 EDI 进行电子提单相关数据的流转，既解决了因传统提单晚于船舶到达目的港，不便于收货人提取货物的问题，又具有一定的交易安全性，因而有着广阔的应用前景。Incoterms 1990、Incoterms 2000 和 UCP500 明确允许使用电子提单。1990 年在国际海事委员会第 34 届大会上通过了《国际海事委员会电子提单规则》，该规则可以由当事人协议适用。联合国国际贸易法委员会也通过了《1996 年联合国国际贸易法委员会电子商务示范法》。1997 年，我国交通部颁布了《国际海上集装箱运输电子数据管理办法》，为我国有关电子提单的使用和管理提供了相关依据。

(2)电子提单的优点

①快速

传统提单流转缓慢，而电子提单是传统提单与 EDI 技术结合的产物，EDI 技术是借助于网络这个无国界的传输媒体运行的，这使得电子提单可以通过网络进行迅速传递，速度可以是传统提单的百倍千倍。

②可以解决无单放货问题

电子提单的迅速快捷、节省时间的特点，解决了提单长久以来的弊病，即无单放货。同时电子提单的及时到位可以让承运人及时收单放货，不仅可以避免以副本提单加保函提货的风险，而且可以避免由于等待提单的到来在港口长期停泊造成的巨额滞期费。

③节约成本

提单无纸化之后最显著的就是节省了大量的纸张，也意味着投入成本的节省，虽然只是 EDI 过程中的一小部分。据统计，每达成一笔国际贸易，平均需要接近 40 份不同的纸面单证，交易各方需要交换的信息量达 200 多项，其中 70%的信息具有重复性。

④可防冒领避免误交

从传统提单制定、流转、接收，整个过程都需要经过手工才能完成，在这个过程中容易出现各种欺诈行为，破坏了国际海运贸易的正常流转。而电子提单是在 EDI 交易的环境下流通的，数据电文的传递要经过第三方独立的授权认证机构认证的，这样就可以鉴别交易对方的真实身份。并且电子提单都是设定密匙的，这是其安全性的重要保障，这个过程将会大大降低提单被伪造的可能性。

⑤避免手工制作的错误

据银行统计，在信用证结算中，超过 50%的单证有不符点，有的单证需要多次更正，不仅造成人力、物力和时间上的浪费，而且出现这么多单证不符的地方，很容易导致卖方结不到汇，或者修改不符点之后再次结汇之时信用证已经过期。电子提单的采用使得电子数据不需要重复录入，并可以避免单证分次、分散过程中发生不一致的错误。

(3)电子提单的法律问题

有关电子提单的法律问题主要有如下：

①电子提单的法律适用。电子提单规则规定，强制调整传统提单的国际公约或国内法同样适用于电子提单。

②电子提单的书面形式。根据电子提单规则的规定，应当将在电脑存储器中存储的，可以以人类语言在电脑屏幕上显示，或者由电脑打印出来的电子数据视为书面形式。

③运输合同的条款和条件。使用电子提单时，只需将特定的运输合同条款和条件转化为电子数据进行传输。

④密码。各持有人持有不同的密码，该密码不得转让。各个持有人和承运人应当各自保持密码的安全性。

⑤交付货物。承运人应将货物的预期交付地点和日期通知给有关的密码持有人，由密码持有人指定收货人。

⑥要求签发书面提单的选择。根据电子提单规则的规定，在交货前的任何时候，密码持有人有权选择向承运人索取书面提单，承运人也有权选择向持有人签发书面提单。

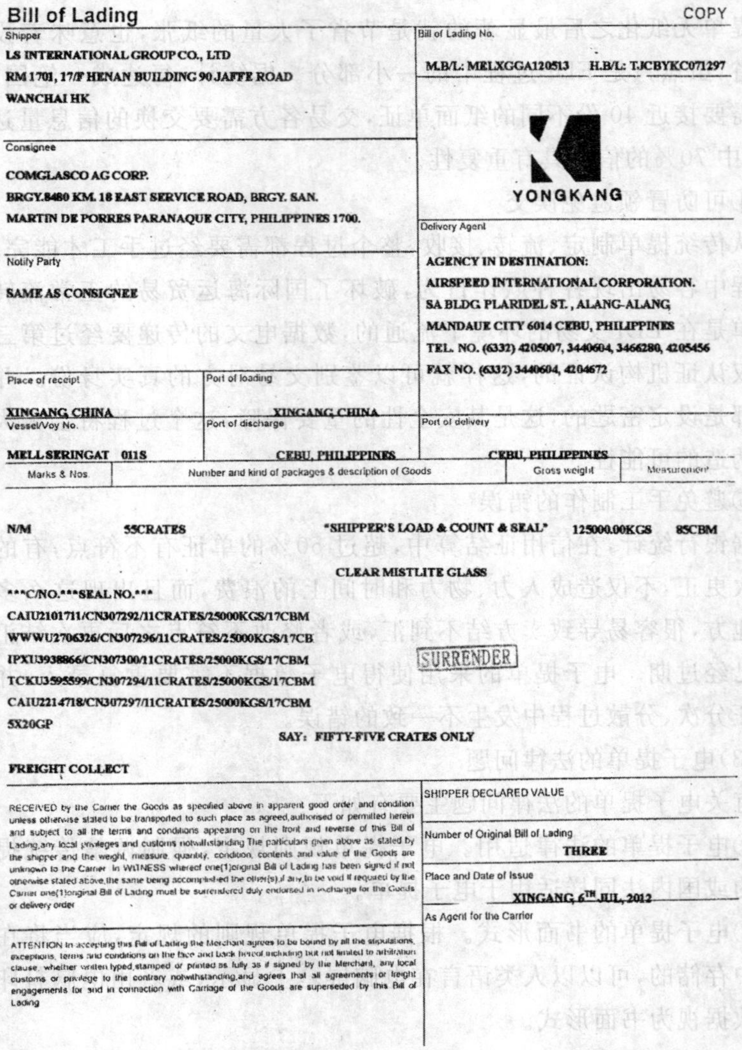

Bill of Lading COPY

Shipper
LS INTERNATIONAL GROUP CO., LTD
RM 1701, 17/F HENAN BUILDING 90 JAFFE ROAD
WANCHAI HK

Bill of Lading No.
M.B/L: MELXGGA120513 H.B/L: TJCBYKC071297

YONGKANG

Consignee
COMGLASCO AG CORP.
BRGY.8480 KM. 18 EAST SERVICE ROAD, BRGY. SAN.
MARTIN DE PORRES PARANAQUE CITY, PHILIPPINES 1700.

Delivery Agent
AGENCY IN DESTINATION:
AIRSPEED INTERNATIONAL CORPORATION.
SA BLDG PLARIDEL ST., ALANG-ALANG
MANDAUE CITY 6014 CEBU, PHILIPPINES
TEL. NO. (6332) 4205007, 3440604, 3466280, 4205456
FAX NO. (6332) 3440604, 4204672

Notify Party
SAME AS CONSIGNEE

Place of receipt	Port of loading	
XINGANG, CHINA	XINGANG, CHINA	
Vessel/Voy No.	Port of discharge	Port of delivery
MELL SERINGAT 011S	CEBU, PHILIPPINES	CEBU, PHILIPPINES

Marks & Nos.	Number and kind of packages & description of Goods	Gross weight	Measurement
N/M	55CRATES "SHIPPER'S LOAD & COUNT & SEAL"	125000.00KGS	85CBM

CLEAR MISTLITE GLASS

C/NO.SEAL NO.***
CAIU2101711/CN307292/11CRATES/25000KGS/17CBM
WWWU2706326/CN307296/11CRATES/25000KGS/17CB
IPXU3938866/CN307300/11CRATES/25000KGS/17CBM
TCKU3595599/CN307294/11CRATES/25000KGS/17CBM
CAIU2214718/CN307297/11CRATES/25000KGS/17CBM
5X20GP

SURRENDER

SAY: FIFTY-FIVE CRATES ONLY

FREIGHT COLLECT

RECEIVED by the Carrier the Goods as specified above in apparent good order and condition unless otherwise stated to be transported to such place as agreed, authorised or permitted herein and subject to all the terms and conditions appearing on the front and reverse of this Bill of Lading, any local privileges and customs notwithstanding The particulars given above as stated by the shipper and the weight, measure, quantity, condition, contents and value of the Goods are unknown to the Carrier In WITNESS whereof one(1)original Bill of Lading has been signed if not otherwise stated above, the same being accomplished the other(s), if any, to be void If required by the Carrier one(1)original Bill of Lading must be surrendered duly endorsed in exchange for the Goods or delivery order

ATTENTION In accepting this Bill of Lading the Merchant agrees to be bound by all the stipulations, exceptions, terms and conditions on the face and back hereof including but not limited to arbitration clause, whether written typed, stamped or printed as fully as if signed by the Merchant, any local customs or privilege to the contrary notwithstanding, and agrees that all agreements or freight engagements for and in connection with Carriage of the Goods are superseded by this Bill of Lading

SHIPPER DECLARED VALUE

Number of Original Bill of Lading
THREE

Place and Date of Issue
XINGANG, 6TH JUL, 2012

As Agent for the Carrier

图 8-2　已经完成电放的电子提单实例

(4)关于电子提单的国际规则

《国际海事委员会电子提单规则》。1990 年 6 月 29 日，国际海事委员会在巴黎召开的第 34 届大会上通过了《国际海事委员会电子提单规则》(以下简称《规则》)。为了适应信息时代电子资料交换系统的广泛应用，联合国设计制定了《联合国贸易资料指南》(UNTDED)、《联合国行政、商业、运输电子资料交换规则》(UN/EDIFACT)和《电讯贸易资料交换实施统一规则》(UNCID),《国际海事委员会电子提单规则》在此基础上制定的。

《规则》共 11 条,主要内容有:适用范围、定义、程序规则、收货单据的形式和内容、运送合同的术语与条件、密码、发送、接受纸面单证的选择、电子数据等同书面、数据电文的鉴定等。

《规则》对电子密码的运用,使作为物权凭证的电子提单的转让成为可能。按照规定,在采用电子提单时,发货人和承运人必须事先约定,他们将用电子方式进行通信,并将使用电子提单而不使用书面提单,这是使用该规则的前提条件。当事人通过对电子提单的密码的转让来代替传统提单的背书转让,以达到同样的目的。其具体过程是:承运人在接收到发货人的货物之后,应该按照发货人说明的电子地址给予发货人已接收到货物的电子通知(其中包括同意日后传输的密码),发货人必须向承运人确认该收讯;根据该电子信息,发货人便成为持有人。

《规则》在处理电子数据与书面的关系时,采用了"功能等同"(Functional Equivalent)原则。根据规定,承运人和发货人以及此后所有采取本程序的当事方,均同意载于计算机数据贮藏中可用人类语言在屏幕上显示或由计算机打印的、经传输和确认的电子数据,将满足任何国内法或本地法、习惯或实践规定运输合同必须经签署并以书面形式加以证明的要求。经采纳上述规定,所有当事方将被认为业已同意不再提出非书面形式的抗辩。

5.　承运人与货物方之间的权利、义务和责任豁免

提单背面印定的条款规定了承运人与货物方之间的权利、义务和责任豁免,是双方当事人处理争议时的主要法律依据。在全式(Long Term)正本提单的背面,列有许多条款,其中主要有:

(1)定义条款(Definition Clause)

主要对"承运人"、"托运人"等关系人加以限定。前者包括与托运人定有运输合同的船舶所有人,后者包括提货人、收货人、提单持有人和货物所有人。

(2)管辖权条款(Jurisdiction Clause)

指出当提单发生争执时,按照法律,某法院有审理和解决案件的权利。

(3)责任期限条款(Duration of Liability)

规定承运人对货物灭失或损害承担赔偿责任的期间的条款。一般海运提单规定承运人的责任期限从货物装上船舶起至卸离船舶为止。集装箱提单则从承运人接受货物至交付指定收货人为止。

(4)包装和标志(Packages and Marks)

要求托运人对货物提供妥善包装和正确清晰的标志。如因标志不清或包装不良所产生的一切费用由货方负责。

(5)运费和其他费用(Fright and Other Charges)

运费规定为预付的,应在装船时一并支付,到付的应在交货时一并支付。当船舶和货物遭受任何灭失或损失时,运费仍应照付,否则,承运人可对货物及单证行使留置权。

(6)自由转船条款(Transshipment Clause)

承运人虽签发了直达提单,但由于客观需要仍可自由转船,并不须经托运人的同意。转船费由承运人负担,但风险由托运人承担,而承运人的责任也仅限于其本身经营的船舶所完成的那段运输。

(7)错误申报(Inaccuracy in Particulars Furnished by Shipper)

承运人有权在装运港和目的港查核托运人申报的货物数量、重量、尺码与内容,如发现与实际不符,承运人可收取运费罚款。

(8)承运人责任限额(Limit of Liability)

规定承运人对货物灭失或损坏所造成的损失所负的赔偿限额,即每一件或每计算单位货物赔偿金额最多不超过若干金额。

(9)共同海损(General Average)

规定若发生共同海损,按照什么规则计算理赔。国际上一般采用1974年越克一安特卫普规则计算理赔。在中国,一些提单常规定按照1975年北京理算规则计算理赔。

(10)美国条款(American Clause)

规定来往美国港口的货物运输只能适用美国1936年海上货运(Carriage of Good by Sea ACR。1936)运费按联邦海事委员会(FMC)登记的费率本执行,如提单条款与上述法则有抵触时,则以美国法为准。此条款也称“地区条款”(Local Clause)。

(11)舱面货,活动物和植物(On Deck Cargo,Live Animals and Plants)

对这三种货物的接受、搬运、运输、保管和卸货规定,由托运人和托运人承担风险,承运人对其灭失或损坏不负责任。

6. 其他说明

(1)海运提单的流通

海运提单作为货权凭证,只要具备一定的条件就可以转让。

转让的方式有两种:空白背书和记名背书。

但提单的流通性小于汇票的流通性。其主要表现为,提单的受让人不像汇票的正当持票人那样享有优于前手背书人的权利。具体来说，如果一个人用欺诈手段取得一份可转让的提单，并把它背书转让给一个善意的、支付了价金的受让人，则该受让人不能因此而取得货物的所有权，不能以此对抗真正的所有人。相反，如果在汇票流通过程中发生这种情况，则汇票的善意受让人的权利仍将受到保障，他仍有权享受汇票上的一切权利。

(2)船东提单和货代提单的不同操作

在国际上通行的做法是船公司对货代，货代对客户，所以很多情况下从国外进口时，客户手里拿到的通常会是分单。这样客户就只会流转在货代之间，而在船公司那里流转的是货代的信息，这也可以说是货代出分单的一个好处，可以保护客户的信息。另外，出分单还有以下一些好处：

①对于 FOB 条款，运费到付的业务，通常货代都需要把主单的收货人打给其目的港的代理，然后货代出分单给客户，将来代理会为其从收货人那里收取运费。船公司一方面在做运费到付上有一定限制，另外船公司的价格和报给客户的价格之间的差价部分，如果只出主单，也不是很好处理。而代理却可以非常方面地处理掉这个问题。

②对于 DAT、DAP、DDP 的业务，船公司负责把货运到目的港，如果发货人要求货代做一条龙服务，这时货代就需要出分单，主单出给自己在目的港的代理，由代理负责目的港清关、送货甚至代垫税金。这就是流行的门到门服务，只要客户告诉我们你的货物在哪里，我们将从发货人的门提货直到送到收货人的门。

③对于运往北非或南美的空运业务，由于航空公司和航班的限制，另外从成本角度考虑，通常货代会选择在香港、迪拜或者其他地点作中转港，即安排一程先把货物先运到中转港，然后由货代在中转港的代理安排把货物运抵北非或南美。此时需要把主单委托给货代在这两个港的代理，而货代会出分单给客户。

④对于三角贸易的业务，国内货代会要求船公司出全程主单给自己，然后出一套发货人是供应商，收货人是中间商的分单；然后在中间商所在地做转换提单，即提单的发货人是中间商，收货人是实际目的港的收货人的提单。

⑤对于几个客户的小货合起来拼一个集装箱到同一个目的港，这时货代会采取一主挂多分的做法，即把主单的收货人委托给目的港的代理，然后出几个分单给每个客户，分单号编为 001A、001B、001C 等，将来目的港的代理会把这个集装箱提出来，客户在目的港凭借分单清关完毕去提属于自己的那部分货物。

总之，出分单可以说是货代之间合作走向国际化的一种表现，是货代行业完善服务、更好地服务于客户和满足于客户的一种表现。不过，其中也蕴含着风险，例：如果船公司和货代相互勾结，货主会失去对货物的控制等。

8.1.2 商业发票(COMMERCIAL INVOICE)

1. 商业发票的含义

商业发票是出口方向进口方开列发货价目清单，是买卖双方记账的依据，也是进出口报关交税的总说明。商业发票是一笔业务的全面反映，商业发票对外贸易中简称发票，是出口公司对国外买方开立的载有货物名称、规格、数量、单价、总金额等方面内容的清单，供国外买方凭以收货、支付货款和报关完税使用，是所装运货物的总说明，同时也是进口商办理进口报关不可缺少的文件，因此商业发票是全套出口单据的核心，在单据制作过程中，其余单据均需参照商业发票缮制。

2. 商业发票的内容

(1)卖方栏目要按合同和信用证的规定填写名称和地址的全称。一般名称和地址要分行打。

(2)买方栏目又称“发票的收货人”或“抬头人”。当采用信用证方式付款时，商业发票必须以信用证申请人为抬头，除非信用证另有规定。跟单托收业务，发票上的收货人应根据合同所列买方或指定名称缮制，并列明详细地址。

(3)发票号码。发票号码由出口商自行编制，一方面便于出口商的查寻，同时又代表了全套单据的号码和某批货物，所以，在缮制时不能遗漏。如缮制汇票时的号码就是按发票号码填写。

(4)发票日期。发票的出票日期，信用证方式一般在信用证开证日期之后，装运日期之前，或至少在交单或有效期之前。

(5)信用证号码。按信用证填写。

(6)信用证日期。按信用证填写。

(7)开证行。填写信用证的开证行。

(8)合同号码，应与信用证上所列的一致，须在发票上列明，若一笔交易有几个合同号码，都应打在发票上。

(9)合同日期。为订立合同的时间。

(10)起运地。按信用证规定填写，并与提单所列明的一致。

(11)目的地。按信用证填写，同时要注意目的地的规定要明确具体，不能笼统；有重名的目的地后面要加打国别。

(12)运输工具。在得到海运公司或运输代理的配载通知后，按其配载内容列明运输工具和航次。

(13)唛头。凡是信用证上规定唛头的，必须逐字逐行按规定缮制，并与其他单据的唛头相一致。信用证中没有规定唛头的，则按合同条款中指明的唛头或买方已提供的唛头缮制；如果都没有规定的，则由卖方自行设计，并注意单单相符。

(14)商品名称及规格。必须与合同和信用证一致。如果信用证方式下制单，应特别注意以下几点：

①发票的品名不能超出信用证的内容。

②货名不能遗漏和随便减缩。如果来证货物名称写的详细具体，应照抄。

③要正确缮制中文和外文品名。

④来证品名开错时，如果是实质性问题，应及时修改。如果是次要问题，可采用照抄并加注括号的办法，但严格来说，这也是单证不符，最好还是修改信用证。

⑤来证所要求的规格必须在单据上充分体现出来。

(15)数量或重量既要与实际装运货物相符，又要符合信用证规定。以件数计算价格的商品，发票要列明件数；以重量计算价格的，必须列出重量。如果货品规格较多，每种商品应打明小计数量，最后表示出总数量。

(16)价格术语要严格按信用证规定填制，有时含了佣金，有时不含佣金。

(17)单价和总值是发票的重点，特别要注意发票金额不超过信用证金额，发票的货币要与信用证相一致。

(18)出具人和签章。一般发票必须经出口商正式签字盖章才有效，并注意使用的图章和签字与其他单据的签章相一致。如果对方国家要求手签时，要注意各国的习惯。

3. 商业发票的作用

商业发票的作用有以下几方面：

(1)可供进口商了解和掌握装运货物的全面情况。

(2)作为进口商记账，进口报关，海关统计和报关纳税的依据。

(3)出口商凭以发票的内容，逐笔登记入账。在货物装运前，出口商需要向海关递交商业发票，作为报关发票，海关凭以核算税金，并作为验关放行和统计的凭证之一。

(4)在不用汇票的情况下，发票可以代替汇票作为付款依据。

另外，一旦发生保险索赔时，发票可以作为货物价值的证明等。

4. 商业发票的形式

商业发票没有统一规定的格式，每个出具商业发票的单位都有自己的发票格式。虽然格式各有不同，但是，商业发票填制的项目大同小异。一般来说，商业发票应该具备以下主要内容：

(1)首文部分

首文部分应该列明发票的名称、发票号码、合同号码、发票的出票日期和地点以及船名、装运港、卸货港、发货人、收货人等。这部分一般都是以印刷的项目，后面留有的空格须填写。

(2)文本部分

发票的文本主要包括唛头、商品名称、货物数量、规格、单价、总价、毛重、净重等内容。

(3)结文部分

发票的结文一般包括信用证中加注的特别条款或文句。

发票的结文还包括发票的出票人签字。发票的出票人签字一般在发票的右下角，一般包括两部分内容：一是出口商的名称(信用证的受益人)，二是出口公司经理或其他授权人手签，有时也用手签图章或代替手签。

5. 商业发票的注意事项

(1)商业发票的单价问题

单价包括计价货币、计价单位、单位价格金额和贸易术语四部分，如信用证有具体规定，则应与信用证一致。发票金额应与汇票金额相同，且不能超过信用证总金额。

在商业发票正中下方，通常印有“有错当查”，即“Errors and Omissions Excepted”(错误和遗漏除外)，表示发票的制作者在发票一旦出现差错时，可以纠正的意思。

商业发票单价的注意事项：

①发票的单价必须与信用证上的单价完全一致。

②一定要写明货币名称、计量单位。

③贸易术语是关系到买卖双方的风险划分、费用负担问题，同时也是海关征税的依据，应正确缮制。

(2)填写数量及货物描述时应注意的事项

①缮制发票时，数量必须反映货物的实际装运数量，做到单证一致。尤其当信用证只给定界限时，例如：“Not Exceed 1500SQM/CASE, Minus 5% Quantity Allowance.”在这样的条件下需要注明实际装运数量。

②如果信用证规定或者实际业务需要，一批货物要分制几套单据，则每套单据应缮制一份发票，各发票的货物数量之和应等于该批货物的总货物数量。

③如果信用证允许分批装运，又规定了一定的增减幅度，则每批货物应该按照相同的增减幅度掌握。

④按《跟单信用证 No. 500》规定："about"、"circa"、"approximate"等字样，允许增减 10%；散装货，即使数字前没有"约"字样，也允许增减 5%；但以包装单位或个体计数则不适用。

⑤对成交商品规格较多的，信用证常规定："AS PER S/C NO. …"，制单时须分别详列各种规格和单价。

⑥当使用其他支付方式(如托收)时，货物内容应与合同内容一致。

(3)商业发票和形式发票的区别

①商业发票是出口商于货物运出时开给进口商作为进货记账或结算货款和报关缴税的凭证，可以用于托收、议付和信用证付款，也是出口方报关交税和进口方缴纳进口关税的重要依据。形式发票不是一种正式发票，不能用于托收、议付和信用证付款，它所列的单价等，也仅仅是进口商根据当时情况所作的估计，对双方都无最终的约束力，所以说形式发票只是一种估价单，正式成立还要另外重新缮制商业发票。

②形式发票相当于买卖双方的合同。金额是真实的，通常用来双方执行的。而商业发票一般是用来给客人清关报税用的，通常其金额可以根据客人的需要开，可能和实际不符。

(4)低值商业发票的问题

所谓低值发票也就是"低开出口发票"，是指对外贸易经营者在对外贸易中，向进口商提供的自制出口发票的票面价值低于出口报关时所提供发票票面价值的行为。对国外进口商而言，要求国内出口商低开出口发票最直接的原因是为了少缴纳进口关税。

在外贸业务中，常会遇到客户要求出口企业开具低值发票，实际操作中，企业通常会照做。因为如果不应客户要求可能丧失该笔订单甚至得罪进口方；或者充分相信进口方，认为只要能收到全款就不会造成损失；或者认为如果不这样做其他企业仍可能照做，如此自身企业会遭受损失。

然而事实却是，企业开具低值发票这一行为不仅对自身甚至整个行业都将带来巨大危害。表现如下：

①低值发票属于违法行为。

②低值发票会面临进口商的违约风险。

③开具低值发票的企业有进入进口国黑名单的风险。发票会在海关外永久保存，一旦两国海关互通发票单据，进口商的信誉将会受损并进入黑名单。

④开具低值发票会对整个行业引来反倾销诉讼，造成无法挽回的损失。

注意，如果一笔业务的结汇方式为"30％T/T IN ADVANCE，70％L/C AT SIGHT"，商业发票显示全部装运货物的数量及价值，然后在发票上注明扣减30％的预付款，这种情况不属于低开出口发票。

8.1.3　装箱单、重量单和尺码单等包装事宜单据

装箱单、重量单和尺码单等单据是发票的补充单据，它列明了信用证（或合同）中买卖双方约定的有关包装事宜的细节，便于国外买方在货物到达目的港时供海关检查和核对货物，通常可以将其有关内容加列在商业发票上，但是在信用证有明确要求时，就必须严格按信用证约定制作。

装箱单、重量单和尺码单等单据是商品的不同包装规格、不同花色和不同重量逐一分别详细列表说明的一种单据。它是买方收货时核对货物的品种、花色、尺寸、规格和海关验收的主要依据。

常见的此类单据有：

PACKING LIST(NOTE)装箱单；

WEIGHT LIST(NOTE)重量单；

MEASUREMENT LIST 尺码单；

PACKING LIST AND WEIGHT LIST 装箱单/重量单；

PACKING NOTE AND WEIGHT NOTE 装箱单/重量单；

PACKING LIST AND WEIGHT LIST AND MEASUREMENT 装箱单/重量单/尺码单；

PACKING NOTE AND WEIGHT NOTE AND MEASUREMENT 装箱单/重量单/尺码单；

WEIGHT AND MEASUREMENT LIST 重量单/尺码单；

WEIGHT AND MEASUREMENT NOTE 重量单/尺码单；

PACKING AND MEASUREMENT LIST 装箱单/尺码单；

PACKING AND MEASUREMENT NOTE 装箱单/尺码单。

对于不同特性的货物，进口商可能对某一或某几方面（例如包装方式、重量、体积、尺码）比较关注，因此希望对方重点提供某一方面的单据。它包括不同名称的各式单据，例如 PACKING LIST、WEIGHT LIST、MEASUREMENT LIST、PACKING NOTE AND WEIGHT NOTE 等，它们的制

作方法与主要内容基本一致。装箱单着重表示包装情况，重量单着重说明重量情况，尺码单则着重商品体积的描述。

1. 装箱单、重量单和尺码单等包装事宜单据的特点

装箱单、重量单和尺码单等包装事宜单据具有以下特点：

(1)为了保持与发票一致，在号码和日期两栏与发票应该相同。

(2)一般不显示收货人、价格、装运情况，对货物描述一般都使用统称概述。

(3)装箱单着重表现货物的包装情况，从最小包装到最大包装的包装材料，包装方式一一列明。而对于重量和尺码内容，一般只体现累计总额。重量单在装箱单的基础上，详细表示货物的毛重、净重、皮重等。

(4)制作要以信用证、合同、备货单、出货单为凭据。

(5)如果信用证上要求在装箱单、重量单和尺码单等包装事宜单据上填写一些特殊条款，应照办。

2. 装箱单的具体缮制内容

因为装箱单是最为普遍的单据，所以主要分析装箱单。

(1)装箱单名称(Packing list)

装箱单名称应按照信用证规定使用。通常用“Packing List”、“Packing Specification”、“Detailed Packing List”。如果来证要求用中性包装单(Neutral Packing List)，则包装单名称打“Packing List”，但包装单内不打卖方名称，不能签章。

(2)编号(No.)

编号与发票号码一致。

(3)合同号或销售确认书号(Contract No. /Sales Confirmation No.)

此批货的合同号或者销售合同书号。

(4)唛头(Shipping Mark)

唛头与发票一致，有的注实际唛头，有时也可以只注“as per invoice No. 21030112”。

(5)箱号(Case No.)

箱号，又称“包装件号码”。在单位包装货量或品种不固定的情况下，需注明每个包装件内的包装情况，因此包装件应编号。例如：Carton No. 3-6、Carton No. 6-10 等。

(6)货号(Name of Commodity)

按照发票，与发票内容一致。

(7)货描(Description &Specification)

要求与发票一致。

货名如有总称,应先注总称,然后逐项列明详细货名。与箱号、货号栏对应逐一注明每一包装件的货名、规格、品种。

(8)数量(Quantity)

应注明此箱内每件货物的包装件数。

例如"CASE 10"、"SQM 20"、"BAG 50",合同栏同时注明合计件数。

(9)毛重(Gr. Weight)

注明每个包装件的毛重和此包装件内不同规格、品种、花色货物各自的总毛重(sub total),最后在合计栏处注总货量。信用证或合同未要求,不注也可以。如果为"Detailed Packing List",则此处应逐项列明。

(10)净重(Net Weight)

注明每个包装件的净重和此包装件内不同规格、品种、花色货物各自的总净重(sub total),最后在合计栏处注总货量。信用证或合同未要求,不注也可以。如果为"Detailed Packing List",则此处应逐项列明。

(11)箱外尺寸(Measurement)

注明每个包装件的尺寸。

(12)合计(Total)

此栏对箱号、数量、毛重、净重栏合计。

(13)出票人签章(Signature)

出票人签章应与发票相同。

3. 装箱单缮制中的注意事项

(1)有的出口公司将两种单据的名称印在一起,当信用证仅要求出具其中一种时,应将另外一种单据的名称删去。单据的名称,必须与信用证要求相符。如信用证规定为"Weight Memo",则单据名称不能用"Weight List"。

(2)两种单据的各项内容,应与发票和其他单据的内容一致。如装箱单上的总件数和重量单上的总重量,应与发票、提单上的总件数或总数量相一致。

(3)包装单所列的情况,应与货物的包装内容完全相符,例如,货物用木箱装,每箱200片。

(4)如信用证要求这两种单据分别开列时,应按来证办理,提供两套单据。

(5)如信用证要求在这两种单据(或其中一种)上要求注明总尺码时,应照办,此单据上的尺码,应与提单上注明的尺码一致。

(6)如信用证要求提供"中性包装清单"时,应由第三方填制,不要注明受益人的名称。这是由于进口商在转让单据时，不愿将原始出口商信息暴露给其买主，故才要求出口商出具中性单据。如来证要求用“空白纸张”(Plain Paper)填制这两种单据时，在单据内一般不要表现出受益人及开证行名称，也不要加盖任何签章。

4. 装货单和装箱单的区别

和装箱单相近的，还有装货单，装货单和装箱单的区别如下：

装货单是接受了托运人提出装运申请的船公司，签发给托运人的用以命令船长将承运的货物装船的单据。它既能用作装船的依据，又是货主用以向海关办理出口货物申报手续的主要单据之一，所以又叫“关单”。对于托运人来讲，它是办妥货物托运的证明。对船公司或其代理来讲是通知船方接受装运该批货物的指示文件。

装箱单是用以说明货物包装细节的清单。装箱单的作用主要是补充发票内容，详细记载包装方式、包装材料、包装件数、货物规格、数量、重量等内容，便于进口商或海关等有关部门对货物的核准。

8.1.4　原产地证(Certificate of Origin)

原产地证是出口国的特定机构出具的证明其出口货物为该国家(或地区)原产的一种证明文件。《中华人民共和国出口货物原产地证明书》是证明有关出口货物原产地为中华人民共和国的证明文件。

原产地证的作用：作为征税的依据；作为允许进口的文件之一。

1. 原产地证的分类

根据签发者不同，原产地证书一般可分为以下两类：

第一类是商检机构出具的原产地证书，包括优惠性原产地证书、非优惠性原产地证书以及专用原产地证书等。

优惠性原产地证书主要是普惠制产地证书(FORM A)和各类区域性优惠原产地证书，非优惠性原产地证书主要有一般原产地证书，加工装配证书以及转口证书，专用原产地证明书主要是金伯利进程证书，输欧盟农产品原产地证。

(1)优惠原产地证书

优惠原产地证书是能使出口产品在进口国海关享受关税减免待遇的证明产品原产国(地区)的官方证书，在我国目前主要有以下几种：

①普惠制原产地证书(FORM A)。适用于对 39 个发达国家出口的符合给惠国相关规定的产品。包括：欧盟的英国、法国、德国、意大利、荷兰、卢森堡、比利时、爱尔兰等 27 国。

ORIGINAL

(ZL)
ZYH

1. Exporter's Name and Address, Country
SHEN ZHEN YANG PENG INDUSTRIAL CO.,LTD.CHINA
ADDRESS RM1603,BLOCK C,SOUTH BLDG
LUOPANG ROAD SHENZHEN CHINA 518002
~~O/B:LS INTERNATIONAL GROUP CO.,LTD~~

CERTIFICATE NO. P13470ZC22012031

CERTIFICATE OF ORIGIN
CHINA-PAKISTAN FTA
(Combined Declaration and Certificate)

Issued in THE PEOPLE'S REPUBLIC OF CHINA
(Country)

See Instructions Overleaf

2. Consignee's Name and Address, Country
M/S.AHSAN & COMPANY
86,BEADON ROAD,LAHORE/PAKISTAN

3. Producer's Name and Address, Country
AVAILABLE TO CUSTOMS UPON REQUEST

4. Means of transport and route (as far as known)
Departure Date Apr. 09,2013
Vessel /Flight/Train/Vehicle No. MAERSK KOBE/130S BY SEA
Port of loading QINGDAO CHINA
Port of discharge KARACHI,PAKISTAN

5. For Official Use Only
☐ Preferential Treatment Given Under China-Pakistan FTA Free Trade Area Preferential Tariff
☐ Preferential Treatment Not Given (Please state reason/s)

Signature of Authorized Signatory of the importing Country

6. Item number	7. Marks and numbers on packages; Number and kind of packages; description of goods; HS code of the importing country	8.Origin Criterion	9. Gross Weight, Quantity and FOB value	10. Number and date of invoices	11.Remarks
1	CLEAR SHEET GLASS H.S.CODE:700490 TOTAL:ONE(1)CONTAINER SAID CONTAIN THIRTEEN(13) CRATES ONLY *** *** *** *** *** *** *** *** *** *** *** *** Marks and numbers on packages: N/M	"P"	5079.17SQM USD:7364.79	LS13-0318 APR. 08,2013	

12.Declaration by the exporter
The undersigned hereby declares that the above details and statement are correct; that all the goods were produced in
CHINA
(Country)
and that they comply with the origin requirements specified for these goods in the China-Pakistan Free Trade Area Preferential Tariff for the goods exported to
PAKISTAN
(Importing country)
For and on behalf of
SHENZHEN YANG PENG INDUSTRIAL CO.,LTD.
Authorized Signature(s)
SHENZHEN,MAY. 03,2013
Place and date, signature and stamp of authorized signatory

0000035327019

13. Certification
It is hereby certified, on the basis of control carried out, that the declaration by the exporter is correct.
ISSUED RETROACTIVELY
SHENZHEN ENTRY-EXIT INSPECTION AND QUARANTINE BUREAU · THE PEOPLE'S REPUBLIC OF CHINA
中华人民共和国 深圳 FORM A 出入境检验检疫局
SHENZHEN,MAY. 03,2013
Place and date, signature and stamp of certifying authority

图 8-3 《中国—巴基斯坦自由贸易协定》原产地证书实例

②《亚太贸易协定》原产地证书。目前适用于对印度、韩国、孟加拉和斯里兰卡出口并符合相关规定的产品。

③《中国—东盟自由贸易协定》原产地证书(FORM E)。目前适用于对印度尼西亚、泰国、马来西亚、越南、菲律宾、新加坡、文莱、柬埔寨、缅甸、老

挝等国出口并符合相关规定的产品。

ORIGINAL

1.Exporter's name, address, country:
SHEN ZHEN YANG FENG INDUSTRIAL CO., LTD.CHINA
ADDRESS RM1603, BLOCK C, SOUTH BLDG
LUOFANG ROAD SHENZHEN CHINA 518002

Certificate No.:F14470ZC22013043

CERTIFICATE OF ORIGIN

Form F for China-Chile FTA

2.Producer's name and address,if known:
LS INTERNATIONAL GROUP CO., LTD
ADD:NO6 HONGKONG ROAD, QINGDAO, SHANDONG
PROVINCE CHINA

Issued in The People's Republic of China

(see instruction overleaf)

3.Consignee's name,address,country:
SOCIEDAD COMERCIAL AMERICA LTDA
MACKENNA 1280 OSORNO CHILE

4.Means of transport and route(as far as known)

Departure Date JAN. 05, 2014

Vessel/Flight/Train/Vehicle No. HANJIN BUENOS AIRES V.0022W

Port of loading XINGANG PORT, CHINA

Port of discharge SAN VICENTE, CHILE

5.For Official Use Only

☐ Preferential Tariff Treatment Given Under China-Chile FTA

☐ Preferential Treatment Not Given(Please state reasons)

Signature of Authorized Signatory of the Importing Country

6.Remarks

****

7.Item number (Max 20)	8.Marks and numbers on packages	9.Number and kind of packages;description of goods	10.HS code (Six digit code)	11.Origin criterion	12.Gross weight, quantity (Quantity Unit) or other measures (litres,m^3,etc)	13.Number, date of invoice and invoiced value
1	N/M	GLASS BLOCK HS CODE:70169090 B/L NO:TJX60058786 TOTAL:ONE THOUSAND FIVE HUNDRED (1500)CARTONS ONLY *** *** *** *** *** ***	7016.90	"P"	1500CARTONS	LS14-0016 JAN. 03, 2014 FOB:USD 9000.00

14.Declaration by the exporter

The undersigned hereby declares that the above details and statement are correct,that all the goods were procuced in

CHINA

(Country)

and that they comply with the origin requirements specified in the FTA for the goods exported to

CHILE

(Importing Country)

Place and date, signature of authorized signatory
SHENZHEN, MAR. 10, 2014

15.Certification

It is hereby certified, on the basia of control carried out,that the declaration of the exporter is correct.

Place and date, signature and stamp of certifying authority

Certifying authority

Tel:　　Fax:

Address:

图 8-4《中国—智利自由贸易协定》原产地证书(FORM F)样本

④《中国—巴基斯坦自由贸易协定》原产地证书。我国出口到巴基斯坦的该优惠框架项下的产品凭此证书可获得巴基斯坦给予的关税优惠待遇。

⑤《中国—智利自由贸易协定》原产地证书(FORM F)。自 2006 年 10 月 1 日起,我国出口到智利的《中国—智利自贸区协定》项下的产品享受智利

给予的关税优惠待遇。

⑥《中国—新西兰自由贸易协定》原产地证书。自2008年10月1日起，我国出口到新西兰的符合中国—新西兰自贸区原产地规则的产品享受新西兰给予的关税优惠待遇。

⑦《中国—新加坡自由贸易协定》原产地证书。自2009年1月1日起，我国出口到新加坡的符合中国—新加坡自贸区原产地规则的产品享受新加坡给予的关税优惠待遇。

⑧《中国—秘鲁自由贸易协定》原产地证书。自2010年3月1日起，我国出口到秘鲁的符合中国—秘鲁自贸区原产地规则的产品享受秘鲁给予的关税优惠待遇。

⑨自2011年1月1日起，我国出口到台湾的符合《海峡两岸经济合作框架协议》原产地规则的早期收获产品享受台湾给予的关税优惠待遇。

⑩《中国—哥斯达黎加自由贸易协定》原产地证明书。自2011年8月1日起，我国出口到哥斯达黎加的符合中国—哥斯达黎加自贸区原产地规则的产品享受哥斯达黎加给予的关税优惠待遇。

(2)非优惠原产地证书

①一般原产地证书(CO证书)，出口产品在进口国(地区)通关所需，是进口国进行贸易统计等的依据。CO证书对所有独立关税区的国家(地区)都可签发。

②加工装配证书(CERTIFICATE OF PROCESSING)是指对全部或部分使用了进口原料或零部件而在中国进行了加工、装配的出口货物，当其不符合中国出口货物原产地标准、未能取得原产地证书时，由签证机构根据申请单位的申请所签发的证明中国为出口货物加工、装配地的一种证明文件。

③转口证书(CERTIFICATE OF RE-EXPORT)是指经中国转口的外国货物，由于不能取得中国的原产地证，而由中国签证机构出具的证明货物系他国原产、经中国转口的一种证明文件。

ORIGINAL

1. Exporter SHEN ZHEN YANG FENG INDUSTRIAL CO., LTD. CHINA	Certificate No. CCPIT 131966145 14C4403B5173/00581X CERTIFICATE OF ORIGIN OF THE PEOPLE' S REPUBLIC OF CHINA
2. Consignee TO THE ORDER OF NATIONAL CREDIT AND COMMERCE BANK LIMITED, DILKUSHA BRANCH (NITS), DHAKA, BANGLADESH (BIN-19011031390)	
3. Means of transport and route FROM XINGANG SEAPORT, CHINA TO CHITTAGONG SEAPORT, BANGLADESH BY SEA	5. For certifying authority use only CHINA COUNCIL FOR THE PROMOTION OF INTERNATIONAL TRADE IS CHINA CHAMBER OF INTERNATIONAL COMMERCE
4. Country / region of destination BANGLADESH	

6. Marks and numbers	7. Number and kind of packages; description of goods	8. H.S.Code	9. Quantity	10. Number and date of invoices
N/M	CLEAR FIGURED GLASS TOTAL: 36CRATES/3X20' FCL LC NUMBER 161614010783 AND DATE MAR. 05, 2014 APPLICANT TIN NO. 225-100-8331 AND BIN/VAT REGISTRATION NUMBER 9151063998 WE STATE THAT MERCHANDISE IS OF CHINA ORIGIN ***************************************	7003. 19. 00	36CRATES	LS14-0301/1DTD APR. 5, 2014

11. Declaration by the exporter	12. Certification
The undersigned hereby declares that the above details and statements are correct, that all the goods were produced in China and that they comply with the Rules of Origin of the People's Republic of China. *For and on behalf of* 深圳市阳峰实业有限公司 SHEN ZHEN YANG FENG INDUSTRIAL CO., LTD. CHINA 黄嘉屏 *Authorized Signature(s)* SHENZHEN, CHINA　APR. 21, 2014 Place and date, signature and stamp of authorized signatory	It is hereby certified that the declaration by the exporter is correct. 中国国际贸易促进委员会 单据证明专用章（深） CHINA COUNCIL FOR THE PROMOTION OF INTERNATIONAL TRADE (SHEN ZHEN) SHENZHEN, CHINA　APR. 21, 2014 Place and date, signature and stamp of certifying authority

图 8-5　一般原产地证书实例

(3)专用原产地证书

①金伯利进程证书是指在实施金伯利进程证书制度成员国之间使用的用于证明进出口毛坯钻石合法来源地的证明书。

②输欧盟农产品原产地证(CERTIFICATE OF ORIGIN for imports of agricultural products into the European Economic Community)是欧盟委员会为进口农产品而专门设计的原产地证书(如番茄酱罐头、冷冻蔬菜、鲜或冷藏的蒜头、芦笋罐头证书)。

第二类是制造商或出口商出具的产地证书。

在国际贸易实务中,应该提供哪种产地证明书,主要依据合同或信用证的要求。一般对于实行普惠制国家出口货物,都要求出具普惠制产地证明书。如果信用证并未明确规定产地证书的出具者,那么银行应该接受任何一种产地证明书。

2. 原产地证的申领资格和办理过程

在中华人民共和国境内依法设立,享有对外贸易经营权的企业,从事"来料加工"、"来样加工"、"来件装配"和"补偿贸易"业务的企业和外商投资企业,均可根据需要申领办理《原产地证》。

(1)办理原产地的过程

在我国,办理原产地依据的是《中华人民共和国进出口货物原产地条例》。办理原产地的过程如下:

①未注册的单位首先注册办理原产地证明

未注册的单位首先根据《注册程序》申请注册登记,已在贸促会注册登记的申请单位,应由指定的原产地证申领员持贸促会颁发的《原产地证明书申领员证》向所在地的贸促会申领由贸促会统一印制的《一般原产地证明书申请书》和《中华人民共和国出口货物原产地证明书》,并准确、真实填写其中各栏。

②提交原产地申请

申请单位出口每批货物时,应于货物报关出运前三天向签证机构申请办理原产地证,并严格按照签证机构的要求,真实、完整、正确地填写下列材料:

《一般原产地证明书/加工装配证明书申请书》填制申请书时,HS 编码取前六位,FOB 总值和拟出运日期要准确无误,要加盖申请单位印章,并由申领人签名;

《中华人民共和国出口货物原产地证明书》;

出口货物的商业发票;

签证机构认为必要的其他证明文件 。

③审核

签证机构依据中华人民共和国原产地规则、法规和有关规定,对申请单位提交的前述文件进行严格审核，符合下列条件方接受申请：①资料必须齐全、有效，单证填写完整、正确，文字清晰，印章（正、副本全部加盖）和签字无错漏；②原产地证内容须与申请书、发票一致 ；③对含进口成分的货物要提供明细单，如明细单难以查清的，申请人应提供补充说明，并接受签证机构的核查 ；④经审核，含有进口成分的货物未达到原产地标准的，应申请《加工装配证明书》或《转口证明书》。

④签发

签证机构对申请人提交的文件审核无误后，即在原产地证第十二栏进行签证，加盖由贸促会统一刻制的“中国国际贸易促进委员会单据证明专用章”，授权签证员签字。

签证机构只签发原产地证正本一份，副本三份，其中一正二副交申请企业。另一副本、申请书、商业发票等有关文件，由签证机构存档。

⑤原产地证的更改、补充及重新签发

申请单位要求更改或补充已签发原产地证的内容，必须申明更改理由并提供依据，经签证机构审查符合要求后，重新办理申请手续，收回原发原产地证，换发新证。

如果已签发的原产地证遗失或毁损，从签发之日起半年内，申请单位必须向签证机构说明理由并提供确实的依据，经签证机构审查同意后重新办理申请手续。签证机构在新签证书第五栏内加注英文“THIS CERTIFICATE IS IN REPLACEMENT OF CERTIFICATE OF ORIGINE NO. DATED WHICH IS CANCELLED”。证书第十一栏和第十二栏的日期应为重发证书的实际申请日期和签发日期。

8.1.5　商品商检证书(Commodity Inspection Certificate)

进出口商品经过商检机构进行检验或鉴定后，由该检验机构出具的书面证明称为“商品检验证书”。此外，在交易中如果买卖双方约定由生产单位或使用单位出具检验证明，则该证明也可起到检验证书的作用。

在国际贸易中，由国家设置的检验机构或由经政府注册的、独立的第三者身份的鉴定机构，对进出口的商品的质量、规格、卫生、安全、检疫、包装、数量、重量、残损以及装运条件、装运技术等所进行的检验、鉴定和监督管理工作。进出口商品检验是货物交接过程中不可缺少的一个环节。经检验合格的，发给检验证书，出口方即可报关出运；检验不合格的，可申请一次复验，复验仍不合格的，不得出口。

商检证书是各种进出口商品检验证书、鉴定证书和其他证明书的统称，是对外贸易有关各方履行契约义务、处理索赔争议和仲裁、诉讼举证，具有法律依据的有效证件，也是海关验放、征收关税和优惠减免关税的必要证明。

1. 商检证书的作用

商检证书关系到有关各方的经济责任和权益，其作用表现为：

(1)作为卖方所交付货物的品质、重量、数量、包装及卫生条件等是否符合合同规定的依据。

(2)作为买方对品质、数量、重量、包装等提出异议、拒收货物、要求赔偿的凭证。

(3)作为卖方向银行议付货款的单据之一。

(4)作为出口国和进口国海关验放的有效证件。

(5)作为证明货物在装卸、运输中实际状况、明确责任归属的依据。

商品检验证书起着公正证明的作用，是买卖双方交接货物、结算货款和处理索赔、理赔的主要依据，也是通关纳税、结算运费的有效凭证。

2. 常见的商检证书和用途

(1)兽医证书。是证明动物产品或经过检疫合格的证件。适用于冻畜肉、冻禽、禽畜罐头、冻兔、皮张、毛类、绒类、猪鬃、肠衣等商品，是对外交货、银行结汇和进口国通关输入的重要证件。

(2)卫生证书。是证明可供人类食用的动物产品、等经过卫生或检疫合格的证件。适用于肠衣、罐头、冻鱼、冻虾、蛋品等，是对外交货、银行结汇和通关验放的有效证件。

(3)消毒证书。是证明动物产品经过消毒处理，保证安全卫生的证件。适用于猪鬃、马尾、皮张、山、羽毛、人发等商品，是对外交货、银行结汇和国外通关验放的有效凭证。

(4)熏蒸证书。适用于证明粮谷、油子、豆类、皮张等商品，以及装用木材与植物性填充物等，已经过熏蒸灭虫的证书。

(5)船舱证书。证明承运商品的船舱清洁、密固、冷藏效能及其他技术条件是否符合保护承载商品的质量和数量完整与安全的要求。可作为承运人租船契约适载义务，对外关系方进行货物交接和处理货损事故的依据。

中华人民共和国出入境检验检疫
ENTRY-EXIT INSPECTION AND QUARANTINE
OF THE PEOPLE'S REPUBLIC OF CHINA

正本
ORIGINAL

熏蒸／消毒证书　　编号 No.: 480500503002588
FUMIGATION/DISINFECTION CERTIFICATE

发货人名称及地址 Name and Address of Consignor	CHINALCO HENAN ALUMINUM FABRICATION CO LTD. LUO YANG, HENAN, CHINA.
收货人名称及地址 Name and Address of Consignee	IKEA ADELAIDE397, SIR DONALD BRADMAN DRIVE ADELAIDE AIRPORT SA 5950 AUSTRALIA
品名 Description of Goods	ALUMINIUM COLD ROLLED COIL
产地 Place of Origin	CHINA
报检数量 Quantity Declared	-14- COILS -36330.00-KGS N.W. -36708.00-KGS G.W.
标记及号码 Mark & No.	SEE ADDITIONAL DECLARATION
启运地 Place of Despatch	SHANGHAI,CHINA
到达口岸 Port of Destination	AUSTRALIA
运输工具 Means of Conveyance	BY SEA

杀虫和/或灭菌处理 DISINFESTATION AND/OR DISINFECTION TREATMENT

日期 Date	07.SEP.2006	药剂及浓度 Chemical & Concentration	METHYL BROMIDE, 48g/m^3
处理方法 Treatment	FUMIGATION	持续时间及温度 Duration & Temperature	24hrs. 31℃

附加声明 ADDITIONAL DECLARATION

Mark & No.
PACKAGE NO:
ITEM:
SIZE:
GROSS WEIGHT:
NET WEIGHT:

IMPORTER: MINL, LIMITED, NIGERIA
EXPORTER: MANAKSIA LIMITED, INDIA
CONTAINER/SEAL NO.: PCIU3703970/G454345
PCIU3692073/G454347

印章 Official Stamp　签证地点 Place of Issue SHENZHEN,CHINA　签证日期 Date of Issue 12.SEP.2006

授权签字人 Authorized Officer LIWEN　签名 Signature 李文

中华人民共和国出入境检验检疫机关及其官员或代表不承担签发本证书的任何财经责任。No financial liability with respect to this certificate shall attach to the entry-exit inspection and quarantine authorities of the P.R. of China or to any of its officers or representatives.

A 1227792　　[c7-1(2002.1.1)]

图 8-6　熏蒸/消毒证书实例

3. 国际第三方商检报告

(1)SGS 商检报告

目前世界上有很多国家(主要是发展中国家)的政府实施 SGS 检验，包括:布基那法索、布隆迪、柬埔寨、喀麦隆、中非、刚果共和国、象牙海岸、厄瓜多尔、几内亚、肯尼亚、马拉维、马里、毛里塔尼亚、墨西哥、巴拉圭、秘鲁、卢旺达、塞内加尔、刚果民主共和国、赞比亚等。

这些国家基于对SGS的公正性、科学性、权威性和技术能力的充分信任,委托SGS对进口货物实施"装船前全面监管计划"(英文是Comprehensive Import Super－vision Scheme,简称CISS),进行SGS关务作业,以利于贸易发展,并抑制非法的进出口活动。

SGS关务作业是指货物进口国政府或政府授权海关当局与SGS签署协议,由SGS在货物出口国办理货物装船前的验货、核定完税价格或结汇价格、税则归类(在进口国实行HS制度的前提下),执行进口管制规定(如是否已事先申领进口许可证件等)等原系由进口国海关在货物运抵进口国后所执行的进口验关作业,由SGS确认真实、合理后,出具公证报告,即"清洁报告书"(Clean Report of Finding,简称CRF),作为货物进口后向海关申报时必须交验的单证,进口国海关凭此简化或免除多道通关手续,直接征税后放行,既加快了验放(一般不需复检),又严密了监管。反之,则签发"不可兑现报告书",这样即使货物运抵目的港,进口国海关不予通关,出口商也不能结汇。

SGS关务作业一般包括以下内容:

第一,检查(验)货物规格、数(重)量和包装。包括对商品进行物理测试、化学分析和外观检查,对数(重)量按照国际贸易中惯用方法进行鉴定;包装则要求货物能完好无损地运抵目的港收货人手中。对药品和化学品要查检有效期限等。

第二,对大宗货物要求进行监视装载。一是保证所载货物是经过SGS检查(验)过的,二是保证合同项下货物完全、牢固地装在指定的运输船舶上,对集装箱货物要求进行监视装箱作业和施封。

第三,核定价格。即对成交价格进行审核,这是实施CISS的最重要内容,也是吸引许多国家的原因之一,目的是防止进口商低价高报,避免资金外流,或防止高价低报,偷逃关税。SGS利用电脑网络收集储存各个渠道的商情,并要求出口商提供价格构成细目表,如出厂价、成品包装费、仓储费、运往码头运费、装船费、海运或空运费、佣金以及商业上可接受的附加费等,以便对货价同出口价或当地消费价格进行比较,查证卖方最后商业发票的总价及价格要素是否符合该商品在原产地供应国的正常出口价,保证完税价格和进口国外汇支出的合理性。

第四,海关税则归类。审核进口商在进口许可证中所填报的税号与该国现行的海关税则规定是否相符，或依据验货时所见的实物提出合理的税号和税率，确保关税的足额征收和海关统计的准确性。

获取 SGS 商检报告的流程如下：

第一步，出口成交。

出口商按正常的贸易程序与进口商达成出口交易，进口商再把有关这笔交易的情况通知本国的 SGS 联络办公室，同时通知出口商需请 SGS 验货。SGS 收到进口国 SGS 联络办公室的通知（检验编号）后，传真（邮寄）给出口商一份注明“SGS 检验编号”和空白验货申请表（RFI），通知出口商提交单据，安排验货。

第二步，申请验货。

为安排检验，出口商或报关行须在出口货物备妥前 7 天需填写带有 SGS 检验编号的验货申请表（RFI），连同下列单据一起传真（寄）给离验货地点最近的 SGS 分公司。

这些单据包括形式发票、形式装箱单及零备件清单、产品技术规格资料、样本、信用证、制造商测试报告（机器/设备）、制造商分析报告（化工/医药/石油/染料产品）、卫生证书（食品）、植物检疫证书（全部农产品）、厂检分析单（全部钢铁材料及其初级产品）。所有提交给 SGS 的单据均要注明 SGS 检验编号（此编号见验货申请表）。

在验货申请表上应列明供货商的详细资料，如联系人及联系电话、验货时间、验货地点等，以便 SGS 与之联系，安排检验。

第三步，接受验货。

由 CISS 国家法规要求的装船前检验，SGS 不向出口商收取任何费用。出口商有义务把货物备妥并提供必要的（搬运）劳力和设备，以便检验顺利完成。出口商如果委托供货商或代理安排验货时，出口商有义务使供货商或代理清楚检验要求。如果货物没有按要求准备好或不具备检验条件，SGS 保留中止检验的权利。每一批在“全面进口监管计划（CISS）”下的货物都须由 SGS 进行实物检验。SGS 的检验员将对照出口商的形式文件，检验货物的规格、名称、数量、外观质量，必要时要抽取样品。

第四步，申请核发公证报告。

出口货物经向海关报关装船后，出口商须备妥正本提单、发票装箱单等，向 SGS 申请核发公证报告。SGS 完成检验后，出口商须按国别把最终文件分别传真（寄）给 SGS 办公室。所有提交给 SGS 的文件都应注明 SGS 检验编号（此编号见验货申请表）。如果 SGS 的检验结果同出口商的最终文件有差异或文件不齐全，SGS 会同出口商联系，要求修改文件、补充文件或通知进口国 SGS 联络办公室，以取得进口商的确认。

第五步，向 SGS 领取商检报告。

如果商检通过，出口商可提交一份最终出口发票给 SGS 分公司，并去领取 SGS 背书的出口发票，SGS 背书的出口发票是进口商清关必不可少的单据。

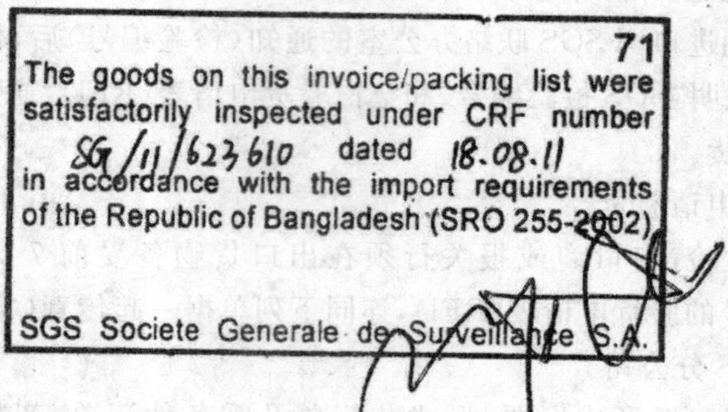

图 8-7　SGS 背书实例

(2)BV 商检报告

目前世界上有很多国家除了强制进行 SGS 商检外，还有很多国家如安哥拉强制进行 BV 商检，BV 商检机构对进口货物实施"装船前监装"，通过后出具 BV 商检报告。作为进口商清关的必需文件之一。

获取 BV 商检报告的流程如下：

(1)收货人在当地申请 BV 检验，获取 BV 检验号，也就是工作单号，然后通知出口商。

(2)出口商和 BV 检验机构上海总部联系，提供上海 BV 检验号，要求 BV 提供申请单。

(3)出口商填好申请单上的各项内容，连同附加资料，如商业发票、合同、装箱单、产品目录或图片等，提交给上海 BV，并于检验日前 5 天再次确认检验的具体时间地点联系人等资料。

(4)BV 检验。

(5)如果通过，出口商将获得 BV 商检报告。

一般来说，这类检验费用由收货人在当地支付。

4. 常见检验项目

(1)包装检验

包装检验是根据外贸合同、标准和其他有关规定，对进出口商品的外包装和内包装以及包装标志进行检验。

包装检验首先核对外包装上的商品包装标志（标记、号码等）是否与进出口贸易合同相符。对进口商品主要检验外包装是否完好无损，包装材料、包装方式和衬垫物等是否符合合同规定要求。对外包装破损的商品，要另外进行验残，查明货损责任方以及货损程度。对发生残损的商品要检查其是否由于包装不良所引起。对出口商品的包装检验，除包装材料和包装方法必须符合外贸合同、标准规定外，还应检验商品内外包装是否牢固、完整、干燥、清洁，是否适于长途运输和保护商品质量、数量的习惯要求。

商检机构对进出口商品的包装检验，一般抽样或在当场检验，或进行衡器计重的同时结合进行。

(2)品质检验

品质检验也叫"质量检验"。运用各种检验手段，包括感官检验、化学检验、仪器分析、物理测试、微生物学检验等，对进出口商品的品质、规格、等级等进行检验，确定其是否符合外贸合同（包括成交样品）、标准等规定。

品质检验的范围很广，大体上包括外观质量检验与内在质量检验两个方面：外观质量检验主要是对商品的外形、结构、花样、色泽、气味、触感、疵点、表面加工质量、表面缺陷等的检验；内在质量检验一般指有效成分的种类含量、有害物质的限量、商品的化学成分、物理性能、机械性能、工艺质量、使用效果等的检验。同一种商品根据不同的外形、尺寸、大小、造型、式样、定量、密度、包装类型等而有各种不同的规格。

(3)卫生检验

卫生检验主要是对进出口食品检验其是否符合人类食用卫生条件，以保障人民健康和维护国家信誉。根据《中华人民共和国食品卫生法（试行）》规定："进口的食品、食品添加剂、食品容器、包装材料和食品用工具及设备，必须符合国家卫生标准和卫生管理办法的规定。进口上款所列产品，由国境食品卫生监督检验机构进行卫生监督检验。进口单位在申报检验时，应当提供输出国（地区）所使用的农药、添加剂、熏蒸剂等有关资料和检验报告。海关凭国家卫生监督检验机构的证书放行。"又规定："出口食品由国家进出口商品检验部门进行卫生监督、检验。海关凭国家进出口商品检验部门的证书放行。"

(4)安全性能检验

安全性能检验是根据国家规定和外贸合同、标准以及进口国的法令要求，对进出口商品有关安全性能方面的项目进行的检验，如易燃、易爆、易触电、易受毒害、易受伤害等，以保证生产使用和生命财产的安全。目前，除进出口船舶及主要船用设备材料和锅炉及压力容器的安全监督检验，根据国家规定分别由船舶检验机构和劳动部门的锅炉、压力容器安全监察机构负责监督检查外，其他进出口商品涉及安全性能方面的项目，由商检机构根据外贸合同规定和国内外的有关规定和要求进行检验，以维护人身安全和确保经济财产免遭侵害。

8.2 其他单证

8.2.1 邀请函

国际贸易业务中，经常进行商务往来，如考查产品的生产过程、业务的当面洽谈、参加国际性的展会等，此时需要办理商务签证。商务签证的申请人在提出申请时，需要有足够的商务理由，来证明他去某国访问是真实的，没有任何不良意图。签证官一般需要这类签证的申请人提供足够的证据，证明他去某国确实有商务的需要。因此，一封来自某国的邀请函，是最基本的一份文件。

虽然邀请函并不是法律规定的必需的文件。在审批商务签证的过程中，签证官非常重视邀请函的真实性，包括：商务签证的邀请函的内容是否真实；邀请单位是否有正当的商业活动；邀请单位和被邀请人之间确实存在着某种现成的、或将要发展的或者开发的商业关系等。

1. 邀请函的类型

邀请函有两种，一种是外贸公司开具的商业邀请函，自己公司盖章即可；另一种相对麻烦，是官方邀请函。

2. 商务邀请函基本内容

除部分国家的商务邀请函有一定的格式之外，其他绝大部分国家一般没有固定的格式。某些国家的使馆要求邀请函要在邀请国家进行公证。

商务邀请函的基本内容：

(1)邀请人公司的抬头纸；

(2)被邀请人的具体资料(全名、护照的号码、任职的公司及职务)；

(3)商务邀请的目的(参加交流会议、洽谈业务、签订合同等)；

(4)行程安排(例如何时的会议、何处召开、多长时间等)；

(5)旅行费用由谁支付；

(6)保证访问者遵守当地法律，按时离开目的国；

(7)邀请人的具体资料(任职的公司、职务、公司地址、联系电话、手机、E－MAIL);

(8)邀请人的签字、公司盖章。

3. 商务邀请函办理流程

(1)邀请单位的申请报告(申请报告内容包括:被邀请人的姓名、背景资料、来访目的,来华期间主要活动计划,计划行程日期等)。

(2)邀请函原件(英文),要求邀请单位负责人签字后加盖单位公章。

(3)邀请单位出具的担保函,要求法人代表签字并加盖单位公章,担保函中注明“被邀请人在华期间如有任何违法行为有我公司负责”。

(4)邀请单位的营业执照复印件(加盖单位公章)。

(5)被邀请人的护照复印件(可用传真复印件)。

4. 官方邀请函办理流程

办理官方邀请函,一般签证有效期为 30 天,有效次数一次,每次停留 15 天。

官方邀请函申请流程如下:

(1)填写《外国人入境审批表》。

(2)办理工作签证邀请的申请材料,递交至当地外经贸局。

(3)办理商务签证邀请的申请材料由外经贸管理部门或外事部门加审核意见后再报送签发单位。

(4)邀请单位取表要求:原则上企业向签发单位递交完整材料后的在规定的时间内,企业专办员可凭受理回执及身份证前往签发单位领取《被授权单位签证通知表》。

5. 办理官方邀请函需要资料:

(1)被邀请人护照复印件;

(2)邀请单位员工身份证复印件(签名、办公电话及手机号、加盖企业公章);

(3)企业法人身份证复印件或护照复印件(签名、办公电话及手机号、加盖企业公章);

(4)邀请单位申办《被授权单位签证通知表》备案表;

(5)《外国人入境审批表》;

(6)申请报告。内容是由邀请单位以单位信笺纸打印、盖章,说明来华目的、在华行程和相关承诺及担保事项;

(7)邀请单位的法人企业营业执照副本原件、复印件,核原件后收取复印件;

(8)外国人有效护照复印件,要求必须清晰可见姓名、出生日期、国籍、护照号码、护照有效期等信息,且护照有效期须在半年以上;

(9)被邀请人以往来华出入境记录;

(10)外国公司出具的在职证明扫描件,要求须用外国公司信笺纸出该证明,内容包括该外国人在该公司所任职务、护照号、来华目的、出入境时间、旅费是否足够等,并加盖外国公司公章或相关负责人签名;

(11)如在异地办理签证,须提供外国人在办理签证国的居留许可证明文件扫描件;

(12)由海关出具的邀请单位进出口统计数据。

6. 办理邀请函需要注意的事项

邀请单位办理邀请函时,需要出具担保函,并注明"被邀请人在华期间如有任何违法行为有我公司负责",担保你邀请的客户在中国不做什么违法犯罪的事情,所以邀请单位必须注意客户的可靠性,万一客户来华后有违法行为,邀请单位需要付相应责任。

事实上,也确实有些"客户"非善意地骗取邀请函,他们往往先让中方的公司提供邀请函,然后提供营业执照复印件、护照复印件,要求外贸公司办理邀请函后,他们往往拿到邀请函随后骗签证。这类"客户"是不会真的洽谈业务的。他们骗取签证要求的邀请函,只是先想方设法弄到签证,然后再几个人结成一伙进行诈骗。

为保护自己的利益,在办理邀请函时,注意以下几种情况:

(1)初次接触,在收到出口方首轮报价之后,国外客户对价格及产品规格指标没有提出任何异议,即允诺大定单,要求出口方提供形式发票。接着,以各种借口要求来参观考察,要求办理邀请函。往往只是个骗局。

(2)对来中国的国外客户不要过分的热情,在华的费用一般要他们自己承担,同时要婉言拒绝他们提出的索要高档物品和借钱的要求。

(3)邀请单位收到外商要办理来华邀请函的要求后,要先了解一下这个国家的邀请函是否可以办理。可以提前与当地贸促会联系,将邀请单位与外方具体情况向贸促会工作人员说明,确定可以办理后,再准备相关资料。

(4)邀请函办理时间一般是1～2个工作日。考虑到邀请函送到外商处的时间以及外商办理签证所需要的时间,邀请单位可提前办理来华邀请函,以充分发挥邀请函的作用。

(5)邀请单位必须注意被邀请人在华期间的非法行为并派员全程陪同至其如期离境,并及时向签发单位报备被邀请人的抵、离境记录。

8.2.2　装运通知(Shipping Advice)

装运通知有广、狭二义：广义指一切有关装运的通知，如通知买方派船接货，通知买方货已装船等；狭义仅指卖方向买方发出的货物已装船通知，即仅指按信用证或合同规定，发货人在装船后向收货人或其通知人或其指定人发出的通知货物装运情况的书面文件。在此意义上，装运通知也叫"装船通知"(Shipping Advice or Advice of Shipment)，或称"装船声明"(Shipping Statement or Shipment Declaration)。接受装运通知的一般是进口人或其指定人，有时也可能是进口人指定的保险公司。通知的方式通常为电报、传真或者能确认收到并被认可的E－MAIL邮件，其正本随其他单据交银行议付。有时也用信函邮寄方式通知，信函通知的副本也应随其他单据交银行议付。

按照国际惯例，卖方在货物装运后应及时将装运情况通知买方，以便买方做好接卸货物、报关及其他准备工作。尤其是在以FOB、CFR条件成交的情况下，由卖方负责租船订舱，买方自行投保。卖方在货物装船后应立即通知买方或其指定的保险公司，以便买方及时办理投保后手和进口报关手续，并作好付款接货的准备。即使在CIF条件下(即由卖方投保)，卖方也应在货物装运后及时向买方发出装船通知。若因装船通知迟发或漏发而造成买方漏办保险，或未能及时办理保险，则由此造成的损失将由卖方承担。为避免卖方因疏忽未及时通知，买方往往在来证中明确规定卖方必须在规定时间内发出装运通知，并以装船通知的副本作为议付货款的单据之一。

有时，买方在货物尚未发运前预先向保险公司办理预约保险，并要出口人将装运通知直接发至保险公司，以便保险及时生效。这类装运通知也称"预保信"、"保险声明"。

装船通知的内容视信用证的具体规定而定，无固定格式，由出口人自行拟制，其内容一般包括载货船只名称、开航日期、货物品名、件数、重量、发票金额、合同号、信用证号等。

装运通知的主要栏目内容及缮制要点：

1. 单据名称。按信用证要求填写。若来证要求提供"Shipping Advise"、"Declaration of Shipment"、"Certified Copy of Telex"或"Copy of Telex"等，应按要求标明该单据的名称。范例中来证要求提供"Shipping Advise"，故单据名称也应严格按信用证要求缮制成"Shipping Advise"。

凡是CIF等由卖方负责保险的条件下，习惯上货物装运后，也由卖方向买方发出装运通知以便买方接货或办理进口手续，此时一般只简单地将装运情况用电传或其他电讯方式通知买方。这种通知也叫"装运通知"。

2. 出单日期与地点

出单日期应严格限定在信用证规定的时间范围内。一般与提单日期同日或比提单日期晚一天。出单地点即本通知实际发出地点或收货人的地点。如果收货人地点与实际寄发地点不一致,则可填实际发出的地点。

3. 买方名称

即"TO ..."所引出的抬头人,应按信用证要求填写。如果信用没有规定抬头人,则可填信用证申请人。例如,信用证要求"TO the accountee",则在抬头人一栏把开证申请人名称填上。如来证未规定抬头人,应以开证申请人作为抬头人,如将该栏缮制成"To ABC CO.,LTD"。

4. 事由

一般可填商品名称、批号、信用证号码或发票号。如在FOB或CFR等由买方办理保险的情况下,则信用证将要求装运通知列明"Open Policy No."或"Cover Note No.",此时应遵照信用证规定填列。

5. 声明或证明文句

一般可声明货物已装船。例如:

We declare that the shipment under the captioned Open Policy has been. The details of shipment are stated below. Please cover insurance and send your acknowledgment direct to the insured party.

办理保险并将您的保险确认书直接递送给被保险人。

如果按照信用证要求提供的单据是"CERTIFIED COPY OF TELEX",则有时可注明证实单据内容真实的文句。例如:

We hereby certify that the above telex is true and correct.

6. 装船细节

若来证要求列明,此栏一般包括装运港、目的港、实际装运的船名等。如果转运应标明转运或标明第二程船。上述内容都应与提单一致。范例中标明"NAME OF VESSEL:RATSTOR V. 0789"。

7. 货物细节

一般包括包装品名、唛头、数量或重量、毛重与净重等,应按提单、发票等单据填写。如果是散装货物,则用"In Bulk"表示,只填净重,不填数量。如果是"Gross for Net"(以毛作净)的货物,则也只填净重。

8. 装运日期

即实际装运结束日期,可根据运输单据记载的装运日期填写。如已装上船的提单按签单日期作为装运日期。如收妥备运提单则将装船批注日期作为装运日期。

9. 签章

填卖方或受益人(如出口公司)名称,由法人代表或经办人签字盖章。

8.2.3 CE 认证和 CE 标志

如果出口到欧洲经济区包括欧盟及欧洲自由贸易协议的 30 个成员方中的任何一国或一方,则可能需要 CE 认证。

"CE"标志是一种安全认证标志,被视为制造商打开并进入欧洲市场的护照。CE 代表欧洲统一(CONFORMITE EUROPEENNE)。凡是贴有"CE"标志的产品就可在欧盟各成员国内销售,无须符合每个成员国的要求,从而实现了商品在欧盟成员国范围内的自由流通。

在欧盟市场"CE"标志属强制性认证标志,不论是欧盟内部企业生产的产品,还是其他国家生产的产品,要想在欧盟市场上自由流通,就必须加贴"CE"标志,以表明产品符合欧盟《技术协调与标准化新方法》指令的基本要求。这是欧盟法律对产品提出的一种强制性要求。

CE 认证表示产品已经达到了欧盟指令规定的安全要求;是企业对消费者的一种承诺,增加了消费者对产品的信任程度;贴有 CE 标志的产品将降低在欧洲市场上销售的风险。这些风险包括:

被海关扣留和查处的风险;

被市场监督机构查处的风险;

被同行出于竞争目的的指控风险。

1. CE 认证流程

第一步:申请 Application。

(1)填写申请表;

(2)申请公司信息表;

(3)提供产品资料。

第二步:报价 Quotation。

根据所提供的资料确定测试标准、测试时间及相应费用。

第三步:付款 Pay。

申请人确认报价后,签订立案申请表及服务协议并支付全额项目费。

第四步:测试 Testing。

实验室根据相关的欧盟检测标准对所申请产品进行全套测试及相关型号的差异测试。

第五步:测试通过,报告完成。

第六步：项目完成，颁发 CE 证书。

工厂保留 CE 产品型式检测报告 Test Report。

2. CE 认证要准备的技术文件

(1)产品使用说明书；

(2)产品技术条件(或企业标准)，建立技术资料。

(3)产品电器原理图、线路图、方框图；

(4)关键元部件或原材料清单(请选用有欧洲认证标志的产品)；

(5)整机或元部件认证书复印件；

(6)其他需要的资料。

3. 申请 CE 认证的好处

(1)欧盟的法律、法规和协调标准不仅数量多，而且内容十分复杂，因此取得欧盟指定机构帮助是一个既省时、省力，又可减少风险的明智之举。

(2)获得由欧盟指定机构的 CE 认证证书，可以最大限度地获取消费者和市场监督机构的信任。

(3)能有效地预防那些不负责任的指控情况的出现。

(4)在面临诉讼的情况下，欧盟指定机构的 CE 认证证书，将成为具有法律效力的技术证据。

(5)一旦遭到欧盟国家的处罚，认证机构将与企业共同承担风险，因此降低了企业的风险。

4. 产品加贴 CE 标志意义

CE 标志的意义在于：表示加贴 CE 标志的产品已通过相应的合格评定程序和(或)制造商的合格声明，符合欧盟有关指令规定，并以此作为该产品被允许进入欧共体市场销售通行证。有关指令要求加贴 CE 标志的工业产品，没有 CE 标志的，不得上市销售，已加贴 CE 标志进入市场的产品，发现不符合安全要求的，要责令从市场收回，持续违反指令有关 CE 标志规定的，将被限制或禁止进入欧盟市场或被迫退出市场。CE 标志不是一个质量标志，它是一个代表该产品已符合欧洲的安全/健康/环保/卫生等系列的标准及指令的标记。在欧盟销售的所有产品都要强制性打上 CE 标志。

5. CE 标志大小

欧盟对于 CE 标志的大小，有包装的规定，其中 CE 字的高度至少要 5mm ，而 CE 字的长度合计不得超过 12mm，CE 字体的宽度应不少于长度的 1/5。厚度至少要高度的 1/5(在此至少要 20×1/5＝4mm)。

图 8-8　CE 标志

6. 申请在产品上加贴 CE 标志流程

此流程适用于所有 CE 覆盖的所有产品：

第一步，确定产品符合的指令和协调标准。

超过 20 个指令覆盖的产品需要加贴 CE 标志。这些指令分别覆盖了不同范围的产品，并且指令中列举了所覆盖产品的基本要求。欧盟协调标准就是用来指导产品满足指令基本要求的详细技术文件。

第二步，确定产品应符合的详细要求。

必须保证出口商的产品满足欧盟相关法律的基本要求。产品满足其所适用的所有协调标准的要求，才被视为符合相关的基本要求。是否适用协调标准完全是自愿的，出口商也可以选择其他方式来满足相应的基本要求。

第三步，确定产品是否需要公告机构参与检验。

出口商的产品所涉及的每一个指令都对是否需要由第三方公告机构来参与 CE 的审核有详细的规定。并不是所有产品都强制要求通过公告机构认证，所以确定是否真的需要公告机构参与是非常重要的。这些公告机构都是由欧盟委员会授权的，并在新方法指令公告机构及指定机构（NANDO）的档案中有详细的清单。

第四步，测试产品并检验其符合性。

出口商有责任对产品进行测试并且检查其是否符合欧盟法规（符合性评估流程），风险评估是评估流程中的基础规则，满足了欧盟相关协调标准的要求后，出口商才有可能满足欧盟官方法规的基本要求。

第五步，起草并保存指令要求的技术文件。

制造商必须根据产品所符合指令的要求及风险评估的需要，建立产品的技术文件(TCF)。如果相关授权部门要求，制造商须将技术文件及EC符合性声明一起提交检查。

第六步，在产品上加贴CE标志并做EC符合性声明(EC Declaration of Conformity)。

CE标志必须由制造商或其授权代表加贴在产品上。CE标志必须按照其标准图样，清楚且永久地贴在产品或其铭牌上。如果公告机构参与了产品的认证，则CE标志必须带有公告机构的公告号。制造商有义务起草EC符合性声明，并在其上签字以证明产品满足CE要求。

经过以上六个步骤，贴有CE标志的产品就可以在欧洲市场顺利流通了。

8.2.4 大使馆认证

有些国家，如阿根廷和埃及的海关就明确规定，凡是中国出口到该国的货物，必须出具一般原产地证明书，并由其驻华使馆审核后，在证书背面加盖印章，对证书加以确认，该批货物方能顺利通关。这种在有效单证上由驻华使馆盖章认证的做法，就是“大使馆认证”。

大使馆认证是指一国外交机构及其授权机构在涉外文书上确认所在国公证机关或某些特殊机关的印章或该机关主管人员的签字属实。经过认证的证书具有法律效力，可为文件使用的有关局承认。大使馆认证主要包括民事认证和商业认证，民事认证，如出生、学历、收入证明等；商业认证，如产地证明、形式发票、提单、保险等。

近几年来，我国向拉美、非洲、中东等国家和地区的出口逐年增加，尤其是轻工业品占有较明显的优势，这些国家和地区已成为我国对外出口的新兴市场。这些国家处于保护本国市场的需要，纷纷制定了严格的贸易保护政策，其中许多要求我出口商品单证必须经过进口国驻我国使馆的认证，才可办理通关手续。要求使馆认证的主要国家除了阿根廷、埃及，还有沙特、伊朗、阿联酋、土耳其等，一些欧美国家也正加入到这一行列中来。

1. 办理大使馆认证的注意事项

(1)注意加盖正确的印章。

需要认证的各种商业单据都应加盖各级出入境检验检疫局或各地贸促会的印章或办理相应的公正书或证明书。

(2)注意办理使馆认证所需的时间。

不同的国家对办理使馆认证的时间有不同的规定。阿根廷大使馆规定使馆认证的时间为 20 天,沙特为 25 天。同时,由于各国使馆往往是我国的假期和本国的假期都休息,因此,企业在申请办理使馆认证时要注意各使馆对认证时限的规定,尽可能提早办理,以便顺利通关结汇。

(3)注意有些国家要求有些贸易单证的认证要同时办理。

阿联酋、科威特、伊朗、约旦、叙利亚等国要求发票必须要与原产地证一起认证。除此之外,阿联酋、沙特、约旦等国还要求对出口到该国的肉类商品必须同时认证 4 种单证:发票、产地证、检验检疫证、屠宰证。阿联酋还要求肉鸡出口时需在检验检疫证上注明无病毒、无害、无流感。科威特还要求发票必须要与原产地证及白色产地证(白色产地证是使用阿拉伯文的一种产地证)一起认证等。

(4)注意有些国家要求附加单据或文件。

阿根廷要求由其他国家或地区转口至阿根廷的货物其原产地证办理认证时需同时认证两张发票。利比亚要求单独认证产地证时须附正本发票,且另收发票金额比例的手续费,发票和产地证需 4 份复印件等。

(5)注意使馆认证的费用。

几乎所有的国家都对使馆认证收取一定的费用,有的收费还较高。因此,企业在开展对这些国家的出口贸易时要考虑到认证费用,尤其是对成交金额不大的贸易要注意这一点。同时还要注意有些国家是按批次收费,有些国家是依据发票金额按一定比例收费。

(6)注意使馆认证对文种的规定。

如向利比亚、科威特两国申请使馆认证时须附阿拉伯文的有关单据。向委内瑞拉、哥伦比亚、乌拉圭、玻利维亚申请使馆必须附西班牙文译文等。

2. 办理大使馆认证对国际贸易业务的影响

(1)较长的办理大使馆认证时间,非常明显地制约着中国对要求办理大使馆认证国家货物的出口。

(2)较高的大使馆认证费用,最直接地影响到中国对认证国家的货物出口。

(3)一些国家要求有些贸易单证的认证要同时办理,使原产地证大使馆认证工作更加繁琐。

(4)有些国家要求办理大使馆认证的同时还要附加相关单据或文件,使办理原产地证大使馆认证的难度加大。

(5)有些国家大使馆认证对文种有规定,使办理大使馆认证的难度加大。

(6)有些国家对大使馆人的文件有特殊规定,加大了大使馆认证的难度和费用。

3. 办理大使馆认证程序

(1)申请人填写认证申请书,将所需认证的证书提交给外交部领事司认证处并缴纳相应的认证费用。

(2)外交部确认后交给驻华大使馆认证加签。

(3)经大使馆认证加签后的证书由原路返回外交部认证处。

(4)外交部将认证后的证书交还给申请人。

图 8-9 完成埃及大使馆认证后在单据上的背书实例

8.2.5　特殊要求的单证

从 2011 年 1 月起，出口到尼日利亚的货物强制要求特别证书，且提单上要显示相关证书的编号。常见的证书有：SONCAP 证书、FORM M 证书、CTN 证书、SC 证书。

1. SONCAP 证书(尼日利亚)

SONCAP 是英文 Standards Organization of Nigeria Conformity Assessment Programme 的缩写。

SONCAP 证书是管制产品在尼日利亚海关办理通关手续的法定必备文书，缺少 SONCAP 证书将造成管制产品通关迟延或被拒绝进入尼日利亚国内市场。特别需要注意的是，SONCAP 适用于管制产品，尼日利亚政府规定的其他进口手续依旧有效。

尼日利亚国家标准局(Standard Organization of Nigeria，简称 SON)是尼日利亚负责制定和执行进口商品和本国制造产品质量标准的政府机构。为确保管制产品符合已获准施行的该国技术标准或其他国际标准，保护尼日利亚消费者免受不安全产品或不符合标准的产品的损害，尼日利亚国家标准局决定对出口到该国的管制产品实施装船前强制性合格评定程序(简称 SONCAP)。

2. FORM M 证书(尼日利亚)

请注意，这个 FORM M 不是亚太普惠制产地证书，是尼日利亚政府要求当地进口商必须申请的一种进口证明。

FORM M 证书是尼日利亚进口商向尼日利亚当地银行领取，然后依据出口商这边提供的 P/I 填写的，填写 FORM M 表的内容应该和 P/I 中的内容是完全一致的，然后将填写完毕的 FORM M 表连同 P/I 交银行，这样尼日利亚进口商在尼日利亚就完成了进口前的必要手续。申请下来的 FORM M 号码和申请公司名称要求显示在提单上，这主要是关系清关及外汇管制。

(1)任何人要进口货物到尼日利亚，首先要从尼日利亚海关阿布贾总部获得一个 ASYCUDA 的进口商号。在此前，进口商是向货物清关的地方海关关长申请该号的。

(2)任何人要进口货物到尼日利亚，必须要在他所选的银行填写 Form M，并显示 ASYCUDA 号。

(3)Form M 必须明确说明是“可购外汇”或“不可购外汇”。

(4)在支付进口税和其他费用前，进口商必须确认他所进口的货物的准确位置。

(5)进口商须亲自支付进口税和其他费用。

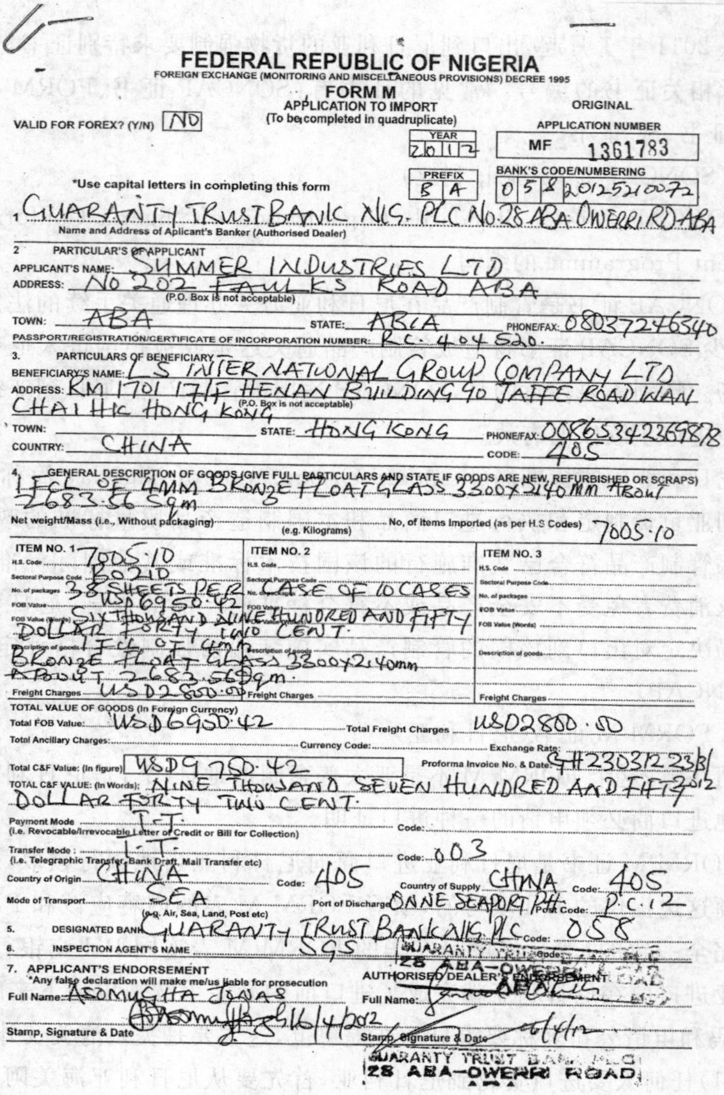

FEDERAL REPUBLIC OF NIGERIA
FOREIGN EXCHANGE (MONITORING AND MISCELLANEOUS PROVISIONS) DECREE 1995
FORM M
APPLICATION TO IMPORT
(To be completed in quadruplicate)
ORIGINAL

VALID FOR FOREX? (Y/N) NO
YEAR 2012
APPLICATION NUMBER MF 1361783
PREFIX BA
BANK'S CODE/NUMBERING 058 20125210072

*Use capital letters in completing this form

1. GUARANTY TRUST BANK NIG. PLC NO.28 ABA-OWERRI RD ABA
Name and Address of Aplicant's Banker (Authorised Dealer)

2. PARTICULAR'S OF APPLICANT
APPLICANT'S NAME: SUMMER INDUSTRIES LTD
ADDRESS: NO 202 FAULKS ROAD ABA
(P.O. Box is not acceptable)
TOWN: ABA STATE: ABIA PHONE/FAX: 08037246340
PASSPORT/REGISTRATION/CERTIFICATE OF INCORPORATION NUMBER: RC. 404520.

3. PARTICULARS OF BENEFICIARY
BENEFICIARY'S NAME: LS INTERNATIONAL GROUP COMPANY LTD
ADDRESS: RM 1701 17/F HENAN BUILDING 90 JAFFE ROAD WAN CHAI HK HONG KONG
(P.O. Box is not acceptable)
TOWN: STATE: HONG KONG PHONE/FAX: 0086534226987
COUNTRY: CHINA CODE: 405

4. GENERAL DESCRIPTION OF GOODS (GIVE FULL PARTICULARS AND STATE IF GOODS ARE NEW, REFURBISHED OR SCRAPS) 1FCL OF 4MM BRONZE FLOAT GLASS 3300×2140MM ABOUT 2683.56 Sqm
Net weight/Mass (i.e., Without packaging) (e.g. Kilograms) No. of items Imported (as per H.S Codes) 7005.10

ITEM NO. 1	ITEM NO. 2	ITEM NO. 3
H.S. Code: 7005.10	H.S. Code	H.S. Code
Sectoral Purpose Code: B0210	Sectoral Purpose Code	Sectoral Purpose Code
No. of packages: 38 SHEETS PER CASE OF 10 CASES	No. of packages	No. of packages
FOB Value: USD6950.42	FOB Value	FOB Value
FOB Value (Words): SIX THOUSAND NINE HUNDRED AND FIFTY DOLLAR FORTY TWO CENT.	FOB Value (Words)	FOB Value (Words)
Description of goods: 1FCL OF 4MM BRONZE FLOAT GLASS 3300×2140mm ABOUT 2683.56 Sqm.	Description of goods	Description of goods
Freight Charges: USD2800.00	Freight Charges	Freight Charges

TOTAL VALUE OF GOODS (In Foreign Currency)
Total FOB Value: USD6950.42 Total Freight Charges: USD2800.00
Total Ancillary Charges: Currency Code: Exchange Rate:
Total C&F Value: (In figure) USD9750.42 Proforma Invoice No. & Date: GH2303123 23/3/2012
TOTAL C&F VALUE: (In Words): NINE THOUSAND SEVEN HUNDRED AND FIFTY DOLLAR FORTY TWO CENT.
Payment Mode (i.e. Revocable/Irrevocable Letter of Credit or Bill for Collection) T.T. Code:
Transfer Mode: (i.e. Telegraphic Transfer, Bank Draft, Mail Transfer etc) T.T. Code: 003
Country of Origin: CHINA Code: 405 Country of Supply: CHINA Code: 405
Mode of Transport: SEA (e.g. Air, Sea, Land, Post etc) Port of Discharge: ONNE SEAPORT PH Code: P.C.12

5. DESIGNATED BANK: GUARANTY TRUST BANK NIG. PLC Code: 058
6. INSPECTION AGENT'S NAME: SGS Code:
7. APPLICANT'S ENDORSEMENT
*Any false declaration will make me/us liable for prosecution
Full Name: ASOMUGHA JONAS
Stamp, Signature & Date 16/4/2012
AUTHORISED DEALER'S ENDORSEMENT
Full Name:
Stamp, Signature & Date
GUARANTY TRUST BANK PLC 28 ABA-OWERRI ROAD

图 8-10 FORM M实例

3. CTN 证书(尼日利亚)

CTN NO. 是英文 Cargo Tracking Note Number 的首字母缩写。中文意思是:货物跟踪单(也称"货物进口清单")。

CTN NO. 需要显示在提单上,一份提单对应一份 CTN,CTN 的资料必须与提单一致,收货人持正本 CTN 和 B/L 在目的港清关。

根据尼日利亚港务局(NPA)的要求,从2010年1月11日(以提单日期为准)开始,所有到尼日利亚港口的货物在装船前都必须从NPA授权的代理处取得一个CTN NO.(Cargo Tracking Note),并且在提单和舱单上注明货物跟踪单的号码,否则不接受货物。CTN NO.必须显示在提单上。

4. SC证书(尼日利亚)

尼日利亚SONCAP实施多年后,按最新通知将在2013年4月1日起实施新的SONCAP政策,和以往的SONCAP相比,变动很大。出口商每次出货不再申请SONCAP,改为申请CoC。出口商拿到CoC后提供给进口商申请SC。SC由进口商在当地SONCAP机构直接申请。此外,根据产品的风险类别要求现场抽样测试、验货和监装。

尼日利亚CoC认证三种形式:

A途径。针对一年偶尔出货的情况。

出口商货物生产好以后,由检验员对货物进行检验,然后从大货中抽取样品测试,测试合格后,出具PR报告,出货前进行监装并贴封条,合格后出具CoC证书。

需要提交的文件如下:CoC申请表;产品名称、产品照片、海关编码;箱单;形式发票;FORM M号码。

B途径。针对产品一年中多次出货情况。

首先由出口商申请PC,申请PC的流程如下:

①PC申请表;

②产品名称,产品照片,海关编码;

③由具有ISO 17025资质实验室出具的合格检测报告;

④对工厂进行体系审核。

PC拿到后有效期为一年。

工厂在货物生产好以后,申请CoC流程如下:首先提交资料CoC申请表、箱单、形式发票、FORM M号码;资料齐全以后对货物进行一定比率的检验、抽样测试及监装,比率不低于40%,合格出具CoC证书。

C途径。针对一年频繁出货的情况。

首先由工厂申请许可证(License),申请条件如下:

①在B途径的基础上有至少4次及以上的成功申请;

②对工厂进行两次审核并且合格;

③由具有ISO 17025资质实验室出具的合格检测报告;

拿到许可证后的有效期为一年。

工厂在货物生产好以后,申请CoC流程如下:首先提交资料CoC申请表、箱单、形式发票、FORM M 号码;资料齐全以后对货物进行一定比率的检验和监装,一年不少于两次。合格出具 CoC 证书。

5. CNCA 船运证书(安哥拉)

根据安哥拉的法规,每票 B/L 运至安哥拉(Angola)的货物,都必须在装货港提供 C. N. C. A. 出具的船运证书。安哥拉(Angola)CNCA 船运证书是 CONSELHO NACIONAL DE CARREGADORES DE ANGOLA 的缩写。

ANGOLESE SHIPPER'S COUNCIL LOADING CERTIFICATE NUMBER 标准的缩写是 CNCA,发货人必须在装船前取得 CNCA 号码,并在发送提单资料时提供该号码,以显示在提单和舱单上的品名描述栏。否则,货物到目的港后将无法清关、卸货,并产生海关罚金。

6. 电子货物跟踪单 BESC(贝宁、喀麦隆共和国、刚果布)

根据贝宁、喀麦隆共和国国法令,凡发货至贝宁、喀麦隆、刚果布的货物都必须申请电子货物跟踪单 BESC,BESC 全称为:BORDEREAU DE SUIVI DE CARGAISON。

BESC 也被称为"ECTN"或"ECTN",全称为"ELECTRONIC CARGO TRACKING NOTE",中文叫"电子货物跟踪单"或"进口货物清单"。电子货物跟踪单 BESC 是出口至贝宁、喀麦隆、刚果布必需的认证文件,如果不办理可能导致起运港船公司无法出具提单或者目的港收货人无法清关。

7. F. E. R. I 入口货物电子跟踪单(刚果民主共和国)

根据刚果(金)民主共和国签发于 2008 年 4 月 22 日的通告,所有运往刚果(金)民主共和国港口(MATADI 港)或中转港口的货物都必须申请 F. E. R. I。如果没有申请此 F. E. R. I 将视为触犯所有运往刚果(金)民主共和国的条例,并在目的港受到严厉惩罚。

FERI 是 Fiche Electronique des Renseignements a I'Importation 的缩写,意思是入口货物电子跟踪单。

8.3 外贸信函

8.3.1 外贸信函的含义

外贸信函,即商贸英文书信,又称为"外贸书信",它是指外贸公司(企业)及其人员在对外贸易活动中,与涉外企业及其人员之间相互往来的以商贸交往为内容的各种英文信件。但在信息化高度发达的今天,该信件并不局限于纸质信件,也可以是电子邮件、传真或在线 MSN 交谈等,其中应用最多的电子邮件外贸信函。外贸信函是外贸交往的重要工具，外贸人员不仅要懂得外贸英语，而且必须善于运用外贸英文与贸易伙伴进行书信交流。

8.3.2　外贸信函的特点

(1)外贸信函是国际贸易中环节中最常用的方式。如建立业务关系、询盘、发盘、回复、销售合同、包装、保险、赔偿、仲裁等。

(2)对外贸信函基本要求有：主题明确，内容简洁，语言精练，表述完整。

(3)外贸信函的语气有讲究。

如果是开发信、询盘回复，一般要客气，表达感谢；如果是平常业务，联系要细心、信任；如果是催促付款，要紧急而不失礼貌；如果是客户索赔，要理解、给予足够的解释和说明。

8.3.3　电子邮件外贸信函的格式

一般的格式如下：

From：发件人的全名＋邮箱账号；

To：收件人邮箱账号；

CC：抄送。除主要收件人外发给其他的邮箱账号(账号所有人可见)；

BCC：秘密抄送。账号其他收件人不可见；

Subject：主题；

Attached：附件。文档、图片等；

Content：电子邮件内容；

Signature Block：签名。

8.3.4　电子邮件外贸信函的注意事项

(1)主题要简洁有力，做到简短而清晰具体。采用一般标点符号规则，句末不加标点符号。

(2)写电子邮件正文的原则，跟所有的商业写作一样，要言简意赅。

(3)注意礼貌。全用大写字母并不礼貌。

(4)用文字表达，避免使用表情符号；也不用缩略或词首缩写，除非是很常见的缩写，否则会有歧义。

8.3.5　电子邮件外贸信函实例

1. 向海外买家推销商品

Dear Sir：

May 1, 2013

Inquiries regarding our new product, the Deer Mountain Bike, have been coming in from all parts of the world. Reports from users confirm what we knew before it was put on the market-that it is the best mountain bike available. Enclosed is our brochure.

Yours faithfully

2. 提出询价

Dear Sir:

Jun. 1, 2013

We received your promotional letter and brochure today. We believe that your would do well here in the BANGLADESH. Kindly send us further details of your prices and terms of sale. We ask you to make every effort to quote at competitive prices in order to secure our business.
We look forward to hearing from you soon.

Truly

3. 向海外客户迅速提供报价

Dear Sir:

June 4, 2013

Thank you for your inquiry of June the 1st concerning the Clear Float Glass. It gives us great pleasure to send along the technical information on the samples together with the catalog and price list. After studying the prices and terms of trade, you will understand why we are working to capacity to meet the demand. We look forward to the opportunity of being of service of you.

Truly

4. 外贸报价讨价还价

Dear Sir:

June 8, 2013

We have received your price lists and have studied it carefully. However, the price level in your quotation is too high for this market, If you are prepared to grant us a discount of 10% for a quantity of 200, we would agree to your offer. You should note that some price cut will justify itself by an increase in business. We hope to hear from you soon.

Yours faithfully

5. 同意进口商的还价

Dear Sirs:

June 12, 2013

Thank you for your letter of June the 8th. We have accepted your offer on the terms suggested. Enclosed our will find a special price list that we believe will meet your ideas of prices. You should note that the recent advances in raw materials have affected the cost of this product unfavorably. However, for your order we have kept our prices down.

Sincerely

6. 拒绝进口商的还价

Dear Sirs:

June 12, 2013

Thank you for your letter of June the 8th. We regret that we cannot meet your terms. We must point out that the falling market here leaves us little or no margin of profit. We must ask you for a keener price in respect to future orders. At present the best discount offered for a quantity of 200 is 5%. Our current situation leaves us little room to bargain. We hope you will reconsider the offer.

Truly

7. 正式提出订单

Dear Sir:

June 15, 2013

We have discussed your offer of 5% and accept it on the terms quoted. We are prepared to give your product a trial, provided you can guarantee delivery on or before the 20th of September. The enclosed order is given strictly on this condition. We reserve the right of refusal of delivery and/or cancellation of the order after this date.

Truly

8. 确认订单

Dear Sir:

June 20, 2013

Thank you very much for your order of June 15 for 20 containers Clear Float Glass. We will make every possible effort to speed up delivery. We will advise you of the date of dispatch. We are at your service at all times.

Sincerely

9. 请求开立信用证

Gentlemen:

June 18, 2013

Thank you for your order No. 789. In order to execute it, please open an irrevocable L/C for the amount of US$ 58,736.89. This account shall be available until Sep. 20. Upon arrival of the L/C we will pack and ship the order as requested.

Sincerely

10. 通知已开立信用证

Dear Sir: June 24, 2013

Thank you for your letter of June 18 enclosing details of your terms. According to your request for opening an irrevocable L/C, we have instructed the Beijing City Commercial Bank to open a credit for US$58,736.89, valid until Sep. 20. Please advise us by fax when the order has been executed.

Sincerely

11. 请求信用证延期

Dear Sir：

Sep. 1，2013

We are sorry to report that in spite of our effort，we are unable to guarantee shipment by the agreed date due to a strike. We are afraid that your L/C will be expire before shipment. Therefore，please explain our situation to your customers and secure their onsent to extend the L/C to Sept. 30.

Sincerely

12. 处理海外买家的抱怨

Gentlemen：

Sept. 30，2013

In response to your letter of Sept. 25，we regret your complaint very much. Today we received information from Hong Kong that the remaining 150 Bikes were on a ship that developed engine trouble and had to put into port for repairs. The trouble was not serious，and the vessel is now on her way. She would arrive at your place tomorrow or the next day.

Truly

13. 取消订货

Dear Sirs：

Oct. 2，2013

We are sorry that causes completely beyond your control have made it impossible for you to keep the shipment date of Sept. 30. Since you have failed to uphold your end of the agreement，we find it necessary to cancel our order. Unfortunately，our buyers cannot wait indefinitely for the units. We are sorry that it is necessary to take such a drastic step.

Sincerely

14. 谅解迟运原因

Gentlemen：

Oct. 2，2013

We have received of your notice of delay of shipment due to mechanical troubles on the ship. We are pleased that the order is now on its way. Thank you for the notice. We are eagerly awaiting the ship's arrival.

Yours faithfully

15. 货物损坏报告

Dear Sirs：

Oct. 4，2013

Upon arrival of your shipment，the ship's agents noticed that case No. 5 was damaged and notified us. The number of articles in the case is correct according to the invoice，but the following articles are broken：(List of articles)

As you will see in our survey report and of the ship's agents'，that these units are damaged and quite unsaleable. Please send us replacements for the broken articles；we await your reply in due course.

Sincerely

16. 拒绝承担损坏责任

Dear Sirs：

Oct. 8，2013

Thank you for informing us of the damaged shipment. Since the units were packed with the best of care，we can only assume that the cases were handled roughly. We therefore urge you to lodge your claim with the insurance company.

Sincerely

17. 承担赔偿责任

Gentlemen：

Oct. 8，2013

As soon as we got your letter we got in touch with the packers and asked them to look into the matter. It appears that the fault lies with the packaging materials used. We have since corrected the mistake. We apologize for the oversight，and are sending a new delivery immediately.

Sincerely

18. 催要逾期货款

Dear Sirs：

Nov. 30，2013

It has come to our attention that your payment is one month overdue. The units ordered were delivered to you on September 26 and were invoiced on September 30. Payment is due on October 30. We look forward to seeing your remittance within a week.

Sincerely

19. 付清逾期货款

Dear Sirs：

Oct. 3，2013

We have looked into the cause of the delay in payment and have found that our accounting department made an oversight in your remittance. We are sorry for the inconvenience. The sum of US＄32,080 has been sent to you by Telegraphic Transfer and should reach you sometime tomorrow.

Sincerely

【思考题】

1. 必要的清关文件及其缮制要点是什么？
2. 低值商业发票有什么危害？
3. 提单的种类和作用是什么？

第9章 贸易风险和争端的预防与处理

【本章重点】

1. 国际贸易风险和国际贸易欺诈
2. 贸易争端的预防:进出口商品的检验
3. 贸易争端的处理:索赔与理赔

9.1 国际贸易风险和国际贸易欺诈

9.1.1 国际贸易风险

在国际贸易中,国际贸易风险是广泛普遍存在的,也是客观存在的,这种客观性是国际贸易风险原因的客观性所使然。国际贸易风险主要源于国际经济活动的复杂性和市场经济主体认识能力和实践能力的局限性。由于国际贸易受制于国际政治经济关系、不同货币间的兑换和结算、贸易中经常遇到关税和非关税壁垒的阻碍、各国法律制度和社会文化的差异、对国外市场情况和国外顾客的偏好等背景资料收集难度较大等原因,因而在国际贸易中存在诸多风险。此类风险都会增加了国际贸易运作的难度、成本和不可预见性。

1. 进口方的风险

信息不对称是进口方国际贸易风险产生的最主要原因。以国际贸易海上货物为例,在CIF价格成交的进口业务中,通常会遇到自然灾害和意外事故以及运输欺诈等风险,但是,在地球上某一海面发生自然灾害的信息对于一家从事进口的企业来讲,基本上是不能确切掌握的;运输货物的船只会在何时何地搁浅、碰撞、沉没、失踪同样也是难以掌握的信息;而是否船方签发了假提单、是否会无单放货,合同的另一方当事人出口方是否装运了劣质货物、是否与承运人合谋，这些情况的存在使进口方无法得到充分、必要的信息。但是对于出口方和承运人来讲，信息较为充分。具有丰富经验的船长会了解很多的与航线有关的自然、气候、地理条件、航线状况、船舶性能等，承运人或其代理人会通过堆场、运输公司、仓库等渠道了解到货物、装运、船舶行驶状况，出口方会很了解产品的质量、包装、通关、结汇等情况。信息出现了不对称现象，并导致了国际贸易中的风险。

2. 出口方的风险

同样，对于出口方，最大的风险是出口收汇风险。出口收汇风险主要有以下六种情况：

(1)出货规格、日期与合同规定不符造成收汇风险

出口方未按合同或信用证规定交货，一是生产厂误工，造成晚交货；二是用类似规格的产品代替合同规定的产品；三是成交价格低，以次充好。

(2)单证质量差造成收汇风险

虽然规定了以信用证方式结汇，并且按时保质出货，但出货之后，交议付行的单据没有做到单单相符、单证相符，使信用证失去了应有的保护作用。这时即便买方同意付款，却白白支付了昂贵的国际通信费用和不符点扣款，且收汇时间大大推迟。

(3)信用证规定的陷阱条款所造成的风险

某些信用证规定，客检合格证是议付的主要单据之一。必须认真审证。一旦出现陷阱条款，应及时通知修改，千万勿贪一时省事，给日后埋下风险隐患。

(4)没有一套完整的业务管理制度

出口工作涉及方方面面，且两头在外，易出现问题。如果企业没有完整的业务管理办法，一旦出现官司，会造成有理打不赢的局面，尤其对那些只注重电话联系的企业。其次，由于每年企业的客源在扩大，为了企业在贸易中有的放矢，必然要对每一个客户建立业务档案，包括资信度、贸易量等等，逐年进行筛选，降低业务风险。

(5)使用DP、DA远期付款方式或寄售方式造成的风险

延期付款方式是一种远期商业付款方式，如出口方接受了这种方式就等于给进口商融资优惠，虽然开证人自愿支付延期的利息，表面上仅需出口商垫款、放款，实质上是客户等待货物到港后查验到货的数量。如市场变化销路不畅，进口商可申请银行拒付。有些公司放货给国外做生意的同学、朋友。以为是关系客户，不存在收不了汇的问题。一旦出现市场销售不畅，或客户问题，不但钱收不回，而且货也可能收不回。

综上所述，无论是出口方还是进口方，都应该把风险控制放在第一位。采取各种措施，把国际贸易风险降到最低。

另外，除了注意国际贸易风险，还要预防国际贸易欺诈。

9.1.2 国际贸易欺诈

国际贸易欺诈通常是指在国际货物贸易、航运、保险和结算过程中，一方当事人利用国际贸易规则纰漏，故意编造虚假情况或故意隐瞒真实情况，以非法手段骗取对方当事人货物、金钱或船舶的行为。

常见国际贸易欺诈的实施有：

第一，小单赢得信任后再签订大单实施欺诈。

这种骗术一般采取的策略是先以几笔小单赢得出口商的信任，一旦取得信任便立即提出签订大额合同，之后便实施欺诈。有些大骗局甚至能够潜伏几年，忍让数十笔小额生意，等到出口商已经完全没有了警惕心理，便实施大额的诈骗计划，这种欺诈的隐蔽性很强，识破骗局的难度比较大，因而危害性也很大。

第二，内外勾结实施欺诈。

在进出口贸易中，大多数外商的资信都很好，但也存在一些不法分子从一开始就居心不良，图谋不轨。他们利用中小企业缺少国外销售渠道和信息的劣势，以投资或融资的身份亮相，博得暂时信任便立即引诱企业上钩，企业上当后立即提款脱身，随即消失得无影无踪。

第三，双重合同实施欺诈。

所谓“双重合同”，是指中方一些企业出于获取违规利益的目的，与外方签订两套合同，一份合同的交易金额低于实际交易金额，用来报关；另外一份合同显示的是真正交易的金额。大多数情况下，出口商都是抱着与人方便的想法，同意签订双重合同，但这样做却包含着很多的风险，万一在贸易中进口商的情况发生了变化，恶意拖欠或拒绝付款，出口商所签订的实际交易金额的合同是不被法律承认的，出口商这时往往很被动，甚至只能承担损失，自吞苦果。

第四，不法船东实施欺诈。

卖方将货物装上船后，货物的风险自越过船舷开始就移转给买方。如果船东是见利忘义之徒，买方很可能面临一种欺诈：船东欺诈。有时，CIF 买方会突然收到船东的指示，要求买方支付一笔钱款以供加燃油之用，否则，要将船开到中东将货贱卖。碰到这种情况，买方左右为难，如果给，怕会是个无底洞；如果不给，又怕船东恼羞成怒，真将货卖掉而血本无归。更有甚者，一些船东在港装完货后，就销声匿迹。据国际商会统计，最高峰时，一个月中有 4 船货在黎巴嫩失踪。载货船大都是旧船，货被卖掉后，船或被拆掉，或被改名。现在，有的船公司是单船公司，破产是没有任何后顾之忧的。

第五，涉外仲裁谨慎选择。

在我国，近年外商利用涉外仲裁行骗的案件呈上升趋势，但并未引起企业的足够重视。原因是企业在涉外贸易中，法律意识淡薄，对涉外仲裁机构的公正性及国际仲裁规则不了解，往往只认订单，在仲裁所在地选择上抱无所谓态度。

根据进出口业务的主要流程，国际贸易欺诈具体可分为以下几个方面：

1. 国际海运欺诈

(1)伪造提单(Forged Bill of Lading)

提单在国际贸易和国际支付中都是重要的单证之一，是海事运输中重要物权凭证。

伪造提单指承运人还没有签发提单，或者签发的是一张不清洁提单，但是出口商伪造一份清洁提单向银行议付货款。银行按照惯例只从各种单据的表面情况来确定是否与信用证条款相符，银行对于提单是否伪造一般不承担任何责任。伪造提单是跟单信用证制度中常见的违法行为，这种现象常见于船方在提单上批注货物有不良状况，而且不接受托运人的保函而改发清洁提单，通常说来银行不会接受这种不清洁提单，托运人便无法向银行出售提单以结汇，在这种情况下托运人有时便伪造提单以结汇。伪造提单当然应该受到刑事和民事处罚，但是伪造者往往作案后便逃之夭夭，难以归案。受损的往往是收货人。

【案例 9-1】

1984 年我国某公司与外国某公司签订了一份进口钢材的买卖合同，数量 9000 吨，价格条件为 CFR 温州，总价 229.5 万美元，托运人(卖方)虚构合同的内容，勾结意大利塞得航运公司船东签发了一份假提单，直接造成我方经济损失 229.5 万美元。

(2)利用非法提单

主要是通过预借提单、倒签提单或保函换取清洁提单进行欺诈。

托运人交付承运人的货物在主要标志、件数或外表状况存在不良的情况下，由托运人出具保函而让承运人出具清洁提单，以便顺利结汇，这便是用保函换取清洁提单。倒签提单或预借提单，托运人的目的都是为了使提单签发日期符合信用证规定，顺利结汇，但对收货人来说则构成合谋欺诈，可能使收货人蒙受重大损失。对倒签提单或预借提单，各国法律和海运习惯都是不允许的。出具保函是出于国际贸易的需要,从某种意义上讲托运人和承运人都能得到一定的方便和好处,但实际上对承运人来讲却潜伏着很大的风险。一旦收货人持清洁提单向承运人索赔,承运人必须赔付收货人。

【案例 9-2】

1998 年我某公司受客户委托,与一家美国公司签订了进口 1500 吨化工产品合同,交货港韩国大山,目的港中国江阴,最迟装运期为 1999 年 2 月 25 日。按常规,该段海运时间应为 3～4 天,外商传真报装船日期为 1999 年 2 月 24 日,我公司推算货船应于 2 月 28 日前抵达江阴。但实际该船于 3 月 4 日才到达目的港。我外贸公司通过调查,断定外商串通船公司倒签了提单日期,造成我方客户 50 万元人民币的损失。后经双方协商,由外方赔偿我外贸公司的损失。

(3)无提单放货

海运提单是物权凭证,货物运到目的港后,承运人有义务将货物交给正本提单持有人。然而在实际业务中,有时会发生货物先于运输单据到达的情况。由于收货人手头没有正本提单,无法及时提货转卖或销售,会产生货物压仓费用、品质变化、市场价格波动等一系列问题。碰到这种情况,习惯上都是通过担保提货的方式予以解决的。即由收货人向船公司提供一份经银行会签的书面保函,要求在没有物权凭证的情况下先提货日后补交提单。但如果承运人将货物交给非正本提单持有人,有可能造成错误交货构成对提单持有人的侵权。在无提单放货过程中,提取货物的不一定是买卖合同的买方,有可能被冒领,提货人往往不易查明,也存在船方偷货的可能。因此无提单交货风险是很大的。

(4)保险方面的欺诈

主要是船方和托运人(卖方)为了获得高额保险费而蓄意破坏船舶及货物。

【案例 9-3】

1986 年我国某公司租用"繁荣"轮承运进口货物,而后卖方和船方将船、货高价投保后将船舶沉没,转而向保险公司索赔损失 410 万美元,也给我进口公司造成了数额不小的间接损失。

对于国际海运欺诈,我外贸企业应在与外商洽谈时多方对船公司的资信状况及实力进行了解或直接要求外方雇用我方熟悉的信誉良好、实力强大的外运公司承运货物。另外,我方进口货物时最好采用 FOB 方式,出口货物时采用 CIF 或 CFR 方式成交。采用 FOB 价格进口,我进口方可以自己掌握租船订舱，卖方必须按照我方指示的船舶装船，承运人按照与我方签订的运输合同中的品名、数量、质量、件数、装运期限、装卸港口的规定接受卖方的货物，符合合同要求的，承运人才签发提单。我国出口方应竭力采用CIF或CFR方式出口，安排我方了解的船公司运送货物，从而防范海运诈骗事件的发生。

2. 贸易合同主体欺诈

(1)虚构合同主体欺诈

一些不法国际“商人”在订立合同时虚造不存在的公司实体或以无贸易资格者冒充有贸易资格者进行欺诈。这些人所代表的从事进出口贸易的公司不是独立法人或者是根本没有法人资格、注册资本的商行。他们编造假的公司名称，制作假的个人名片与我国外贸企业进行洽谈，骗取货物或货款后逃之夭夭；或这些人是仅能提供公司名称、个人名片、联系电话而不具备签署贸易合同资格的中间商。他们多来自于韩国、日本、中国香港和台湾地区等地，因为熟知中国内地情况，能招揽一些生意而从中牵线挂钩，收取佣金，却不能从事直接的货物买卖。

(2)利用独立注册、具有法人资格的子公司地位进行欺诈

这种子公司所属的母公司知名度较高、资本雄厚，而子公司的资本很可能少得可怜，因而打着母公司的招牌招揽大额生意，超过了自己的付款能力，而又是独立注册，具备法人资格，财务上与母公司相对独立。因此，合同履行过程中如出现风险，合作方将会损失很大。

(3)变更合同主体欺诈

在国外公司与我国外贸企业签订合同后，在履行过程中外方编造借口称自己无法履约，向我外贸公司提出比原合同更为优惠的履约条件而建议由另一家外国公司代为履约。在此优惠条件的吸引下，我外贸公司对国外代为履约方的资信等情况未作深入的调查了解，在不知其底细的情况下同意由其代为履约很容易上当受骗。

(4)有限责任欺诈

从事国际贸易活动的商业实体多为有限责任公司。而有限责任公司的主要法律特点就是公司以全部注册资本为限对外承担有限责任。因而一些国际贸易欺诈者以很低的资本注册一个有限责任公司，广泛联系客户，在超出自己支付能力的前提下大量下订单，以合法的形式签合同或开出保函承诺在一定期限内支付货款，最后即使是法院判令其付款，但按有关有限责任公司的法律规定也只承担少得可怜的注册资本金额，而令供货商损失惨重。

综上所述，国际贸易中的合同主体欺诈事件时有发生，其手段也越来越

多样化,但只要外贸企业保持警惕,在签订合同时做到严密、谨慎,就能在很大程度上避免或减少被骗案件的发生。在与国外公司进行贸易洽谈时,外贸企业可直接要求外商提供关于其资信方面的材料,如法人资格证明、营业证明、注册资本及法人地址等。另外,可通过银行、行业工会、进出口商会、友好公司的海外机构及国外出版的企业黄页等渠道了解调查外商的资信状况及实力。

3. 国际贸易结算欺诈

(1)伪造开立信用证

主要是国外买方与一些不知名、信誉差的小银行相勾结向出口公司开立假的信用证骗取发运货物,在其通过"开证行"取得提单后不付款而逃之夭夭。

(2)含有"软条款"的信用证

一些进口商往往要求银行在信用证中加列一些出口商不易察觉或较难满足的"软条款"来增大出口商的风险,从而使自己处于有利地位而要求出口方对货物降价处理。出口商履行合同时,软条款对出口商是非常不利的。出口商不可能确切了解信用证业务中涉及的银行费用的高低等问题,无形中会加大费用支出,增加出口成本。

(3)开证行审单吹毛求疵,拒付货款,擅自放单

【案例 9-4】

1994 年,我某粮油进出口公司与香港比德斯企业有限公司就买卖奶花芸豆达成一份成交确认书,同年 9 月 24 日,荷兰银行开出以粮油公司为受益人的信用证。我粮油公司于信用证规定的装船期限前将货物装船并于同年 10 月 10 日在信用证规定的有效期内将表面符合信用证要求的全套单据提交议付行。同年 10 月 17 日,荷兰银行向议付行提出所谓的"不符点"拒不付款,并擅自向买方放单。最终我粮油公司将荷兰银行告到法院并胜诉。

(4)电汇、信汇或 D/P 等结算方式的欺诈

此类结算方式由于费用较低,方便快捷,在出口业务中常被采用。但是此类付款方式完全基于双方的信誉,风险很大。对于电汇和信汇,最大的风险就是卖方将提单等物权凭证交给买方之后,买方提货后拒不付款或买方付款后卖方不发货。对于 D/P,买方极有可能要求卖方降价处理货物或要求卖方将 D/P 改为 D/A 而进一步欺诈卖方。所以,在进出口业务中,除非有特殊协议或长期的合作关系,以上几类结算方式不宜采用。

(5)对于结算方式国际贸易欺诈的防范

首先,外贸企业同外方洽谈出口合同时,应要求进口商以与我方银行有

代理关系的银行或国际知名、信誉良好的大银行作为开证行。对于其他银行开来的信用证,应由我方银行通过核对印鉴、密押等方式来辨别真伪。而且最好要求知名大银行对外方银行开来的信用证加保。

其次,要仔细审核信用证,注意是否含有"软条款"。如果信用证含有"软条款",应要求开证行修改或删除。另外,当外贸公司为信用证开证人时,应仔细核对收益人提交的单据的真伪及有效性,一旦发现欺诈行为,立即通知我方银行并要求其止付,在必要时,还可通过法院向银行发出止付令。

最后,对于新客户和一些贸易不发达国家和地区的客户,最好选择信用证方式结算。对于一些长期合作的资信好的客户,可以选择较为便捷的付款交单方式或电汇方式结算。至如承兑交单方式,应尽量避免使用。

综上所述,对于和国外客户和船公司合作,一定要谨慎。利用各种渠道了解真实资信情况,把风险控制放在第一位。

除此之外,要充分利用检验机构、仲裁、国际保理等手段,保证国际贸易的安全。

9.2 进出口商品的检验

贸易争端的预防的重要手段之一就是进行进出口商品的检验。

商品检验(Commodity Inspection)是指商品的产方、买方或者第三方在一定条件下,借助于某种手段和方法,按照合同、标准或国内外有关法律、法规、惯例,对商品的质量、规格、重量、数量、包装、安全及卫生等方面进行检查,并做出合格与否或通过验收与否的判定或为维护买卖双方合法权益,避免或解决各种风险损失和责任划分的争议,便于商品交接结算而出具各种有关证书的业务活动。

商品检验的目的是运用科学的检验技术和方法,正确地评定商品质量。商品检验的任务是从商品的用途和使用条件出发,分析和研究商品的成分、结构、性质及其对商品质量影响,确定商品的使用价值;拟定商品质量指标和检验方法,运用各种科学的检测手段评定商品质量,并确定是否符合合同规定标准的要求。商品检验在进出口贸易中尤为重要。

9.2.1 商品检验类型

1. 商品检验的分类

(1)按检验目的的不同,通常可分为生产检验、验收检验和第三方检验等三种。

生产检验:又称“第一方检验”、“卖方检验”,是由生产企业或其主管部门自行设立的检验机构,对所属企业进行原材料、半成品和成品产品的自检活动。目的是及时发现不合格产品,保证质量,维护企业信誉。经检验合格的商品应有“检验合格证”标志。

验收检验:又称“第二方检验”、“买方检验”,是由商品的买方为了维护自身及其顾客利益,保证所购商品符合标准或合同要求所进行的检验活动。目的是及时发现问题,反馈质量信息,促使卖方纠正或改进商品质量。在实践中,商业或外贸企业还常派“驻厂员”,对商品质量形成的全过程进行监控,对发现的问题,及时要求产方解决。

第三方检验:又称“公正检验”、“法定检验”,是由处于买卖利益之外的第三方(如专职监督检验机构),以公正、权威的非当事人身份,根据有关法律、标准或合同所进行的商品检验活动。如公证鉴定、仲裁检验、国家质量监督检验等。目的是维护各方面合法权益和国家权益,协调矛盾,促使商品交换活动的正常进行。

(2)接受检验商品的数量不同,可分为全数检验、抽样检验和免于检验。

全数检验又称“全额检验”、“百分之百检验”,是对整批商品逐个(件)地进行的检验。其特点是能提供较多的质量信息,给人一种心理上的放心感。缺点是由于检验量大,费用高,易造成检验人员疲劳而导致漏检或错检。

抽样检验是按照已确定的抽样方案,从整批商品中随机抽取少量商品用作逐一测试的样品,并依据测试结果去推断整批商品质量合格与否的检验。它具有占用人力、物力和时间少的优点,具有一定的科学性和准确性,是比较经济的检验方式。但检验结果相对于整批商品实际质量水平,总会有一定误差。

免于检验即对于生产技术水平高和检验条件好、质量管理严格、成品质量长期稳定的企业生产出来的商品,在企业自检合格后,商业和外贸部门可以直接收货,免于检验。

(3)按商品内、外销售情况,有内销商品检验和进出口商品检验两种。

9.2.2 商品检验意义和作用

1. 商品检验的意义

(1)商检工作是使国际贸易活动能够顺利进行的重要环节,即商品检验是进出口货物交接过程中不可缺少的一个重要环节。

(2)商检工作是一个国家为保障国家安全、维护国民健康、保护动植物和环境而采取的技术法规和行政措施。

(3)为了加强对进出口商品的检验工作，我国颁布了《中华人民共和国进出口商品检验法》。该法规定，我国商检机构和国家商检部门应对进出口商品实施检验；凡未经检验的进口商品，不准销售、使用；凡未经检验合格的商品不准出口。

2. 商品检验作用

商品检验的作用主要表现在下列几个方面：

(1)作为报关验放的有效证件；

(2)买卖双方结算货款的依据；

(3)计算运输、仓储等费用的依据；

(4)办理索赔的依据；

(5)计算关税的依据；

(6)作为证明情况、明确责任的证件；

(7)作为仲裁、诉讼举证的有效文件。

9.2.3　商检机构

商检机构是指根据客户的委托或有关法律法规的规定对进出境商品进行检验检疫、鉴定和管理的机构。在国际上商品检验机构，有官方的也有私人的，或同业公会经营的。

1. 国外的商检机构

在国际贸易中，从事商检的机构很多。官方的有国家设立的检验机构；非官方的有私人或同业公会、协会等开设的检验机构，如公证人、公证行，还有工厂企业、用货单位设立的化验室、检验室等。

目前国际上比较著名的商检机构有：美国粮谷检验署、美国食品药物管理局(FDA)、法国国家实验室检测中心、日本通商产业检查所等官方所设立的检验机构，以及美国保险人实验室(UL)、瑞士日内瓦通用鉴定公司、英国劳合氏公证行、日本海事鉴定协会、香港天祥公证化验行等民间或社团检验机构。

2. 我国的商检机构

中国国家进出口商品检验局(The China I/E Commodity Inspection Bureau, CCIB)是我国最主要的官方检验机构。国家商检局在各省、自治区、直辖市及进出口商品口岸、集散地都设立进出口商品检验局及其分支机构。此外，我国还设立了专门从事动植物、食品卫生、药物、船舶、飞机、计量器具等检验或检疫的检验机构。

3. 第三方检验机构

目前,从事第三方检验的公司上万家。而国际上比较知名且有较长历史的第三方检验公司有:

中国船级社 China Classification Society,简称 CCS;美国船级社 American Bureau of Shipping,简称 ABS;瑞士通用公正行 Societe General de Surveillance S. A. 简称 SGS;德国技术监督协会 Technischen Uberwachungs-Vereine,简称 TUV;法国船级社 Bureau Veritas,简称 BV;挪威船级社 DET NORSKE VERITAS,简称 DNV;德国劳式船级社 Germanischer Lloyd,简称 GL;韩国船级社 Korean Register of Shipping,简称 KR;英国劳式船级社 Lloyds Register of Shipping,简称 LR;意大利船级社 Registo Italiano Navade,简称 RINA;日本船级社 NIPPON KAIJI KYOKAI,简称 NK;俄罗斯船级社 Russian Maritime Register of Shipping,简称 RS;摩迪 MOODY。(其中 SGS、BV 检验流程在外贸票证中已经介绍)

(1)SGS

瑞士通用公正行(SGS)它创建于 1878 年,是目前世界上最大、资格最老的民间第三方从事产品质量控制和技术鉴定的跨国公司。总部设在日内瓦,在世界各地设有 1000 多家分支机构和专业实验室和 59000 多名专业技术人员,在 142 个国家开展产品质检、监控和保证活动。

我国国内于 1991 年和中国标准开发公司成立合资公司,即通标标准技术服务有限公司,目前全国成立 46 个分支机构,全国员工超过 8000 人,SGS 的服务对象包括国内外企业、政府和国际机构,服务范围覆盖农产、矿产、石化产品、消费品、工业品和能源领域的检验、鉴定、测试、咨询、监理、贸易保障服务和国际认证服务。

SGS 核心服务可分为以下四类:

检验:提供全方位检测和验证服务,例如转运时检查贸易商品的状况和重量,帮助控制数量和质量,满足不同地区和市场的所有相关监管要求。

测试:利用测试设施,根据相关的健康、安全和规范标准对产品的质量、安全和性能进行测试。

认证:对产品、流程、系统或服务进行是否符合国内和国际标准及规范或客户定义的标准的认证。

鉴定:对产品与服务进行是否遵守全球标准与当地法规的鉴定。

(2)BV

法国船级社(BV) 是一家拥有 180 年历史的国际一流检验、监理、质量管理和认证机构,总部设在法国巴黎,我国地区总部位于上海,中国地区员工近 5000，全球员工 4 万多人。法国船级社(BV) 于 1828 年成立，总部设有六大部门，分别从事船舶检验、进出口商品检验、工业产品检验、集装箱检验、工程监理、体系认证、产品认证、及航空航天检验等。下属子公司包括 ACTS(美国测试实验室)、LCIE(法国国家电子电器实验室)、ATL(工程管理咨询)、BIVAC(国际进出口商检局)、CEP Industry(材料测试、冶金及环境分析)、CEP System(新技术风险评估)、TECNITS(投资分析、项目管理)、BIO－CONTRL、Unicon International & Neptunus(现役集装箱检验)、BVC(体系认证)。

必维国际检验集团是行业内获得世界各国政府和国际组织认可最多的机构之一。必维国际检验集团是全球知名的国际检验、认证集团。提供专业的检验、分析、审核，产品和设施(建筑、工业现场、设备、船舶等)认证及相关强制性或自愿性管理体系认证服务。参与制定 ISO9000 和 ISO14000 标准及一系列行业标准，为标准的发展和推广作出很大的贡献。

图 9-1　商检机构标志图

9.2.4　我国的商检机构

1. 我国商检机构的基本任务

根据《商检法》(1989 年 8 月 1 日颁布实施)及 1992 年底发布的《中华人民共和国进出口商品检验实施条例》的规定，我国商检机构有三项基本任务：

(1)实施法定检验(Legal Inspection)

实施法定检验指依法进行的强制性的检验或检疫，对大宗的关系到国计民生的重要进出口商品、易发生质量问题的商品、涉及安全卫生的商品要进行法定检验。目前，实施法定检验的商品都列成表并进行分类。

(2)办理公证鉴定

公证鉴定是非强制性的，只证明货物的实在状态，不是依据什么检验是否合格。一般公证鉴定证明书不是海关放行的依据。

(3)实施监督管理

主要是通过行政手段，与海关配合打击走私，进行伪劣、假冒产品的查处。对进出口商品未经检验合格的不准销售或进出口。

2. 我国进出口商品检验的内容

国际贸易中对商品的品质、数量以及包装所进行检验鉴定，以便确定是否合乎合同规定；有时还对装运过程中所发生的残损、短缺、或装运技术条件等进行检验和鉴定，以明确事故的起因和责任的归属。检验的内容包括：出口商品品质检验、出口商品包装检验、进口商品品质检验、进口商品残损检验、出口动物产品检疫、进出口食品卫生检疫、进出口商品重量鉴定、运输工具检验以及其他国家或商品用户要求实施的检验检疫。检验检疫的法律法规依据主要是“四法三条例”：

“四法”为：

《中华人民共和国进出口商品检验法》；

《中华人民共和国进出境动植物检疫法》；

《中华人民共和国国境卫生检疫法》；

《中华人民共和国食品安全法》。

“三条例”为：

《中华人民共和国进出口商品检验法实施条例》；

《中华人民共和国进出境动植物检疫法实施条例》；

《中华人民共和国国境卫生检疫法实施细则》。

3. 我国进出口商品检验工作的主要环节

我国进出口商品检验工作主要有4个环节：

(1)接受报验。报验是指对外贸易关系人向商检机构报请检验。报验时需填写“报验申请单”，填明申请检验、鉴定工作项目和要求，同时提交对外所签买卖合同，成交小样及其他必要的资料。

(2)抽样。商检机构接受报验之后，及时派员赴货物堆存地点进行现场检验、鉴定。抽样时，要按照规定的方法和一定的比例，在货物的不同部位抽取一定数量的、能代表全批货物质量的样品(标本)供检验之用。

(3)检验。商检机构接受报验之后，认真研究申报的检验项目，确定检验内容，仔细审核合同(信用证)对品质、规格、包装的规定，弄清检验的依据，确定检验标准、方法，然后抽样检验、仪器分析检验、物理检验、感官检验、微生物检验等。

(4)签发证书。在出口方面，凡列入《种类表》内的出口商品，经商检验合格后签发放行单。凡合同、信用证规定由商检部门检验出证的，或国外要求签检证书的，根据规定签发所需封面证书；不向国外提供证书的，只发放行单。《种类表》以外的出口商品，应由商检机构检验的，经检验合格发给证书或放行单后方可出运。在进口方面，进口商品经检验后，分别签发"检验情况通知单"或"检验证书"，供对外结算或索赔用。凡由收、用货单位自行验收的进口商品，如发现问题，供对外索赔用。对于验收合格的，收、用货单位应在索赔有效期内把验收报告送商检机构销案。

9.3　索赔与理赔

9.3.1　索赔和理赔的含义、原因和范围

1. 索赔和理赔的含义

买卖合同一经签订，签约双方均须严格遵守该合同的约定，履行各自在合同中约定的义务。但是在实际业务操作中，由于种种始料未及的原因，不履行或者是不完全按照合同的约定来履行合同的情况时有发生。在这种情况发生后，通常非违约方(受损方)会因违约方的行为而遭受程度不一的损失，故而非违约方有权根据该合同的相关约定，通过司法的或非司法的手段和途径，要求违约方对其所遭受的损失给予经济赔偿。广义上讲，非违约方采取的这种诉求行动叫作"索赔"，违约方针对非违约方提出的索赔要求而对事件进行的处理行为被称作"理赔"。

2. 违约责任

进出口双方中的任何一方如不履行或不完全履行合同中规定的义务，在法律上构成违约行为，而受害方有权根据合同或有关法律规定提出损害补偿要求。

按违约后果的严重程度将违约分为根本违约与非根本违约，是国际上常见的一种方法，《联合国国际货物销售合同公约》、《国际商事合同通则》等对此均有涉及。界定根本违约与非根本违约是国际贸易实践中面临的具体问题，一般情况下可以从以下几个层次考虑：

第一，从违约后果及情节整体考虑，是否使对方当事人根据合同期待的利益丧失了合同的目的，致使合同履行成为不可能或不必要。

第二，对不完全履行的情况，要根据不完全履行中存在瑕疵的部分在合

同义务中的地位，结合不完全履行中有瑕疵的部分在事实上能否补救，或即使在事实上可以补救，但相对对方当事人而言是否已经丧失商业机会等因素考虑。

世界各国的法律对违约的解释及违约后的处理办法有不同规定。

(1)英国法律规定，如当事人一方违反合同中实质性的主要约定条件，即作为“违反要件”，受害方有权因之解除合同并可要求损害赔偿；如违反的是合同中的次要条件，称为“违反担保”或“违反随附条件”，受害方有权因之要求损害赔偿，但不能解除合同，仍须承担履行合同的义务。

(2)美国法律规定，如双方当事人中任何一方违约，以致使另一方无法获得该交易的主要利益，则是“重大违约”，受害方有权解除合同，并要求损害赔偿；情况较轻微，并未影响双方在该交易中取得的主要利益，则为“轻微违约”。受害方无权解除合同。

(3)《联合国国际货物销售合同公约》，把违约区分为根本性违约(Fundamental Breach)和非根本性违约(Non－Fundamental Breach)。

3. 国际贸易索赔发生的原因

(1)信用不佳

因交易对手信用不佳，不确实履行契约义务，导致另一方遭受损害而提出索赔，这是最常见的索赔原因。

(2)契约条件不完备或用辞模棱两可

买卖双方订约未尽周详，契约内容不够完备，或契约用辞模棱两可，无明确定义，致履行发生问题时无法依约解决，亦为索赔发生的原因。

(3)法规惯例不一致

各国经贸发展背景不同，外汇贸易管制情况互异，常因贸易法规惯例不一致，造成贸易遵循立场的困扰。

(4)语言文字不同

语言文字了解程度难以一致，致使双方交易条件无法正确表达沟通，滋生执行上的偏差。

(5)不可抗力事故

例如因天灾致无法如期交货，或因政策法令变动而无法顺利汇出货款，只要契约中有订明不可抗力事故条款，这类索赔通常较易解决。

4. 国际贸易索赔的范围

第一种：金钱的索赔。

(1)拒付价款

例如：因品质不佳，迟延装船而拒付。

(2)要求减价或折价

例如:因品质不佳,迟延装船而要求减价或折价。

(3)要求赔偿损失

第一,买方索赔:例如卖方迟延装货,致买方工厂停工而发生的损失。

第二,卖方索赔:例如买方不开或迟开信用证,或开发不正常的信用证。

第二种:非金钱的索赔。

(1)拒收货品并要求退还货款

同时若因而影响工厂停工或因需另补进货物而发生损失,则这种附带损失也可一并向卖方索赔。

(2)掉换货物

若货物不符契约规定,即可一方面拒收货物,另一方面要求卖方因另行补运合手契约的货物。

(3)补交

卖方短交时可要求其补交。

(4)修护

通常要求修护的情形,以机器类居多。如故障或损坏可经修护而恢复的,经修护后,买方往往仍可要求卖方给予若干的赔款。

(5)要求履约

即卖方或买方要求对方按照契约条件履行之意。例如对于不交运契约货物时,买方要求卖方照约交运。又如买方迟迟不开发信用证时,卖方要求买方依约开发信用证。

(6)取消契约或取消契约余额

前者为要求取消全部契约,后者为要求取消未装运或未履行部分的契约。

(7)道德制裁

例如拒绝往来、通报同业、请贸易主管当局列入黑名单。

9.3.2 索赔条款

进出口合同中的索赔条款有两种规定方式:一种是异议和索赔条款(Discrepancy and Claim Clause);另一种则是罚金(Penalty)条款。

1. 异议与索赔条款(Discrepancy and Claim Clause)

进出口合同中,一般的商品买卖合同,多数只订异议和索赔条款;在买卖大宗商品和机械设备一类商品的合同中,除订明异议与索赔条款外,再另订罚金条款。

异议与索赔条款一般是针对出口商交货的品质、数量、或包装不符合合同规定而订立的。包括索赔依据、索赔期限、索赔的处理方法、索赔金额。

异议和索赔条款的主要内容,除了明确规定买卖双方在履约过程中,如一方违反合同时,另一方有权提出索赔外,还应订明索赔的依据、索赔的期限、赔偿损失的办法和金额等。索赔的依据,主要规定提出索赔必须具备的证据以及出证的机构。索赔时必须按规定提供齐全、有效的证据,否则可能遭到拒赔。索赔的期限,主要是根据货物的不同特性,而规定长短不同的期限。一般货物规定为货物到达目的地后30天或45天;对于机器、电器、仪表一般定为货物到达目的港或目的地后60天或90天,一般不超过180天。但对有质量保证期的机械设备的索赔期,可长达1年或1年以上。索赔期的规定在进口合同中不宜太短,防止超过索赔期而被拒绝,可以在合同当中规定:"如在有效期内,因检查手续和发证手续办理不及,可先电告对方延长索赔期若干天。"对损害赔偿金额,一般不作详细规定,因为签约的当时难以预料发生违约造成的损害程度。

异议索赔条款主要适用于交货品质数量等方面的违约行为,这类赔偿的金额不是预先决定,而是根据货损、货差的实际情况确定的。

2. 罚金条款

规定当一方未能履行合同义务时,如卖方未按期交货或买方未按期派船、开证,应向对方支付一定数额的约定金额,以补偿对方的损失。罚金亦称"违约金"。

罚金条款一般适用于卖方延期交货,或者买方迟延开立信用证或延期接货等场合下。

罚金的支付并不解除违约方继续履行的义务,因此,违约方支付罚金外,仍应履行合同义务,如因故不能履约,则另一方在收受罚金之外,仍有权索赔。

由于不同国家的法律对于罚金条款的规定不同,例如英美法系国家的法律,只承认损害赔偿,不承认对于带有惩罚性的罚金。所以在与英、美、澳、新等国贸易时,应注意约定的罚金额的合法性。在我国出口合同中,除少数特殊情况外,一般不应订罚金条款。

罚金条款常用于大宗商品或成套设备的合同中。

3. 约定异议与索赔条款的注意事项

(1)应按公平合理原则约定索赔证据;

(2)索赔期的长短应合理;

(3)应注意索赔条款与检验条款之间的联系。

9.3.3　索赔处理办法

对于索赔处理办法，通常在合同中只作笼统规定。只有少数合同订明索赔条款。

例如果货物不符合合同规定应由卖方负责，可按下列方式理赔：

(1)同意买方退货，并以成交原货币种类按退货金额偿还买方，并负担因退货而发生的一切直接损失和费用。

(2)按照货物的次劣程度，损害的范围和买方所遭受的损失，将货物贬值。

(3)调换有缺陷的货物，换货必须全新并符合本合同规定的规格、质量和性能，并负担因此而产生的一切费用和买方遭受的一切直接损失。

9.3.4　理赔的主要手续

1. 理赔的主要手续

理赔的主要手续包括：

(1)损失通知。当发生保险事故或保险责任范围内的损失时，被保险人应立即通知保险人。损失通知是保险理赔的第一项程序。在船舶保险中，如其事故在国外，还应通知距离最近的保险代理人。

(2)查勘检验。保险人或其代理人获悉损失通知后应立即开展保险标的损失的查勘检验工作。海上保险事故或损失发生在国外，查勘检验常由保险的代理或委托人进行。查勘检验作为海上保险理赔一项重要内容，主要包括事故原因、救助工作、第三者责任取证、勘察报告和检验报告制作等。海上保险的检验是理赔实务中一项十分重要的工作，它确定保险标的损失的责任归属、施救措施的合理性等。在海上货物运输保险中，凡属保险责任的货损，收货人必须及时向承保的保险公司申请进行联合检验。有两个步骤：

第一，港口联合检验。货物抵达目的港后发现货损时，收货人应及时通知保险公司，向商检部门申请联检，共同查明致损原因、损坏数量和程度，并编制港口联检报告或情况记录。

第二，异地联合检验。当货运转运至内陆收货人时，无论货物在港口卸货是否发现损坏，只要货物运抵目的地，发现有保险责任范围内短缺残损时，收货人可通过当地保险公司进行联合检验并编制联检报告。通过货物检验后，理赔人员应据此确定货损责任的归属。货物“原残”是发货人的责任，属于保险条款的险外责任，保险人不负责赔偿。货物“船残”、“工残”或其他外来原因造成的损失，只要在承保期间内发生均属保险责任，保险人应予赔偿。所谓"原残"是指属于发货人责任的货物残损，包括在生产、制造、加工、装配、整理和包装过程中的货损；发货港装船前堆存、转运过程中货损；装货港理货公司出具例外单注明短少损失，货物品质、包装和标志不符合合同规定或国家惯例以及不适合远洋运输造成的残损。货物"船残"是指属于船方责任的货物残损。货物"工残"是指属于装卸公司或其他第三方责任的货物残损，包括装卸工人明显违章操作、粗暴搬运、不慎装卸、使用工具不当等造成货损或在码头、仓库、堆场等处，因运输、堆存和保管不善所造成的货损。对货物损失的检验报告，国际上有统一的固定格式，通常用劳式社的检验报告格式，各国货物损失检验报告的内容基本相同。检验申请人向保险人或其指定检验代理人申请检验时应提供填写如下内容的必要单证：申请检验表、海运提单、货物发票、海事报告、保险单证、装箱单、理货单、货物的重量单等。

(3)核实保险案情。保险人收到代理人或委托人的检验报告后，还应向有关各方收集资料，并加以核实、补充和修正赔案的材料。

(4)理赔案情，确定责任。保险人应判断原因是否属保险责任，是否发生在保险期限内，索赔人是否具有可保利益，审查的有关单证如保险单证、事故检验报告、保险事故证明、保险标的施救和修理等方面文件。

(5)计算赔偿金额，支付保险赔偿。保险赔偿的计算，保险人通常依据索赔清单(Statement of claim)。保险赔偿的计算可以由保险人自身进行，也可由其代理人计算或委托海损理赔人理算。

2. 理赔工作注意事项

在出口合同履行过程中，如因国外买方未按合同规定履行义务，致使我方遭受损失，可根据不同对象、不同原因以及损失大小，向对方提出索赔。在向国外提出索赔时，要本着实事是的精神，尽可能通过友好协商的办法解决，做到既要维护我方的正当权益，又不影响双方的贸易关系。

如果我方交货的品质、数量、包装不符合合同的规定，在买方享有复验权的情况下，国外客户即使已经支付货款，我方仍可提出索赔。在处理索赔时，应注意下列各点：

(1)要认真细致地审核国外买方提出的单证和出证机构的合法性。对其检验的标准和方法也都要一一核对，以防买方串通检验机构弄虚作假或国外的检验机构检验有误。

(2)注意搞好调查研究，弄清事实，分清责任。为此，必须会同生产部门和运输部门对商品品质、包装、储存、摆货、运输等方面进行周密调查，然后把单证材料和实际情况结合起来，进行分析研究，查清货物发生损失的环节、原因，并确定责任属于何方。如果属于船运公司或保险公司的责任范围，由船运公司或保险公司处理；如确实属于卖方的责任，我们就应实事求是地予以赔偿。对国外商人提出的不合理要求，我们必须根据可靠的资料，予以拒绝。

(3)合理确定损失程度或性质，妥善采用赔付办法。

9.3.5　违约金与定金

1. 违约金

(1)违约金的含义及其性质

违约金是指按照当事人的约定或者法律直接规定，一方当事人违约的，应向另一方支付的金钱。违约金的标准是金钱，但当事人也可以约定违约金的标的物为金钱以外的其他财产。违约金具有担保债务履行的功效，又具有惩罚违约人和补偿无过错一方当事人所受损失的效果，因此有的国家将其作为合同担保的措施之一，有的国家将其作为违反合同的责任承担方式。

违约金的性质主要是补偿性的，有限度地体现惩罚性。

(2)违约金条款

违约金条款是合同的重要条款，是担保合同全面履行、补偿守约方的损失、惩罚违约方违约行为的重要措施。

违约金条款针对当事人不按期履约而订立。如卖方未按期交货或买方未按期派船、开证。主要内容是规定罚金或违约金的数额以补偿对方的损失。罚金的支付并不解除违约方继续履行的义务，因此，违约方支付罚金外，仍应履行合同义务，如因故不能履约，则另一方在收受罚金之外，仍有权索赔。

英美法系国家的法律，只承认损害赔偿，不承认对于带有惩罚性的罚金。所以在与英、美、澳、新等国贸易时，应注意约定的罚金额的合法性。罚金条款常用于大宗商品或成套设备的合同中。

(3)约定违约金条款的注意事项

违约金数额的确定应当合理；

违约金条款应明确具体；

一般规定每延迟 7 天按合同金额的 0.5%收取违约金，延期 10 周可取消合同。

2. 定金(Deposit,Down Payment)罚则

(1)定金的定义:是指合同一方当事人根据合同的约定预先付给另一方当事人一定数额的金额,以保证合同的履行,它是作为债权的担保而存在的。

(2)定金罚则的内容:给付定金的一方违约,即丧失定金的所有权,定金则由另一方当事人所有;收取定金的一方如违约,则双倍返回定金数额。

9.3.6 不可抗力(Force Majeure)

1. 不可抗力的含义

不可抗力又称"人力不可抗拒",是指买卖合同签订后,不是由于合同当事人的过失或疏忽,而是由于发生了合同当事人无法预见、无法预防、无法避免和无法控制的事件,以致不能履行或不能如期履行合同,发生意外事件的一方可以免除履行合同的责任或推迟履行合同。不可抗力是一项免责条款。

在英美法中有"合同落空"(Frustration of Contract)原则的规定,在大陆法系国家的法律中有"情势变迁"或"契约失效"原则的规定。这些法律法规对不可抗力的确切含义在解释上不统一,具体名称也不一致,但其原则大体相同。

2. 构成不可抗力事件的条件

(1)意外事件是在有关合同成立以后发生的;

(2)不是由于任何一方当事人的故意或过失所造成的,而必须是偶发的和异常的事件;

(3)事件的发生是当事人无法预见、无法控制、无法避免和不可克服的。

3. 不可抗力事件范围

不可抗力的意外事故包括两种情况:

(1)由于"自然灾害(Acts of God)"引起的,如水灾、火灾、暴风、大雪、暴风雨、地震等。

(2)由于"社会力量"引起的,如战争、罢工、政府禁令等。

注意:在美国,由于习惯上认为"不可抗力"事故仅指由于"自然力量"所引起的意外事故,而不包括由于"社会力量"所引起的意外事故,所以美国的贸易合同中往往不用"不可抗力"一词。例如,美国的不可抗力条款称之为"意外事故条款(Contingent Clause)"。

4. 不可抗力事故所引起的后果

(1)免除不履行合同的责任。

(2)免除延迟履行合同的责任。

如是暂时或在一定时期内影响履行,就只能暂时中止合同,不可抗力事故消除后仍需履约;反之,经过一段时间或事故一发生即已影响到履约的根本基础,使履行成为不可能,则可允许不再履约。

如由于地震破坏了交通干线,影响了货物运输,一般只能暂时中止合同,推迟履约,一旦恢复交通运输,仍需履约。

在何种情况下可以解除合同,要看事故发生的原因、性质、规模及对履行合同所产生的影响程度而定。

5. 合同中的不可抗力条款

此条款是合同中的重要条款,一般包括不可抗力事件的范围、不可抗力的后果、发生事故后通知对方的期限和方式、证明文件及出具证明的机构等。

我国的进出口合同对不可抗力条款的规定主要有三种。

第一,概括规定。如"由于不可抗力的原因,致使卖方不能全部或部分装运或迟延装运合同货物,卖方对于这种不能装运,或延迟装运本合同货物不负责任。但卖方须用电报或电传通知买方,并须规定的 15 天内,以航空挂号信件向买方提交由中国国际贸易促进委员会(中国国际商会)出具的证明此类事件的证明书"。

第二,列举式规定。即在合同中详细列明不可抗力事故的原因。如:由于战争、地震、水灾、暴风雨、雪灾的原因,致使卖方不能全部或部分装运,或迟延装运合同货物,卖方对于这种不能装运、或迟延装运本合同货物不负责任。但卖方须用电报或电传通知买方,并须在规定的时间内,以航空挂号信件向买方提交由中国国际贸易促进委员会(中国国际商会)出具的证明此类事件的证明书。

第三,综合规定。即列明双方都同意的不可抗力事故,再加上"以及双方当事人所同意的其他意外事故"等字句。如:由于战争、地震、水灾、暴风雨、雪灾或其他不可抗力的原因,致使卖方不能全部或部分装运、或迟延装运合同货物,卖方对于这种不能装运,或迟延装运本合同货物不负责任。但卖方须用电报或电传通知买方,并须在规定的时间内,以航空挂号信件向买方提交有中国国际贸易促进委员会(中国国际商会)出具的证明此类事件的证明书。

6. 发生事故后通知对方的期限和方式

按照国际惯例,当发生不可抗力事故影响合同履行时,当事人必须及时通知对方,对方应于接到通知后及时答复。但是,买卖双方为了明确责任,一般仍规定一方发生事故后通知对方的期限和方法。例如，卖方须用电报或电传通知买方，并须在15日内以航空挂号信件向买方提交由当地商会或其他合法的、权威公证机构出具的证明此类事件的证明书。

7. 证明文件及出具证明的机构

一般而言，买卖合同的任何一方援引不可抗力条款时，都应向对方提交有关机构的证明文件。一般由当地商会或合法的公证机构出具，在我国是由中国国际贸易促进委员会或其分会出具。

【案例 9-5】

A公司向B公司订购一批食糖，合同规定："如发生政府干预行为，合同应予延长，以至撤销。"签约后，因B公司所在国连遭大雨，甜菜严重歉收，政府则颁布禁令，不准食糖出口，致使B公司在约定的装运期内不能履行合同，B公司便以发生不可抗力事件为由要求延长履约期限或解除合同，A公司拒不同意B公司的要求，并就此提出索赔，你认为，A公司的索赔请求是否合理？试具体说明。

分析：A公司拒不同意B公司的合理要求，反而向B公司索赔是不合理的，其理由如下：

买卖合同明确规定："发生政府干预行为，合同应予延长，以至撤销"，B公司依约提出的要求合理、有据，A公司不应拒绝其合法要求。

按国际惯例，政府颁布禁令属不可抗力，发生不可抗力事故的一方当事人即B公司本来可以免除履约责任，而A公司却无视国际上公认的法规和惯例，向B公司提出索赔，这是毫无道理的。

8. 约定不可抗力条款的注意事项

(1)对不可抗力事件性质与范围的约定办法要合理。

(2)约定不可抗力条款应体现公平合理原则。

(3)不可抗力条款的内容应当完备。

9.4 仲裁

9.4.1 仲裁概述

仲裁(Arbitration)又称"公断"，是指买卖双方在争议(Disputes)发生之前或发生之后，签订书面协议，自愿将争议提交双方所同意的第三者予以裁决(Award)，以求解决争议的一种方式。仲裁协议有两种形式：一种是在争议发生之前订立的，它通常作为合同中的一项仲裁条款出现；另一种是在争议之后订立的，它是把已经发生的争议提交给仲裁的协议。

国际贸易中的争议解决办法类同于一般民事争议的解决办法，一般有协商（Consultation）、调解（Intermediation）、仲裁（Arbitration）和诉讼（Litigation）四种。

当发生争议时，应首选协商方式，如不成功，再寻求调解。再不成功，则提交仲裁，不得已情况下才诉诸法律。

仲裁与诉讼结果虽均有法律约束力，但他们之间仍存在较大的区别：

(1)仲裁的速度快。仲裁机构受理案件后，一般应在一周内开庭。诉讼的立案则很难估计，提交诉状后数月甚至一年后才予以立案的情况时有发生。

(2)仲裁是争议双方自愿达成的一种解决方式，其中有一方不同意仲裁，则另一方不能提交仲裁。

(3)仲裁方式中，仲裁员由争议双方自愿协商指定，而诉讼方式中，法官由法院指定。

(4)仲裁费用较低。

(5)仲裁的裁决是终局性的，双方当事人均不得向法院或其他机构提出变更裁决的要求；而法律诉讼的判决，一般是允许上诉并提出变更要求的。

9.4.2　合同中的仲裁协议

1. 仲裁协议的作用

仲裁条款是双方在签订经济贸易、海运合同时，在合同中制订的将有关争议交付仲裁的条款。仲裁条款与合同其他条款一道，在争议发生前制订，因此，仲裁条款是合同的组成部分。

一般来讲，发生争议的双方中任何一方申请仲裁时必须提交双方当事人订立的仲裁协议。仲裁协议的作用有以下几个方面：

(1)约束双方当事人只能以仲裁方式解决争议，不得向法院起诉。

(2)排除法院对有关案件的管辖权。一般国家（地区）的法律都规定法院不受理争议双方订有仲裁协议的争议案件。

(3)仲裁机构取得对争议案件的管辖权。

2. 仲裁协议的内容

仲裁协议的内容，根据《仲裁法》，仲裁协议至少应包括下列三项内容：

(1)请求仲裁的意思表示

它是指无论是仲裁条款还是专门仲裁协议，都应订明将有关争议提交仲裁，并且意思表示应明确，不易产生歧义。如有的仲裁协议中订明，有关争议由仲裁或诉讼解决，这类条款往往被判无效。

(2)仲裁事项

仲裁事项应尽量明确全面，可规定产生于本合同或与本合同有关的任何争议提交仲裁解决。如果仲裁事项不明或超出法律规定的范围部分，其仲裁裁决有可能被判无效。

(3)选定仲裁委员会

选定仲裁委员会至关重要。因为不仅涉及应适用的仲裁规则，而且还会在其他方面涉及当事人的利益，如仲裁费用、聘请律师的便利条件等。

有的仲裁条款往往选定两个仲裁委员会，如列明提交中国海事仲裁委员会或瑞典斯德哥尔摩商会仲裁院仲裁。以前这类条款往被法院以选定的仲裁委员会不明确为由认定仲裁协议无效。对此，我国最高人民法院批复：这种同时选择两个仲裁机构的仲裁条款"对仲裁机构的约定是明确的，亦是可以执行的。当事人只要选择约定的仲裁机构之一即可进行仲裁。"因此，根据《中华人民共和国民事诉讼法》第一百一十一条第二项之规定，这类案件应由当事人提交仲裁解决，人民法院没有管辖权。

(4)关于仲裁协议是否必须约定适用的仲裁规则以及仲裁裁决的效力问题

理论上讲，双方当事人可以根据"意思自治"原则选下适用的仲裁规则，并且选定的仲裁规则可以与选定的仲裁机构不一致。但实践中，大部分是选择了哪个仲裁机构就适用哪个机构的仲裁规则。同时，有些机构的仲裁规则不允许当事人将机构与规则分开。如我国海事仲裁委员会仲裁规则第七条规定，"凡当事人同意将争议提交仲裁委员会仲裁的，均视为同意按照本仲裁规则进行仲裁"。1958 年《纽约公约》第五条规定，仲裁程序应同当事人之间的协议相符，或者当事人未订立此种协议时，应与仲裁地国家的法律相符。由于各国仲裁法以及仲裁机构、仲裁规则的规定不统一，涉外仲裁协议中约定适用仲裁规则仍有必要。

同样道理，对仲裁裁决的效力，我国《仲裁法》规定，仲裁实行一审终局制度。裁决作出后，当事人就同一纠纷再申请仲裁或者向人民法院不予受理。就国内仲裁而言，因法律已明确规定仲裁为一审终局制，当事人可以不在仲裁协议中订明裁决效力为终局，对双方有约束力等。但若是涉外仲裁，由于各国法律对裁决是最终效力规定有差异，有的规定裁决非终局，当事人可以上诉法院，因此当事人双方在协议中约定裁决的效力是有必要的。

3. 仲裁裁决的效力及费用的负担

(1)仲裁裁决的效力

仲裁裁决的效力主要是指由仲裁庭作出的裁决，对双方当事人是否具有约束力，是否为决定性的，能否向法院起诉要求变更裁决。

(2)仲裁费用的负担

通常在仲裁条款中明确规定出仲裁费用由谁负担。一般规定由诉方承担，也有的规定为由仲裁庭酌情决定的。

9.4.3　我国进出口合同中的仲裁条款

我国进出口合同中的仲裁条款一般都包括以下几个方面：

1. 仲裁地点

仲裁地点乃是仲裁条款的核心所在。一般而言，在哪个国家仲裁，就适用哪个国家的法律和仲裁法规。由此可见，仲裁地点不同，所适用的法律可能不同，对双方当事人的权利、义务的解释也会有差异，仲裁结果也就可能不同。因此，买卖双方当事人在协商仲裁地点时，都力争在自己国家或比较了解和信任的地方仲裁。

例如买卖双方规定在中国进行仲裁的。可写明：凡因执行本合同所发生的或本合同有关的一切争议，双方应通过友好协商解决，如果协商不能解决时，应提交北京中国国际经济贸易仲裁委员会根据该会仲裁规则进行仲裁。

仲裁地点有三种规定方式：

(1)力争在我国进行仲裁。

(2)如果双方无法对在我国进行仲裁达成协议，而对方国家的法律、规则和仲裁实践还比较公平公正，也可以同意在对方国进行仲裁。

(3)规定在双方认同的第三国仲裁。最好选择与我国比较友好的国家，同时对我国的仲裁法律和规则应该有深入的了解。

凡因执行本合同所发生的或与本合同有关的一切争议，双方应通过友好协商解决；如果协商不能解决，应提交第三国仲裁机构，根据该仲裁组织的仲裁程序规则进行仲裁。仲裁裁决是终局的，对双方都有约束力。

2. 仲裁程序

仲裁程序主要是规定进行仲裁的手续、步骤和做法，以便为当事人和仲裁员提供进行仲裁的准则。一般在买卖合同中的仲裁条款都明确采用哪个国家和哪个仲裁机构的仲裁规则进行仲裁。我国的仲裁程序规则是《中国国际经济贸易仲裁委员会仲裁规则》。

仲裁的程序大体包括：提出仲裁申请，双方当事人指定仲裁员，有仲裁员组成仲裁庭，仲裁庭开庭审理；收集证据，调查证人，采取保全措施，最后作出裁决。

3. 仲裁裁决的效力

根据我国仲裁规则规定，仲裁裁决是终局的，争议双方必须执行，任何一方当事人都不得向法院起诉，也不得向其他机构提出变更仲裁裁决的请求。在发达国家，一般也不允许当事人对仲裁裁决不服而上诉法院。

4. 仲裁机构的选择

国际贸易中的仲裁机构有两类，即常设仲裁机构和临时仲裁机构。

中国的常设涉外商事仲裁机构是中国国际经济贸易仲裁委员会。该委员会隶属于中国国际贸易促进委员会，总会设在北京，在深圳和上海设有分会。此外，在一些省市还相继设立了一些地区性的仲裁机构。

国际贸易中的仲裁，可由双方当事人在仲裁协议中规定在常设的仲裁机构进行，也可以由当事人双方共同指定仲裁员组成临时仲裁庭进行仲裁。

5. 约定仲裁条款的注意事项

(1)选择合适的仲裁地点；

(2)择优选择适当的仲裁机构；

(3)合理约定仲裁费的负担；

(4)仲裁条款的规定应当明确具体。

9.5 保理

9.5.1 保理概述

1. 保理(Factoring)的含义和分类

保理又称“保付代理”、“托收保付”，是贸易中以托收、赊销方式结算贷款时，出口方为了规避收款风险而采用的一种请求保理商承担风险的做法。

保理业务分为国际保理和国内保理，其中的国内保理是根据国际保理发展而来。国际保理又叫“国际付款保理”或“保付代理”。它是指保理商通过收购债权而向出口商提供信用保险或坏账担保、应收账款的代收或管理、贸易融资中至少两种业务的综合性金融服务业务，其核心内容是通过收购债权方式提供出口融资。与国际保理不同的是，国内保理的保理商、保理申请人、商务合同买方均为国内机构。

保理业务是一项集贸易融资、商业资信调查、应收账款管理及信用风险承担于一体的综合性金融服务。与传统结算方式相比，保理的优势主要在于融资功能。

保理商可以提供下列服务：

(1)贸易融资。保理商可以根据卖方的资金需求，收到转让的应收账款后，立刻对卖方提供融资，协助卖方解决流动资金短缺问题。

(2)销售应收账款管理。保理商可以根据卖方的要求，定期向卖方提供应收账款的回收情况、逾期账款情况、账龄分析等，发送各类对账单，协助卖方进行销售管理。

(3)应收账款的催收。保理商有专业人士从事追收，他们会根据应收账款逾期的时间采取有理、有力、有节的手段，协助卖方安全回收账款。

(4)信用风险控制与坏账担保。保理商可以根据卖方的需求为买方核定信用额度，对于卖方在信用额度内发货所产生的应收账款，保理商提供100%的坏账担保。

2. 保理的意义

保理是降低收汇风险的一大选择。

保理业务的做法就是由保理商取代银行的中间地位，出口商可任意选择使用托收或电汇等支付方式。在交易前先从保理商那里取得一定的信用额度，进出口双方再在这个信用额度内按正常的业务进行交货付款。只要进口商按原定合同及时付清了货款，这单保理业务就告完成。信用额度在保理合同规定的期限可循环使用。否则，如果进口商拒付或破产，保理商须于出口合同规定的付款到期日后 90 天内，在所批准的信用额度内 100% 赔付给出口商。保理商对付给出口商的全部款项没有追索权。

出口保理商与出口商之间可视情况选择不同做法。出口商既可只要求保收服务，也可要求同时取得资金融通。保理商可在出口人提交单据时给出口人预支，预支金额一般为全部货款的 80%～90%，个别也有全额预支的。

保理商在履行协议规定义务后，视事务繁简及承担风险的程度，向出口商收取总额 1%～2%的手续费。如果还提供资金融通，则尚需增收融资利息，利率一般要较通常利率高 1.5%～2%。

在我国，最早能够提供出口保理业务的只有中国银行和交通银行，现在已有多家银行和一些金融财务公司开始办理这项业务。另据姜旭介绍，中国银行现在已开始尝试做国内保理业务了，同样可以为出口业务国内段的不同环节控制收款风险、方便融资、扩大业务规模。

9.5.2 国际保理业务及一般业务程序

1. 国际保理业务

国际保理业务是指出口商需要在商业信用的基础上出售商品时，在货物装船后立即将发票、汇票、提单等有关单据卖断给保理商，即可取得大部分货款；日后，一旦发生进口商不付或逾期付款，则由保理商承担付款责任（保理商承担第一付款责任）。在国际保理业务中，保理商在出口商以赊销、承兑交单等方式销售货物时，为出口商提供海外进口商的资信评估、100％的进口商信用风险担保、以预支的方式提供出口商所需营运资金、应收账款的管理及追收等方面的服务。

国际保理业务的运作有单保理和双保理两种方式。仅涉及进出口商一方保理商的叫作“单保理方式”；涉及双方保理商的则叫作“双保理方式”。单保理是只有出口银行与出口商签订保理协议，并对出口商的应收账款承保保理业务。双保理是进出口银行都与进出口商签订保理协议。

(1)单保理方式。单保理方式适用于出口商所在国未有保理商的国家和地区背景下，当进出口双方经过协商谈判决定采用保付代理结算方式后，出口商即向进口商所在国的保理商提出申请，签订保付代理协议，并将需确定信用额度的进口商名单提交给保理商；进口保理商对进口商进行资信调查评估，将确定的进口商信用额度通知出口商，并承担进口商信用额度内100％的收取货款风险担保；出口商依据由进口保理商确定的进口商信用额度决定签约；在信用额度内签约发货后，将发票和货运单据直接寄交进口商；将发票副本送进口保理商，进口保理商负责催收账款；如果出口商在发货后、收款前有融资要求，进口保理商将在收到发票副本后以预付款方式提供不超过发票金额80％的无追索权短期货款融资；进口商在付款到期时将全部货款付给进口保理商，进口保理商再将全部货款扣除相关费用及预付货款后转入出口商的银行账户。

(2)双保理方式。双保理方式适用于进出口商双方所在国都有保理商的国家和地区背景下。出口商与本国的出口保理商签订保付代理合同；然后与进口商协商谈判买卖合同并约定采用保付代理结算方式；在签约前，出口商向出口保理商提出确定进口商信用额度申请；出口保理商再从进口国的保理商中挑出进口保理商，同时将需要核定信用额度的进口商名单提交给进口保理商；进口保理商对进口商进行信用调查评估，将确定的进口商信用额度通知出口保理商，出口保理商将进口商信用额度通知出口商，并承担进口商信用额度内100％的收取货款风险担保；出口商依据由保理商确定的进口商信用额度决定是否签约；在信用额度内签约发货后，将发票和货运单据直接寄交进口商；将发票副本递交出口保理商，出口保理商负责催收账款管理；如果出口商在发货后、收到货款前有融资要求，出口保理商将在收到发票副本后以预付款方式提供不超过发票金额 80％的无追索权短期货款融资；出口保理商同时将应收账款清单提交给进口保理商，委托其协助催收货款；进口商在付款到期时将全部货款付给进口保理商，如果进口商在发票到期日 90 天后仍未付款，进口保理商做担保付款；进口保理商收款后，立即将全部款项转给出口保理商；出口保理商在扣除相关费用及预付货款后转入出口商的银行账户。只要进口商按原定合同及时付清了货款，这单保理业务就告完成。进口商的信用额度在保理合同规定的期限内可循环使用。

2. 国际保理业务的当事人

国际保理业务的当事人有出口商、进口商、出口保理商以及进口保理商（出口保理商在进口地的代理人）。

3. 国际保理业务的一般业务程序

一般业务程序如下 ：

(1)出口商在决定以托收或赊销方式成交前，把合同内容和进口人名称通知本国的出口保理商。

(2)出口保理商将有关资料通知进口地的保理商，由其对进口商进行资信调查，并及时将调查结果通知出口保理商。

(3)出口保理商对可以认可的交易与出口商签订保理协议，协议内明确规定信用额度。

(4)出口商在保理协议规定的额度内与进口商签订买卖合同。

(5)出口商按合同规定发货，取得运输单据和其他商业单据，并在单据上注明应收账款转让出口保理商。

(6)出口保理商收到全套单据后，将单据转交进口保理商。由进口保理商负责向进口商收款，并将款项拨交出口保理商。

(7)出口保理商将收到的货款扣除手续费后交付出口商。若按协议规定，在出口商交单后已预支部分货款（一般为 50％～ 90％），则应在付款时扣除预付款的本息。

如进口商不能按时付款或拒付，保理商应负责追偿和索赔。并按协议规定的时间向出口人付款。

4. 采用保理收款应注意的问题

保理作为比较新的国际贸易结算手段，已经有十多年的历史了，而且逐渐成熟，并被更多出口商采用。其主要是针对在日益激烈的市场竞争，买方的付款条件要求的更加苛刻,比如 D/A 远期,甚至赊销等情况下,为了适应出口商既能够保持出口需要,又要减少出口收汇的风险这样的需求而产生的一种金融服务产品。但是要作保理,是有条件的,即需要注意以下的问题:

(1)买方(进口商)要有较好的信誉或信用,这样进口保理商才能够为其核定一定的信用额度,否则是不可能被接受的。

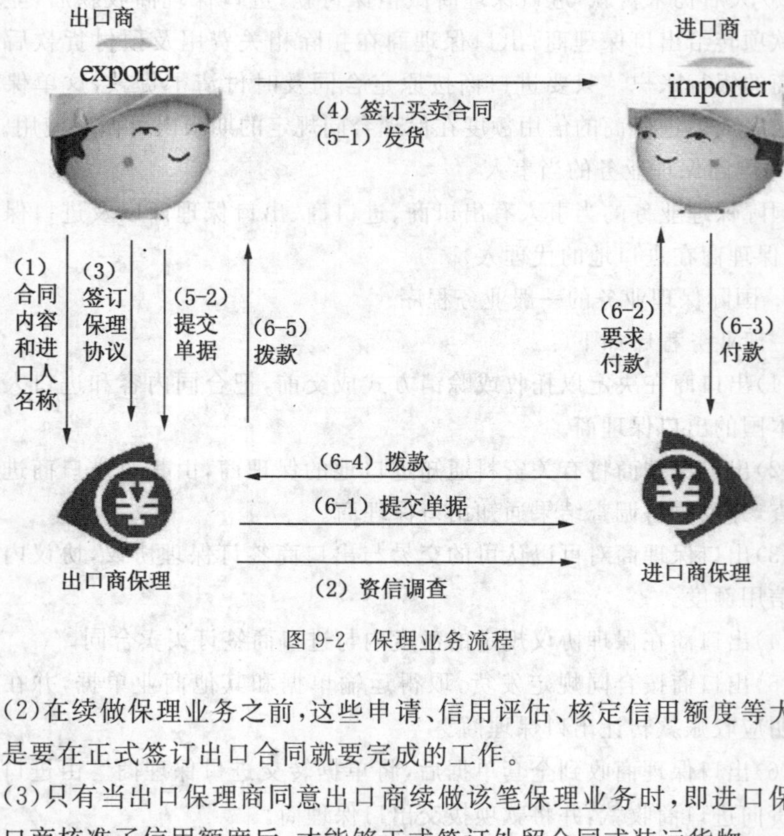

图 9-2　保理业务流程

(2)在续做保理业务之前,这些申请、信用评估、核定信用额度等大量的工作是要在正式签订出口合同就要完成的工作。

(3)只有当出口保理商同意出口商续做该笔保理业务时,即进口保理商为进口商核准了信用额度后,才能够正式签订外贸合同或装运货物。

(4)要注意进口商的信用额度的使用状况以及其信用状况的变化。随时保持与出口保理商的有效沟通。

(5)切忌突破核定使用的信用额度。

(6)如果需要融资,需要事先了解利息比率。

(7)在采用保理服务时应该注意的另一个重要问题,就是了解保理的费用水平。

9.6 出口信用保险

9.6.1 出口信用保险的含义和作用

1. 出口信用保险(Export Credit Insurance)的含义

出口信用保险也叫“出口信贷保险”，是承保出口商在经营出口业务的过程中因进口商的商业风险或进口国的政治风险而遭受损失的一种信用保险，是各国政府为提高本国产品的国际竞争力，推动本国的出口贸易，保障出口商的收汇安全和银行的信贷安全，促进经济发展，以国家财政为后盾，为企业在出口贸易、对外投资和对外工程承包等经济活动中提供风险保障、由国家财政提供保险准备金的非营利性的政策性保险业务，是一项政策性支持措施，属于非营利性的保险业务，也是政府对市场经济的一种间接调控手段和补充。世界贸易组织(WTO)补贴和反补贴协议原则上允许出口信用保险这种支持出口政策手段。全球贸易额的 12%～15%是在出口信用保险的支持下实现的，有的国家的出口信用保险机构提供的各种出口信用保险保额甚至超过其本国当年出口总额的 1/3。

出口信用保险诞生于 19 世纪末的欧洲，最早在英国和德国等地萌芽。1919 年，英国建立了出口信用制度，成立了第一家官方支持的出口信贷担保机构—英国出口信用担保局。紧随其后，比利时于 1921 年成立出口信用保险局，荷兰政府于 1925 年建立国家出口信用担保机制，挪威政府于 1929 年建立出口信用担保公司，西班牙、瑞典、美国、加拿大和法国分别于 1929 年、1933 年、1934 年、1944 年和 1946 年相继建立了以政府为背景的出口信用保险和担保机构，专门从事对本国的出口和海外投资的政策支持。

为统一各国出口信用保险业务规范，交流业务经验，共享风险信息，研究风险控制技术，总结和研讨业务发展方向，促进出口信用保险的健康发展，世界出口信用保险机构于 1934 年成立了名为《国际出口信用保险和海外投资保险人联盟》的国际性组织，由于首次会议在瑞士的伯尔尼召开，故该机构的简称为“伯尔尼协会”。伯尔尼协会对促进和维护世界贸易和投资的发展起着重要的作用。中国出口信用保险公司是伯尔尼协会的正式会员。

二战后，世界各国政府普遍把扩大出口和资本输出作为本国经济发展的主要战略，而对作为支持出口和海外投资的出口信用保险也一直持官方支持的态度，将其作为国家政策性金融工具大力扶持。1950 年，日本政府在通产省设立贸易保险课，经营出口信用保险业务。20 世纪 60 年代以后，众多发展中国家纷纷建立自己的出口信用保险机构。

出口信用保险承担的风险特别巨大，且难以使用统计方法测算损失概率，一般商业性保险公司不愿意经营这种保险，所以大多数是靠政府支持来经营的。

2. 出口信用保险的作用

出口企业为防范出口信用方面的风险，可向出口信用保险公司填写投保单、申请买方信用限额，并在出口信用保险公司批准后支付保费，保险责任即成立。

企业按时申报适保范围内的全部出口，如发生保单所列的风险，企业可按规定向出口信用保险公司索赔。根据支付方式、信用期限和出口国别的不同，保费从 0.23%～2.81%不等，平均为 0.9%。买家拒付、拒收的，赔付比例为实际损失的 80%；其他的为 90%。保险公司在赔付后向买家追讨的受益，按上述比例再分配给投保企业。

出口信用保险的作用体现在：

(1)提高市场竞争能力，扩大贸易规模

投保出口信用保险使企业能够采纳灵活的结算方式，接受银行信用方式之外的商业信用方式(如 D/P、D/A、OA 等)。使企业给予其买家更低的交易成本，从而在竞争中最大程度抓住贸易机会，提高销售企业的竞争能力，扩大贸易规模。

(2)提升债权信用等级，获得融资便利

出口信用保险承保企业应收账款来自国外进口商的风险，从而变应收账款为安全性和流动性都比较高的资产，成为出口企业融资时对银行的一项有价值的“抵押品”，因此银行可以在有效控制风险的基础上降低企业融资门槛。

(3)建立风险防范机制，规避应收账款风险

借助专业的信用保险机构防范风险，可以获得单个企业无法实现的风险识别、判断能力，并获得改进内部风险管理流程的协助。另外，交易双方均无法控制的政治风险可以通过出口信用保险加以规避。

(4)通过损失补偿，确保经营安全

通过投保出口信用保险，信用保险机构将按合同规定在风险发生时对投保企业进行赔付，有效弥补企业财务损失，保障企业经营安全。同时，专业的信用保险机构能够通过其追偿能力实现企业无法实现的追偿效果。

9.6.2　出口信用保险的分类

1. 短期出口信用保险

短期出口信用保险(简称“短期险”)。短期险承保放账期在 180 天以内的收汇风险,根据实际情况,短期险还可扩展承保放账期在 180 天以上、360 天以内的出口,以及银行或其他金融机构开具的信用证项下的出口。

(1)短期出口信用保险适用范围

短期出口信用保险主要适用于以下 3 项:一般情况下保障信用期限在一年以内的出口收汇风险;适用于出口企业从事以信用证(L/C)、付款交单(D/P)、承兑交单(D/A)、赊销(OA)结算方式自中国出口或转口的贸易。

(2)短期出口信用保险承保风险

商业风险即买方破产或无力偿付债务;买方拖欠货款;买方拒绝接受货物;开证行破产、停业或被接管;单证相符、单单相符时开证行拖欠或在远期信用项下拒绝承兑。

政治风险即买方或开证行所在国家、地区禁止或限制买方或开证行向被保险人支付货款或信用证款项;禁止买方购买的货物进口或撤销已颁布发给买方的进口许可证;发生战争、内战或者暴动,导致买方无法履行合同或开证行不能履行信用证项下的付款义务;买方支付货款须经过的第三国颁布延期付款令。

(3)短期出口信用保险损失赔偿比例

①由政治风险造成损失的最高赔偿比例为 90%;②由破产、无力偿付债务、拖欠等其他商业风险造成损失的最高赔偿比例为 90%;③由买方拒收货物所造成损失的最高赔偿比例为 80%。

(4)短期出口信用保险的作用

短期出口信用保险的作用表现如下:

第一,保障出口企业的收汇安全。

第二,提高出口企业在国际市场中的竞争地位和能力。

第三,为出口企业实施“出口多元化”战略、开拓新市场助一臂之力。

第四,为出口企业提供买方资信调查服务。

第五,可使出口企业获得资金融通的便利,帮助出口企业解决奖金周转困难、扩大经营能力。

第六,帮助出口企业追讨欠款,减少企业和国家的损失。

2. 延长期保险

延长期出口信用保险是承保 180 天到 2 年之间的出口贸易风险。适用于诸如汽车、机械工具、生产线等货物的出口，此险种也可视为短期出口信用保险的延续。

(1)中长期保险简介

中长期出口信用保险(简称“中长期险”)，可分为买方信贷保险、卖方信用保险和海外投资保险三大类。中长期险承保放账期在1年以上、一般不超过10年的收汇风险，主要用于高科技、高附加值的大型机电产品和成套设备等资本性货物的出口，以及海外投资，如以合资等形式在境外兴办企业等。中长期出口信用保险旨在鼓励我国出口企业积极参与国际竞争，支持银行等金融机构为出口贸易提供信贷融资；中长期出口信用保险通过承担保单列明的商业风险和政治风险，使被保险人得以有效规避以下风险：①出口企业收回延期付款的风险；②融资机构收回贷款本金和利息的风险。

(2)中长期出口信用保险的特点

中长期出口信用保险的特点是：保本经营为原则，不以盈利为目的；政策性业务，受国家财政支持。

(3)中长期出口信用保险的作用

中长期出口信用保险的作用表现在：①转移收汇风险，避免巨额损失；②提升信用等级，为出口商或进口商提供融资便利；③灵活贸易支付方式，增加成交机会；④拓宽信用调查和风险鉴别渠道，增强抗风险能力。

3. 特定保险

特定的出口信用保险是在特定情况下，承保特定合同项下的风险。承保的对象一般是复杂的、大型的项目。如大型的转口贸易、军用设备、出口成套设备(包括土建工程等)及其他保险公司认为风险较大需单独出立保单承保的项目。

4. 保证保险

与出口相关的履约保证保险简称“保证保险”，分为直接保证保险和间接保证保险。直接保证保险包括开立预付款保函、出具履约保证保险等；间接保证保险包括承保进口方不合理没收出口方银行保函。

9.6.3 出口信用保险办理程序和注意事项

1. 出口信用保险输程序

(1)申请投保

首先，出口商需填写《短期出口信用保险综合险投保单》，把出口企业的名称、地址、投保范围、出口情况、适保范围内的国外客户清单及其他需要说明的情况填写清楚后，企业法人签章，向保险公司申请投保出口信用保险。

(2)申请限额

出口企业在接到保险公司承保并签发的《短期出口信用保险综合险保险单》后,出口企业应就本保单适用范围出口的国外客户尽早向本公司书面申请信用限额,并填写《短期出口信用综合险买方信用限额申请表》,按表内的要求,把国外客户的情况,双方贸易条件以及本企业所需的限额如实填写清楚,为本企业在适保范围内的全部海外新旧客户申请信用限额。

(3)申报出口

保险公司通过《短期出口信用综合险买方信用限额审批单》批复限额后,出口企业每批出货后,15 天内(或每月 10 日前)逐批填写《短期出口信用综合险出口申报单》或《短期出口信用保险综合险出口月申报表及保费计算书》,按表中之要求,把出口的情况如实清楚填写,供保险公司计收保险费。对于出口企业未在规定时间内申报的出口,保险公司有权要求出口企业补报。但若补报的出口已经发生损失或可能引起损失的事件已经发生,保险公司有权拒绝接受补报。如出口企业有故意不报或严重漏报或误报情况,保险公司对已申报出口所发生的损失,有权拒绝承担责任。

(4)缴纳保险费

出口企业在收到保险公司发出的“保险费发票”及有关托收单据的日期起十日内应缴付保险费。如未在规定期限内交付保险费,保险公司对出口企业申报的有关出口,不负赔偿责任;如超过规定期限 2 个月仍未交付保险费,保险公司有权终止保单,已收的保险费概不退还。保险公司每个月按申报和报单薄明细表列明的费率,计算应缴的保险费。保险费率如需调整,保险公司将书面通知出口企业,通知发出后第 2 个月出口的货物,保险费按新费率计算。

(5)填报可损

出货后,国外客户已破产或无力偿付债务、国外客户已经提出拒绝收货及付款、国外客户逾期 3 个月未付或未付清货款或者发生本公司承保的政治风险项下的事件,即形成财务坏账,出口企业应在 10 天内向保险公司填报《短期出口信用保险可能损失通知书》。要清楚简述案情,并在赔偿等待其间,努力催收货款,密切与保险公司联系,及时告之追讨或处理的进程和结果。

(6)索赔损失

收不到货款且追讨无效,保险条款规定的赔偿等待期届满,应尽快以书面的形式向保险公司提出索赔,并填写《短期出口信用保险索赔申请书》,同时,齐全、真实地提供“申请书”列明的所需单证。

2. 出口信用保险的注意事项

(1)企业外贸部门应充分重视出口信用保险

每一个外贸出口企业,从经营者到业务员都必须增强风险意识,充分认识出口信用保险对化解风险、扩大出口的重要作用。企业内部应制定一套投保出口信用保险的制度,对信用等级较低、出口规模较大或新发展的客户,规定必须投保出口信用保险,避免只出口而不顾收汇,从而在制度上给予保证。

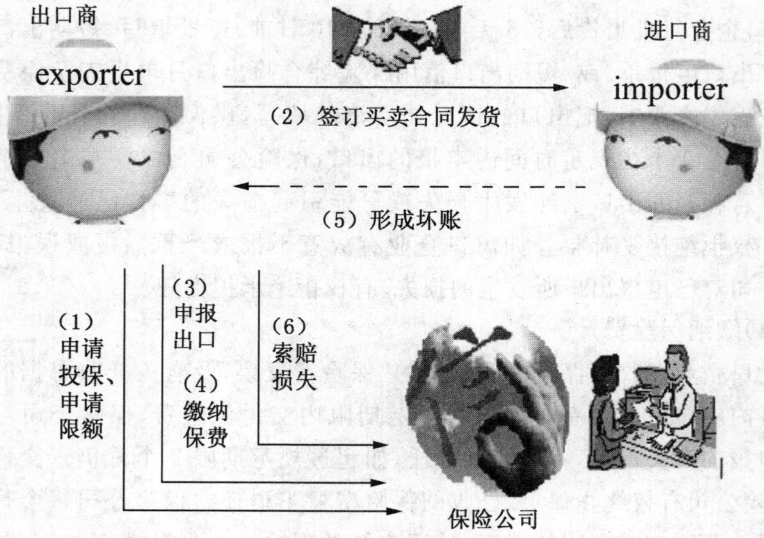

图 9-3 出口信用保险业务流程

(2)注意自身对出口信用风险的管理

外贸行业的出口信用风险管理可以由经理和财务共同负责,大的企业要成立专门的信用管理部门。日本的许多大公司每年都要通过各种途径调查其国外客户的资信,他们的指导思想是,无论合作伙伴是大公司还是小企业,老客户还是新客户,都有可能存在信用风险。尤其世界经济正处于世界性的企业重组的大转变时期,既加强自身的出口信用风险管理,又投保出口信用保险,是外贸出口企业规避出口信用风险的较好选择。

9.6.4 中国出口信用保险现状

我国出口信用保险的现状如下:

1. 缺乏出口信用保险方面的专门立法,出口信用保险不规范

因缺乏出口信用保险方面的专门立法,使具有政策性的出口信用保险

只能等同于其他一般商业保险行为，仅适用于《中华人民共和国保险法》，难以满足出口信用保险发展的现实需要。

2. 承保方式单一，保险费相对较高

中国出口信用保险承保方式单一，保险费相对较高，使得外贸企业很难接受这样的承保方式；保险额较低，那些高风险的外贸企业又处于无处投保的状况，难以发挥出口信用保险的积极作用。因此，人们应充分借鉴保险业发达国家的出口信用保险经验，改变传统的承保方式，扩大承保范围，调整费率标准。

3. 对外贸易主体资格局限性较大，制约了出口信用保险业务发展

1999 年以前，中国企业外贸经营权限制较死，造成投保主体缺位，出口信用保险也因此发展极为缓慢。随着中国对外贸易经营主体资格的逐步放宽，多元化的外贸经营主体结构为出口信用保险的发展创造了更为有利的市场环境。

【思考题】

1. 在国际货物买卖合同中约定买方复验权条款应注意哪些事项？

2. 在进出口合同中为何要约定不可抗力条款？该条款包括哪些主要内容？

3. 审理仲裁案件应遵循哪些基本原则？

【阅读材料】

尼日利亚骗局

"尼日利亚骗局"又称"尼日利亚骗徒"、"尼日利亚陷阱"或者"419 骗局"，是国际骗徒以尼日利亚为名而设的骗局，一种从 20 世纪 80 年代就开始流行的行骗手法，因源于尼日利亚而得名。与此国家并无直接关系，一直都是各国警方大为头痛的问题。尼日利亚由于地域广阔，加上丰富的石油及矿产资源，使尼日利亚在非洲各国当中的经济一向比较富裕。然而，由于其严重的贪污问题以及周边国家的连年内战，使不少富有人家都希望透过第三者做出资产转移，从而保障自己的财富。然而，这却正成为了骗徒借以在世界各地行骗的方式。

石油商人改行诈骗。尼日利亚骗局的案发原因与 20 世纪 80 年代中期石油价格大跌有关。石油是尼日利亚最大的外汇收入，价格大跌之后对很多从事石油交易的商人打击惨重。

于是那些本来受过高等教育、英语流利的专业人士索性利用自己熟悉

国际贸易的特长,改行从事起另一种跨国生意:国际诈骗。

他们设计的尼日利亚骗局起初以英、美等西方国家的小型企业主为诈骗对象,骗取了巨额钱财。近年来随着网络的普及化,此骗局已飞快地蔓延到俄国、新西兰及亚洲各国,而且已从“尼日利亚骗局”逐渐演变出“津巴布韦骗局”、“塞拉利昂骗局”或象牙海岸等其他非洲国家骗局。

利用邮件钓鱼。作案者往往利用网络,从某个国家的网吧里,同时把成千上万个邮件发往世界各地,诈骗对象也已不再局限于小型企业主,凡是有邮件账户者都有可能收到此类诈骗的邮件。

这种邮件的外在形式多变,有的看上去是从非洲某国的政府部门发出,有的来自某大律师,也有的甚至看上去是发自英国伦敦的某大银行。不过,不管来头怎么变,它们的中心内容都跟从尼日利亚或其他非洲国家要设法转出的一笔巨款有关,其中比较常见的一种邮件是来自一位自称在尼日利亚政府部门工作的公务员,需要从尼日利亚转出一笔巨额财产,财产的数目通常在1000万美元以上。

骗子诱惑你上钩的理由。他们会说,由于当地政府对这笔巨额财产要征收50%的税,他需要转入您名下的国外账户来逃税。为了感谢您的帮忙,事成之后,他愿意付您20%~25%的酬谢费。除此之外,信上还会附上这笔钱目前所在尼日利亚银行的账号号码,鼓励你去核实。

这封信往往措词得体,有的还备有尼日利亚政府部门的印鉴或网址,看上去几乎可以乱真,其主要作用在于引人上钩,让收信人认为这是一个千载难逢、有赢无输的好机会。据统计,在所有收到此类邮件的人中,有10%的人会为之心动,回信要求进一步了解情况,有1%的人会最终同意与之合作。一旦同意合作后,很少有人能逃脱受骗上当的命运。

典型事例:2700万美元的网络诱饵。

住在佛罗里达坦柏市的家庭医生加斯米夫妇两年前曾被尼日利亚骗局的诈骗犯骗取了30万美元,每讲到往事,42岁的加斯米太太就两眼含泪,浑身颤抖。

两年前,加斯米夫妇收到一封来自尼日利亚政府的邮件,上面说加斯米太太的一个亲戚在尼日利亚过世,留给她2700万美元的巨额遗产,希望她尽快与她亲戚的律师联系。

加斯米太太并不记得自己有这么个亲戚,不过,她还是按照邮件上给的电话号码,打电话到尼日利亚,找到了那位所谓的过世亲戚的律师。这位自称叫威廉姆斯的律师告诉加斯米太太说这位亲戚是她失散多年的远亲,接着他传真给加斯米太太几份有政府盖章的正式文件,打消了她所有的疑虑。

毫无疑问地，加斯米夫妇要求律师尽快把这笔款项转入他们的美国银行。律师先让他们电汇 7240 美元的律师费与手续费。加斯米夫妇二话没说，马上照办。接着，他们收到律师威廉姆斯的邮件告知要付 27000 美元的遗产税才能付款。加斯米夫妇又如数电汇。然后，这位律师又写邮件解释说他算错了税金，由于这笔数字特别高，政府还要额外征收 63250 美元的税金。加斯米夫妇牙齿一咬，又把钱电汇给威廉姆斯。

两天以后，加斯米夫妇接到一个电话，是一位英语流利的男子从美国的亚特兰大市打来的。这位男子自称是尼日利亚银行驻亚特兰大的代表。他告知加斯米夫妇钱已经到了亚特兰大市，需要他们亲自到亚特兰大去签收。同时，他提醒加斯米夫妇另外再带 11500 美元电汇费。

加斯米夫妇兴冲冲地飞到亚特兰大，入住宾馆。三位西装笔挺的尼日利亚银行代表马上赶来与他们见面。他们首先收掉了 11500 美元的电汇费，然后告诉加斯米夫妇他们立刻把钱送来。两个小时以后，这三个男子带了两个大箱子回到宾馆。

开箱之前，他们告知加斯米夫妇说：尼日利亚政府在付款的时候犯了个错误，给的全是现金，钱就在箱子里面。为了把这笔巨额现金带进美国，他们只能把钱涂黑，蒙过海关。

说着，他们把箱子打开，里面全是黑色的100元美钞尺寸的一张张纸片。加斯米夫妇正对这堆黑纸片满腹疑心，其中一男子建议他们从中随便挑几张。加斯米先生顺手在箱子的中间与底层各抽了几张出来，这位男子把钱拿到水龙头底下冲洗一分钟后，果然全部显现出100元美钞的“真相”。

加斯米夫妇吩咐他们把钱全部都洗干净，然后存入他们的美国银行账户。这三位男子说钱是可以洗干净的，但是要洗这么多钱，还要一种特殊的化学药水才行，需另外收费 185000 美元。加斯米夫妇告诉他们这笔费用实在太高，要回去想一下。

回到家之后，加斯米夫妇马上打电话给尼日利亚的律师威廉姆斯，告诉他事情的经过。威廉姆斯说，据他所知，这种化学药水确实很贵，加上要洗的钱数量多，这笔费用才这么高，劝加斯米夫妇把钱付了，这件事就算结束了。加斯米夫妇想想他们已经付了 10 多万美元，这笔钱不付，就收不到他们的“巨额遗产”。于是就抵押了他们的房子，付了这 185000 美元。

岂不料，过了几天，他们又收到亚特兰大的电话，说是钱已洗干净，在存到加斯米夫妇的账户之前，需要再收 35 万美元的存款手续费。绝望之余，加斯米夫妇只得找他们在佛罗里达的美国律师询问解决办法，律师马上建议他们联系美国经济情报局。

加斯米夫妇这才知道他们成了尼日利亚骗局的受害者：原来根本就没有“巨额遗产”，所有的有关文件都是假造的，联络的人都是诈骗组织的成员，连他们表演的洗钱那一幕也是该骗局惯用的伎俩，箱子里的钱是假钞上涂了一层可洗墨水……

尼日利亚骗局邮件实例

PLEASE I NEED YOUR URGENT ASSISTANCE.

When：Wednesday，November 27，2013 5：00a － 5：59a（GMT＋00：00）

I am Mr. Adams Phillips，the director of the accounts it's just my urgent need for foreign partner that made me to contact you for this transaction，In my department we discovered an abandoned sum of（US $ 10. 5 Million dollars）in an account that belongs to one of our foreign Customer（MR. PAUL LOUIS from Paris ，France ）who died along with His entire family in 6th of December 2003 in a plane crash.

I am afraid if this money stays in our bank without claim for long period of time，our government will step in because the Banking laws here does not allow such huge amount of money to stay dormant for more than 11 years，And you will be receiving this money into your Bank account within 10 or 14 banking days.

The Banking law and guideline here stipulates that if such money remained unclaimed after 11 or 12years an above，the money will be transferred into the Bank treasury as unclaimed fund，I agree that 40％ of this money will be for you as foreign partner in respect to the provision of a foreign account，and while 50％would be for me，then 10％ will map out for the expenses.

If you agree to my business proposal，further details of the transfer will be forwarded to you as soon as I receive your return mail，Make sure you keep this transaction as your top secret and make it confidential till we receive the fund into the account that you will provide to the Bank，Don't disclose it to any body，because the secrecy of this transaction is as well as the success of it，have a great day.

But before I send to you the text of application form which you will fill and send it to the bank，I will like you to send me your data's information.

(1.)Name in full: ....

(2.)Address: ....

(3.)Nationality: ....

(4.)Age: ....

(5.)Sex ....

(6.)Occupation: ....

(7.)Marital status: ....

(8.)Private telephone no ....

(9.) Your identity card ....

However, feel free to ask me any question and I promise to clarify you on any doubts, for more confidential between us.

I also want you to reply me through my private email address (mradamsphillips@gmail. com).

Yours Sincerely,

Mr. Adams Phillips.

Bank Of Africa.

Ouagadougou Burkina Faso,

West Africa.

第10章　我国的国际贸易

【本章重点】
1. 我国的国际贸易公司形式
2. 我国的国际贸易方式
3. 我国的出口退税政策
4. 我国的国际贸易特区

10.1　我国的国际贸易公司形式

10.1.1　外贸 SOHU

1. 外贸 SOHU 的含义

随着中国加入世贸组织,互联网信息化高速发展带来的机遇,加之传统外贸企业的痼疾,逐步推生出一个全新的行业一外贸 SOHO 族。

SOHO 是英文 Small Office and Home Office 的缩写,直译就是在家庭办公室、小型办公室的意思。外贸 SOHO 就是在家办公的外贸人。

2. 实现外贸 SOHU 的条件

(1)必要的设备如电脑、电话、传真和流动资金等;

(2)合适的国际贸易产品和国外客户;

(3)合作工厂;

(4)熟悉掌握外语、互联网应用以及国际贸易的操作流程。

3. 外贸 SOHU 操作模式

(1)做销售或者采购代理,收取购货佣金或销售佣金

购货佣金是指支付给采购代理人的佣金。销售佣金是指支付给销售代理人的佣金。外贸 SOHU 根据推销商品的实际金额和根据协议规定的办法

和百分率向委托人计收佣金。

(2)挂靠外贸公司作为代理

外贸SOHO是一个特殊的群体,他们能独立的操作订单,但没有自己的公司抬头和账户。在找到客户后,怎么样来把客户带来的利润安全最大化是最关心的问题。其中挂靠外贸公司,通过外贸公司来完成自己的业务是很多外贸SOHO的选择。

目前国内挂靠外贸公司的代理制相对成熟,但是需要注意选择挂靠外贸公司应该是良好的资金状况、管理人员相对稳定和正规、经营稳健、信誉良好的外贸公司。尽管这样的外贸公司代理费可能稍高,运作相对呆板,但是相对外贸SOHO的生存是很有帮助的。

在选好挂靠的外贸公司后,需要签署代理合作协议,并至少包括以下方面:

合作宗旨与目标、合作方式与各方的责任义务、合作收益的分配、违约责任及争议解决、协议生效及有效期等内容。

一般地,挂靠外贸公司具体的操作流程如下:

①双方协商,签订协议

双方协商主要是双方洽谈代理费用,代理费用一般来说按照报关金额的1%～2%来收取,协议的主要内容包括外汇到账以后外贸公司的付货款时间、出货以后开发票的期限、代理费用的收取时间、利润的支取等内容。

②外贸SOHO和国外客户确认订单

外贸SOHO和国外客户确认订单协议签订以后,外贸SOHO可以用外贸公司的抬头和国外的客户商定订单的事情,外贸公司提供汇款路线,业务上的咨询和单据上的帮助。外贸SOHO和国外客户确认订单的过程完全由外贸SOHO完成。

③客户汇款或者开立信用证

外贸SOHO和国外客户确认好订单后,同时也确认好了付款方式问题。一般的情况下,国外客户T/T汇款到外贸公司账号或者开具L/C到外贸公司,外贸SOHO应提供相应的单据给外贸公司以便查询。如果是T/T汇款请提供汇款水单,如果是L/C请提供信用证金额、开证行、国家等,以便快速确认L/C是否到外贸公司。

④国外客户汇款到账,L/C到达通知

外贸公司财务部在确认外汇到账,L/C到账以后,会通知外贸SOHO,会传真或者扫描相应的到账水单和L/C复写件给外贸SOHO,以便操作和确认。

⑤和供应商签订合同,下单生产

外贸 SOHO 将用外贸公司抬头名义和出货工厂签订内销合同,外贸公司在审核以后给盖合同章以便外贸 SOHO 尽快进行备货。

⑥预付定金给工厂

外贸 SOHO 提供工厂完整的账号和名称,并发正式书面的通知或者 EMAIL 给外贸公司,以便外贸公司预付定金给工厂。外贸公司付款以后有义务给外贸 SOHO 提供清晰的付款凭证以便确认。

⑦订仓报关出口

外贸 SOHO 必须将完整的报关货物的品名、数量、体积、重量、价格、HS 编码、出运港口、目的港等信息以书面形式或者 EMAIL 形式提供给外贸公司,外贸公司将按照这些数据为个人制作报关单证并邮寄货代。订仓公司可以由外贸 SOHO 指定或者由外贸公司在外贸 SOHO 同意的情况下指定。

⑧提单确认以及单据制作

外贸 SOHO 可以自己确认提单或者委托外贸公司确认,如果外贸公司代外贸 SOHO 确认提单,那外贸 SOHO 必须提供全套正确的数据以便正确确认提单。一般议付单据也可以由外贸代理公司制作,或者外贸 SOHO 自己制作。

⑨通知工厂开票

报关出口以后,外贸代理公司会按照报关预录单的要求,制作开票通知给外贸 SOHO,由外贸 SOHO 给工厂开具正确的增值税发票。如果外贸 SOHO 指定货代,外贸 SOHO 有义务配合外贸公司拿到预录单。

⑩收汇完成以后清算

L/C 交单以后收汇或者国外客户 T/T 全部完成以后,外贸公司将按照工厂开票金额,付清工厂货款。并和外贸 SOHO 结算利润。

⑪支付利润

外贸 SOHO 利润经过双方确认以后,由外贸公司在双方支付给外贸 SOHO 的指定账号。

⑫催要核销单

核销单应在报关以后安全退到外贸公司手里,外贸 SOHO 有义务协助外贸公司催讨核销单,及时付运费给货代。

需要说明的是,关于外贸 SOHO 挂靠外贸公司的行为,只要不违反国家的禁止性规定,一般不构成违法。但基于对自身权益的保护,双方都应慎重。对外贸 SOHO 来说,在挂靠前要充分了解所挂靠的外贸公司,包括公司信誉、操作人员的素质、外贸公司的实力和挂靠业务的人员基本情况等;必须签好正规的合同，明确双方的义务及责任；在明确和外贸公司的义务责任后，以该公司业务人员的身份和客人打交通，前及时将相关情况在两者间进行沟通，必须考虑开立信用证或 T/T 汇款等付款方式的安全可靠，同时又要考虑国外客户的利益，因为任何一家产生损失，都无法脱掉关系。最重要的是，外贸 SOHO 进行的出口业务内容合法，无欺诈等行为，否则会承担最终的全部法律责任。

(3)注册离岸公司

离岸公司的含义："离岸"的含义是指投资人的公司注册在离岸管辖区，但投资人不用亲临当地，其业务运作可在世界各地的任何地方直接开展。

离岸公司就是泛指在离岸法区内依据其离岸公司法规范成立的有限责任公司或股份有限公司。当地政府对这类公司没有任何税收，只收取少量的年度管理费，同时，所有的国际大银行都承认这类公司，为其设立银行账号及财务运作提供方便。具有高度的保密性、减免税务负担、无外汇管制三大特点。

离岸公司充当的角色更多是转口贸易及其银行账户收款。

①外贸 SOHU 注册离岸公司的主要目的

外贸 SOHU 注册离岸公司的主要目的就是需要通过离岸公司做一个中转贸易，离岸公司和海外客人签署销售合同，离岸公司和国内工厂签署购货合同，然后离岸公司接受货款并把成本汇回国内，利润保留在离岸公司账户上，提单上发货人是离岸公司(需要操作额外一套箱单和发票单据，发货人为离岸公司，原产地证可以接受第三方认证)，接受海外客户的货款，然后把成本给到工厂，然后保留利润部分以及合理避税。离岸公司与国内工厂签署合同之后，等于是离岸公司和国内工厂的交易，离岸公司相当于境外公司的性质，离岸公司直接支付美金给工厂，工厂有正规的单据可以核销退税。

②离岸公司的优势和劣势

外贸 SOHU 最直接的操作模式是离岸公司，离岸公司存在一定和优势和劣势。注册离岸公司是外贸 SOHU、企业走向世界，开展跨国业务的捷径。

离岸公司的优势如下：

第一，免税待遇。

一个企业向美国出口产品，需要申请配额及一系列的相关手续，这中间需要多花费一到两倍的成本。而如果该企业拥有一个海外离岸公司，由企业向离岸公司出口产品，再由离岸公司向美国等发达国家出口，就可以绕开关税壁垒获得免税待遇，并且还能够成功地绕开出口配额限制。

第二,绕开外汇管理。

绕开外汇管理,方便引资。一般说来,注册一家海外离岸公司,然后以该公司的名义进行海外融资和在香港或新加坡的二板上市,相对而言会比较简单便捷。而且由于海外离岸公司的资金转移不受太多约束,公司在资金使用上也很方便,很多通过这种方式上市的企业,干脆将在海外资本市场募集的资金先放在海外的离岸公司,再根据国内企业经营的具体需要,逐次将资金汇往国内。

第三,法律环境宽松、保密性好。

英属维尔京群岛、开曼、百慕大等地是部分自治的英国殖民地,其公司法以英国商业公司法为基础。公司有关股东及董事的资料均是保密的,不需要向公众透露。宽松的法律环境以及对公司业务的高度保密,使上市公司自身安全具备充分保障,极大减少了各种风险因素。

第四,税收优惠。

离岸公司通常没有任何税收负担,所有离岸法区均不同程度地规定了离岸公司所取得的营业收入和利润免交当地税赋或以极低的税率缴纳,有的甚至免缴遗产税等。公司只需要每年支付当地政府一项固定的费用。

第五,成立快速、注册方便。

离岸公司的注册程序非常简单,有专业的注册代理机构代为完成,不需要注册人亲自到注册地进行操作。一般当地政府批准成立只需1～2天的时间。公司成立手续简单、费用低。通常海外公司要求在最少一个股东一个董事并且股东购买一个股份的条件下即可成立。

第六,管理简便灵活。

公司管理简便灵活。离岸公司无须每年召开股东大会及董事会,即使召开,其地点也可任意选择,自由度较大。公司股东可以是个人或者公司,可以非现金方式购买公司股份。公司可以向股东发行不同等级的股份,比如优先股、可回赎股、无记名股等,不同地点成立的海外公司会有一些差异。

第七,无营业范围和地区范围的限制。

除了个别限制性行业,比如银行、保险、军事等,海外离岸公司的经营范围几乎没有限制。除注册地区外,公司可在世界任何国家地区开展业务及经营。

对投资人、股东、董事没有限制。

对股东和董事的国籍、年龄、资产等均没有限制,大多“离岸”区可以接受法人出任公司董事一职。

同时,离岸公司的劣势如下:

第一,L/C、D/P议付容易出现不符点。

离岸公司众所周知的原因是不能提供FORM A,CO,大使馆认证这样的L/C最常用的议付单证。很容易在L/C,D/P等单证要求严格的单子中,出现不必要的风险。

如果信用证是接受第三方单据的上述单据就都没有问题了。

第二,不能提供核销单。

离岸公司虽然可以在国内的银行顺利开设账户,但是毕竟还是一间境外的公司,并没有在国内的工商税务做备案,所以离岸公司不能提供核销单、报关单,不能出口报关。

第三,账户操作受限。

离岸公司快捷的资金流严重依赖代理公司,存在一定的风险。离岸公司开的银行账户不管在内地还是在国外,他的货币形式只能是外币形式操作,也就是说在离岸账户中的货款永远是外币,而不能是人民币。

③关于离岸公司的注意事项

"离岸注册"本身并不违规,尤其对于一些刚起步、资金紧张、融资困难的外贸SOHU而言,"离岸"不但可以免除税赋,大大提升生存能力,而且还有利于外贸SOHU的发展壮大。不过,外贸SOHU在充分地享受离岸公司所带来的好处的同时,也要明白其中的相关操作及责任。

其一,外贸SOHU在注册离岸公司的时候,首先要全面了解注册地的相关税法、外汇管制、金融政策、法律等,同时要选择最适合自己注册的地区进行注册,而不能盲目。

其二,外贸SOHU要防范或规避风险,在选择离岸公司的时候,首先要熟悉当地的法规或要找从事过相关工作的律师进行咨询,尽量减少注册之后不必要的问题出现。

其三,外贸SOHU在选择离岸公司注册地的时候,应该联系自身的实际情况以及产品销售地的实际情况,不能盲目以税收的减免制度来选择注册地。

其四,外贸SOHU要选择一些资质的机构,不要盲目选择收费低廉的中介机构,因为在这种情况下,风险系数也相对较高。要全面衡量中介机构的实力。

10.1.2　中小型贸易公司

1. 中小型贸易公司概述

中小型贸易公司指的是规模相对较小,职工人500人以下,或销售额

15000 万元以下，有自营进出口权，从事对外贸易(进出口)的企业。相对外贸 SOHO，中小型外贸公司具有客户信息安全、资金安全、权益有保障等好处。同时，要注册小型外贸型公司，需要根据我国的相关规定，具备一定的资金物质条件和必要的手续。因为从事进出口业务，创建小型外贸型公司并不同于一般企业的创建。

首先，创建小型外贸公司需要一定的资金保障，注册国际贸易的公司有最低的开业准备金要求，同时需要租用办公场所、购置办公设备、雇用公司员工、日常业务开支、支付货款、承担退税资金的占用、支付参加展览费用等。

另外，贸易公司依据所开发票类型，分为一般纳税人和小规模纳税人，一般纳税人可以开增值税发票，小规模纳税人只能开普通销售发票。小型贸易公司注册条件和普通的有限责任公司注册条件是一样的，小型贸易公司注册完成后默认为小规模纳税人，若想开增值税发票，还要申请一般纳税人资格。

2. 注册外贸公司的一般流程

注册外贸公司的一般流程如下：

注册外贸公司需要到银行开设账户，然后以股东名义把注册资金存入账户，找会计师事务所出具验资报告，然后根据相关资料到工商部门办理执照登记，执照出来以后办理代码证、税务证，到银行办理基本账户，到税务办理落户、纳税鉴定手续。公司注册完毕后，需要办理自营出口权、办理海关登记、并办理海关电子口岸手续、并同时向国税机关申请增值税一般纳税人资格以及外贸企业出口退税备案，然后，开设申购外汇核销单、出口发票等相关的凭据。

中小型外贸企业指的是职工人 500 人以下，或销售额 15000 万元以下，有自营进出口权，从事对外贸易(进出口)的企业。在国家规定的注册企业的相关领域内，这些企业对合法产品有进出口经营权。

3. 中小型外贸企业在贸易经济中的地位和作用

中小型外贸企业是我国外贸体制改革不断深化和发展的产物，是我国社会主义市场经济中必不可少的组成部分，它也是我国外贸事业发展的新生气力。目前，我国中小型外贸企业已经在贸易经济中占有重要地位并发挥作用。体现在：

(1)活跃地方经济

中小型外贸企业能够更有效地利用地方性资源，为发展地方经济服务。我国幅员辽阔、国情复杂、经济发展不平衡，适合中小型外贸企业开发、利用的资源很多，弥补了大型外贸企业在这方面的不足。由于中小型外贸企业相对大型外贸企业来说更贴近地方经济，因此它们会挖掘和开发地方资源，在促使资源优化配置上发挥优势，这对我国各地的经济发展起到了积极的推动作用。

(2)积极开拓新市场

目前我国的整个社会供求关系已经由供不应求转向供大于求，在这种供求状况下，企业必须致力于开拓新的市场机会，制定相应的市场策略，寻找市场间隙，才能保持生存和发展的空间。我国中小型外贸企业规模小、经营灵活，适合在国际大市场中寻找小机会，充分利用相对稀缺的资源开发市场，因此善于寻找新市场便成为他们生存与发展的优势。由于中小型外贸企业会不断努力地开发新市场，从而有利于使我国的国际市场走向多元化。

(3)为客户提供个性化的服务

我国的市场经济发展水平还不太高，企业间适应市场的程度和能力也差别较大，因此在短期内难以形成较为一致的贸易模式。

与大型外贸企业相比，小型外贸企业的治理机制和经营模式比较贴近市场，克服了大型企业以往遗留下来的条条框框束缚，能够及时为市场上客户提供个性化的服务，也有利于促进企业的自我发展。

4. 我国中小型贸易公司现状

中小型贸易公司的经营主要为中小企业服务，做贸易代理，收取佣金；或是与跨国公司合作，通过投资或合作经营一部分进出口业务；也有一部分利用掌握的技术和品牌做许可贸易。

我国的贸易公司大多是以上模式，以浙江、广东最为典型。①浙江贸易模式。浙江的中小贸易公司走的是以专业市场、产业集群为依托，以一般贸易为主的模式。这种模式应该说是温州模式的发展和延伸，其特点是依靠地区产业群和专业市场的大平台而发挥作用。共同发展是建立在处于正在成长或已成熟的产业集群的基础上的，整个行业的变化和整个地区的集群环境对外贸的发展有很大的影响。目前浙江形成了各种类型的专业市场，如宁波的服装市场、温州的皮鞋市场、绍兴的化纤面料市场、海宁的皮衣市场、萧山的汽配零件市场、永康的小五金、义乌的小商品市场等。专业市场为浙江内部的区域之间和企业之间的专业化分工创造了条件，形成了以贸促工的发展机制。近年来浙江外贸正依托省内的大型专业市场这一基础向国际扩展。目前浙江已在巴西、南非、阿联酋、俄罗斯、马来西亚、科特迪瓦等国兴办了多个商品专业市场，通过这些专业市场的对外拓展形成了以本省国内企业为基地，省级窗口公司为核心，区域重点企业为紧密层，相互独立,大小兼顾,层次分明,内外配合,呈放射性状态的国际营销网络。目前,杭州、宁波、义乌等经济发达地区还通过开展会展经济的形式,进一步把区域内的产品推向国际市场。具有鲜明特色的浙江专业市场进一步外向发展,创立了一种开拓国际市场的新模式。②广东贸易模式。广东的中小贸易公司走的是“前店后厂”,以加工贸易为主的合作模式。“前店后厂”是香港与珠江三角洲地区经济合作的一种模式。20世纪80年代,香港产业结构升级,适逢中国开始改革开放,内地劳动力大量涌进珠江三角地区,提供了充足的劳动力资源,因此,香港的许多制造业往珠江三角洲一带迁移,如纺织业可以转移的加工工序已有70%~90%内迁,80%的制鞋商到内地设厂。内迁到珠江三角洲的香港制造业,在其整个市场营销的链条中,加工生产在珠江三角洲,而“窗口”部分仍留在香港,于是形成“前店后厂”的格局。“前店后厂”的通常做法是:香港的工商业者拿到订单,带着相应的使用技术和资金在内地设厂,使用内地的廉价劳动力在珠江三角洲加工生产;港方负责市场和营销。“前店后厂”模式使双方互利共生,各展所长,各得其所。随着粤港经济合作的发展深化,“前店后厂”模式已逐步演变为“厂店合一”的新模式。

10.1.3 跨国外贸企业

1. 跨国公司概况

外贸企业跨国经营是企业经营国际化的一种方式,是国内外贸企业跨越国界的向外延伸和发展。它源于商品、原材料和服务贸易,利用对外投资这一重要手段,最终形成一个多国籍的跨国企业。

随着我国进入WTO以及国际一体化带来的生产国际化时代的到来,我国的跨国公司正在逐步取代专业外贸公司成为国际贸易的经营主体,外贸企业制度走向实体化,组建集技工贸为一体化的企业集团,走“工业产品—占据国内市场—进入国际市场”的路线。跨国公司以产业和产品为依托,集技工贸为一体,推行强有力的品牌,凭借名牌产品开拓和占领世界市场。

跨国公司还利用遍布全球的生产、销售、金融和研发网络,使各个分支机构相互协调,密切合作,形成一个有机的整体,使跨国公司在某一地区可以最好地进行部分价值链活动。为克服国际市场的不完全性,跨国公司在内部两个相对独立的实体之间进行跨国商品和劳务交换,这种经营越来越普遍。目前公司内贸易密度最高的产品是技术含量高的新产品、半加工制成品、产品零部件、设备和无形产品(如技术、管理经验和新产品设计)等。美国商务部经济分析局的统计资料表明,公司内贸易额目前已超过美国公司货物出口额的 1/3 和进口额的 2/5。

2. 我国跨国外贸公司的现状

我国跨国外贸公司的现状是本土的跨国外贸公司数量少、实力差，仅仅是发展初期；我国跨国外贸公司主体还是欧、美、日等发达国家的大跨国公司。

我国贸易实际上存在两种独立的形式：一般贸易和加工贸易。前者的主体是本土企业，一般贸易主要出口是中低端产品，进口的主要是能源原材料，虽然近年来成套设备和新型机电产品等非传统出口部门获得快速增长，但并没有改变我国一般贸易出口的工序分工和差别性分工档次低的基本现状。而后者是以跨国公司内部贸易为主，主体是外商投资企业，即跨国国际贸易公司，而我国出口统计中，虽然高新技术产品出口占到总出口的近 1/3，但在海关统计的这些高新技术产品中，主要是跨国国际贸易公司和加工贸易方式完成的出口。

对于我国国际贸易顺差问题，欧、美、日等级发达国家通过各种渠道，向我国施加压力，迫使人民币升值，迫使我国将贸易平衡作为扩大进口的主要政策目标，平衡贸易顺差，实际上，事实远不是表面上表现的这样。

第一，顺差产生的原因和性质。加工贸易这种贸易方式决定了加工贸易一定是顺差，而加工贸易进口的商品完全用于生产出口商品。数据显示，2009 年，中国贸易顺差约占经常项目顺差的 84%，其中加工贸易顺差又是贸易总顺差的 135%，说明一般贸易是逆差。2010 年，我国贸易总顺差是 1830 亿美元，其中加工贸易顺差超过 3000 亿美元，一般贸易逆差超过 400 亿美元。我国的加工贸易顺差实际上是欧、美、日等大跨国公司在全球范围内配置其产品价值链的结果，发达国家从中所获取的利益远高于我国。事实上跨国公司主导的加工贸易在我国贸易顺差中占据主要地位。

第二，我国在国际贸易的全球分工。在贸易分工上，我国加工贸易主要以代工的形式体现，主要是承接跨国公司产品增值链全球分工的低成本加工组装工序和环节，并且主要集中在高新技术产品的低端工序和生产环节，在高新技术项下的产品技术含量和增值水平都很低。高科技产品的核心技术掌握在欧、美、日等发达国家的大跨国公司手中。

综上所述，我国的跨国外贸公司只是发展初期，还有相当大的发展空间，任重道远，需要我国的外贸政策予以扶植。

10.2　我国的国际贸易方式

国际贸易方式是一种用于国际间的贸易方式。现在的国际贸易方式正在朝范围扩大化、交易类型复杂化方向发展。贸易方式是指国际贸易中采用的各种方法。随着国际贸易的发展,贸易方式亦日趋多样化。我国的国际贸易方式除采用逐笔售定的方式外,还有经销、代理、寄售、拍卖、招标与投标、期货交易、对销贸易等方式。

10.2.1 经销(Distribution)

1. 经销的含义及做法

经销是指在国际贸易中经销商按照约定条件为国外供货商销售产品。双方订立协议或相互约定,由供货商向经销商定期、定量供应货物,经销商在本国市场上销售。经销商与供货商之间也是买卖关系,经销商必须自垫资金购买供货商的货物,自行销售,自负盈亏,自担风险。

2. 经销分类

按经销商权限的不同,经销可分为:

(1)包销,是指经销商在规定的期限和地域内,对指定的商品享有独家专营权。

(2)定销,指经销商不享有独家专营权,供货商可在同一时间、同一地区委派几家商号来经销同类商品。

经销也是售定(售定是指按照交易双方签订的合同,出口企业先发货,国外进口商收到货物后再将货款通过银行汇交出口企业。对于出口企业来说,售定的风险很大,除非是对对方信用状况十分了解,或者是销售鲜活商品,一般不宜采用售定方式),供货人与经销人之间是一种买卖关系,但又与通常的单边逐笔售定不同,当事人双方除签有买卖合同外,通常须事先签有经销协议,确定对等的权利和义务。

3. 经销协议

经销协议是供货商和经销商订立的确定双方法律关系的契约,其内容的繁简可根据商品的特点、经销地区的情况以及双方当事人的意图加以确定。我国在实际业务中一般只在协议中规定双方当事人的权利义务和一般交易条件,以后每批货的交付要依据经销协议订立具体的买卖合同,明确价格、数量、交货期甚至支付方式等具体交易条件。通常,经销协议主要包括以下几方面的内容:

(1)经销商品的范围

经销商品可以是供货商经营的全部商品,也可以是其中的一部分,因此,在协议中要明确指明商品的范围以及同一类商品的不同牌号和规格。确定经销商品的范围要同供货商的经营意图和经销商的经营能力、资信状况相适应。如商品范围规定为供货商经营的全部商品，为避免争议，最好在协议中明确经销商品停止生产或有新产品推出对协议是否适用。

(2)经销地区

所谓经销地区是经销商行使经营权的地理范围。它可以是一个或几个城市，也可以是一个甚至是几个国家，其大小的确定，除应考虑经销商的规模、经营能力及其销售网络外，还应考虑地区的政治区域划分、地理和交通条件以及市场差异程度等因素。经销地区的规定也并非一成不变，可根据业务发展的具体情况由双方协议后加以调整。

在包销方式下，供货商在包销区域内不得再指定其他经销商经营同类商品，以维护包销商的专营权。为维护供货商的利益，有的包销协议规定包销商不得将包销品越区销售。

(3)经销数量或金额

经销协议还应规定经销商在一定时期内的经销数量和金额，在包销协议中这更是必不可少的内容之一。此项数量或金额的规定对协议双方有同等的约束力，它也是卖方应供应的数量和金额。经销数额一般采用最低承购额的做法，规定一定时期内经销商应承购的数额下限，并明确经销数额的计算方法。为防止经销商订约后拖延履行，可以规定最低承购额以实际装运数为准。规定最低承购额的同时，还应规定经销商未能完成承购额，这是卖方的权利。

(4)作价方法

经销商品可以在规定的期限内一次作价，结算时以协议规定的固定价格为准。这种方法出于交易双方要承担价格变动的风险，故采用较少。在大多数经销协议中采用分批作价的方法，也可由双方定期地根据市场情况加以商定。

(5)经销商其他义务

对经销商来说，要负责做好广告宣传、市场调研和维护供货人权益等问题。通常规定，经销商有促进销售和广告宣传的义务，有的协议也规定，供货商应提供必要的样品和宣传资料，对于广告宣传的方式以及有关费用的负担问题，也应明确规定，一般多由经销商自己担负。在协议中，还可规定经销商承担市场调研的义务，以供出口商参考制定销售策略和改进产品质量。有的包销协议还规定，如在包销地区内发现供货商的商标权或专利权受到侵害，包销商要及时采取保护性措施。

(6)经销期限

经销期限即协议的有效期，可规定为签字生效起一年或若干年。一般还要规定延期条款，可以经双方协商后延期，也可规定在协议到期前若干天如没有发生终止协议的通知，则可延长一期。

经销期限届满协议即终止，但为了防止一方利用对方履约中的一些微不足道的差异作为撕毁协议的借口，在协议中还应规定终止条款，明确在什么情况下解除协议。

除上述主要内容外，还应规定不可抗力及仲裁条款等一般交易条件，其规定方法与一般买卖合同大致相同。

4. 经销方式的利弊

对于出口商来讲，采用经销方式是稳固市场、扩大销售的有效途径之一。这主要是因为在经销方式下，出口商通常要在价格、支付条件等方面给予经销商一定的优惠，这有利于调动经销商的积极性，利用其经销渠道为推销出口商品服务。在有些情况下，还可要求经销商提供售后服务和进行市场调研。当然，不同的经销方式对于出口推销所发挥的作用是不完全一样的。

如果采用独家经销方式，由于经销商在经销区域内对指定的商品享有专营权，这在一定程度上可避免或减少因自相竞争而造成的损失。在同一市场上，如果有许多家商号同时经营供货商的同一商品，当市场销路不好时，一些资金不够雄厚的商人往往会因资金周转困难而削价抛售。这一举动有可能造成连锁反应，会使其他商人纷纷仿效。而许多消费者的心理是"买涨不买落"，竞相降价，有可能把市场搞垮。另外，采用独家经销方式，只要经销商选择得当，它可以利用自己熟悉所在国或地区的消费习惯，以及政府条例、法规等方面的便利，及时为供货商提供必要的信息，如市场供需情况、消费者对产品的反映等，以帮助改进产品、做到适销对路，并且减少不必要的法律纠纷。一般来说，经销商也愿意按协议的规定为所经销的商品登广告、做宣传，或者承担其他义务，使商品的经营额不断扩大，使双方在合作中共同受益。

5. 经销方式需要注意的问题

采用经销方式出口时，应注意以下问题：

(1)要慎重选择经销商

供货商与经销商之间存在着一种相对长期的合作关系。如果经销商选择得当，对方信誉好，能够重合同、守信用，而且经营能力强，即使市场情况不好时，也能充分利用自己的经验和手段，努力完成推销定额。这样，业务会越做越大，供销双方都会受益。然而，如果经销商选择失当，其经营能力不佳或资信不好，则会使供货商作茧自缚。这一问题在独家经销方式下尤为明显。有些包销商在市场情况不利时，拒绝完成协议中规定的承购数额，结果使供货商原定的出口计划无法完成，又失掉其他客户。也有的包销商凭借自己独家专营的特殊地位，反过来在价格及其他条件上要挟供货商，为自己谋利，却损害对方利益。为防止这类情况发生，作为出口商，在选择经销商时，应先做认真的资信调查，了解对方的信誉和经销能力，在任命独家经销商之前，这项工作尤为重要。

(2)要注意当地的有关法律规定

在独家经销方式下，协议有关专营的规定有时会构成“限制性商业惯例”。对于“限制性商业惯例”的一般解释是，企业通过滥用市场力量的支配地位，限制其他企业进入市场，或以其他不正当的方式限制竞争，从而对贸易或商业的发展造成不利的影响。其核心问题是限制竞争、操作市场，这在许多国家的立法中属于管制之列。在有些包销协议中，规定包销商品的种类及经销区域时，有时作出下列限制性规定：“包销商不得经营其他厂家的同类产品”，“禁止将包销的产品销往包销区域以外的地区”等。这类规定就有可能违反有些国家管制“限制性商业惯例”的条例和法令，如反托拉斯法(Antitrust Law)。因此，在签订独家经销协议时，应当了解当地的有关法规，并注意使用文句，尽可能避免与当地的法律发生抵触。

(3)经销商的选择

选择经销要综合考虑经销商的能力。首先要考虑经销商的信誉，经销商在当地有好的口碑，对产品的销售推广有很大的帮助。其次要考虑经销上的能力：一方面是经销上对厂家产品的认知，另一方面是经销的规模、人脉等。

【案例 10-1】

奇瑞轿车出口美国

请阅读本章后附的材料“奇瑞轿车出口美国幕后”，然后思考下面问题：①奇瑞为什么选择包销的方式进入美国市场？这种方式对于奇瑞来说其得失有哪些？②通过本案例，你能从梦幻公司学到什么？③本案例与教材上讲的经销有哪些不同的内容？为什么？

分析：①奇瑞选择包销的方式进入美国市场的好处是方便、风险小、成本小，在美国市场一切商业活动由梦幻这个富有经验、有销售网络的本土公司负责。这些都是奇瑞之得，而奇瑞之失是在美国市场上丧失了控制权，而且连奇瑞品牌都丧失了。

②结论：做网主企业——做组织型企业，资源消耗小，不污染环境，还能获得高额利润，这恐怕是我国企业需要学习的，这也是最好的产业升级。

③经销只是销售权，本例是双方包括经销（而且经销的产品也不完全属于奇瑞——商标更改）在内的广泛合作，如研发，通过美国政府对进口车辆环境指标和安全方面的要求等合作。

【调查】

作一个调查，国内的电器生产商（如手机、空调、沐浴器等）在激烈的市场竞争中，是如何通过经销商控制价格的？对出口企业有何借鉴意义？

10.2.1 代理(Agent)

在国际贸易中，商业上的代理是指货主或生产厂商（委托人），在规定的地区和期限内，将指定商品交由国外客户代销的一种贸易方式。

1. 代理的概念和特点

(1)代理的概念

代理是指代理人按照委托人(Principal)的授权(Authorization)代委托人同第三者订立合同或作其他法律行为。由此而产生的权利与义务直接对委托人发生效力。

代理商在代理业务中，只是代表委托人招揽客户，招揽订单，签订合同，处理委托人的货物，收受货款等并从中赚取佣金，代理商不必动用自有资金购买商品，不负盈亏。代理双方通过签订代理协议建立起代理关系后，代理商有积极推销商品的义务，并享有收取佣金的权利，同时代理协议一般规定有非竞争条款，即在协议有效期内，代理人不能购买、提供与委托人的商品相竞争的商品或为该商品组织广告；代理人也无权代表协议地区内的其他相竞争的公司。在国际贸易中，诸如销售、采购、运输、保险、广告、金融、诉讼等都广泛采用代理方式。当前世界贸易中有较大的比重是通过代理商这条渠道进行的，我国在进出口业务中也广泛地运用了代理方式。委托人通过代理方式，利用代理人在国际市场上的地位、销售渠道及其专业知识，委派代理人去开拓市场，组织销售和进货，进行售后服务，传播信息等，可避免因设立分支机构带来的人员、财务上的负担以及由此可能产生的法律等各种问题。代理人则可得到一定的佣金报酬。

(2)代理的特点：

①代理人与委托人之间的关系

代理人与委托人之间的关系属于委托买卖关系。代理人在代理业务中，只是代表委托人行为，如招揽客户、招揽订单、代表委托人签订买卖合同、处理委托人的货物、收受货款等，他本身并不作为合同的一方参与交易。

②代理人通常运用委托人的资金进行业务活动。

③代理不以自己的名义与第三者签订合同。

④代理人赚取的报酬即为佣金。

2. 代理的类型

当前，通常有下列几种代理：

(1)总代理(General Agency)

总代理是在指定地区委托人的全权代理，是指代理商在指定地区享有独家代理的权利，并代表委托人进行全面业务活动。总代理除了有权代理委托人进行签订买卖合同、处理货物等商务活动外，也可进行一些非商业性的活动。他有权指派分代理，并可分享代理的佣金。总代理人(General Agent)实际是委托人在指定地区的全权代表(Representative)。但与"代表"还有不同之处：代理人的行为，就其交易直接归于委托人，而代表的行为则视作委托人的行为。在我国出口业务中，一般不签订总代理协议，而是指定我驻外的贸易机构作为我国进口公司的总代理。

(2)独家代理(The Exclusive Agency or Sole Agency)

独家代理是指在指定地区和一定的期限内，享有代购代销指定商品专营权。由该独家代理人单独代表委托人从事有关的商业活动，委托人在该地区内不得再委派第二个代理人。在进出口业务中，采用独家代理方式时，作为委托人的出口商即给予国外的代理人在规定的地区和期限内推销指定商品的专营权。按照惯例，委托人在代理区域内达成的交易，凡属独家代理人专营的商品，不论其是否通过该独家代理人，委托人都要向他支付约定比例的佣金。

(3)佣金代理(Commission Agency)

佣金代理又称"一般代理"，是指在同一代理地区、时间及期限内，同时有几个代理人代表委托人行为的代理。佣金代理根据推销商品的实际金额和根据协议规定的办法和百分率向委托人计收佣金，委托人可以直接与该地区的实际买主成交，也无须给佣金代理佣金。

佣金代理除代理商不享有独家代理的专营权利外，其他内容和独家代理相同。即委托人在一定地区和一定期限内选定一家或几家代理商作为一般代理商，根据推销货物的实际金额付给佣金。和独家代理不同，委托人直接成交的金额，不向代理商支付佣金。

除个别情况外，代理商与委托人的关系是做一笔交易谈一笔交易，并不需要双方签订协议。我们的出口业务中，如果在某些市场上，不具备或不需要使用独家代理时，利用一般代理也可起到促进交易和集中经营的作用。

3. 独家代理协议的主要内容

(1)代理的商品和区域

代理的货物名称应在协议中予以明确规定，特别是品种、花色、规格较多的货物规定的具体详细；并指定代理的地区范围。原则上范围一般不宜过大，可根据代理业务情况逐步扩大。

(2)代理人的权利与义务

一般规定代理商在一定地区和期限内，只能代理指定的货物，不得经营与代理货物相同或与代理货物有竞争性的货物；委托人也根据协议规定不能再安排另外的代理人在该地区进行业务。

(3)委托人的权利与义务

按照国际惯例，委托方不得超越代理方在协议规定的时期和地区内经销协议规定的商品的权利，但委托方有权根据市场销售情况调整价格并通知代理方参照执行；委托人承诺所指定的独家代理为唯一同客户进行交易的中间商，若委托人与客户直接发生交易，仍应按交易金额向独家代理支付佣金。

(4)佣金的支付

在代理业务中，佣金是委托人给予代理商推销货物的报酬。佣金率的高低以及计算方法和支付方法，直接关系到双方特别是代理商的利益。所以，在代理协议上，要对佣金的支付予以明确规定。确定佣金率的多少，应视代理货物的特点、推销数量、市场习惯和我们的经营意图而定。例如，属于滞销或竞争激烈、推销量较大的货物，佣金率可以高一些，相反，则可低一些。在规定佣金率的基础上，有的还可以规定在推销数量或金额超过一定限额后，按累计的方法计算佣金，即推销的累计数量和金额越大，佣金率越高。这对于鼓励代理商积极推销、扩大出口有一定作用。支付佣金的方法，可采用委托人在收汇后逐笔结算或定期结算或在货款中直接扣除等方法。

(5)商标保护、广告宣传和市场报道

代理商同包销商一样，按协议规定，有义务对推销货物的商标予以保护，并进行广告宣传和市场销售情况的报导。但对上述所支付的费用，有的规定由委托人支付；还有的规定由委托人与代理商共同分担支付。

4. 独家代理的优越性

在我国出口业务中，使用独家代理的优越性主要表现在以下几个方面：

(1)代理商不负担经营亏损的风险，但享有专营权利，多推销货物即可多得佣金，因此，有利于调动代理商经营我方货物的积极性。

(2)在代理业务中，代理商只负责介绍业务关系，收取订单，我方与买方直接谈判成交签订合同。因此,我方掌握货物成交价格、数量和其他交易条件,对我方比较主动,代理商一般不至于控制市场。

(3)独家代理经营比较集中,能发挥我们货物集中推销的作用。

但是,独家代理也有不利的方面,主要是如果独家代理商业务联系面窄,招揽生意的能力差,不能发挥推销作用,同样会造成在该区域业务难以开展的被动局面。

10.2.3　招标(Invitation to Tender)和投标(To Submit Tender)

1. 招标和投标的含义

招投标,是"招标投标"的简称。招标和投标是一种商品交易行为,是交易过程的两个方面。招标投标是一种国际惯例,是商品经济高度发展的产物,是应用技术、经济的方法和市场经济的竞争机制的作用,有组织开展的一种择优成交的方式。这种方式是在货物、工程和服务的采购行为中,招标人通过事先公布的采购和要求,吸引众多的投标人按照同等条件进行平等竞争,按照规定程序并组织技术、经济和法律等方面专家对众多的投标人进行综合评审,从中择优选定项目的中标人的行为过程。其实质是以较低的价格获得最优的货物、工程和服务。

招标是指招标人在时间、地点、发出招标公告或招标单,提出准备买进商品的品种、数量和有关买卖条件,邀请卖方投标的行为。

投标是指投标人应招标人的邀请,根据招标公告或招标单的规定条件,在规定的时间内向招标人递盘的行为。

实际上招标、投标是一种贸易方式的两个方面。

2. 招标和投标的基本做法

国际上采用的招标方式归纳起来有如下方式:

(1)竞争性招标(International Competitive Bidding,ICB)

竞争性招标是指招标人邀请几个乃至几十个投标人参加投标,通过多数投标人竞争,选择其中对招标人最有利的投标人成交易,它属于兑卖的方式。

国际性竞争投标,有两种做法:

①公开投标(Open Bidding)

公开投标是一种无限竞争性招标,是指招标人以招标公告的方式邀请不特定的法人或者其他组织投标。采用这种做法时,招标人要在国内外主要报刊上刊登招标广告,凡对该项招标内容有兴趣的人均有机会购买招标资料进行投标。

②选择性招标(Selected Bidding)

选择性招标又称"邀请招标",它是有限竞争性招标,是指招标人以投标邀请书的方式邀请特定的法人或者其他组织投标。采用选择性招标做法时,招标人不在报刊上刊登广告,而是根据自己具体的业务关系和情报资料由招标人对客商进行邀请,进行资格预审后,再由他们进行投标。

(2)谈判招标(Negotiated Bidding)

谈判招标又叫"议标",它是非公开的,是一种非竞争性的招标。这种招标由招标人物色几家客商直接进行全同谈判,谈判成功,交易达成。

(3)两段招标(Two-Stage Bidding)

两段招标是指无限竞争招标和有限竞争招标的综合方式,采用此类方式时,则是用公开招标,再用选择招标分两段进行。

政府采购物资,大部分采用竞争性的公开招标办法。

3. 招投标的原则

《招标投标法》第 5 条规定:"招标投标活动应当遵循公开、公平、公正和诚实信用的原则。"

(1)公开原则

首先要求招标信息公开。例如《招标投标法》规定,依法必须进行招标的项目的招标公告,应当通过国家指定的报刊、信息网络或者其他媒介发布。无论是招标公告、资格预审公告还是投标邀请书,都应当载明招标人的名称和地址、招标项目的性质、数量、实施地点和时间以及获取招标文件的办法等事项。其次,公开原则还要求招标投标过程公开。例如:《招标投标法》规定开标时招标人应当邀请所有投标人参加,招标人在招标文件要求提交截止时间前收到的所有投标文件,开标时都应当众予以拆封、宣读。中标人确定后,招标人应当在向中标人发出中标通知书的同时,将中标结果通知所有未中标的投标人。

(2)公平原则

要求给予所有投标人平等的机会,使其享有同等的权利,履行同等的义务。《招标投标法》第 6 条明确规定:"依法必须进行招标的项目,其招标投标活动不受地区或者部门的限制,任何单位和个人不得违法限制或者排斥本地区、本系统以外的法人或者其他组织参加投标,不得以任何方式非法干涉招标投标活动。"

(3)公正原则

要求招标人在招标投标活动中应当按照统一的标准衡量每一个投标人的优劣。进行资格审查时,招标人应当按照资格预审文件或招标文件中载明的资格审查的条件、标准和方法对潜在投标人或者投标人进行资格审查，不得改变载明的条件或者以没有载明的资格条件进行资格审查。《招标投标法》还规定评标委员会应当按照招标文件确定的评标标准和方法，对投标文件进行评审和比较。评标委员会成员应当客观、公正地履行职务，遵守职业道德。

（4）诚实信用原则

诚实信用原则是所应当遵循的一项重要基本原则。招标投标活动作为订立合同的一种特殊方式，同样应当遵循诚实信用原则。例如，在招标过程中，招标人不得发布虚假的招标信息，不得擅自终止招标。在投标过程中，投标人不得以他人名义投标，不得与招标人或其他投标人串通投标。中标通知书发出后，招标人不得擅自改变中标结果，中标人不得擅自放弃中标项目。

4. 招投标的特点

招标与一般的交易方式相比，主要有以下三个特点：

（1）招标是由参加投标的企业按照招标人所提出的条件，一次性递价成交的贸易方式，双方无须进行反复磋商。

（2）招标是一种竞卖的贸易方式。

（3）招标是在指定的时间和指定的地点进行的，并事先规定了一些具体的条件，因此，投标必须根据其规定的条件进行，如不符合其条件，则难以中标。

5. 招投标的基本做法

招标与投标是一件事情的两个方面，所以我们只介绍招标的基本做法。招标的业务做法一般分为三个阶段：

（1）招标阶段

国际招标分为公开招标、选择性招标、秘密招标和两段招标等几种形式，但大部分货物采购和兴建工程项目都采用公开招标方式。秘密招标或谈判招标仅限修建保密工程或技术要求高、专业性很强的项目，向个别投标人进行招标。招标阶段的主要程序是：

第一，公开招标方式要求招标人首先要在报纸、刊物或采取其他形式公布招标通告，邀请投标人参加投标。招标通告要说明招标的项目、要求、条件和投标须知等。国际金融组织贷款项目采购招标的通知一般要求在指定的刊物刊登。

第二，在招标人发出通告后相继有投标人提出投标要求，集中所有投标人的投标申请书。

第三,招标人对参加投标的企业、公司进行资格审查。主要审查投标人的历史情况、经营范围、已经兴建项目、以往供货质量和客户反映、资金和信誉等情况。

第四,经审查合格后,招标人向取得投标资格者寄送标单。标单的主要内容有招标要求、合同格式、合同条款,货物说明和技术要求等。

第五,凡是接受标单准备投标的投标人必须向招标人缴纳投标保证金或通过银行向招标人出具保函,保证一旦中标一定签约。

(2)投标阶段

第一,投标人详细阅读和研究标单的全部内容和各项要求,在此基础上提出自己争取中标的各项条件,包括供货价格、交货期限、货物品质规格和各项技术要求等。

第二,按照招标单的要求填写投标单,在规定期限内寄交给招标人,逾期无效。

(3)开标签约阶段

开标分为公开开标和秘密开标:

①公开开标。由招标人和公证人按照规定的时间和地点,当众拆开所有密封投标单,宣布其内容。凡是参加投标者都可派代表监视开标。

②秘密开标。由招标人自行选定中标人。

开标之后,经过有关评标人员评定,决定中标者。

在评定过程中,招标人如果认为所有投标者都不合格而未选定中标者时,可以宣布招标失败,拒绝全部投标,并且可以重新发布招标通告。

如果选定中标者,由招标人与中标者签订供货合同,中标人尚须向招标人缴纳履约保证金或出具银行履约保证函。

在评标中未中标者所缴纳投标保证金则应全部退还,银行出具的保证函的责任即告终止。

6. 招标与投标应注意的问题

使用招标与投标方式应注意的问题是:

(1)在招标通告中规定须通过代理人进行投标时,必须事先在招标人所在国家选定代理人,并签好代理协议,说明我方投标的具体条件,代理人的报酬和不中标时应付的手续费等。

(2)认真审阅招标文件,避免遗漏,对标单的填写要慎重。因其具有实盘性质,不能随意撤销;按照国际投标的一般做法,投标文件是中标签订合同的一部分。由于对招标单的内容不完全清楚很难中标,即使中标也会给以后履约带来麻烦,或可能造成经济损失。

(3)投标前要了解招标国关于招标的规定和习惯,同时要落实好货源,因为投标要支付一定的保证金,而且投标的商品,一般数量较大,交货比较集中,如不能按时履约,将会造成不良影响,并须承担招标人因此而造成的经济损失。

10.2.4　拍卖(Auction)

1. 拍卖的概念

拍卖是由专营拍卖行接受货主的委托,在一定的地点和时间,按照规定的章程和规则,以公开叫价竞购的方法,拍卖人把货物给出价最高的买主的一种现货交易方式。

通过拍卖进行交易的商品大都是些品质的易标准化的、或是难以久存的、或是习惯上采用拍卖方式进行的商品。如茶叶、烟叶、兔毛、皮毛、木材等。某些商品,如水貂皮、澳洲羊毛,大部分的交易是通过国际拍卖方式进行的。

拍卖一般是由从事拍卖业务的专门组织,在一定的拍卖中心市场和在一定的时间内按照当地特有法律和规章程序进行。

拍卖程序不同于一般的出口交易,其交易过程大致要经过准备、看货、出价成交和付款交货等四个阶段。

2. 拍卖的出价方法

(1)增价拍卖

增价拍卖,也称“买方叫价拍卖”。这是最常用的一种拍卖方式。拍卖时,由拍卖人(Auctioneer)提出一批货物,宣布预定的最低价格,估价后由竞买者(Bidder)相继叫价,竞相加价,有时规定每次加价的金额额度,直到拍卖人认为无人再出更高的人。

(2)减价拍卖

减价拍卖,又称“荷兰式拍卖”。这种方法先由拍卖喊出最高价格,然后逐渐减低叫价,直到有某一竞买者认为已经低到可经接受的价格,表示买进。

(3)密封递价拍卖

密封递价拍卖又称“招标式拍卖”。采用这种方法时,先由拍卖人公布每批商品的具体情况和拍卖条件等,然后由各竞买方在规定时间内将自己的出价密封递交拍卖人,以供拍卖人进行审查比交,决定将该货物卖给哪一个竞买者。这种方法不是公开竞买,拍卖人有时要考虑除价格以外的其他因素。有些国家的政府或海关在处理库存物资或没收货物时往往采用这种拍卖方法。

3. 国际货物拍卖的特点

(1)拍卖是在一定的机构内有组织地进行的。

(2)拍卖具有自己独特的法律和规章。

(3)拍卖是一种公开竞卖的现货交易。

4. 国际货物拍卖的一般程序

(1)准备阶段

货主把货物运到拍卖地点并委托拍卖行进行挑选和分批,拍卖行编印目录并招揽买主。参加拍卖的买主可以在规定的时间内到仓库查看货物、了解商品品质并拟定自己的出价标准,做好拍卖前的准备工作。拍卖行一般还提供各种书面资料,进行宣传以扩大影响。

(2)正式拍卖

正式拍卖是在规定的时间和地点,按照拍卖目录规定的次序逐笔喊价成交。拍卖过程中,买主在正式拍卖的每一次叫价,都相当于一项发盘,当另一竞买者报出更高价格时,该发盘即行失效。拍卖主持人以击槌的方式代表卖主表示接受后,交易即告达成。

(3)成交与交货

拍卖成交后,买主即在成交确认书上签字,拍卖行分别向委托人和买主收取一定比例的佣金,佣金一般不超过成交价的5%。买主通常以现汇支付货款,并在规定的期限内按仓库交货条件到指定仓库提货。由于拍卖前买主可事先看货,所以,事后的索赔现象较少。但如果货物确有瑕疵,或拍卖人、委托人不能保证其真伪的,必须事先声明,否则,拍卖人要负担保责任。

5. 关于拍卖业务中若干问题的说明

(1)公平交易问题

拍卖活动应当遵守有关法律、行政法规,遵循公开、公平、公正、诚实信用的原则。

(2)关于品质的责任问题

未说明拍卖标的的瑕疵,给买受人造成损害的,买受人有权向拍卖人要求赔偿;属于委托人责任的,拍卖人有权向委托人追偿。拍卖人、委托人在拍卖前声明不能保证拍卖标的的真伪或者品质的,不承担瑕疵担保责任。

(3)拍卖师应具备的条件和职责

拍卖师应具备下列条件:

第一,具有高等院校专科以上学历和拍卖专业知识;

第二,在拍卖企业工作两年以上;

第三，品行良好。

被开除公职或者吊销拍卖师资格证书未满五年的，或者因故意犯罪受过刑事处罚的，不得担任拍卖师。

拍卖师的职责：

第一，拍卖师应于拍卖前宣布拍卖规则和注意事项；

第二，拍卖标的无保留价的，拍卖师应在拍卖前予以说明；

第三，拍卖人进行拍卖时，应当制作拍卖笔录。拍卖笔录应当由拍卖师、记录人签名；拍卖成交的，还应当由买受人签名。

(4)解决争议的方式

第一，委托拍卖其没有所有权或者依法不得处分的物品或者财产权利的，应当依法承担责任。拍卖人明知委托人对拍卖的物品或者财产权利没有所有权或者依法不得处分的，应当承担连带责任。

第二，拍卖人、委托人违反规定，未说明拍卖标的的瑕疵，给买受人造成损害的，买受人有权向拍卖人要求赔偿；属于委托人责任的，拍卖人有权向委托人追偿。拍卖人、委托人在拍卖前声明不能保证拍卖标的的真伪或者品质的，不承担瑕疵担保责任。

第三，竞买人之间、竞买人与拍卖人之间恶意串通，给他人造成损害的，拍卖无效，应当依法承担赔偿责任。

10.2.5　寄售(Consignment)

1. 寄售的概念

寄售是一种委托代售的贸易方式，也是国际贸易中习惯采用的做法之一。在我国进出口业务中，寄售方式运用并不普遍，但在某些商品的交易中，为促进成交，扩大出口的需要，也可灵活适当运用寄售方式。

“寄售”是一种有别于代理销售的贸易方式。它是指委托的(货主)先将货物运往寄售地，委托国外一个代销人(受委托人)，按照寄售协议规定的条件，由代销人代替货主进行，货物出售后，由代销人向货主结算货款的一种贸易做法。

2. 寄售方式的特点

在国际贸易中采用的寄售方式，与正常的卖断方式比较，它具有下列几个特点：

(1)寄售人的职责

寄售人先将货物运至目的地市场(寄售地)，然后经代销人在寄售地向当地买主销售。因此，它是典型的凭实物进行买卖的现货交易。

(2)寄售人与代销人的关系

寄售人与代销人之间是委托代售关系，而非买卖关系。代销人只根据寄售人的指示处置货物。货物的所有权在寄售地出售之前仍属寄售人。

(3)寄售应承担的风险

寄售货物在售出之前，包括运输途中和到达寄售地后的一切费用和风险，均由寄售人承担。

寄售货物装运出口后，在到达寄售地前也可使用出售路货(在运输途中的货物买卖)的办法，先行销售，即当货物尚在运输途中，如有条件即成交出售，出售不成则仍运至原定目的地。

3. 寄售方式的利弊

(1)寄售的优点

寄售是一种先发运后销售的现货买卖方式。一般逐笔成交国际贸易，往往买主对出口方的产品有所了解，批量成交，远期交货。而以寄售方式销售，可以让商品在市场上与用户直接见面。按需要的数量随意购买，而且是现货现买，能抓住销售时机。所以对于开拓新市场，特别是消费品市场，是一种行之有效的方式。寄售的优点体现在：

第一，寄售货物出售前，寄售人持有货物的所有权，有利于随行就市。

第二，寄售方式是凭实物买卖。货物与买主直接见面，利于促进成交。

第三，代销人不负担风险与费用，一般由寄售人垫资，代销人不占用资金，可以调动其经营的积极性。

(2)寄售的缺点

寄售方式中，出口商会承担一定的风险和费用。

第一，出口方承担的风险较大，费用较大。

货物需在寄售地区安排存仓、提货，代销人不承担费用和风险；万一代销人不守协议，例如不能妥善代管货物，或是出售后不及时汇回货款，都将给出口商带来损失；如果货物滞销，需要运回或转运其他口岸，出口商将遭受损失。

第二，寄售货物的货款回收较缓慢。

货未售出之前发运，售后才能收回货款，资金负担较重。

4. 寄售协议的主要内容

寄售协议规定了有关寄售的条件和具体做法，其主要内容如下：

(1)双方的基本关系

寄售人和代销人之间的关系，是一种委托代理关系。货物在出售前所有权仍属寄售人。代销人应按协议规定，以代理人身份出售商品、收取贷款、处理争议等，其中的风险和费用由寄售人承担。

(2)寄售商品的价格

寄售商品价格有三种规定方式：规定最低售价；由代销人按行情自行定价；由代销人向寄售人报价，征得寄售人同意后确定价格，这种做法较为普遍使用。

(3)佣金条款

规定佣金的比率，有时还可增加佣金比率增减额的计算。通常佣金由代销人在货款中提取。

(4)代销人的义务

代销人的义务包括保管货物，代办进口报关、存仓、保险等手续并及时向寄售人通报商情。代销人应按协议规定的方式和时间将货款交付寄售人。有的寄售协议中还规定代销人应向寄售人出其银行保函或备用银行证，保证承担寄售协议规定的义务。

(5)寄售人的义务

寄售人按协议规定时间出运货物，并偿付代销人所垫付的代办费用。

5. 寄售方式的注意事项

(1)着眼于开拓新市场

既销售商品，又树立企业形象，建立客户关系，故而所选商品应优质适销。

(2)选择合适的寄售地点

寄售地点应选择交通便捷的贸易中心或自由港、自由贸易区，以方便货物进出转运，降低费用。

(3)选择合适的代销人

代销人应在当地有良好的商誉，有相关商品的营销经验和推销能力。并有能力代办报关、存仓等业务。

(4)重视安全收汇

应在寄售协议中作出相应规定。比如要求代销人开立银行保函，或以承兑交单方式发货。

10.2.6　展卖

1. 展卖的含义及其做法

展卖是利用展览会和博览会及其他交易会形式，对商品实行展销结合的一种贸易方式。

展卖可以采取各种不同的方式。从展卖商品的所有方和客户的关系来看，展卖的做法主要有两种：一是将货物通过签约方式卖断给国外客户，双方是一种买卖关系，由客户在国外举办或参加展览会，货价有所优惠，贷款可在展览会后或定期结算；另一种方式是由双方合作，展卖时货物所有权不变，展品出售的价格由货主决定。国外客户承担运输、保险、劳务及其他费用，货物出售后收取一定手续费作为补偿。展卖结束后，未售出的货物可以折价卖结合作的客户，或运往其他地方进行另一次展卖。

除此之外，还可以将寄售和展卖方式结合起来进行。即在寄售协议中规定，代销人格寄售的商品在当地展卖。至于展卖的有关事项，可在该协议中同时规定，也可另签协议作出规定。

无论是哪一种做法，展卖作为一种商品推销方式，其基本特点可概括为：把出口商品的展览和推销有机地纳合起来，边展边销，以销为主。

2. 展卖的优点

展卖这种方式的优点主要表现在以下几方面：

(1)有利于宣传出口商品，扩大影响，招揽潜在买主，促进交易。

(2)有利于建立和发展客户关系，扩大销售地区和范围。

(3)有利于开展市场调研，听到消费者的意见，改进产品质量，增强出口竞争力。

3. 我国开展的展卖方式

我国从 20 世纪 50 年代就开始举办广州中国出口商品交易会，以后又陆续开展了各种类型的交易会、展览会、小交会，并多次参加国外举办的博览会。随着改革开放的深入进行，展卖业务在我国也得到更为广泛的运用，极大地促进了我国对外经济贸易的发展。

(1)国际博览会

国际博览会也称“国际集市”，是指在一定地点定期举办的，由一国或多国联合组办，邀请各国商人参加交易的贸易形式。

这一方式不仅为买卖双方提供了交易方便，而且越来越多地作为产品介绍和广告宣传以打开销路，以及作为介绍新产品、新工艺以进行技术交流的重要方式。参加博览会的商人除进行现场交易外，还可通过这一机会同世界各国建立更广泛的商业关系。

国际博览会可分为综合性和专业性两种类型。凡各种商品均可参加展出交易的博览会属于综合性的，又称“水平型博览会”，比较著名的有智利的圣地亚哥和叙利亚的大马士革的国际博览会，其展出期限长，规模大，而且对普通公众开放，当地人习称为“庙会”，凡只限某类专业性商品参加展览和交易的博览会属于专业性的，又称“垂直型博览会”，如比较著名的纽伦堡玩具展览会、慕尼黑的体育用品展览会及法兰克福的消费品展览会等，它们都是专业性很强的国际博览会。

中国曾多次参加各国举办的国际博览会，并于 1985 年 1 月在北京建成了自己的博览地中国国际展览中心。同年 11 月，中国第一次作为东道主举办了亚洲及太平洋地区第四届国际贸易博览会，从此揭开了在此举办大型国际性博览会和展览会的序幕。近年来，频繁开展的在华和出国展览，为加强中国与世界各国的贸易联系与经济交往发挥了重要作用。

(2)中国进出口商品交易会

中国出口商品交易会又称“广州交易会”，是中国进出口公司联合举办的、邀请国外客户参加的一种展览与交易相结合的商品展销会。我国于 1957 年春举办了首届广交会，以后每年春、秋两季各举办一次。40 多年来，中国利用广交会定期邀请国外客户来华集中谈判成交，根据“平等互利、互通有无”的对外贸易原则，以出口为主，进出结合，有买有卖，形式多样，有效地促进了中国的对外贸易发展，加强了中国同世界各国的经济联系。

中国出口商品交易会的作用，主要表现在以下几方面：

①来会的各国客商和友好团体众多，为集中成交创造了有利条件。

②加强了与各国客户的广泛联系，便于了解国外市场动态，开展行情调研，熟悉客户的资信和作用。

③有利于生产和其他有关部门直接听取客户对产品的要求和反映。

④由于交易会采取当面洽商、看样成交的方式，从而有利于发现问题，及时解决。

在广交会闭会期间，在某些商品的产地或出口口岸等地，还举办一些专业性的小型交易会，简称“小交会”，如地毯交易会、工艺品交易会、服装交易会、化工交易会等。小交会的特点是专业性强，成交高度集中，交易方式灵活，它减轻了广交会过于集中的弊端，对于推销新小商品起到了积极作用。

4. 开展展卖业务应注意的问题

展卖是一种将产品宣传、推销和市场调研结合起来的贸易方式。它所带来的经济效益，不能单纯地从一次展卖会的销售额来衡量。经验证明，一次成功的展卖会后，由于建立了广泛的客户联系，往往会给参展者带来数量可观的订单。当然，并非每次展卖会都会硕果累累，要想取得展卖的成功，还应注意下列问题：

(1)选择适当的展卖商品

展卖这种交易方式并不是对所有商品都普遍适用的，它主要适合于一些品种规格复杂，用户对造型、设计要求严格，而且性能发展变化较快的商品，如机械、电子、轻工、化工、工艺、玩具、纺织产品等。选择参展商品时，要注意先进性、新颖性和多样性，要能反映现代科技水平，代表时代潮流。

(2)选择好合作的客户

到国外参加展卖会之前，应选择合适的客户作为合作伙伴。选择的客户必须具有一定的经营能力，对当地市场十分熟悉，并有较为广泛的业务联系或销售系统。通过客户开展宣传组织工作，扩大影响，联系各界人士，这对展卖的成功具有重要作用。

(3)选择合适的展出地点

一般来说，应考虑选择一些交易比较集中、市场潜力较大、有发展前途的集散地进行展卖。同时还应考虑当地的各项设施，如展出场地、旅馆、通信、交通等基本设施所能提供的方便条件和这些服务的收费水平。

(4)选择适当的展卖时机

这对于一些销售季节性强的商品尤为重要。一般来说，应选择该商品的销售旺季进行展卖，每次展出的时间不宜过长，以免耗费过大，影响经济效益。

10.2.7 对销贸易(Counter Trade)

1. 对销贸易含义

对销贸易在我国又译为"反向贸易"、"互抵贸易"、"对等贸易"，也有人把它笼统地称"易货"或"大易货"。一般认为这是一种以货物或劳务(包括工业产权和专有技术等无形财产)作为偿付贷款手段的一种贸易方式。它把进口和出口结合起来，组成相互联系的整体交易，交易双方都有进有出，并求得各自的收支基本平衡。

我们一般可以把对销贸易理解为包括易货、记账贸易、互购、产品回购、转手贸易等属于货物买卖范畴，以进出口结合、出口抵补进口为特征的各种贸易方式的总称。

2. 对销贸易的形式

对销贸易有多种形式，但基本形式有三种，即易货贸易(Barter Trade)、互购(Counter Purchase)和补偿贸易(Compensation On Trade)。易货贸易、回购贸易和互购贸易都有一个共同特性，即"互相捆绑"，货物和服务交换相互捆绑在一起(同时或不同时进行交易)。一般市场交易的货物与服务买卖是不相互制约的，通过货币和市场的机制使买卖得以完成。因此，一个人可以出售货物和服务以得到货币收入并用收入换回所需要的其他货物和服务。这种不制约性极大地促进了交易并使经济交流变得更为有效。

(1)易货贸易

传统的易货贸易,一般是买卖双方各以等值的货物进行交换,不涉及货币的支付,也没有第三者介入,易货双方签订一份包括相互交换抵偿货物的合同,把有关事项加以确定。在国际贸易中,使用较多的是通过对开信用证的方式进行易货,即由交易双方先订易货合同,规定各自的出口商品均按约定价格以信用证方式付款。先开立的信用证以收到、认可对方开出的等值或基本等值的信用证为生效条件。另外,国家间签订的换货清算协定实际上也是扩大了的易货方式。根据协定规定,任何一方的进口或出口,由双方政府的指定银行将货值记账,在一定时期内互相抵冲结算,其差额有的规定结转下一年度,有的规定以现汇支付超过约定摆动额部分的差额。

(2)互购

互购又称"平行贸易"或"回购",它是指交易双方互相购买对方的产品。互购贸易涉及使用两个既独立而又相互联系的合同;交易双方先签订一个合同,约定由进口国(往往是发展中国家)用现汇购买对方的货物(如机器、设备等),并由先出口国(通常是发达国家)在此合同中承诺在一定时期内买回头货;之后,双方还需签订一个合同,具体约定由先出口国用所得货款的一部分或全部从先进口国购买商定的回头货。互购不是单纯的以货换货,而是现汇交易,而且不要求等值交换。

(3)补偿贸易

补偿贸易是指在信贷基础上进口设备,然后以回销产品或劳务所得价款,分期偿还进口设备的公款及利息。它既是一种贸易方式,也是一种利用外资的形式。例如一方先以赊购的形式,从国外进口设备和技术等,待投产后,用所生产的产品和劳务偿还贷款的本金和利息。这种形式既利用了外资,也扩大了商品的销售渠道。补偿贸易与加工贸易相结合,通常称为"三来一补"。在当前我国开展的补偿贸易中,按照用来偿付的标的的不同,大体上可分为三类:

①直接产品补偿。即双方在协议中约定,由设备供应方向设备进口方承诺购买一定数量或金额的由该设备直接生产出来的产品。这是补偿贸易最基本的做法。

②其他产品补偿。当所交易的设备本身不生产产品或设备所生产的直接产品非对方所需或在国际市场上不好销时,可由双方协商,用回购其他产品来代替。

③劳务补偿。双方根据协议,通常由外商代我方购进所需的技术、设备,货款由外商垫付,我方按外商要求加工生产后,从应收的工缴费中分期

扣还给外商。

3. 对销贸易的利弊

(1)有利因素

①它是一种可以不动用外汇或少动用外汇就可以发展一国对外贸易的有力手段。

②在贸易保护主义盛行的当代，通过对销贸易，有助于打破西方对等贸易相关国家的贸易壁垒，为本国产品，尤其是发展中国家的工业制成品打开市场。

③有些方式如产品回购(补偿贸易)或抵销贸易，除了具有一般对销贸易所具有的平衡国际收支的作用外，还具有融通资金和吸收外国资本流入的功能。

④由于对销贸易采用的是进出口结合的做法，故核算其经济效益，可从进出口两方面结合起来通盘考虑，例如，进口盈利，出口亏损，但只要前者大于后者，还是有利可图的。加之，对销贸易是由交易双方私下进行的，这就更增加了决定价格时的灵活性和隐蔽性，而不易为他人所察觉，从而起到补贴出口而不遭报复的作用。

⑤从发达国家角度看，通过对销贸易，承诺一定的回购，提供信贷或投资，不仅可以增强其市场竞争能力，而且还有助于推销一些用现汇难以销售的产品、技术，争取到一些廉价的原材料或零部件供应。

⑥进行对销贸易有助于应对一个国家的外汇短缺。

⑦对销贸易可以促进出口，并可以用来减少出口收入方面的不确定性。

⑧使用对销贸易可避开国际价格协议，如石油输出国组织的价格协议(OPEC)。

⑨对销贸易可帮助有严重债务的国家继续进口商品而实际上债权人掩盖出口收入。

(2)不利因素

①对销贸易带有浓厚的双边性和封闭性，这其实是以限制性的措施来反对保护主义，其结果反而增加了贸易保护主义的气氛。

②在上述模式下，决定交易的主要因素已不是商品的价格和质量，而是取决于回购的承诺。这就不可避免地削弱了市场机制的作用。

4. 对销贸易在国际贸易中的作用

对销贸易是通过以进带出的做法来弥补贸易逆差和克服外汇不足的困难，促进贸易发展的一种贸易方式。这种贸易方式，对交易的双方都有好处，它在双方的贸易当中起到了一定的推动作用。主要表现在：

(1)可在不动用或少动用外汇的条件下进行进出口贸易

对销贸易这种以进养出的做法是用来弥补贸易逆差和克服外汇困难的一种较好的贸易方式，由于它对短缺西方发达国家的外汇和技术的发展中国家都有益处，越来越受到世界各国的重视。通过对销贸易可以使参与国在不动用外汇的情况下，进口它们在发展国民经济中所需的各种货物和技术，而且在某种条件下，还可以贸易的方式取得国外的信贷。

(2)吸引国外的资金和技术

随着双方国际贸易的发展，特别是随着先进的技术和设备的引入和投产，有利于贸易对象国之间生产水平的提高和技术设备的改造，进而促进了产品国际竞争力的增强。

(3)带动某些产业的产品出口

通过对销贸易，以进带出，有利于开发国际销售渠道，使得一些本来不容易出口的产品顺利进入国际市场，从而促进了出口的扩大。在国际对销贸易中，通过双方建立在比较长期、稳定基础上的贸易关系，促进了双方对外贸易量的扩大和对外经济的发展，从而有利于双方对外经济关系的发展和出口创汇的稳定增长。

(4)发达国家之间采用对销贸易的形式，有助于建立更有效的产业合作

(5)对销贸易中商品定价具有灵活性和隐蔽性

10.2.8 加工贸易

1. 加工贸易的含义

来料加工是指外商提供原材料、铺料和包装物料等，由国内的承接方按外商提出的要求加工成成品并提交给对方，按双方约定的标准收取加工费的一种贸易方式。来件装配是指由外商提供零部件、包装物料等，由国内承接方按外商要求装配成成品提交给对方，并按双方的约定收取加工费的一种贸易方式。包括进料加工、来料加工、装配业务和协作生产。

2. 加工贸易的性质

加工贸易是一种委托加工的方式。外商将原材料、零部件等运交国内承接方，并未发生所有权转移。承接方只是作为受托人按照外商的要求，将原材料或零部件加工成为成品。加工过程中，承接方付出劳动，获取的加工费用是劳动的报酬。因此，可以说加工贸易属于劳务贸易的一种形式，它是以商品为载体的劳务出口。

3. 加工贸易的种类

(1)来料加工

它通常是指加工一方由国外另一方提供原料、辅料和包装材料，按照双方商定的质量、规格、款式加工为成品，交给对方，加工方收取加工费。有的是全部由对方来料，有的是一部分由对方来料，一部分由加工方采用本国原料的辅料。此外，有时对方只提出式样、规格等要求，而由加工方使用当地的原、辅料进行加工生产。这种做法常被称为“来样加工”。

(2)进料加工

进料加工又叫“以进养出”，指用外汇购入国外的原材料、辅料，利用本国的技术、设备和劳力，加工成成品后，销往国外市场。这类业务中，经营的企业以买主的身份与国外签订购买原材料的合同，又以卖主的身份签订成品的出口合同。两个合同体现为两笔交易，它们都是以所有权转移为特征的货物买卖。进料加工贸易要注意所加工的成品在国际市场上要有销路。否则，进口原料外汇很难平衡，从这一点看进料加工要承担价格风险和成品的销售风险。

(3)装配业务

装配业务指由一方提供装配所需设备、技术和有关元件、零件，由另一方装配为成品后交货。来料加工和来料装配业务包括两个贸易进程，一是进口原料，二是产品出口。但这两个过程是同一笔贸易的两个方面，而不是两笔交易。原材料的提供者和产品的接受者是同一家企业，交易双方不存在买卖关系，而是委托加工关系，加工一方赚取的是劳务费，因而这类贸易属于劳务贸易范畴。它的好处是：加工一方可以发挥本国劳动力资源丰富的优势，提供更多的就业机会；可以补充国内原料不足，充分发挥本国的生产潜力；可以通过引进国外的先进生产工艺，借鉴国外的先进管理经验，提高本国技术水平和产品质量，提高本国产品在国际市场的适销能力和竞争能力。当然，来料加工与装配业务只是一种初级阶段的劳务贸易，加工方只能赚取加工费，产品从原料转化为成品过程中的附加价值，基本被对方占有。由于这种贸易方式比进料加工风险小，在中国开展得比较广泛，获得了较好的经济效益。

(4)协作生产

它是指一方提供部分配件或主要部件，而由另一方利用本国生产的其他配件组装成一件产品出口。商标可由双方协商确定，既可用加工方的，也可用对方的。所供配件的价款可在货款中扣除。协作生产的产品一般规定由对方销售全部或一部分，也可规定由第三方销售。

4. 加工贸易合同的主要内容

加工贸易合同是规定委托方、承接方的权利和义务的法律性文件。其主要内容包括：

(1)合同的标的。加工装配业务的合同标的与买卖合同的标的不同，它体现为原材料或零部件加工成指定成品而付出的劳动以及一定的技术或工艺。因此，合同的标的应规定与劳动或一定技术有关的产品种类及标准，以及委托加工的具体事项。

(2)原材料供应。在合同中应具体规定委托方送交料件的时间、地点，并应列明对料件品质、数量的具体要求以及委托方来料、来件不符合合同要求的处理方法。

(3)成品交付。在合同条款中，要对成品的品质、规格以及交货期作出明确规定；通常还要规定违约的处理办法。

(4)耗料和残次品率。委托方规定生产企业产品消耗原材料或零部件的具体数额，以及残次品的比例。

(5)工缴费。承接方为委托方加工装配所收取的劳务报酬，它的支付方法通常有以下两种：①对来料、来件和产品均不作价，加工装配业务完成后，由承接方按约定向委托方收取；②对来料、来件和产品分别作价，承接方对委托方的来料、来件先不付款，从成品出口的货款中扣除，成品的价格与来料、来件价格之间的差额就是工缴费。

(6)对外运输。对外加工装配业务涉及原材料、零部件的运进及成品的运出问题。按照对外加工装配业务的性质，这两段运输责任及费用应由委托方承担。但在实际业务中，由委托方办理两段运输业务有困难，承接方应协助代办。

(7)保险。中国人民保险公司为开展对外加工装配业务的需要已经设立了来料加工一揽子综合险，投保这种险别，保险公司即承担两段运输及存仓财产险。

(8)支付。在加工装配业务中，可采用国际贸易中各种惯常的支付方式。

5. 我国的加工贸易发展的基本特征

我国的加工贸易发展具有以下三个方面的基本特征：

(1)两头在外的特征。即其用以加工成品的全部或部分材料购自境外，而其加工成品又销往境外。

(2)料件保税的特征。根据加工贸易“两头在外”的基本特征，我国现行的法规规定海关对进口料件实施保税监管，即对其进口料件实施海关监管下的暂缓缴纳各种进口税费的制度。料件的保税可以大大降低企业的运行成本，增加出口成品的竞争力，同时又对加工贸易保税料件监管提出较高的监管要求。料件保税是加工贸易的灵魂与核心,是区别于一般贸易的重要标志。

(3)加工增值的特征。企业对外签订加工贸易合同的目的在于通过加工使进口料件增值,从而从中赚取差价或工缴费。加工增值是加工贸易得以发生的企业方面的根本动因。

10.2.9 期货交易(Futures Transaction)

1. 期货交易的含义和特点

期货交易是在现货交易的基础上发展起来的,是通过在期货交易所买卖标准化的期货合约而进行的一种有组织的交易形式。

在期货市场中,大部分企业买卖期货合约的目的是为了规避现货价格波动的风险,而大部分投资者则是为了博取价格波动的差额。因此很少有人愿意参与商品的实物交割,在到期前都以对冲的形式了结。对冲的意思是说买进期货合约的人,在合约到期前会将期货合约卖掉;而卖出期货合约的人,在合约到期前会买进期货合约来平仓。这种先买后卖或先卖后买的活动都是允许的。

成交后买卖双方并不移交商品的所有权。因为期货交易具有下列几个特点:

(1)期货交易不规定双方提供或者接受实际货物。

(2)交易的结果不是转移实际货物,而是支付或者提取的签订合同之日与履行合同之日的价格差额。

(3)期货合同是由交易所制订的标准期货合同,并且只能按照交易所规定的商品标准和种类进行交易。

(4)期货交易的交货期是按照交易所规定的交货期确定的。不同商品,交货期不同。

(5)期货合同都必须在每个交易所设立的清算所进行登记及结算。

2. 期货交易的交易种类

期货交易根据交易者的目的,有两种不同性质的种类:一种是利用期货合同作为筹码,买进卖出,从价格涨落的差额中追逐利润的纯投机活动;一种是真正从事实物交易的人做套期保值。前一种在商业习惯上称为"买空卖空",它是投机者根据自己对市场前景的判断而进行的赌博性投机活动。所谓"买空",又称"多头",是指投机者估计价格要涨,买进期货;一旦货期涨价,再卖出期货,从中赚取差价。后一种在商业习惯上称"套期保值",又称为"对冲交易"、"海琴"。

3. 期货交易与现货交易的区别

期货交易作为一种独特的交易方式，具有不同于现货交易的特点。

与现货交易相比较，两者之间主要存在以下区别：

(1)交易对象不同

①交易的标的物不同。现货交易，无论是即期交易还是远期合同交易，交易标的物都是实物，所以现货交易又称“实物交易”；而期货交易的对象不是具体的实物商品，而是由交易所制订的一纸“标准化的期货合约”。

②交易对象的范围不同。现货交易可以用于市场上的所有商品；而用于期货交易的商品范围较窄，一般以可以标准化和耐储存的初级产品为主。具体地说，能够以期货形式交易的商品应符合四个条件：

第一，具有价格风险；

第二，经营者有转嫁风险的需求；

第三，商品耐储耐运；

第四，商品的规格和质量等级容易划分。

具备这些条件的商品有小麦、大豆、谷物、棉花、原糖、家畜、有色金属、能源产品和林产品等。

(2)交易主体不同。现货交易的主体主要是生产者、经销商和消费者；而期货交易的主体多为套期保值者、经纪人和投机商。

(3)交易目的不同。现货交易中，交易双方以买卖商品为目的，除了出现不可抗力和极为特殊的原因，一般必须进行实物交割；而期货交易的参加者是以套期保值、规避风险或风险投资为目的，一般不进行实物交割，而是在到期之前进行对冲，以取得差价。

(4)交易方式不同。现货交易一般分散进行，并无特定的场所，交易双方多以面谈的方式协商议定交易条件，交易合同内容无需公开；而期货交易是通过经纪人在期货交易所内以公开、公平的方式进行交易，交易价格经过公开竞价敲定，双方达成交易信息是公开的，任何场外交易、私下交易(如私下对冲)都是无效和非法行为。

(5)交易关系不同。在现货交易中，达成交易的双方必须直接承担合同责任关系；而在期货交易中，期货合约交易的双方分别与清算所建立合同关系，他们之间并无直接的合同责任关系。

(6)交易保障不同。现货交易以《中华人民共和国合同法》等法律为保障，合同不能兑现时要用法律或仲裁的方式解决。而期货交易是以保证金制度为保障，实行无负债运营，确保合约双方到期履约。期货交易所为交易双方提供结算交割服务和履约担保，实行严格的结算交割制度，违约的风险很小。

4. 期货市场的构成

期货市场是按一定的规章制度买卖期货合约的有组织的市场。它由期货交易所、期货佣金商、清算所、期货交易参与者共同构成。

(1)期货交易所

期货交易所也称“商品交易所”,是经政府部门批准认可的专门进行期货合约买卖的场所,一般实行会员制,其财产来源于初始投资及会员会费、席位费及交易手续费。交易所的最高权力机构是会员大会,下设董事会或理事会,董事会聘任交易所总裁负责日常行政和管理工作。期货交易所的主要职能是:

①为期货交易提供场地、设施和服务;

②制定标准化的期货合约;

③制定并监督执行交易规则,保证交易公正、公开、公平;

④组织和监督期货交易、结算与交割,保证期货合约的履行;

⑤负责收集和发布交易信息;

⑥设立仲裁机构,解决交易纠纷。

(2)期货佣金商

期货佣金商又称“经纪行”,是依法成立的以期货代理业务为主的公司,他们以自己的名义代理客户买卖期货,收取佣金,并向交易所、清算所和客户负责。期货佣金商的代理业务主要包括:

①执行客户交易指令,代理实物交割;

②保管并处理客户保证金;

③为客户提供市场信息、商品行情和相关服务,充当交易决策的参谋;

④记录客户盈亏。

(3)清算所

清算所是负责期货合约对冲、结算和交割的机构。从组织形式上看,有的附属于交易所,也有的完全独立。清算所是期货交易双方的代理人,拥有代位权,对期货合同的买家来说它代表卖家,而对期货合同的卖家来说它代表买家,并有义务担保每笔合约的履行,因此具有权威性,是期货市场运行机制的核心。清算所的主要功能是:

①负责处理期货合约交易的一切账目往来。所有在交易所达成的交易,都必须在清算所进行结算,而不是交易双方之间相互往来款项。

②担保期货合约的履行,处理违约者账户并对受损者进行补救。

③负责安排、监督期货交割。

(4)期货交易的参加者

期货交易参与者是指参加期货交易的成员，各国法律对期货交易参加者的资格没有严格规定，可以是公司，也可以是个人，无任何限制。但能够进场直接交易的只能是会员和场内经纪人。前者拥有自己的交易席位，可以为自己的利益进行交易；后者则是接受客户委托，代理客户交易或者经过允许从事双重交易。其他不能进场交易的客户，只能委托经纪人进行间接交易。

参与者按其参加期货交易的目的不同，又可以分为套期保值者和投机者两类。

第一类：套期保值者(Hedgers)。

套期保值者一般是实际商品的生产商、加工商、储运商和贸易商。他们参与期货交易的目的是在期货市场建立与现货交易相反的交易头寸(Trading Position)，以便将现货市场价格波动风险转嫁给第三方。

第二类：投机者(Speculators)。

投机者，也称"风险经营者"，通常是指采用各种技术方法预测未来商品期货价格，并试图通过频繁的买卖期货合同以赚取买卖差价的市场参与者。通常分为"多头"与"空头"，前者的交易行为是首先买进期货合约，而后在合适的价位上卖出；后者的做法则相反。但无论他们如何操作，其交易理念都是"低买高卖"(Buy Low and Sell High)。

5. 套期保值

(1)套期保值的定义

套期保值是以回避现货价格风险为主要目的的期货交易行为，是指企业为规避外汇风险、利率风险、商品价格风险、股票价格风险、信用风险等，把期货市场当作转移价格风险的场所，利用期货合约作为将来在现货市场上买卖商品的临时替代物，对其现在买进准备以后售出商品或对将来需要买进商品的价格进行保险的交易活动。也就是在现货市场和期货市场对同一类商品进行数量相等但方向相反的买卖活动，或者通过构建不同的组合来避免未来价格变化带来损失的交易。

(2)套期保值的具体做法

生产者、商人或消费者在期货市场做一个与现货品种、数量完全相同而头寸相反的交易，即在现货市场上买进(或卖出)某种商品的同时，在期货市场上卖出(或买入)同种、同量商品的期货合约，以抵消或限制由于价格波动对现货造成的风险。套期保值的目的不为获利，只在避险。

套期保值的依据是现货和期货市场的走势趋同(在正常市场条件下)。

由于这两个市场受同一供求关系的影响，所以二者价格同涨同跌；但是由于在这两个市场上操作相反，所以盈亏相反，期货市场的盈利可以弥补现货市场的亏损。

(3)套期保值的基本特征

在现货市场和期货市场对同一种类的商品同时进行数量相等但方向相反的买卖活动，即在买进或卖出实货的同时，在期货市场上卖出或买进同等数量的期货，经过一段时间，当价格变动使现货买卖上出现盈亏时，可由期货交易上的亏盈得到抵消或弥补。从而在现货与期货之间、近期和远期之间建立一种对冲机制，以使价格风险降低到最低限度。

(4)套期保值的形式

按照套期保值的形式，套期保值可分为买入套期保值与卖出套期保值两种。

第一种：买入套期保值。

期货市场买入套期保值是指企业因担心现货市场价格上涨而买入相应期货合约进行套期保值的一种交易方式，即在期货市场上首先建立多头交易部位(头寸)，在套期保值期结束时再对冲掉的交易行为，因此也称为“多头保值”。买入套期保值的目的是锁定现货市场的买入价格，规避价格上涨的风险。

第二种：卖出套期保值。

期货市场卖出套期保值是指企业以因担心现货市场价格下跌而卖出相应期货合约的一种保值方式，即在期货市场上先开仓卖出期货合约，待下跌后再买入平仓的交易行为，因此又称为“空头保值”。卖出套期保值的目的是锁定现货市场的卖出价格，规避价格下跌的风险。

(5)基差和基差交易

①基差

套期保值可以大体抵消现货市场中价格波动的风险，但不能使风险完全消失，主要原因是存在“基差”这个因素。基差是指现货价格与期货价格之间的价差。

在商品实际价格运动过程中，基差总是在不断变动的，而基差的变动形态对一个套期保值者而言至关重要。套期保值的效果主要是由基差的变化决定的，从理论上说，如果企业在进行套期保值之初和结束套期保值之时，基差没有发生变化，结果必然是交易者在这两个市场上盈亏相反且数量相等，由此实现规避价格风险的目的。但在实际的交易活动中，基差不可能保持不变，这就会给套期保值交易带来不同的影响。

由于期货合约到期时,现货价格与期货价格会趋于一致,而且基差呈现季节性变动,使套期保值者能够应用期货市场降低价格波动的风险。基差变化是判断能否完全实现套期保值的依据。套期保值者利用基差的有利变动,不仅可以取得较好的保值效果,而且还可以通过套期保值交易获得额外的盈余。一旦基差出现不利变动,套期保值的效果就会受到影响,使套期保值者蒙受一部分损失。

对于买入套期保值者来讲,愿意看到的是基差缩小。

对于卖出套期保值者来讲,愿意看到的是基差扩大。

②基差交易(Basis Trading)

基差交易是进口商经常采取的定价的套期保值策略,它是指进口商用期货市场价格来固定现货交易价格,从而将售价格波动的风险转移出去的一种套期保值策略。

(6)套期保值应注意的问题

第一,了解期货商品的标准化规定,期货商品都是“标准规格”的商品,质量方面的要求非常严格,这和一般现货交易有很大的区别。操作时,应严格遵循套期保值交易的四个基本特征和原则,即交易方向相反、商品种类相同、商品数量相同、交货月份相同等。

第二,企业要明确做套期保值交易时的基差,并随时关注基差的变化,在基差有利时结束套期保值交易。

第三,套期保值期的保值功能是有限的。基差的变化,期货市场和现货市场不同趋势的变化,都会影响套期保值的效果。所以,一旦预期到套期保值的效果将会受到影响时,应及时采取相应的应对措施。

第四,套期保值交易是防御性交易,企业不要企图用套期保值来获取厚利。作为套期保值者,最大的目标是保值,转移价格风险,获取正常经营利润。

第五,套期保值企业应认清市场潜在的投机风险,合理分配资金,做好在市场商品价格发生超常波动时的思想准备、资金准备以及应对措施。

(7)进出口商的套期保值策略

①进口商的套期保值策略:

第一,签订固定价格的进口合同;

第二,基差交易。

②出口商的套期保值策略:

第一,签订固定价格的出口合同;

第二,签订固定基差的出口合同;

第三,签订固定基差合同和场外交易。

10.3 我国的出口退税

10.3.1 出口退税概述

出口货物退(免)税(Export Rebates),简称“出口退税”,其基本含义是指对出口货物退还其在国内生产和流通环节实际缴纳的产品税、增值税、营业税和特别消费税。出口货物退税制度是一个国家税收的重要组成部分。出口退税主要是通过退还出口货物的国内已纳税款来平衡国内产品的税收负担,使本国产品以不含税成本进入国际市场,与国外产品在同等条件下进行竞争,从而增强竞争能力,扩大出口创汇。

出口退税其内涵是指对出口货物退还国内生产、流通环节已经缴纳的商品税。出口退税是国际贸易中通常采用的并为世界各国普遍接受的税收制度,对出口货物实行出口退税是由商品税的本质决定的,商品税为间接税,其税负容易转嫁而由最终消费者负担。

1985 年 3 月,国务院正式颁发了《关于批转财政部〈关于对进出口产品征、退产品税或增值税的规定〉的通知》,规定从 1985 年 4 月 1 日起实行对出口产品退税政策。1994 年 1 月 1 日起,随着国家税制的改革,我国改革了已有退还产品税、增值税、消费税的出口退税管理办法,建立了以新的增值税、消费税制度为基础的出口货物退(免)税制度。

1. 出口退税条件

(1)必须是增值税、消费税征收范围内的货物。增值税、消费税的征收范围,包括除直接向农业生产者收购的免税农产品以外的所有增值税应税货物,以及烟、酒、化妆品等 11 类列举征收消费税的消费品。

(2)必须是报关离境出口的货物。所谓出口,即输出关口,它包括自营出口和委托代理出口两种形式。区别货物是否报关离境出口,是确定货物是否属于退(免)税范围的主要标准之一。凡在国内销售、不报关离境的货物,除另有规定者外,不论出口企业是以外汇还是以人民币结算,也不论出口企业在财务上如何处理,均不得视为出口货物予以退税。

(3)必须是在财务上做出口销售处理的货物。出口货物只有在财务上做出口销售处理后,才能办理退(免)税。也就是说,出口退(免)税的规定只适用于贸易性的出口货物,而对非贸易性的出口货物,如捐赠的礼品、在国内个人购买并自带出境的货物(另有规定者除外)、样品、展品、邮寄品等等,因其一般在财务上不作销售处理,故按照现行规定不能退(免)税。

(4)必须是已收汇并经核销的货物。按照现行规定，出口企业申请办理退(免)税的出口货物，必须是已收外汇并经外汇管理部门核销的货物。

国家规定外贸企业出口的货物必须要同时具备以上四个条件。生产企业(包括有进出口经营权的生产企业、委托外贸企业代理出口的生产企业、外商投资企业等)申请办理出口货物退(免)税时必须增加一个条件，即申请退(免)税的货物必须是生产企业的自产货物或视同自产货物才能办理退(免)税。

2. 出口退税登记的一般程序

国际贸易企业在享受出口退税政策前，应先具备出口退税资格，即完成出口退税登记。

(1)有关证件的送验及登记表的领取

企业在取得有关部门批准其经营出口产品业务的文件和工商行政管理部门核发的工商登记证明后，应于30日内办理出口企业退税登记。

(2)退税登记的申报和受理

企业领到"出口企业退税登记表"后，即按登记表及有关要求填写，加盖企业公章和有关人员印章后，连同出口产品经营权批准文件、工商登记证明等证明资料一起报送税务机关，税务机关经审核无误后，即受理登记。

(3)填发出口退税登记证

税务机关接到企业的正式申请，经审核无误并按规定的程序批准后，核发给企业"出口退税登记"。

(4)出口退税登记的变更或注销

当企业经营状况发生变化或某些退税政策发生变动时，应根据实际需要变更或注销退税登记。

(5)附送材料

①报关单。报关单是货物进口或出口时进出口企业向海关办理申报手续，以便海关凭此查验和验放而填具的单据。

②出口销售发票。这是出口企业根据与出口购货方签订的销售合同填开的单证，是外商购货的主要凭证，也是出口企业财会部门凭此记账做出口产品销售收入的依据。

③进货发票。提供进货发票主要是为了确定出口产品的供货单位、产品名称、计量单位、数量，是否是生产企业的销售价格，以便划分和计算确定其进货费用等。

④结汇水单或收汇通知书。

⑤属于生产企业直接出口或委托出口自制产品，凡以到岸价 CIF 结算

的，还应附送出口货物运单和出口保险单。

⑥有进料加工复出口产品业务的企业，还应向税务机关报送进口料、件的合同编号、日期、进口料件名称、数量、复出口产品名称，进料成本金额和实际缴纳各种税的金额等。

⑦产品征税证明。

⑧出口收汇已核销证明。

⑨与出口退税有关的其他材料。

10.3.2 中国出口退税政策

1. 中国出口退税政策的发展和调整

出口退税是国际惯例。中国出口退税政策也随着国际贸易的发展而发展和调整。

1985 年 3 月，国务院正式颁发了《关于批转财政部〈关于对进出口产品征、退产品税或增值税的规定〉的通知》，规定从 1985 年 4 月 1 日起实行对出口产品退税政策。

1994 年 1 月 1 日起，随着国家税制的改革，我国改革了已有退还产品税、增值税、消费税的出口退税管理办法，建立了以新的增值税、消费税制度为基础的出口货物退（免）税制度。

1994 年税制改革以来，中国出口退税政策历经七次大幅调整。

(1)1995 年和 1996 年进行了第一次大幅出口退税政策调整，由原来的对出口产品实行零税率调整为 3%、6%和 9%三档。

(2)1998 年为促进出口进行了第二次调整，提高了部分出口产品退税率至 5%、13%、15%和 17%四档。

此后，外贸出口连续三年大幅度、超计划增长带来了财政拖欠退税款的问题。

(3)2004 年 1 月 1 日起国家第三次调整出口退税率为 5%、8%、11%、13%和 17%五档。

(4)2005 年进行了第四次调整，中国分期分批调低和取消了部分“高耗能、高污染、资源性”产品的出口退税率，同时适当降低了纺织品等容易引起贸易摩擦的出口退税率，提高重大技术装备、IT 产品、生物医药产品的出口退税率。

(5)2007 年 7 月 1 日执行了第五次调整的政策，调整共涉及 2831 项商品，约占海关税则中全部商品总数的 37%。经过这次调整以后，出口退税率变成 5%、9%、11%、13%和 17%五档。

(6)2008年8月1日第六次出口退税政策调整后，部分纺织品、服装的出口退税率由11%提高到13%；部分竹制品的出口退税率提高到11%。

(7)第七次调整就是将从2008年11月1日实施的上调出口退税率政策。

此次调整涉及3486项商品，约占海关税则中全部商品总数的25.8%。

主要包括两个方面的内容：①适当提高纺织品、服装、玩具等劳动密集型商品出口退税率；②提高抗艾滋病药物等高技术含量、高附加值商品的出口退税率。届时，中国的出口退税率将分为5%、9%、11%、13%、14%和17%六档。

(8)2008年12月1日起执行了第八次调整的政策，涉及提高退税率的商品范围有：

将部分橡胶制品、林产品的退税率由5%提高到9%；

将部分模具、玻璃器皿的退税率由5%提高到11%；

将部分水产品的退税率由5%提高到13%；

将箱包、鞋、帽、伞、家具、寝具、灯具、钟表等商品的退税率由11%提高到13%；

将部分化工产品、石材、有色金属加工材等商品的退税率分别由5%、9%提高到11%、13%；

将部分机电产品的退税率分别由9%提高到11%，11%提高到13%，13%提高到14%。

(9)2009年1月1日起执行了第九次调整的政策，提高部分技术含量和附加值高的机电产品出口退税率。具体规定如下：

将航空惯性导航仪、陀螺仪、离子射线检测仪、核反应堆、工业机器人等产品的出口退税率由13%、14%提高到17%；

将摩托车、缝纫机、电导体等产品的出口退税率由11%、13%提高到14%；

(10)2009年2月1日起执行了第十次调整的政策，将纺织品、服装出口退税率提高到15%。

(11)2009年4月1日起执行了第十一次调整的政策，提高部分商品的出口退税率。具体明确如下：

CRT彩电、部分电视机零件、光缆、不间断供电电源(UPS)、有衬背的精炼铜制印刷电路用覆铜板等商品的出口退税率提高到17%；

将纺织品、服装的出口退税率提高到16%；

将六氟铝酸钠等化工制品、香水等香化洗涤、聚氯乙烯等塑料、部分橡胶及其制品、毛皮衣服等皮革制品、信封等纸制品、日用陶瓷、显像管玻壳等玻璃制品、精密焊钢管等钢材、单晶硅片、直径大于等于30cm的单晶硅棒、铝型材等有色金属材、部分凿岩工具、金属家具等商品的出口退税率提高到13%；

将甲醇、部分塑料及其制品、木制相框等木制品、车辆后视镜等玻璃制品等商品的出口退税率提高到11%；

将碳酸钠等化工制品、建筑陶瓷、卫生陶瓷、锁具等小五金、铜板带材、部分搪瓷制品、部分钢铁制品、仿真首饰等商品的出口退税率提高到9%；

将商品次氯酸钙及其他钙的次氯酸盐、硫酸锌的出口退税率提高到5%。

(12)2009年4月1日，国家正式发文，中国纺织企业出口退税从原来的15%上调至16%，希望借此推动纺织企业的复苏。

(13)2010年6月22日财政部国家税务总局《关于取消部分商品出口退税的通知》(财税[2010]57号)：经国务院批准，自2010年7月15日起取消下列商品的出口退税：①部分钢材；②部分有色金属加工材；③银粉；④酒精、玉米淀粉；⑤部分农药、医药、化工产品；⑥部分塑料及制品、橡胶及制品、玻璃及制品。

10.4 我国的国际贸易特区

10.4.1 保税区(Bonded Area)

1. 保税区含义

保税区亦称“保税仓库区”，是一国海关设置的或经海关批准注册、受海关监督和管理的可以较长时间存储商品的区域。

2. 保税区功能

保税区的功能定位为“保税仓储、出口加工、转口贸易”三大功能。保税区具有进出口加工、国际贸易、保税仓储商品展示等功能，享有“免证、免税、保税”政策，实行“境内关外”运作方式。在我国，保税区是对外开放程度最高、运作机制最便捷、政策最优惠的经济区域之一。

保税区能便利转口贸易，增加有关费用的收入。运入保税区的货物可以进行储存、改装、分类、混合、展览，以及加工制造，但必须处于海关监管范围内。外国商品存入保税区，不必缴纳进口关税，尚可自由出口，只需缴纳存储费和少量费用，但如果要进入关境则需缴纳关税。各国的保税区都有不同的时间规定，逾期货物未办理有关手续，海关有权对其拍卖，拍卖后扣除有关费用后，余款退回货主。

3. 我国保税区的发展和政策

保税区是中国继经济特区、经济技术开发区、国家高新技术产业开发区之后，经国务院批准设立的新的经济性区域。由于保税区按照国际惯例运作，实行比其他开放地区更为灵活优惠的政策，它已成为中国与国际市场接轨的“桥头堡”。

1990 年 6 月，经中央批准，在上海创办了中国第一保税区——上海外高桥保税区。1992 年以来，国务院又陆续批准设立了 14 个保税区和一个享有保税区优惠政策的经济开发区，即天津港、大连、张家港、深圳沙头角、深圳福田、福州、海口、厦门象屿、广州、青岛、宁波、汕头、深圳盐田港、珠海保税区以及海南洋浦经济开发区。目前全国 15 个保税区隔离设施已全部经海关总署验收合格，正式投入运营。

1992 年，在邓小平同志南方讲话发表之后，各保税区纷纷加快了实质性启动，基本建设进展迅速，初步形成了招商引资的软硬环境，海内外客商投资踊跃，大多数保税区首期开发区域的土地已批租或出让完毕，并在进一步开发二期工程，吸引外资工作也出现了可喜的局面。

经过多年的探索和实践，全国各个地区的保税区已经根据保税区的特殊功能和依据地方的实际情况，逐步发展成为当地经济的重要组成部分，目前集中开发形成的功能有保税物流和出口加工。

随着中国加入 WTO，全国保税区逐步形成区域性格局，南有以广州、深圳为主的珠江三角洲区域，中有以上海、宁波为主的长江三角洲区域，北有以天津、大连、青岛为主的渤海湾区域，三个区域的保税区成为中国与世界进行交流的重要口岸，并形成独特的物流运作模式。

我国的保税区的政策主要分为以下几个方面：

(1)进出境贸易

①保税区内企业可以从事进出境贸易、转口贸易、过境贸易。

②保税区内与境外间进出口的货物，海关实行免税或保税政策，并实行备案制，不实行进出口配额、许可证管理。

③贸易企业从区外购进货物出口离境的，可办理出口退税。

(2)出口加工

①保税区内加工贸易企业不实行分类管理、不设银行保证金台账。

②产品区内销售或出口，免征生产环节增值税。

③加工出口产品入区的料、件免征关税、增值税、消费税，免领进出口许

可证。

④境外入保税区的料、件加工周期不受时间限制。

⑤经批准，保税区内企业可在区外进行部分工序性加工。

⑥利用国内原料、零部件加工产品离境后，国内原材料部分可享受出口退税。

(3)保税仓储、商品展示及其他服务贸易

①在保税区内储存货物的品种和仓储时间不受限制。

②允许保税区内仓储的货物进行商业性简单加工。

③允许保税区内企业从事面向国内市场的大宗进口物资分拨业务。

④鼓励企业在保税区内建立保税商品展示交易市场。

(4)外汇政策

①保税区内企业可开立外汇现汇账户，并可在境外开户。

②保税区内企业允许保留现汇，周转使用。

③保税区内企业不需办理出口收汇和进口付汇核销手续。

④保税区内与境内区外的所有经济交易，保税区内和保税区外机构均不需办理国际收支统计申报手续。

⑤贸易项下外汇可根据项目运作需要自由汇往境外。

⑥企业年度税后利润外方所得部分经核准可自由汇往境外，其中人民币可换成外汇汇往境外。

⑦保税区内企业资本项目外汇专用账户可以在注册地开立，也可以在注册地以外地区开立。

⑧保税区内企业之间以及保税区之间的交易，可以以外币计价结算，也可以以人民币计价结算。

(5)财税政策

①经营期在10年以上的企业，按15%缴纳企业所得税，非生产性企业享受“免一减二”的优惠，生产性企业享受“免二减三”的优惠。

②外商投资兴办的产品出口企业，在依照税法规定免征、减征企业所得税期满后，凡当年出口产品产值达当年企业产品产值70%以上的，按10%的税率征收企业所得税。

③外商投资兴办的先进技术企业，在依照税法规定免征、减征企业所得税期满后仍为先进技术企业的，可延长三年减半征收企业所得税。

(6)奖励政策

①保税区实施特殊投资优惠，采取“以项目给土地，以效益给优惠”的灵活政策，对于投资规模大，市场前景好的工业项目，视情况给予公告地价

20%～50%的优惠。

②引荐各界客商在保税区开展投资及其他经济合作业务，给予实际到位资金额的 0.3%～1%奖励。

10.4.2 自贸区

近年来，随着改革开放的深入、国际经济一体化和全球贸易自由化进程的不断加快，保税区已明显不适应中国市场准入进程不断加快的要求，更不能发挥比较优势，扩大对外贸易的国家政策取向；相反，随着我国加入 WTO 国内关税水平普遍下降，保税作用日趋减小，保税区的功能优势日益消减。因此，为了积极参与国际竞争，吸引更多外资，我国开始积极发展自贸区。

1. 自贸区的含义

自由贸易区（Free Trade Area）通常指两个以上的国家或地区，根据 WTO 的相关规则，为实现相互之间的贸易自由化，通过签订自由贸易协定，相互取消绝大部分货物的关税和非关税壁垒，取消绝大多数服务部门的市场准入限制，开放投资，从而促进商品、服务和资本、技术、人员等生产要素的自由流动，实现优势互补，促进共同发展。这种区域性安排不仅包括货物贸易自由化，而且还涉及服务贸易、投资、政府采购、知识产权保护、标准化等更多领域的相互承诺，是一个国家实施多双边合作战略的手段。

自由贸易区对区域内经济的影响大致可以分为两类：第一类是指由于区域内成员相互之间取消关税和贸易数量限制措施之后直接对各成员贸易发展所产生的影响；第二类是指缔结自由贸易区之后，由于区域内生产效率提高和资本积累增加，导致各成员经济增长加快的间接效果。

有时，它也用来形容一国国内，一个或多个消除了关税和贸易配额、并且对经济的行政干预较小的区域。

2. 自贸区的发展

20 世纪 50 年代初，美国就明确提出：可在自由贸易区发展以出口加工为主要目标的制造业。

20 世纪 60 年代后期，一些发展中国家也利用这一形式，并将它建成为特殊的工业区，逐步发展成为出口加工区。

20 世纪 80 年代以来，许多国家的自由贸易区积极向高技术、知识和资本密集型发展，形成“科技型自由贸易区”。

当今自由贸易区的发展形势非常迅猛，在全球范围内数量已经达到数十个，范围遍及各大洲，是区域经济一体化的主要形式之一。据不完全统计，截至 2013 年，全球已有 1200 多个自由贸易区，其中 15 个发达国家设立了 425 个，占 35.4%；67 个发展中国家共设立 775 个，占 65.6%。

在我国，2014 年，在上海自贸区正式获批之后，全国多地涌现起申报自贸区的热潮，在各个地方的两会中，就有包括沿海、中部、沿边的 10 余个地方把申报自贸区列入年重点工作。截至 2014 年 1 月 22 日，已经有 12 个地方自贸区获得国务院批复，进入到多部委联合调研的阶段。包括浙江、广东、天津、苏州、无锡、山东、辽宁、河南、福建、四川、合肥、广西、云南等在内的 10 余个地方均把申报自贸区列为 2014 年政府工作报告的重点工作。

3. 自贸区产生和发展的原因

自由贸易区的产生和迅猛发展有其深刻历史、经济、政治、文化原因。

(1)与多边贸易体制相比，区域内国家易于就自由贸易区达成协议并产生实效。同时，现有的自由贸易区大多富有成效，也激发了更多国家参加自由贸易区。

(2)就地区或邻近国家而言，自由贸易区有利于进一步发挥经贸合作的地缘优势。邻近国家间的自由贸易区具有人员往来与物流便利、语言文化相近、生活习惯类似等多种有利条件。因此，邻近国家和地区间具有更多的有利条件来扩大和加深经济合作以获得互利双赢的效果，其效果比参加多边贸易体系带来的利益要更明显一些。

(3)在加入多边合作机制的同时，缔结自由贸易区有利于推动各成员国内的经济结构改革，从而可以借助更多外力来推进国内改革。

(4)20 世纪 90 年代一再发生的地区性经济危机的教训，也促使世界各国更加重视地区经济合作的制度化。1997 年的东南亚经济危机证明，在同一地区国家之间，危机蔓延的速度往往更快，相互影响也更为强烈。因此，加强地区内经贸合作不仅有助于防范新的危机，而且还有助于世界经济的稳定发展。

4. 自贸区的类型

(1)按性质区分

就性质而言自由贸易区可分为：商业自由区和工业自由区。商业自由区不允许货物的拆包零售和加工制造；工业自由区允许免税进口原料、元件和辅料，并指定加工作业区加工制造。

(2)按功能区分

就功能而言，世界自由贸易区的功能设定是根据区位条件和进出口贸易的流量而确定的，并且随着国内外经济形势的发展而调整和发展。其主要类型有以下几种：

①转口集散型

这一类自由贸易区利用优越的自然地理环境从事货物转口及分拨、货物储存、商业性加工等。最突出的是巴拿马的科隆自由贸易区。

②贸工结合、以贸为主型

这类自由贸易区以从事进出口贸易为主，兼搞一些简单的加工和装配制造。在发展中国家最为普遍。例如阿联酋迪拜港自由港区。

③出口加工型

这类自由贸易区主要以从事加工为主，以转口贸易、国际贸易、仓储运输服务为辅。例如尼日利亚自由贸易区。

④保税仓储型

这类自由贸易区主要以保税为主，免除外国货物进出口手续，较长时间处于保税状态，例如荷兰阿姆斯特丹港自由贸易区。

5. 世贸组织关于自由贸易区相关规定

世贸组织关于自由贸易区的主要规定有如下几点：

(1)成立自由贸易区的目的是便利组成自由贸易区的各国家和地区之间的贸易，贸易壁垒大体上不得高于或严于未建立自由贸易区时各组成国家和地区对未参加自由贸易区的各成员所实施的关税和贸易规章的一般限制水平。

(2)任何成员如决定加入自由贸易区或签订成立自由贸易区的临时规定，应有一个在合理期间内成立自由贸易区的计划和进程表。

(3)任何成员决定加入自由贸易区，或签订成立自由贸易区的临时协定，应及时通知全体成员，并应向其提供有关拟议的自由贸易区的资料，以使全体成员得以斟酌并向各成员提出报告和建议。如果全体成员发现参加协定各方在所拟议的期间内不可能组成自由贸易区，或认为所拟议的期间不够合理，全体成员应向参加协定各方提出建议，如参加协定各方不准备按照这些建议修改临时规定，则有关协定不得维持或付诸实施。

(4)对自由贸易区成立计划或进程表的任何重要修改都应通知全体成员。如果这一改变将危及或不适当地延迟自由贸易区的建立，全体成员可以要求同有关成员进行协商。

(5)为建立自由贸易区的过渡性临时协议的合理期限只有在特殊情况下才允许超过10年，当一项协议的成员认为10年不够时，则须向货物理事会提供需要更长一段时间的完整解释。

(6)自由贸易区要接受世界贸易组织工作组的检查，并定期向世界贸易组织理事会作出协议执行情况的报告。在当今世界，自由贸易区的发展形势非常迅猛，在全球范围内其数量已经达到数十个，范围遍及各大洲，是区域经济一体化的主要形式之一。其中,北美自由贸易区和东盟自由贸易区最具典型意义,而北美自由贸易区也是世界上最大的自由贸易区。其他自由贸易区还有中欧自由贸易区、欧盟——拉美自由贸易区等等。总体来看,世界各国都非常重视通过建立和发展自由贸易区来为自己的经济发展服务,除亚洲的日本、韩国以外,世界上几乎各主要贸易国均已参加自由贸易区,有的还是多个自由贸易区的成员。

6. 自贸区的规则

(1)关税规则

免税的商品范围不断扩大。每一个新签订的自由贸易区协定会产生贸易转移,同时也会产生贸易创造,这些贸易创造可能会纠正先前自由贸易区协定产生的贸易转移,为了尽可能利用新自贸区协定的这一功能,就需要协调各个自由贸易区协定的条款。

削减关税的过渡期逐步缩短。削减关税的过渡期逐步缩短也是为了利用新的自贸区协定来纠正先前自贸区协定产生的贸易转移。

单边降低关税和促进多边谈判。自贸区协定成员方的净收益直接取决于其外部贸易政策的姿态,与区域一体化相配合,成员方应采取一种开放性的外部政策。在高外部关税情况下,自由贸易协定带来的相对价格差异会更大,从而引起更多的贸易转移。多边自由化能够消除贸易转移,并能带来最大的福利效应。因此,通过单边或通过多边贸易谈判降低外部关税,将进口转回更有效率的供应商,能够把贸易转移限制到最低限度。

(2)原产地规则

自由贸易区除了具有自由港的大部分特点外,还可以吸引外资设厂,发展出口加工企业,允许和鼓励外资设立大的商业企业、金融机构等促进区内经济综合、全面地发展。自由贸易区的局限在于,它会导致商品流向的扭曲和避税。如果没有其他措施作为补充,第三国很可能将货物先运进一体化组织中实行较低关税或贸易壁垒的成员国,然后再将货物转运到实行高贸易壁垒的成员国。为了避免出现这种商品流向的扭曲,自由贸易区组织均制订"原产地原则",规定只有自由贸易区成员国的"原产地产品"才享受成员国之间给予的自由贸易待遇。理论上,凡是制成品在成员国境内生产的价值额占到产品价值总额的50%以上时,该产品应视为原产地产品。一般而言,第三国进口品越是与自由贸易区成员国生产的产品相竞争,对成员国境内生产产品的增加值含量越高。原产地原则的含义表明了自由贸易区对非成员国的某种排他性。

原产地规则一般用来防止"贸易运转",即阻止非成员国原产地的产品经由保护程度低的成员向保护程度高的成员转运。除了承担转运的成本外，贸易转运在经济学上是有效率的。但贸易转运阻碍了自由贸易区某一成员方向另一成员方出口发生贸易转运的产品，同时也破坏了成员方的关税结构。所以，自由贸易区都制定了原产地规则来限制贸易转运。除了减少贸易转运之外，自由贸易区原产地规则还会增加区外资本的流入和区内生产中当地原材料的使用，但这在经济学上是低效率的。总之，原产地规则越严格，产生的效率就越低。

原产地规则的内容如下：

①广泛的累积制度。

广泛的累积制度能使用更多国家和地区的原材料进行生产，从而减少贸易转移和投资转移。原产地规则的累积制度规定了从何种国家进口投入品可以被视为受惠国的原产品。有三种类型的累积方法：双边累积，对角累积和完全累积。

②统一和简化的原产地规则。

统一的原产地规则有助于出口商调整生产，使出口产品符合原产地规则的规定，从而避免生产的盲目性，使其产品较易进入目标市场。统一的原产地规则也能节省谈判成本和执行成本。在各个自贸区协定没有统一原产地规则的情况下，政府容易因地制宜地制定某种原产地规则作为推行贸易保护措施的工具，而在统一的原产地规则下，政府的这种行为就受到了一定的约束。

③对敏感产业的保护逐步加强，对非敏感行业逐步放松原产地规则。

自贸区原产地规则不仅是判定产品能否取得享受优惠待遇的标准，而且还可以通过制定适合本国经济发展战略和产业结构特点的规则，实现保护敏感行业以及增加就业等经济目标。

7. 我国的自贸区发展

我国在建自贸区 18 个，涉及 31 个国家和地区。其中，已签署自贸协定 12 个，涉及 20 个国家和地区，分别是中国与东盟、新加坡、巴基斯坦、新西兰、智利、秘鲁、哥斯达黎加、冰岛和瑞士的自贸协定，内地与香港、澳门的更紧密经贸关系安排(CEPA)，以及大陆与台湾的海峡两岸经济合作框架协议(ECFA)，除了与冰岛和瑞士的自贸协定还未生效外，其余均已实施；正在谈判的自贸协定 6 个，涉及 22 个国家，分别是中国与韩国、海湾合作委员会(GCC)、澳大利亚和挪威的自贸谈判，以及中日韩自贸区和《区域全面经济合作伙伴关系》(RCEP)协定谈判。

已签协议的自贸区有中国内地与港澳、中国一东盟、中国一巴基斯坦、中国一智利、中国一新西兰、中国一新加坡、中国一秘鲁、中国一哥斯达黎加、中国一冰岛、中国一瑞士、上海自由贸易试验区等;正在谈判的自贸区有中国一海湾合作委员会、中国一澳大利亚、中国一挪威、中国一韩国、日韩自贸区等;正在研究的自贸区有中国一印度、中国一哥伦比亚等。

(1)中国一东盟自由贸易区

2000 年 11 月,在新加坡召开的第 4 次中国一东盟领导人会议上,中国时任总理朱镕基提出建立中国一东盟自贸区的设想,得到了东盟各国领导人的积极响应。

2010 年 1 月 1 日,中国一东盟自贸区正式全面启动,双方约有 7000 种产品将享受零关税待遇,实现货物贸易自由化。也就是说,双方 90%的贸易产品将实现零关税。

中国一东盟自贸区建设大致分为三个阶段。第一阶段(2002～2010 年),启动并大幅下调关税阶段。自 2002 年 11 月双方签署以中国一东盟自贸区为主要内容的《中国一东盟全面经济合作框架协议》始,至 2010 年 1 月 1 日中国对东盟 93%产品的贸易关税降为零。第二阶段(2011～2015 年),全面建成自贸区阶段,即东盟越、老、柬、缅四国与中国贸易的绝大多数产品也实现零关税,与此同时,双方实现更广泛深入的开放服务贸易市场和投资市场。第三阶段(2016 年之后),自贸区巩固完善阶段。

(2)中国(上海)自由贸易试验区

2013 年 7 月 3 日,国务院总理李克强主持召开国务院常务会议,部署审计后整改工作,研究激活财政存量资金,通过《中国(上海)自由贸易试验区总体方案》和《中华人民共和国外国人入境出境管理条例(草案)》。

会议原则通过了《中国(上海)自由贸易试验区总体方案》。强调在上海东外滩保税区等 4 个海关特殊监管区域内,建设中国(上海)自由贸易试验区,是顺应全球经贸发展新趋势,更加积极主动对外开放的重大举措。

试验区范围涵盖上海市东外滩保税区、东外滩保税物流园区、洋山保税港区和上海浦东机场综合保税区等 4 个海关特殊监管区域,总面积为 28.78 平方千米。

上海自贸区将成为推进改革和提高开放型经济水平的"试验田",上海自贸区很可能以"一国之内"自由贸易区的形式出现,它采取特殊的监管政策和优惠税收,对一国内的转口贸易、离岸贸易将有极大促进作用。

建设中国(上海)自由贸易试验区,是顺应全球经贸发展新趋势、实行更加积极主动开放战略的一项重大举措。主要任务是要探索我国对外开放的新路径和新模式,推动加快转变政府职能和行政体制改革,促进转变经济增长方式和优化经济结构，实现以开放促发展、促改革、促创新，形成可复制、可推广的经验，服务全国的发展。建设中国（上海）自由贸易试验区有利于培育我国面向全球的竞争新优势，构建与各国合作发展的新平台，拓展经济增长的新空间，打造中国经济“升级版”。

【思考题】

1. 我国加工贸易占出口贸易的近 1/2 说明了什么？

2. 谈谈对自贸区的看法。

【阅读材料】

奇瑞车出口美国幕后（独家报道）

本报驻美国特约记者 周霁锟 王卓

奇瑞车出口美国的消息引起了美国媒体的广泛关注，毕竟，这是中国汽车第一次叩开美国市场的大门。也许是消息发布得太突然，很多人质疑中国汽车是否具备在竞争最为激烈的美国车市分一杯羹的实力，甚至有人对消息的真实性表示怀疑。1 月 15 日，记者在纽约时报广场附近的万豪酒店约见了事件的中心人物、引进奇瑞汽车的纽约梦幻车辆公司总裁马尔科姆·布里克林。在两个多小时的独家专访中，布里克林述说了奇瑞车出口美国的内幕。

曾经历两次破产

记者：请介绍一下您与奇瑞合作的内容。

布里克林：去年 12 月 16 日，我们与奇瑞签订了独家经销协议。梦幻将在 2007 年将奇瑞的 5 款新车引进北美市场。从现在到 2007 年，梦幻将投资发展 250 个经销商，预计年进口量在 25 万辆。同时，梦幻将在奇瑞的研发过程中提供各方面的支持，包括技术和政策信息，帮助奇瑞在 2006 年底以前通过美国政府对进口车辆环境指标和安全方面的严格要求，获得进口许可证。

记者：很多中国读者是头一次听说梦幻公司，也有人质疑梦幻的真正实力。您愿意简要介绍一下您的公司吗？

布里克林：梦幻车辆公司是为将奇瑞汽车引入美国市场而专门设立的公司。

我在汽车领域积攒了 30 年的经验。1968 年，我创立了斯巴鲁美国有限公司，专门从日本进口富士斯巴鲁汽车。由于我为斯巴鲁建立了一个非常有效的分销商、经销商网络，斯巴鲁在美国市场获得成功。之后，我又自行生产了以我的名字命名的布里克林安全跑车，它创造了美国汽车生产史上最好的安全性能纪录。此外，我还曾从意大利进口了宾尼法利纳 Spider 和博通 X1/9 型汽车，从前南斯拉夫进口了 Yugo 型小汽车。后者在美国市场的初试阶段售出了 16 万辆，成为欧洲车在美国销售成长最快的汽车。

作为梦幻公司的创始人，我动员了大部分参与 Yugo 项目的合作伙伴加入梦幻车辆公司。比如荣·哈博，他的“哈博汽车评论”是汽车业必不可少的车型分析资料。荣将负责奇瑞在芜湖的汽车生产基地的产能、质量控制。担任梦幻技术与环境委员会主席的莫瑞斯·斯特朗，曾任联合国副秘书长、联合国环境规划署执行主任、世行高级顾问、丰田顾问委员会委员等职。皮尔·阿尔内博格将全权负责奇瑞汽车从中国到美国的海运事宜，他是国际汽车运输业的老手，丰田汽车和 Yugo 汽车进入美国的运输人。

记者：最近美国媒体的报道当中提到了您的两次失败：将 Yugo 车引入美国市场，后来销售下降，您的公司于 1992 年倒闭；1974 年，您在加拿大建立了汽车公司，生产布里克林安全跑车，但这家公司也寿命短暂。您认为，此次成立的梦幻公司能避免重蹈覆辙吗？

布里克林：这两次失败有很多客观原因。与加拿大的合作，我们负责销售和市场，加拿大负责生产，当时预计加拿大年生产 8000 辆，然而由于种种因素，最后只有 2000 辆年产量，导致了生产厂最终无法运营而失败。而南斯拉夫的情况更复杂，其中一个主要因素是战争等不可抗拒因素，所以，这两次失败不是我的问题。

考虑过印度塔塔汽车

记者：也许有些汽车企业想知道，梦幻最早是从哪里听说奇瑞的，又因为什么萌生了合作的念头？

布里克林：我第一次听到奇瑞这个名字是从我的一位俄罗斯朋友那儿。我希望找到一家可以为我生产汽车的工厂，为此，我去过波兰、罗马尼亚、塞尔维亚和印度，我的这位朋友说：“马尔科姆，你要找汽车生产厂，为什么不去中国看看。他们的质量是过关的。”

2004 年 6 月，我飞到上海，又坐了 6 个小时的火车去芜湖，见到了奇瑞的总经理尹同跃先生。去奇瑞前，我洋洋洒洒写了一份关于如何在当今国际汽车市场成功的建议书，但当我们坐下来边吃饭边聊天时，尹同跃先生对我谈了他想要做的和他正在做的一些事情。我对他说：“我以为我到这里来能够教你如何做汽车，但我现在意识到，我没有任何可以教给你的东西。”尹同跃先生是位了不起的人。

记者：据说，双方的谈判历时 8 个月，经历了十几个回合。您能透露，主要分歧在什么地方吗？

布里克林:尽管开头,我觉得奇瑞没有如我想象的迅速地回答我的电子邮件,也常常在定好日期的会见前匆忙取消或推迟,但一旦双方坐下来真正谈,我们总能迅速达成协议。尹先生通过研究过去国际汽车企业的成败案例,总结出我看来是"必胜"的经营方法。我非常钦佩他。

记者:您是否将奇瑞与其他企业进行过比较?

布里克林:去奇瑞前我也去看了印度的塔塔汽车,我对这家公司也很有兴趣,他们具有国际贸易的头脑。但与奇瑞比,印度公司就显得逊色几分。奇瑞的工厂管理得非常好。我的感觉是,中国是21世纪的带头人,而印度好像勉勉强强搭上了21世纪的火车,有些吃力。

记者:为什么在整个过程中,您没有考虑其他中国汽车企业?

布里克林:奇瑞目前虽然不是中国最大的汽车生产商,但是奇瑞拥有自己的知识产权和生产基地,可以自行出口汽车,并且其新建的生产基地具有年产50万辆的能力,这些都是中国很多汽车生产商所不能比的。长城汽车本来是一家不错的企业,但它已经在去年6月和亚利桑那州一名经销商签订了经销合同。

计划售价3万～4万美元

记者:2007年,梦幻准备引入哪些车型进美国?引入车型是如何确定的?大致的售价如何?

布里克林:我们准备引入包括运动型多功能车、双门轿车等在内的五款奇瑞车,加上变化款应该是12款。日本丰田汽车20世纪70年代第一次进入美国市场时只有两款,我第一次进口斯巴鲁时只有一款,所以奇瑞的起点很高。

同时,我们也并不想把奇瑞和低端汽车联系起来,所以选择的车型还是比较豪华的。这5款车的设计均由意大利和日本著名的设计公司负责,发动机由奥地利的AVL生产,汽车内部装饰在日本,整车的组装在中国,所以奇瑞并不是纯粹的中国车,它代表了汽车工业经历全球整合后的最佳组合。

我们的价格定位在3～4万美元,和目前在美国销售的同类车型比,奇瑞将便宜30%。同时,我们对所有在北美销售的奇瑞汽车提供10年或10万英里的保修服务。

销售中心造价1000万美元

记者:听说梦幻准备与奇瑞共同研发?

布里克林:梦幻预计将投入两亿美元与奇瑞共同进行研发。

我还想谈谈我们的经销计划。我们将设计建造一种全新概念的汽车销售中心:每个销售中心占地面积为2万平方英尺,造价高达1000万美元。约翰·卡凡纳将是我们250家梦幻销售中心的建筑协调人，他是AMEC建筑的董事长，经手项目包括纽约证券交易所、纽约现代艺术博物馆、肯尼迪第一和第四机场等。为奇瑞设计的汽车销售中心将采用汽车展览馆概念，内壁用高清晰显示屏完全覆盖，不要窗户，户外设立巨大无比的广告屏。销售中心下班后，广告屏将播出精彩的汽车广告、汽车娱乐节目和赛事，让这里成为年轻人喜爱的新的活动场所。

记者：250家店，每家店1000万美元？的确是大手笔！可是资金从哪里来？

布里克林：美国融资比较容易，有很多大的投资人愿意参与。今年2月，一家很大的银行将宣布加入融资行列，同时，有另一家银行将为购车用户提供个人信贷，资金没有问题。销售中心的具体计划将于2月公布，届时我会首先告诉你们。

记者：出口美国会沿用奇瑞品牌吗？

布里克林：不会，我们将重新命名出口美国的新车型。

记者：您对25万辆的目标有信心吗？

布里克林：很有信心。梦幻和奇瑞的优势在于：我们的结合满足了现代人对汽车的所有要求———高性能、优设计、低价位、完美服务。谁能做到这几点，谁就一定能赢得市场。

（原载2005年1月21日《环球时报》第13版）

主要参考文献

[1] 黎孝先、王健主编:《国际贸易实务》,对外经贸大学出版社 2011 年版。

[2] 严国辉主编:《国际贸易理论与实务》,对外经济贸易大学出版社 2007 年版。

[3] 贾建华主编:《国际贸易理论与实务》,首都经济贸易大学出版社 2002 年版。

[4] 李国华主编:《国际经济贸易理论与实务》,对外经济贸易大学出版社 1998 年版。

[5] 孙丽云主编:《国际贸易》(第三版),上海财经大学出版社 2002 年版。

[6] 张向先主编:《国际贸易概论》,高等教育出版社 2003 年版。

[7] 蔡玉彬主编:《国际贸易理论与实务》,高等教育出版社 2004 年版。

[8] 刘庆林主编:《国际贸易理论与实务》,人民邮电出版社 2002 年版。

[9] 包悦:《浅谈外贸业务中出口企业开具低值发票的几点危害》,《青年与社会》2013 年。

[10] 卓小苏:《国际贸易风险与防范》,中国纺织出版社 2007 年版。

[11] 陈宪等主编:《国际贸易理论与实务》,高等教育出版社 2004 年版。

[12] 冷柏军主编:《国际贸易术语》,首都经济贸易大学出版社 2008 年版。

[13] 吴百福、徐小薇主编:《进出口贸易实务教程》,上海人民出版社 2007 年版。

[14] 国际商会中国国家委员会:《2000 年国际贸易术语解释通则》,中信出版社 2000 年版。

[15] 国际商会(ICC):《国际贸易术语解释通则 2010》,中国民主法制出

版社 2011 年版。

[16] 全国人大法工委主编:《中华人民共和国合同法》,法律出版社 2004 年版。

[17] 庞红、尹继红、沈瑞年主编:《国际结算》,中国人民大学出版社 2007 年版。

[18] 仲鑫:《国际贸易实务——交易程序·磋商内容·案例分析》,机械工业出版社 2006 年版。